V&R

Religion, Theologie und Naturwissenschaft / Religion, Theology, and Natural Science

Herausgegeben von
Christina Aus der Au, Celia Deane-Drummond, Agustín Fuentes,
Jan-Olav Henriksen, Markus Mühling und Ted Peters

Band 32

Jürgen Boomgaarden

Aus Gottes Hand

Der Status des menschlichen Embryos aus evangelischer Sicht

Vandenhoeck & Ruprecht

Gedruckt mit Unterstützung des Förderungsfonds Wissenschaft der VG WORT.

Bibliografische Information der Deutschen Bibliothek:
Die Deutsche Nationalbibliothek verzeichnet diese Publikation in der Deutschen Nationalbibliografie; detaillierte bibliografische Daten sind im Internet über http://dnb.de abrufbar.

Umschlagabbildung: „Embryo development 24–36 hours after fertilization“.
(© akg/Stocktrek Images)

Satz: 3w+p, Rimpar
Druck und Bindung: Hubert & Co. BuchPartner, Göttingen
Printed in the EU

Vandenhoeck & Ruprecht Verlage | www.vandenhoeck-ruprecht-verlage.com

ISSN 2198-4581
ISBN 978-3-525-57072-2

Inhalt

Vorwort 9
Nur ein paar Zellen oder schon Person? 9
Grundansatz und Intention dieses Buches 10

1. Einleitung: „Gottes Annahme des ungeborenen menschlichen Lebens verleiht ihm menschliche Würde“ – Die beiden großen Konfessionen und die Embryonenstatusfrage 15
1.1 Hindernisse und Chancen ethischer Urteilsbildung – Die evangelische Theologie und die moderne Reproduktionsmedizin 16
1.2 Die Vollkommenheit menschlicher Fortpflanzung – die katholische Position 19
1.3 Embryonales Menschsein in Beziehung zu Gott, dem Anderen und der Natur – der innerevangelische Dissens 25

2. Die Embryonenstatusfrage im Schnittpunkt von biologischem Wissen, philosophischer Erkenntnis und gesellschaftlichem Ethos . 29
2.1 Grundsätzliche Überlegungen zur Embryonenstatusfrage 31
2.1.1 Natürliche Phänomene und ihre Deutung 31
2.1.2 Der geschichtliche Horizont der Statusfrage 32
2.1.3 Die Statusfrage zwischen Relativismus und unmittelbarer Wahrheit 33
2.1.4 Die Statusfrage zwischen ökonomischer Dynamik und gesellschaftlichem Diskurs 35
2.2 Die beiden Sichtweisen des embryonalen Entwicklungsprozesses 37
2.2.1 Zum Verhältnis zwischen biologischer und personaler Interpretation 37
2.2.2 Möglichkeiten des personalen Verständnisses 38
2.3 Die Bestimmung der Person durch personale Qualitäten oder Beziehung 41
2.3.1 Person durch die Ausbildung des Gehirns 41
2.3.2 Person durch die Einheit und Einzigartigkeit des Genoms 42
2.3.3 Person durch die Aktivierung des Genoms 44
2.3.4 Person durch eine neue Zelleinheit 46
2.3.5 Person durch Beziehung – die Bedeutung der Nidation . 47

2.4 Person ‚von Anfang an' – Die Kernverschmelzung 51
2.4.1 Person aus der Vereinigung zweier anderer Personen . . 51
2.4.2 Verschmelzung als Symbol der Vereinigung 53
2.4.3 Wann beginnt die Verschmelzung – und wann ist sie abgeschlossen? 55
2.4.4 Im Werden sein und im Werden Sein 58
2.4.5 Zwischen negativ und positiv bestimmter Identität . . . 60
2.5 Mitglied der menschlichen Spezies, Kontinuität, Identität und Potentialität – Argumente für die Personalität von Embryonen? 62
2.5.1 Die Struktur der SKIP-Argumente 62
2.5.2 Recht und Grenze der SKIP-Argumente 65
2.5.3 Das Speziesargument 67
Spezieszugehörigkeit und personale Identifikation . . . 67
Spezieszugehörigkeit und personale Beziehung 69
2.5.4 Das Kontinuums- und Identitätsargument 72
Leiblichkeit und Körperlichkeit 72
Identität und Identifizierung 74
Identität in der Zeit 76
2.5.5 Das Potentialitätsargument 78
Potentielle Qualitäten und Personen 78
Werden und Vergehen 80
2.5.6 Die SKIP-Argumente als Ausdruck personaler Selbstvergewisserung 81
2.5.7 Personverständnis in Theologie, Philosophie und Gesellschaft 83
2.6 Eine prekäre Liebe. Die Stellung des ungeborenen Lebens in unserer westlichen Bürgergesellschaft 85
2.6.1 Bürgerliche Gesellschaft und Familie 85
2.6.2 Öffentlichen Regelungen zum Schutz des ungeborenen Lebens 88
2.6.3 Geburt als Einsatzpunkt der Sozialisation? 94
2.6.4 Liebe versus Natur 98
2.6.5 Das Kind als Gestalt der Liebe 101
2.6.6 Das Kind als Teil einer individuellen Intimitätsgeschichte 105
2.6.7 Das Kind als elterliches Projekt – und sein Scheitern . . 107
2.6.8 Die soziale ‚Zeugung' des Kindes 110
2.6.9 Das Kind als Projekt der Liebe 111
2.6.10 Das Kind als ‚Fleisch von unserem Fleisch' 113
2.6.11 Das Kind im Konflikt der Gefühle und Vorstellungen . . 115

3. Menschsein in Beziehung. Evangelische Anthropologie und Embryonenstatusfrage 117
3.1 Luthers Disputation über den Menschen 119
3.1.1 Die philosophische Perspektive auf den Menschen . . . 119
Die stoffliche Ursache des Menschen 121
Die gestaltende Ursache des Menschen 121
Die Zweckursache des Menschen 122
Die wirkende Ursache des Menschen 123
3.1.2 Die Rätselhaftigkeit des entstehenden Menschen 124
3.1.3 Die theologische Perspektive auf den Menschen 127
Die Schöpfung unter der Sünde 127
Die Neuschöpfung des Menschen 128
Der Mensch als Gottes bloßer Stoff 130
3.1.4 Der Mensch im Spannungsfeld zwischen philosophischem und theologischem Wissen 131
3.1.5 Die Teilhabe von Theologie und Philosophie an der geschichtlichen Vernunft 134
3.2 Stationen und Positionen der Embryonenstatusfrage in der evangelischen Theologie 136
3.2.1 Zwischen der Sorge für das menschliche Leben und der Sorge für seine Menschlichkeit. Die Tübinger Thesen „Annahme oder Abtreibung“ 137
3.2.2 „Vom Zusammenwirken Gottes und der Frau bei der Menschwerdung“. Menschwerdung im Verständnis Christiane Kohler-Weiß’ 140
3.2.3 Zwischen etwas und jemand. Johannes Fischers kategoriale Differenzierungen im Hinblick auf den Embryo 142
Menschliches Leben und personales Menschsein 142
Embryo als Person? 143
Vom Etwas zum Jemand? 145
Geburt als Kriterium theologischer Tradition? 147
3.2.4 Die Frage nach dem Embryonenstatus und die Rechtfertigungslehre 148

4. Aus Gottes Hand. Eine systematische Theologie des ungeborenen menschlichen Lebens 151
4.1 Der natürliche Anfang des Menschen im Licht des göttlichen Anfangs mit ihm 153
4.1.1 Die Taufe als umfassendes Lebensereignis 153
4.1.2 Gottes Heilshandeln an dem leiblichen Menschen 156
4.1.3 Nichtigkeit und Ganzheit des Menschen 158
4.1.4 Der Beginn des ganzen Menschen 159
4.1.5 Menschsein durch die Liebe Gottes 162

4.1.6 Menschsein durch die Liebe anderer Menschen 163
4.1.7 Verschmelzungsvorgang und liebende Beziehung als *ein* Anfang personalen Daseins 166
4.1.8 Der Beginn einer Person – natürlicher Befund und kulturelle Deutung 168
4.1.9 Die relativen Grenzen des Natürlichen 172
4.1.10 Das Geheimnis der Personwerdung im Schwangerschaftsgeschehen 175
4.1.11 Die Freiheit des Glaubens im elterlichen Projekt 176
4.1.12 Die Freiheit der Liebe zum ungeborenen Leben 179
4.2 Christliche Ethik des Embryonenschutzes und gesellschaftliches Ethos 183
4.2.1 Möglichkeiten einer christlichen Ethik 183
4.2.2 Notwendigkeit und Grenze des Embryonenschutzes . . . 186
4.2.3 Das Evangelium von der Liebe Gottes zum ungeborenen Leben 189
4.3 Der Embryonenstatus in der modernen Reproduktionsmedizin. 190
4.3.1 Der Status des extrakorporalen Embryos 190
4.3.2 Die Liebe zu der einen Person in den vielen menschlichen Keimen 193
4.3.3 Eine Gewissens- und Glaubensentscheidung 195
4.3.4 Der „Deutsche Mittelweg" 197
4.4 „Ich kannte dich, ehe ich dich im Mutterleibe bereitete" 203

5. Der Mensch als „Gottes bloßer Stoff zu dem Leben seiner künftigen Gestalt" 209

Abbildungen zur „ersten Woche" 211

Abkürzungsverzeichnis 213

Literaturverzeichnis 215

Register 229
Bibelstellenregister 229
Namenregister 230
Sachregister 233

Vorwort

Nur ein paar Zellen oder schon Person?

Bei kaum einer anderen ethischen Thematik gehen die Auffassungen so auseinander wie in der Frage nach dem Status von Embryonen. Expertinnen und Experten aus den verschiedenen Wissenschaften, Politikerinnen und Politiker streiten darüber, ob der Embryo die gleiche Würde wie ein geborener Mensch besitzt, gleich ihm als Person zu achten ist. In Deutschland erreichte die Diskussion zu Jahresanfang 2001 einen gewissen Höhepunkt in der Wochenzeitung „Die Zeit". Robert Spaemann und Reinhard Merkel vertraten die konträren Positionen. Liegt für Spaemann einerseits der Anfang von jedem Menschen „im Unvordenklichen", so stellt er doch andererseits mit dem Hinweis auf das vollständige DNA-Programm der befruchteten Eizelle klar, dass es „zu jedem Zeitpunkt" geboten sei, „das, was, von Menschen gezeugt, sich autonom auf eine erwachsene Menschengestalt hin entwickelt, als ‚jemanden' zu betrachten, der nicht als ‚etwas' zum Beispiel als Organersatzteillager zugunsten anderer, und seien sie noch so leidend, ausgeschlachtet werden darf".[1] Merkel hingegen führt dem Leser in einem fiktiven Beispiel die verwirrenden Möglichkeiten der Totipotenz eines Vierzellembryos vor Augen und kommt zu dem Ergebnis, dass es „in diesem frühen Stadium embryonaler Entwicklung noch keinerlei Sinn [hat], von irgendeiner moralisch relevanten Identität des Embryos mit der Person, die aus ihm werden kann, zu sprechen".[2] Merkel erinnert im Weiteren an die Hoffnungen von Forscherinnen und Forschern, eine Vielzahl von schweren Krankheiten wirksam therapieren zu können, und spricht sich für Herstellung und Verbrauch von Embryonen zugunsten dieser ‚moralisch hochrangigen' Ziele aus.

Ist die Diskussion seitdem etwas abgeebbt, so sind gleichwohl die Befürchtungen und Hoffnungen geblieben, die sich mit der Embryonenforschung verbinden. Geht unsere Gesellschaft in ihrem Optimierungswahn und umnebelt von den Heilsversprechen der Wissenschaft über embryonale Leichen? Oder blockiert ein kirchlich-konservativer Komplex von mehrheitlich Männern mit einem dogmatischen Menschenbild dringend benötigte medizinische Forschung? Steckt in diesem winzigen embryonalen Zellhaufen nicht das entscheidende Potential zur Heilung schwerster Gebrechen?

Der Streit um das Lebensrecht von Embryonen in diesen Fragen medizinischen Fortschritts dürfte für die meisten Menschen eine relativ abstrakte

1 Spaemann, Gezeugt, nicht gemacht, 49.
2 Merkel, Rechte für Embryonen?, 62.

Angelegenheit sein. Der Umgang mit diesen winzigen Zellgebilden spielt sich in hochtechnisierten Laboren ab und die in Aussicht gestellten Heilungsmöglichkeiten bleiben in der Regel noch Zukunftsmusik.

Anders sieht es mit der persönlichen, die eigene Lebensgestaltung zutiefst berührende Frage nach dem Menschsein des eigenen Nachwuchses aus. Denkt eine Schwangere oder ein Paar über die Möglichkeit einer Abtreibung nach, stellt sich die Embryonenstatusfrage hier in einer Weise, die das eigene Selbstverständnis herausfordert. Ist dieses Wesen in mir oder im Bauch meiner Partnerin schon mein Kind? Die Auffassungen darüber sind gespalten und für die Betroffenen gilt meistens: „Das müsst ihr allein entscheiden". Die Einstellung zum ungeborenen Leben und der Umgang mit ihm sind zu einer Angelegenheit des persönlichen Ermessens geworden, vielleicht noch zum Austausch mit engsten Vertrauten geeignet. Unterschiedlich fallen die Sichtweisen aus. Eine Frau sieht hoffnungsvoll in dem wenige Tage alten Wesen, das sie in sich ahnt, schon ihr Kind, und eine andere Frau entscheidet sich nach einem Beratungsgespräch für eine Abtreibung, um einem zukünftigen Kind ein schwieriges Umfeld zu ersparen. Die ethische Frage nach dem Embryonenstatus erscheint gänzlich der individuellen Wahrnehmung und Entscheidung überlassen.

Grundansatz und Intention dieses Buches

Wenn man die Theologie ins Gespräch um den Embryonenstatus bringt,[3] kann sie vielleicht wichtige ethische Aspekte zur Debatte um die Embryonenfor-

3 Der Begriff des Embryos wird allgemein für das ungeborene menschliche Leben von der Fertilisation an gerechnet bis zum Ablauf von acht Wochen (56 Tage) verwendet, danach beginnt die Fetalperiode, in der von dem Fötus gesprochen wird. Innerhalb der Embryonalperiode lässt sich noch die präembryonale Phase von der eigentlichen Embryonalphase, die von der vierten bis zur achten Woche reicht, unterscheiden. Diese terminologische Differenzierung findet hier keine Berücksichtigung, weil ihr Gebrauch in der Diskussion um die Personalität schon von vornherein eine Abwertung der ersten drei Wochen des ungeborenen Lebens mit sich führt.
Die Diskussion um den Status des ungeborenen Lebens hat sich nicht zuletzt angesichts der Möglichkeiten der Reproduktionsmedizin und der Forschung an den frühesten Stadien menschlichen Lebens auf den Embryo konzentriert. Man streitet um die personale Bedeutung von biologischen Entwicklungen in der frühen Embryonalphase. Zwar werden auch Ereignisse in der Fetalphase – zum Beispiel die Gehirnentwicklung – als personaler Beginn ins Gespräch eingebracht, aber der Schwerpunkt der Diskussion liegt m. E. zu Recht auf der Bedeutung des Embryos.
Daran schließt sich dieses Buch an und nimmt vor allem den Embryonenstatus in den Blick, auch wenn die Frage nach der Personalität des ungeborenen menschlichen Lebens überhaupt zu beantworten versucht wird und deshalb in verschiedenen Zusammenhängen der Fötus implizit mitbedacht ist. So umfasst der in einem späteren Kapitel thematisierte Abtreibungskonflikt, dessen Bedeutung sich für die Statusfrage schwerlich abblenden lässt, Embryonal- und Fetalphase. BOLTANSKI verwendet in seinem wichtigen Buch „Soziologie der Abtreibung" durchge-

schung beisteuern, aber bei einer eigenen Entscheidung für oder gegen eine Abtreibung ungeeignet erscheinen, die Frage nach dem Status des eigenen Nachwuchses situationsgemäß zu beantworten. Zu persönlich erscheinen oft die jeweiligen Umstände, in denen sich die Frage nach der Fortführung einer Schwangerschaft stellt. Ein solches Problem lässt sich nicht akademisch lösen!

Doch spielen in die zutiefst persönlichen Entscheidungen die großen Fragen nach Sinn, Wesen und Grenze menschlichen Daseins hinein. Die Beurteilung der eigenen ‚existentiellen' Situation und das Verständnis menschlichen Lebens sind von Grundannahmen geprägt, die eine theologische Dimension besitzen. Die Besinnung auf Gott und seine Zuwendung zum Menschen kann den Blick weiten auf den Schöpfer alles Lebens und vielleicht auch verhelfen, sehr persönliche Situationen in einem andern Licht zu sehen. Theologie eröffnet einen reflektierten Blick auf das Handeln Gottes am Menschen, das in der Person Jesu Christi sichtbar geworden ist und sich bis heute durch Gottes Geist fortsetzt. Sie verändert das eigene Selbstverständnis und die Sicht auf den Nächsten.

Die Theologie ist darin Wissenschaft, dass sie eine Position des Glaubens einbringt, deren Plausibilität und Stringenz sie zugleich zur Disposition stellt. Sie lädt ein, den Menschen im Licht des christlichen Heilsereignisses zu reflektieren, und eröffnet eine Verständigung darüber, wie wir uns selbst und andere begreifen. Die Frage nach dem Menschen gehört zum Kerninhalt theologischen Denkens und die folgenden Ausführungen versuchen zu zeigen, dass von einer christlichen Anthropologie ausgehend begründete Aussagen zum Status des ungeborenen Lebens möglich sind.

Die hier versuchte Antwort auf die Statusfrage wird weder eine prinzipielle sein, die sich also in einem einfachen Ja oder Nein erschöpft, noch eine kasuistische sein, die sich je nach Fall von vornherein bestimmen ließe. Aus theologischer Sicht kann es zu einer rechten Entscheidung in der Embryonenstatusfrage nur in Verbindung mit dem Einzelnen, seiner Situation und seinem Gewissen kommen. Damit ist nicht gesagt, dass es jeder so halten soll, wie er es meint, und sich die Wahrheit in dieser Frage in subjektiven Einschätzungen erschöpft. Die eigene Situation und das eigene Gewissen stehen in einem größeren Horizont des Welt- und Selbstverständnisses. Vor dem Wissen um die theologische, philosophische, biologische, soziologische und juristische Dimension der Wahrheit in der Embryonenstatusfrage kann man nur um der eigenen Täuschung willen die Augen verschließen. In diesem Buch werden die verschiedenen Dimensionen dieser Frage ausgebreitet und aus evangelisch-theologischer Sicht gewürdigt. Die Priorität der theologischen Dimension findet sich in der entsprechenden Auffassung des Gewissens wieder. Das Gewissen hat in all diesem Wissen seinen zentralen Bezugspunkt

hend den Begriff des Fötus, ohne damit eine Abgrenzung zum biologischen Embryobegriff vornehmen zu wollen (23 f). In meiner Nachzeichnung des Gedankengangs Boltanskis werde ich seinem Begriffsgebrauch folgen und in diesem Zusammenhang ebenfalls vom Fötus sprechen.

in Gott und ist in der jeweiligen Situation auf dessen zugesprochenes Wort angewiesen. Der Mensch vertraut nicht einer subjektiven Einschätzung, sondern auf das ihn ansprechende göttliche Wort. Die theologische Reflexion verhilft ihm dabei, Gottes Weisung angemessen wahrzunehmen. Im Glauben tritt der Mensch je neu in die Beziehung zu Gott ein, aber auch der dem christlichen Glauben Fernstehende wird von Gott in seinem Gewissen berührt.

Der Bezug auf den Einzelnen und sein Gewissen ist weder als eine Suspendierung einer ‚allgemeinen', d. h. begründungsfähigen und kommunizierbaren Wahrheit in der Embryonenstatusfrage noch als deren Privatisierung anzusehen. Jeder steht auf seine Weise in einem öffentlichen Raum und prägt die allgemeine Auffassung zu diesem Thema mit. In das christliche Bekenntnis, eine christlich verantwortete Haltung oder Gewissensentscheidung gehen theologische Argumente ein, die sie auch einem dem christlichen Glauben Fernstehenden nachvollziehbar machen. Die Theologie dient nicht nur der Bildung einer persönlichen Überzeugung oder darüber hinaus einer kirchlichen Binnenmeinung, sondern hat auch ihre Funktion in der Gesellschaft insgesamt. Staatliche und private Institutionen vielfältiger Art nehmen Einfluss auf die Wahrnehmung des ungeborenen Lebens und stehen in westlichen Demokratien für ein Bild des Menschen ein, das durch Begriffe wie Würde, Freiheit und Selbstbestimmung gekennzeichnet ist. Was solche Begriffe im konkreten Fall bedeuten, ist immer wieder Gegenstand der öffentlichen Diskussion. Die Theologie nimmt daran teil und bringt ihr spezifisches Wissen um den Menschen in kritischer oder zustimmender Absicht ein. Darin liegt auch die Intention dieses Buches, in dem aus theologischer Perspektive ein Verständnis des Menschen entworfen wird, das für dessen Personalität schon vor seiner Geburt eintritt, aber nicht jeden menschlichen Embryo einer Person gleichsetzt.[4]

Das Buch beginnt mit einem Blick auf die beiden großen Konfessionen in Deutschland und ihre theologische Bewertung der Embryonenstatusfrage. Nach einigen grundsätzlichen Überlegungen zu dieser Frage wird im Weiteren den biologischen, philosophischen, soziologischen und juristischen Erkenntnissen zum Thema viel Raum gegeben. Der biologische Entwicklungsprozess des Embryos soll auf seine mögliche personale Bedeutung hin betrachtet werden. In einem weiteren Abschnitt stehen zentrale philosophische Argumente, die sog. SKIP-Argumente, auf dem Prüfstand. Daran schließt sich eine soziologische Betrachtung an, welche die Embryonenstatusfrage in das Selbstverständnis der westlichen Bürgergesellschaft einzuordnen versucht.

4 Der Personbegriff wird in theologischen, philosophischen und rechtlichen Kontexten unterschiedlich gedeutet. Wenn hier im Weiteren von Person die Rede ist, dann wird sie als Träger einer Würde verstanden, die gemäß dem ersten Artikel des Grundgesetzes jedem Menschen zukommt. Sie ist zu achten und zu schützen.

In den darauf folgenden genuin theologischen Reflexionen dieses Buches ist Gottes offenbare Beziehung zu dem Menschen in Jesus Christus Ausgangspunkt, von dem aus die Erkenntnisse der anderen Disziplinen in das rechte Licht gerückt werden können. Nach der Erinnerung an Grundeinsichten evangelischer Anthropologie und der Besprechung einiger evangelischer Stellungnahmen zum Embryonenstatus soll eine kleine systematische Theologie des ungeborenen Lebens entfaltet werden.

Die rechtliche Dimension des Themas wird immer wieder Beachtung finden, insbesondere das Embryonenschutzgesetz, wenn die Stellung des Embryos im Rahmen einer In–vitro-Fertilisation aus theologisch-ethischer Sicht betrachtet wird. Diese Methode künstlicher Befruchtung hat sich inzwischen fest etabliert, aber ihre ethischen Probleme dürfen nicht übersehen werden. Weitere Themen der Fortpflanzungsmedizin, aber auch der medizinischen Forschung an und mit Embryonen, sind nicht berücksichtigt worden. Sicher würden sich hier noch besondere Probleme des Embryonenstatus ergeben, doch stehen sie für unsere Gesellschaft in ihrer Bedeutung verglichen mit IVF und Abtreibung zurück.

Das Hauptanliegen der Untersuchung liegt in einer stärkeren Verbindung des Themas mit Grundeinsichten evangelischer Anthropologie. Man hat bisweilen den Eindruck, dass mit der Einordnung der Embryonenstatusfrage in die Bioethik die Fokussierung auf drängende, aber auch drängend gemachte Detailfragen medizinischer Praxis und die dafür notwendige Expertise einhergeht und die eigentliche theologische Relevanz des Themas in den Hintergrund gerät. Deshalb möchte dieses Buch der theologischen Sicht des Themas, seinem Verständnis aus Grundeinsichten evangelischen Glaubens heraus, neu Gehör verschaffen. So kann es auch ausgehend von der Embryonenstatusfrage als Einführung in die evangelische Anthropologie angesichts unserer modernen Gesellschaft gelesen werden.

Martin Leiner aus Jena danke ich herzlich für Anregungen und Kommentare zum Buch. Ebenso gebührt Harald Grauer (Bonn) ein großer Dank, der sich den Mühen des Korrekturlesens unterzogen hat und mir viele Literaturhinweise gegeben hat. Für hilfreiche Hinweise danke ich auch Manfred Lang (Halle) und Ulrike Enke (Marburg). Ebenso gilt mein Dank dem Herausgeberkreis von „Religion, Theologie und Naturwissenschaft", der diese Arbeit in seine Reihe aufgenommen hat. Aus dem Förderungsfond Wissenschaft der VG WORT ist einen großzügiger Druckkostenzuschuss geflossen, wofür ich ebenfalls sehr dankbar bin.

Koblenz, im Oktober 2018

Jürgen Boomgaarden

1. Einleitung: „Gottes Annahme des ungeborenen menschlichen Lebens verleiht ihm menschliche Würde“ – Die beiden großen Konfessionen und die Embryonenstatusfrage

Das Zitat in der Überschrift entstammt der im Jahr 1989 veröffentlichten Erklärung „Gott ist ein Freund des Lebens“, die von den beiden großen Konfessionen in Deutschland in Verbindung mit vielen andern Kirchen verantwortet wird.[1] Mit der Erklärung reagierten die Kirchen auf die gesteigerten Möglichkeiten, Anfang und Ende menschlichen Lebens zu beeinflussen. Durch sie sahen sie den Menschen in seiner Würde bedroht.

Grundlegende theologische Gemeinsamkeiten der Kirchen in Fragen des menschlichen Lebens werden in diesem Dokument benannt. Ihre Würde verleihen sich Menschen nicht untereinander, sondern ihre Anerkenntnis gegenseitiger Würde gründet auf der göttlichen Annahme jedes Einzelnen. Gott hat den Menschen zu seinem Ebenbild geschaffen und ihn in Jesus Christus unbedingt angenommen. Die Erklärung stellt sich verschiedenen gesellschaftlichen Herausforderungen, um die Relevanz der göttlichen Zuwendung zum menschlichen Leben deutlich zu machen. So schließt Gottes Annahme auch den Menschen in seiner vorgeburtlichen Phase ein, in der er zum individuellen menschlichen Leben wird.[2]

Das gemeinsame kirchliche Eintreten für den Schutz des ungeborenen menschlichen Lebens ist angesichts einer in der Embryonenstatusfrage unsicheren und gespaltenen Gesellschaft sicher hilfreich. Doch der Riss zieht sich

1 Rat der Evangelischen Kirche / Deutsche Bischofskonferenz, Gott ist ein Freund des Lebens, 44.

2 Die Erklärung legt nahe, dass das ungeborene Leben *ab der Verschmelzung von Ei- und Samenzelle* die gleiche Würde wie ein geborener Mensch beanspruchen darf, ohne es ausdrücklich zu formulieren. Das durch die Verschmelzung entstandene menschliche Lebewesen kann „gar nichts anderes werden [...] als ein Mensch“ (ebd., 43) – scheint also noch kein Mensch zu sein –, aber die von den Autoren herausgestellte Kontinuität des Entwicklungsprozesses und die Individualität des entstandenen Lebewesens „von Anfang an“ (ebd.) zielen unzweifelhaft auf einen dem geborenen Menschen gleichen Würdeschutz. Die Aussage, dass dem ungeborenen Leben „bereits ein schutzwürdiger Status zukommt und es nicht zum willkürlichen Objekt von Manipulationen gemacht werden darf“ (44), könnte einen gewissen Interpretationsspielraum im Hinblick auf das Schutzniveau zulassen, doch die Aussage, dass es keinen Grund gäbe, „die Aussagen über Gottebenbildlichkeit bzw. Würde des Menschen nicht auch auf das vorgeburtliche menschliche Leben zu beziehen oder ihm den Anspruch gleichen Schutzes wie für das geborene Leben zu verweigern“ (ebd.), ist wiederum eindeutig. Zur Genese des Dokuments in der Frage des Schwangerschaftsabbruchs siehe Großjohann, Kirchen als Freunde des Lebens, 205 ff.

auch durch die Kirchen und Theologie.[3] Betrachtet man das theologische Spektrum innerhalb der Konfessionen, so lassen sich auf beiden Seiten viele Stimmen finden, die einer von der Erklärung nahegelegten Gottebenbildlichkeit und Würde des ungeborenen Lebens ab der Verschmelzung von Ei- und Samenzelle nicht zustimmen würden.[4]

Die Divergenzen wurzeln in unterschiedlichen anthropologischen Ansätzen der Konfessionen. So ist die katholische Theologie weitgehend dem Beseelungsgedanken verpflichtet, von dem aus sie den Embryonenstatus zu eruieren sucht. Auch die evangelische Seite ist durch gemeinsame anthropologische Grundannahmen verbunden, die vornehmlich in der Rechtfertigungslehre verankert sind. Aber was bedeutet sie für die Embryonenstatusfrage?

1.1 Hindernisse und Chancen ethischer Urteilsbildung – Die evangelische Theologie und die moderne Reproduktionsmedizin

Die evangelische Theologie tut sich schwer mit den ethischen Fragen, welche die fortschreitende Biomedizin am menschlichen Lebensanfang aufwirft. Die reformatorische Erkenntnis von der Rechtfertigung aus Glauben gilt allen Menschen – aber ab wann ist ein Mensch ein Mensch? Schon diese Frage scheint sich zu verbieten, wenn Gottes rechtfertigendes Handeln vom Menschen kein vorauszusetzendes Handeln oder Vermögen verlangt. Gottes Liebe ist bedingungslos und an keine Qualität des Menschseins gebunden. Diese Einsicht dokumentiert sich in der von den Reformatoren fortgesetzten Kindertaufe, in der dem noch unselbständigen Neugeborenen Gottes Gnade zugesprochen wird. Gott wendet sich dem Menschen von dessen frühesten Anfang an zu.

War schon in der vormodernen Tradition der genaue Anfang des Menschseins umstritten, so ist mit der Erforschung des pränatalen menschlichen Lebens aus einer eher spekulativen Frage ein drängendes ethisches

3 Fünfundzwanzig Jahre nach der Erklärung scheint für Knoepffler „eine solche gemeinsame Stellungnahme wohl nicht mehr im Bereich des Möglichen zu liegen“ (Bioethische Ökumene?, 3; siehe auch schon den Hinweis auf Differenzen beim Schutz des ungeborenen Lebens im Vorwort der Erklärung, 9). Doch dürfte ein wichtiger damaliger Beweggrund für das gemeinsame Vorgehen noch heute aktuell sein. Die gemeinsame Stellungnahme ist davon geprägt, „dass beiden Kirchenleitungen bewusst geworden war, dass konfessionelle Differenziertheit kaum ein Mittel mehr war, um in der Bewertung ethischer Fragestellungen Mehrheiten auf die eigene Position zu konzentrieren. [...] Den Arbeitsgruppenmitgliedern und auch den Kirchenleitungen war wichtiger, gemeinsam zu formulieren, als die Stellungnahme durch zu deutliche Formulierung der theologischen Differenzen in ihrer Rezeption abzuschwächen“ (Großjohann, Kirchen als Freunde des Lebens, 227). Zur heutigen interkonfessionellen Diskussion um den Embryonenstatus siehe Scheule, Ethik des Lebensbeginns.

4 Zur Kritik an dem in der Erklärung nahegelegten Embryonenstatus siehe auf evangelischer Seite Körtner, Bioethische Ökumene?, 77 f. Zur vielschichtigen katholischen Diskussion um den Embryonenstatus siehe unten S. 20, Anm. 7.

Problem geworden. Aus dem immer genaueren Wissen um die menschliche Entwicklung ergeben sich neue medizinische Möglichkeiten, deren ethische Bewertung in vielen Fällen von der normativen Deutung embryonaler Phasen abhängt. Die evangelische Theologie scheint von ihrem Ansatz her nicht in der Lage zu sein, eine eindeutige Stellungnahme und Empfehlung beitragen zu können, weil die normative Bestimmung des embryonalen Daseins der christlichen Lehre vorauszuliegen scheint. Die theologische Aussage, dass Gott seine Gnade nicht an eine bestimmte Qualität menschlichen Daseins bindet, sondern jeden von Anfang an liebt, wird von der biologisch-philosophischen Frage unterlaufen, zu welchem Zeitpunkt der pränatalen Entwicklung der einzelne Mensch seinen Anfang nimmt.

Die Reformation hat bekanntermaßen einen Bildungsschub ausgelöst und zur Entwicklung des bürgerlichen Freiheitsgedankens beigetragen. Doch wurden zugleich Haltungen und Denkmuster geschaffen, die diese Entwicklung bremsten. Nach der Distanzierung von protestantischen Traditionen, die ein obrigkeitsstaatliches Denken befördert haben, hat man in der deutschen evangelischen Theologie den Anschluss an den Geist der bürgerlichen Gesellschaft demokratischer Prägung gesucht, die den Bürgerinnen und Bürgern eine weitgehende Autonomie zugesteht. Die Liberalisierung der Gesellschaft bei Wahrung der sozialen Verantwortung ist auch ein protestantisches Anliegen geworden.

Ähnlich wie im Kampf um den § 218 in den siebziger Jahren des letzten Jahrhunderts steht heute der immer selbstverständlicher werdende Umgang mit den Möglichkeiten der Reproduktionsmedizin im Zeichen einer Ausweitung bürgerlicher Freiheit. Kann sich die evangelische Theologie dagegen sperren? Wenn schon die Entscheidung über eine Abtreibung weitgehend als eine persönliche Gewissenssache angesehen wird, wieso dann nicht auch die Nutzung moderner Reproduktionsmöglichkeiten?

Dass es sich im einen Fall um eine Notsituation handle und im anderen Fall um eine freie Wahl, ist für viele angesichts ihres Leidens an Kinderlosigkeit nicht einsichtig. So könnte die evangelische Theologie und Kirche vor der Schwierigkeit stehen, auf der einen Seite den Anschluss an die demokratische Freiheitstradition halten zu wollen und auf der anderen Seite eine weitere Liberalisierung auf dem wichtigen Feld der Familie bremsen zu müssen.

Die Problematik erfährt ihre besondere Zuspitzung dadurch, dass ‚natürlicherweise' die hier anzusprechende Zielgruppe der ethischen Stellungnahmen zum vorgeburtlichen menschlichen Leben vor allem die Frauen sind. Wird deren Emanzipation als ein theologisches Anliegen begriffen und an einer gendersensiblen Ethik gearbeitet, so kann ein theologisches ‚Reinreden' in die ‚Reproduktionsautonomie' der Frau nur als eine grenzüberschreitende Zumutung erscheinen. Handelt es sich doch um einen Bereich, der wie kein anderer mit weiblicher Intimität und Identität verknüpft ist und nicht für öffentliche theologische Empfehlungen und Grenzziehungen zugänglich zu sein scheint.

Doch sind die Probleme evangelischer Theologie mit der Bioethik nur die eine Seite der Medaille. Die Unsicherheit in diesen Fragen um das vorgeburtliche menschliche Leben teilen Theologie und Kirche mit weiten Teilen der Gesellschaft. Das ist ihnen nicht bloß als Schwäche auszulegen, weil die Unsicherheit aus den nur sehr schwer abzuschätzenden Folgen der biomedizinischen Entwicklung und nicht zuletzt aus einer Anteilnahme an den Hoffnungen und Befürchtungen der betroffenen Menschen resultiert. Ein sich tastendes Orientieren scheint der Situation angemessen. Sicher zeigt Kirche nach außen Profil, wenn sie eindeutig Stellung bezieht. Doch ist es auch eine Stärke, in der Offenheit des Suchens und Fragens auszuharren und den vorschnellen Festlegungen zu wehren. Eindeutige und definitive Aussagen bedürfen einer Klarheit in der theologischen Erkenntnis – und im Glauben –, die sich auch angesichts drängender Probleme und Anfragen nicht heraufbeschwören lässt.

Es wäre allerdings missverständlich, die Vielfalt von Meinungen im Sinne eines die evangelische Kirche kennzeichnenden Pluralismus zu stilisieren. Die Vielfalt ist sicher keine Not für die Kirche, aber auch keine Tugend, wie sie es zu Recht für die bürgerliche Zivilgesellschaft ist. Denn es gehört zum Wesen der Kirche, sich um Eindeutigkeit zu bemühen, die auch in dem Bekenntnis liegen kann, dass aus christlicher Sicht unterschiedliche Überzeugungen in dieser oder jener Frage möglich sind.[5] Eindeutigkeit ist nicht als ein vermeintliches Ideal anzustreben, sondern ergibt sich aus der Gewissheit, dass Gottes Gebot für den Menschen, für jeden Menschen eindeutig und klar ist. Aus dieser Einsicht heraus können widersprüchliche Meinungen, ungeklärte Problemlagen und offene Fragen ausgehalten werden – in der Hoffnung, dass Gott selbst seiner Kirche zur rechten Zeit die nötige Klarheit schenken wird. In dieser spannungsvollen, zielgerichteten Offenheit – letztlich auf Gott hin – und dem damit einhergehenden Optimismus stecken eine große Stärke der evangelischen Kirche für eine zivile Gesellschaft, die einerseits aufgrund ihrer Pluralität solchen offenen Prozessen ihren Lauf lassen und andererseits darin die Würde und das Recht jedes Menschen wahren muss.

Eine weitere Stärke der evangelischen Kirche und Theologie im Hinblick auf die bioethischen Fragen ist ihr Verständnis jedes Menschen von dem Menschen Jesus her, in dem Gott sich offenbart hat. Die reformatorische Rechtfertigungslehre ist auf den ersten Blick nur schwer auf die Natur des Menschen zu beziehen, weil sie den Menschen vorauszusetzen scheint. Doch wird ihre den ganzen Menschen samt seiner Natur betreffende und umfas-

5 Eine andere Akzentuierung nimmt die von ANSELM u.a. in der FRANKFURTER ALLGEMEINEN ZEITUNG (23. Januar 2002) veröffentlichte Stellungnahme vor, die unter dem Titel „Starre Fronten überwinden" auf Grundlage der protestantischen Tradition eine „Eindeutigkeit oder gar Einstimmigkeit" nur in den Grundfragen des Glaubens, aber „in der Regel" nicht der Ethik geboten sieht (Wiederabdruck des Artikels in ANSELM / KÖRTNER [Hg.], Streitfall Biomedizin). Siehe auch die kritischen Bemerkungen zu dieser Stellungnahme von SCHOBERTH, Pluralismus und die Freiheit evangelischer Ethik.

sende Bedeutung klar, wenn man Rechtfertigung als die Geschichte dieses einen Menschen Jesus begreift, in die alle Menschen eingeschlossen sind.

Diese Konsequenz evangelischer Theologie wird bisweilen dadurch verdeckt, dass in bioethischen Fragen der Ebenbildgedanke bemüht wird, mit welchem dem Menschen eine abgestufte Ähnlichkeit zu Gott und damit Schutzwürdigkeit zugeschrieben wird. Nicht irgendwelche natürliche Eigenschaften machen den Menschen schutzwürdig, sondern seine Gottebenbildlichkeit. Eine so behauptete natürliche Gottesnähe des Menschen wird in ihrer konkreten Auslegung sich der Frage stellen müssen, worin denn diese Ebenbildlichkeit besteht. Sind es dann doch bestimmte - gottgegebene - Eigenschaften, welche den Menschen erst zu einem solchen machen?

In der evangelischen Theologie ist immer wieder darauf hingewiesen worden, die Ebenbildlichkeit des Menschen konsequent von der Offenbarung Gottes im Menschen Jesus her zu verstehen. Durch eine an Jesu Christi Sein und Wirken orientierte Interpretation des Menschen überhaupt wird dessen Ganzheit, sein Sein in zwischenmenschlichen Beziehungen und im Gottesbezug gebührend berücksichtigt werden können.

Weil der Ausgangspunkt der anthropologischen Reflexion nicht in einem vorausgesetzten Menschenbild, sondern in einem konkreten Menschen liegt, ist zu hoffen, dass auch in den schwierigen bioethischen Fragen Antworten gegeben werden können, die den betroffenen Menschen im guten Sinn Hilfe und Maßstab sind. Sicher werden in der Auslegung der Bedeutung Jesu Christi auch Menschenbilder und allgemeine anthropologische Setzungen reflektiert und produziert werden, aber - wenn sie angemessen sind - doch so, dass durch sie eine an Jesus Christus gebundene Freiheit in der gegenwärtigen Situation verkündet und gelebt werden kann, die weder Beliebigkeit noch Gesetzlichkeit ist.

1.2 Die Vollkommenheit menschlicher Fortpflanzung - die katholische Position

Die katholische Theologie scheint es auf den ersten Blick mit der Frage nach dem Menschen in seinen frühesten Stadien leichter als die evangelische zu haben, weil sie mit dem dogmatisch festgelegten Verständnis des Menschen als Leib-Seele-Einheit die Fragerichtung für den individuellen Anfang des Menschseins vorgibt.[6] Die göttliche Annahme des vorgeburtlichen Lebens findet in der Beseelung ihren Höhepunkt. Ab wann kann von einem menschlich beseelten Wesen gesprochen werden und wie sind bei einer späteren Beseelung die vorangehenden Phasen zu beurteilen?

6 Zum katholischen Verständnis des Menschen als Personeinheit und geist-leibliche Natur siehe MÜLLER, Katholische Dogmatik, 114–120.

Ist in der theologischen Literatur der Beseelungszeitpunkt wie das Wesen der Beseelung selbst umstritten,[7] so wird in den lehramtlichen Dokumenten die Frage nach dem Beseelungszeitpunkt offengehalten und der Mensch ab dem Augenblick der Empfängnis als solcher gesehen, auch wenn noch keine Beseelung erfolgt ist. Die „Erklärung über den Schwangerschaftsabbruch" der Kongregation für die Glaubenslehre aus dem Jahr 1974 enthält dazu eine maßgebliche Erläuterung. Ein spät angesetzter Beseelungszeitpunkt würde keine echte Minderung des vorangegangenen Status nach sich ziehen, weil das noch unbeseelte menschliche Leben „die Seele vorbereitet und nach ihr verlangt", wie es in einer Anmerkung der Erklärung heißt.[8] Zwar handelt es sich in der Zeit zwischen Empfängnis und Beseelung um ‚menschliches Leben" (humana vita), wie die Erklärung schreibt, was einen Unterschied zum Menschsein im Sinne des homo bedeuten könnte. Aber diese Bestimmung wird ausdrücklich als biologische Tatsache gekennzeichnet, die für sich gesehen keine Aussage über die Beseelung zu treffen vermag.

Angesichts des unsicheren Beseelungszeitpunkts würde man bei der Tötung ungeborenen menschlichen Lebens das Risiko eingehen, „einen Menschen zu töten [occidendi hominis], der nicht noch auf die Beseelung wartet,

7 Böckle hat in einem Beitrag aus dem Jahr 1969 drei Tendenzen in der katholischen Theologie unterschieden (Um den Beginn des Lebens, 26–30). Eine erste Gruppe von Theologen sieht im Verschmelzungsprozess das neue Leben entstehen und mit ihm eine Beseelung sich vollziehen. Eine zweite Gruppe sieht den Individuationsprozess mit dem Ende der Implantation abgeschlossen und vertritt in weiten Teilen eine Sukzessivbeseelung. Eine dritte Gruppe, zu der K. Rahner zu zählen ist, tendiert nach Böckle dazu, Ontogenese und Phylogenese, also die Entwicklung des Individuums und die evolutionäre Entwicklung einer Spezies, als parallele Erscheinungen zu verstehen. Auch wenn diese These problematisch erscheint, so muss doch nach Böckle konzediert werden, dass der von Rahner eingeführte Begriff eines sich selbst überbietenden Werdens das traditionelle Denkschema einer Beseelung dahingehend überholt hat, dass er besser den dynamischen Prozess der Individualisierung des ungeborenen Lebens erfasst (Böckle, Medizinisch-ethische Aspekte, 41, siehe auch unten S. 22, Anm. 14).
In den neunziger Jahren – um zwei größere Werke aus dem deutschsprachigen Raum herauszugreifen – ist von Rager, Beginn, Personalität und Würde des Menschen, und von Breuer, Person von Anfang an?, für einen Schutz des Embryos „von Anfang an", ab der Fertilisation, votiert worden. „Ein einzelliger Keim hat ebenso viel Personalität wie ein Kind oder ein Erwachsener" (Breuer, Person von Anfang an?, 295, mit Verweis auf J. Reiter).
Unter den jüngeren Veröffentlichungen sind Knoepffler, Der Beginn der menschlichen Person und bioethische Konfliktfälle, und Seidel, Schon Mensch oder noch nicht?, zu erwähnen. Knoepffler deutet die Beseelung als „Anfang einer individuellen Lebensgeschichte", die ab dem Ende der Möglichkeit einer Zwillingsbildung einsetzt (Beginn der menschlichen Person, 86). Dem Embryo vor Abschluss der Individuierung sei nur ein für eine Güterabwägung offener Lebensschutz zuzugestehen. Mit dieser Auffassung sieht sich Knoepffler noch „in der Logik der vom Lehramt bis zu Papst Benedikt XVI. vertretenen Lehre der Individualbeseelung" (ebd., 122). Seidel kommt in seiner Untersuchung zu dem Ergebnis, dass von keiner embryonalen Entwicklungsphase mit Sicherheit der Beginn einer Person, des Menschen oder des Individuums ausgesagt werden, aber ein solcher Beginn für die Zäsur des Vierzellstadiums als auch die der Befruchtung „mit Sicherheit" ausgeschlossen werden kann (Schon Mensch oder noch nicht?, 402).

8 Kongregation für die Glaubenslehre, Erklärung über den Schwangerschaftsabbruch, 41.

sondern schon seine Seele besitzt".[9] Auch wenn diese Formulierung eine Abstufung innerhalb des Menschseins nahelegt, weil die Tötung eines beseelten Menschen schwerer zu wiegen scheint, so werden doch sowohl der unbeseelte als auch beseelte Mensch als „Mensch" (homo) bezeichnet. Konsequenterweise heißt es deshalb im Haupttext der Erklärung:

> Niemals wird der ein Mensch (humanus), der es nicht schon von jenem Zeitpunkt [sc. der Eizellbefruchtung] an ist.[10]

Dass hier nun der Ausdruck ‚humanus' für den Menschen verwendet wird,[11] berücksichtigt einerseits auf subtile Weise, dass der Mensch im Vollsinn eines homo nur als beseelter zu denken ist, der er zum Zeitpunkt der Eizellbefruchtung noch nicht sein könnte, und macht andererseits deutlich, dass der mögliche Einschnitt einer solchen Beseelung in einen ‚humanen' Werdeprozess eingefügt ist, der die Menschwerdung an das Menschsein – ob schon beseelt oder noch nicht – wesenhaft bindet. Die Bindung gründet in metaphysischen Überlegungen, bei denen offensichtlich schon das unbeseelte menschliche Wesen als die Seele vorbereitendes und sie verlangendes, als noch nicht beseeltes, aber schon ganz von seiner zukünftigen Seele bestimmtes verstanden wird. Das Ziel der Beseelung wirkt auf das noch unbeseelte menschliche Leben ein und macht es im Vorgriff zu einem Menschen (homo).

Naturwissenschaftlich fundierte Einwände gegen ein solch metaphysisches Verständnis dürften zu kurz greifen. Dass viele Embryonen sehr früh absterben, dass man in den frühen Embryonalphasen aufgrund einer sich erst ausbildenden embryonalen Selbstorganisation nur in eingeschränkter Weise von einer aktiven Potenz eines Embryos sprechen kann, mag als Hinweis gelten, dass es sich in den ersten Phasen noch um ein unbeseeltes Wesen handeln könnte, aber nicht als Widerlegung eines Verlangens nach der Seele.[12] Die lehramtlichen Äußerungen sperren sich gegen den Versuch, biologische Voraussetzungen einer Beseelung eruieren zu wollen. Das Ziel des Seelenempfangs bestimmt den Status des unbeseelten menschlichen Lebens, nicht der Grad seiner aktiven Potentialität. Weil die Seele das Menschsein bestimmt, gibt es kein vorgeburtliches menschliches Leben, das sie nicht prägt.

Biologische Erkenntnisse geben nicht mehr als Hinweise, in welcher Entwicklungsphase eine Beseelung stattfinden könnte, aber entscheiden die Frage nicht, weil die Seele per definitionem kein Gegenstand naturwissenschaftli-

9 Ebd.

10 Ebd.

11 Auf Übersetzungsprobleme von De abortu procurato – und auch der Lehrdokumente Donum vitae und Evangelium vitae – macht Seidel, Schon Mensch oder noch nicht?, 73–86, aufmerksam. Zum Verhältnis von De abortu procurato zu Donum vitae siehe Knoepffler, Der Beginn der menschlichen Person, 53 ff.

12 Vgl. die Anfragen an die lehramtliche Position bei Knoepffler, Der Beginn der menschlichen Person, 80–84.

cher Forschung ist.[13] Die tradierte Lehre von der Seele ist der Wahrheitshorizont, in den sich die biologischen Erkenntnisse einfügen und nach der Lehrmeinung auch einfügen lassen, wenn man sie wahrheitsgemäß interpretiert.

Man könnte einwenden, dass die biologischen Erkenntnisse damit allzu reglementiert oder vielleicht manipuliert werden. Aber vermag die Biologie darüber zu entscheiden, was den Menschen ausmacht? Die Frage nach dem Beginn des individuellen Menschseins ist untrennbar mit der nach seinem Wesen verbunden. Was den Menschen zum Menschen macht, erschließt sich für die christliche Theologie durch Gottes Zeugnis in Schöpfung und Offenbarung. Deshalb können biologische Erkenntnisse wichtige Fakten über die Entwicklung des Menschen bereitstellen, aber von sich aus keine Evidenz für den Anfang des individuellen Menschseins schaffen.

Stehen sich katholische und evangelische Theologie in dem grundsätzlichen Verweis auf Gottes Zeugnis nahe, so fällt doch auf, dass die Deutungshoheit der Theologie über die Fakten der Biologie auf der katholischen Seite stärker ausgeprägt ist. Mit der Vorstellung der Beseelung nimmt ein transzendentes Ereignis am Beginn jedes Menschenlebens Raum, das selbst kein biologischer Vorgang ist, aber mit den biologischen Geschehnissen sowohl in engste Beziehung gesetzt als auch von ihnen abgegrenzt werden will.[14] Die lehramtlichen Dokumente versuchen einerseits dem möglichen Vorwurf zu begegnen, mit der Beseelungsvorstellung würden der biologischen Erkenntnis zuwiderlaufende Lehren vertreten, und andererseits dem Missverständnis zu wehren, dass man biologische Entwicklungen zu metaphysischen Ereignissen erhöbe.

Auch das ausgezeichnete Datum der Eizellbefruchtung, ihr Vollzug, ist für das Lehramt nicht als ein ‚rein' biologisches Geschehen zu verstehen, ab dem die weiteren biologischen Stadien einem Seelenempfang zugeordnet werden. Am Anfang des menschlichen Lebens steht kein seelenloser biologischer Befruchtungsvorgang, sondern die ganze menschliche Fortpflanzung ist kon-

13 „Im übrigen steht es den biologischen Wissenschaften nicht zu, ein entscheidendes Urteil über eigentlich philosophische und ethische Fragen zu fällen, wie jene über den Zeitpunkt, zu dem die menschliche Person gebildet wird […]" (Kongregation für die Glaubenslehre, Erklärung über den Schwangerschaftsabbruch, 43).

14 Beides kommt in der von Rahner geprägten Vorstellung der Selbstüberbietung oder Selbstübersteigung (Die Hominisation als theologische Frage, 82 f) zur Geltung und wird von Feiner im folgenden Zitat auf differenzierte Weise zusammengebracht: „Wenn das, was die Eltern durch die Zeugung hervorbringen, ein geistbeseelter Organismus wird, so liegt ohne Zweifel ein Neu- und Mehrwerden vor, das als Selbstüberstieg der geschöpflichen Ursache aufzufassen ist. Diese Selbstüberbietung der kreatürlichen Ursache ist nur möglich kraft der Dynamik der göttlichen Ursächlichkeit, die gerade als transzendente dem geschöpflichen Wirkenden zutiefst immanent ist und von vornherein als Moment am geschöpflichen Wirkenden zu sehen ist, das zu ihm gehört, ohne ein inneres Moment seiner Natur zu sein" (Der Ursprung des Menschen, 580, vgl. dazu auch die Einleitung von Böckle zur Erklärung über den Schwangerschaftsabbruch, 9 f).

sequent von ihrem ‚seelischen Gehalt' her zu deuten. Die Eizellbefruchtung ist in ein partnerschaftliches Geschehen eingebettet, in den ‚ehelichen Akt' gegenseitiger leiblich-seelischer Hingabe der Ehepartner. Deshalb nimmt die kritische Beurteilung moderner biomedizinischer Entwicklungen nicht nur bei einer ‚seelenlosen' Vorstellung von Embryonen, sondern auch bei der defizitären Gestalt gegenseitiger ehelicher Hingabe in der Reproduktionsmedizin ihren Ausgang.[15] Der Geschlechtsakt wird als ein zugleich leibliches und geistiges Geschehen verstanden, dessen Ausdrucksfülle bei einer künstlichen Befruchtung nicht erreicht wird:

> Eine außerhalb des Leibes der Eheleute erlangte Befruchtung bleibt [...] der Sinngehalte und der Werte beraubt, die sich in der Sprache des Leibes und der Vereinigung der menschlichen Personen ausdrücken.[16]

Ehelicher Geschlechtsakt und die Entstehung neuen Lebens sind als eine maßgebliche Einheit zu verstehen. Der Unterschied zwischen der katholischen und evangelischen Position in Fragen der Fortpflanzungsmedizin ist nicht so sehr von dem Gegensatz eines ontologischen, ‚seinshaften' gegenüber einem relationalen, beziehungsorientierten Verständnis des Menschen geprägt, wie es oft den Anschein hat. Die durch das Sakrament der Ehe gestützte katholische Argumentation kann mit Recht von sich behaupten, durch und durch relational begründet zu sein. Welche Relation könnte für die christliche Theologie grundlegender sein als diejenige der liebenden Hingabe?

Aber wie bei der Vorstellung der Beseelung reicht aus katholischer Sicht das göttliche Offenbarungswissen tiefer in die natürliche Existenz des Menschen, als es seitens der evangelischen Theologie vertreten werden könnte. Der Hochschätzung gegenseitiger Hingabe in Liebe wird die evangelische Theologie nicht widersprechen, aber darauf verweisen, dass diese Hingabe ihren ersten Ort in der Hingabe Gottes an den Menschen in Jesus Christus hat. Diese ist allein Maßstab für die Liebe der Partner untereinander, die auch die geistig-leiblich verfasste menschliche Sexualität, in oder außerhalb der Ehe, bestimmen soll. Der ehelichen Beziehung selbst eine ‚Heiligkeit' zuzusprechen, dass sie ebenfalls zu einer solchen Norm erhoben werden könnte, liegt der evangelischen Ethik fern.[17] Der menschlichen Fortpflanzung und der ehelichen Vereinigung kommen keine besondere, in ihrer von Gott gegebenen Natur begründete Würde zu. Eine liebende Hingabe kann auch unter sehr unnatürlichen Umständen im Sinne Christi sein.

Angesichts dieser unterschiedlichen theologischen Bewertung des Geschlechtsaktes werden reproduktionsmedizinische Eingriffe, die mit einer

15 Kongregation für die Glaubenslehre, Instruktion über die Achtung vor dem beginnenden menschlichen Leben und die Würde der Fortpflanzung, 21 ff.

16 Ebd., 25.

17 Zur innerkatholischen Kritik an der lehramtlichen Auffassung siehe Götz, Medizinische Ethik und katholische Kirche, 101 f.

In-Vitro-Fertilisation verbunden sind, katholischer- und evangelischerseits *grundsätzlich* anders beurteilt. Doch gibt es in der Kritik an reproduktionsmedizinischen Maßnahmen, die mit einer Embryonenselektion einhergehen, durchaus Übereinstimmungen.

Sieht das katholische Lehramt bei der Frage nach dem Beginn menschlichen personalen Lebens die Notwendigkeit seiner Achtung als Person ab dem Augenblick seiner Zeugung, auch wenn man auf die Festlegung eines Beseelungszeitpunkts verzichtet,[18] so wird ihr in dieser Konsequenz von evangelischer Seite weithin zugestimmt. Die von einigen evangelischen Professoren verfassten Tübinger Thesen „Annahme oder Abtreibung" aus dem Jahr 1971 – um für die evangelische Seite ein bedeutsames Dokument zu nennen – verfolgen ausgehend von dem in der Rechtfertigungslehre gründenden Verständnis des Menschen einen ähnlichen Gedanken über das zu schützende Werden des Menschen, auch wenn er erst zu diesem werden sollte:

> Von dem menschlichen Akt der Zeugung (Empfängnis) an ist werdendes Leben menschliches Leben, gehört sein Werden zur Menschlichkeit seines Seins. Es widerspricht diesem Sachverhalt nicht, wenn man erst von einem bestimmten – allerdings umstrittenen – Zeitpunkt an den werdenden Menschen einen Menschen nennt; denn diese Benennung benennt das dem Benennungszeitpunkt vorangehende Werden immer schon mit.[19]

Man könnte mit dem in der katholischen Erklärung zitierten Wort Tertullians sagen: „Der ist schon Mensch, der es sein wird."[20] Diese Gemeinsamkeit bestimmt dann auch die am Anfang des Kapitels erwähnte Erklärung des Rates der Evangelischen Kirche in Deutschland und der Deutschen Bischofskonferenz, welche die Kontinuität im Werden des vorgeburtlichen Lebens betont:

> Beim vorgeburtlichen Leben handelt es sich somit nicht etwa bloß um rein vegetatives Leben, sondern um individuelles menschliches Leben, das als menschliches

18 Siehe dazu auch die Ausführungen von SPAEMANN, Kommentar, 86 f.

19 Die sich daraus ergebende Schutzwürdigkeit des ungeborenen Lebens könnte durch die folgende Aussage, "daß der Schutz des noch nicht geborenen menschlichen Lebens ein Widerspruch in sich wäre, wenn er nicht zugleich die Menschlichkeit des werdenden Menschen-Lebens schützt" (JÜNGEL u. a., Annahme oder Abtreibung, 169), relativiert werden und wird es auch in den weiteren Ausführungen der Thesen. Damit ist ein evangelisches Verständnis des Menschseins aus Beziehung eingebracht, das aus katholischer lehramtlicher Sicht abgelehnt würde, in dieser Ausprägung allerdings auch auf evangelischer Seite strittig ist.

20 KONGREGATION FÜR DIE GLAUBENSLEHRE, Erklärung über den Schwangerschaftsabbruch, 43,31. Zitat Tertullians aus Apologeticum IX,8. Tertullian legt dann in ‚De anima' die Beseelung des Fötus zum Zeitpunkt der Empfängnis nahe, aber sieht ihn erst als Menschen (homo) an, wenn er aus dem animalischen Status herausgewachsen ist und seine menschliche ‚Form' vervollständigt hat (siehe dazu DRECOLL, Umgang mit dem ungeborenen Leben, 318 f; GESSEL, Frühchristliche Voten, 192 f).

Leben immer ein werdendes ist. Es kann darum nicht strittig sein, daß ihm bereits ein schutzwürdiger Status zukommt.[21]

1.3 Embryonales Menschsein in Beziehung zu Gott, dem Anderen und der Natur – der innerevangelische Dissens

Die Herausforderung für die evangelische Theologie besteht darin, das ihr zentrale Ereignis der Rechtfertigung des Menschen durch Gott in Beziehung zu dem frühesten Menschsein zu setzen. Vor allem folgende Problemfelder ergeben sich bei dieser Verknüpfung.

Gegenüber der katholischen Theologie, die dem natürlichen Sein normative Bedeutsamkeit zuspricht, wird evangelischerseits gern das Stichwort der Beziehung ins Feld geführt. Der Mensch lebt im Rechtfertigungsglauben aus der Beziehung zu Gott und ist somit selbst ‚Beziehung'. Doch wie ordnen sich der Gottesbeziehung die Beziehungen zu anderen Menschen zu, die für das Menschsein auch konstitutiv sind? Ist die Annahme des Embryos durch die Mutter gegenüber der Annahme durch Gott sekundär?

Um die Relevanz einer solchen Verhältnisbestimmung etwas zu ‚entschärfen', könnte man den Fokus auf die biologische Dimension des Geschehens zu legen versuchen. Der Mensch ist ungeachtet seines Entwicklungsstadiums oder seiner Leistungsfähigkeit von Gott angenommen, aber der Beginn seines Menschseins ergibt sich aus der Interpretation der biologischen Fakten. Doch lässt sich hier Gewissheit erzielen?

In diesen Fragen bricht der Dissens in der evangelischen Ethik auf, den ich im Folgenden kurz in einer typologischen Sichtweise eines konservativen und eines liberalen Standpunktes charakterisieren möchte.[22]

In der konservativen Sichtweise wird die in der Rechtfertigungslehre grundgelegte Relation Gottes zum Menschen als entscheidend angesehen. Der Mensch muss nicht bestimmte Bedingungen erfüllen, um von Gott als Mensch gerechtfertigt zu sein. Er ist ‚von Anfang an' von Gott als solcher gewollt. Von dem gefundenen frühesten Zeitpunkt des Menschseins an, der Verschmelzung von Ei- und Samenzelle, wird jede konkurrierende graduelle Sichtweise mit dem Verdikt belegt, dass sie der vorbehaltlosen Annahme des Menschen durch Gott widerspricht. Bestimmte Fähigkeiten des Menschen können nicht über sein Menschsein entscheiden. Die zwischenmenschliche Beziehung ist be-

21 Rat der Evangelischen Kirche / Deutsche Bischofskonferenz, Gott ist ein Freund des Lebens, 43 f.

22 Einen Überblick über wichtige Positionen zum Embryonenstatus aus evangelischer Sicht – auf Deutschland bezogen – gibt Brahier, Ist der menschliche Embryo schon Mensch?. Siehe auch Dabrock, Wenn das Unbestimmbare bestimmt werden muß.

deutsam für die Entwicklung des Menschen, aber nicht für das Menschsein selbst konstitutiv.

In eher liberaler Sichtweise ist die in der Rechtfertigungslehre verankerte Relationalität zwischen Gott und Mensch in die zwischenmenschliche Beziehung zu ‚übersetzen'. So wie der Mensch aus der Anerkennung Gottes lebt, ist er von ihm in seinem natürlichen Dasein interpersonal konstituiert und empfängt seine Anerkennung als Mensch durch den Nächsten.

Der embryonale Mensch ist nur Mensch in der Beziehung zu anderen Menschen, auch wenn der jeweilige Grad der embryonalen Entwicklung mit zu berücksichtigen ist. Das ungeborene menschliche Leben hat nicht allein aufgrund eines bestimmten Entwicklungsgrades – einen solchen stellt auch die Kernverschmelzung von Ei- und Samenzelle dar – das Recht auf Anerkennung. Die zwischenmenschliche Beziehung ist konstitutiv für das Menschsein.

Sowohl die hier typisierte konservative als auch die liberale Position haben ihre Schwächen. An der liberalen Argumentation wird die Übertragung der Annahmebeziehung zwischen Gott und Mensch auf die zwischenmenschliche Beziehung kritisiert. Der Mensch macht nicht einen anderen erst zu seinesgleichen! Nur Gott konstituiert den Menschen in seinem Menschsein.

Gegen die konservative Argumentation ist einzuwenden, dass bei ihr letztlich auch nicht Gott, sondern die Interpretation eines zweideutigen biologischen Befundes das Menschsein bestimmt. Aus einem Entwicklungsprozess wird das Datum der sog. Verschmelzung herausgenommen und zum Beginn jedes Menschen erklärt. Will man angesichts der großen Zahl nicht zur Reifung kommender Embryonen die Menschheit vor Gott um ein Vielfaches vergrößern?[23]

In der 2002 veröffentlichten Schrift „Im Geist der Liebe mit dem Leben umgehen" kommen in einem offiziellen Dokument der EKD, verantwortet von der Kammer für Öffentliche Verantwortung, beide Positionen zum Ausdruck.[24] In offener Weise werden die verschiedenen Ansichten dargelegt, aber auch Gemeinsamkeiten ausgelotet.

Für die eine Auffassung

handelt es sich bei jedem Embryo um einen sich entwickelnden Menschen, unabhängig von dessen tatsächlichen Entwicklungsmöglichkeiten. Vom Zeitpunkt der

23 „Cytogenetische Beobachtungen zeigen, dass 30–50 Prozent der Embryonen einer 30-jährigen Frau aneuploid sind (also zu viele oder zu wenige Chromosomen enthalten), so dass diese meist nicht das Potenzial haben, sich zu einer intakten Schwangerschaft zu entwickeln. Bei Frauen über 40 Jahren ist die Mehrheit der Embryonen (50–70 Prozent) aneuploid. Auch morphologische Beobachtungen zeigen, dass nur ein geringer Teil der sogenannten Vorkernstadien überhaupt die Fähigkeit besitzt, sich zu einer Blastozyste zu entwickeln, einem Stadium, das regelhaft als Voraussetzung für eine gute Implantationsfähigkeit anzusehen ist" (Kentenich u. a., Aktueller Stand der Reproduktionsmedizin, 83).

24 Über Entwicklungen und Tendenzen der bioethischen Stellungnahmen der EKD siehe Dabrock, „nur in wenigen Fragen Eindeutigkeit oder gar Einstimmigkeit", zu der oben angeführten Schrift 376–382.

Verschmelzung von Ei- und Samenzelle an ist demnach von der Entwicklung eines Menschen auszugehen. Diesem kommt, wie einem jeden Menschen, als einem Geschöpf der Liebe Gottes Gottebenbildlichkeit und Menschenwürde zu.[25]

Für die andere Auffassung

kann von einem sich entwickelnden Menschen nur gesprochen werden, wenn die äußeren Umstände für eine Entwicklung gegeben sind. Das vorgeburtliche Menschsein ist hiernach nicht bereits mit der Existenz des Embryos gegeben, sondern es stellt einen Entwicklungsprozess dar, für den die Interaktion des Embryos mit einer entsprechenden Umgebung konstitutiv ist, die dafür vorhanden sein muss.[26]

Das Argument einer fehlenden – biologischen – Entwicklungsmöglichkeit, d.h. vor allem einer nicht möglichen Einnistung in die Gebärmutter, ist im Hinblick auf den ethischen Konfliktfall allerdings nur wenig belastbar. Es mag für eine Weigerung, der auf natürlichem Wege entstehenden und abgehenden Vielzahl von Embryonen Menschenwürde zuzuschreiben, hinreichend sein, aber nicht im Fall künstlich befruchteter Embryonen, um die es in dem genannten Dokument der EKD geht. Dass Menschen für die embryonalen Entwicklungsmöglichkeiten die entscheidende Verantwortung übernehmen, dürfte die ethische Situation grundlegend verändern.

So wird in dem Dokument zu Recht dieser Punkt als kritische Rückfrage aufgeführt. „Besteht hier nicht die Gefahr, dass von menschlicher Entscheidung abhängig gemacht wird, welche Embryonen als sich entwickelnde Menschen anerkannt werden und welche nicht?"[27] Dieser Einwand bezeichnet den wesentlichen ethischen Konflikt, der in einer künstlichen Befruchtung auftreten kann und einer sich ihr eventuell anschließenden PID auf jeden Fall innewohnt.

Doch ob man die menschliche Personalität ab der Verschmelzung von Ei- und Samenzelle oder aufgrund der gegebenen Entwicklungsmöglichkeit oder ab einer bestimmten Beziehungsqualität ihren Anfang nehmen sieht – in allen Fällen scheint die in der Rechtfertigung des Menschen durch Gott gründende gemeinsame Überzeugung, „dass jeder Mensch sein Sein als Person und seine darin liegende Würde der Anerkennung durch *Gott* verdankt"[28], nur auf indirekte Weise zur Geltung zu kommen. Es hat den Anschein. als würde diese

25 Kammer für öffentliche Verantwortung, Im Geist der Liebe mit dem Leben umgehen, 21.

26 Ebd., 22.

27 Ebd., 23. Das Argument der fehlenden Entwicklungsmöglichkeiten trägt deutlich die Signatur von J. Fischer, der den Text mitverfasst und selbst in seinen Schriften differenzierte Überlegungen zur Frage des Embryonenstatus angestellt hat. Dabei wird von ihm auch der zwischenmenschlichen, interpersonalen Dimension eine wichtige Stellung eingeräumt. Seine Position soll an späterer Stelle ausführlich gewürdigt werden (siehe unten S. 142–148).

28 Kammer für öffentliche Verantwortung, Im Geist der Liebe mit dem Leben umgehen, 23 (Hervorhebung im Original).

Überzeugung für die frühesten Entwicklungsstadien des Menschen schwerlich eine eindeutige Orientierung bieten können.

Die Gottesbeziehung, die im evangelischen Rechtfertigungsverständnis *durch den Glauben* gekennzeichnet ist, findet bei dem ‚glaubenslosen' frühesten Menschsein keinen wirklichen Haftpunkt und verschiebt sich entweder zur Natur hin, die mit dem Zeitpunkt der Verschmelzung oder den gegebenen Entwicklungsmöglichkeiten den Menschen in seinem Menschsein konstituiert, oder zum anderen Menschen hin, durch den ein werdender Mensch in seinem Menschsein gerechtfertigt wird.

Der evangelische Dissens in der Embryonenstatusfrage ist tiefgreifend und muss es wohl sein, weil er Fragen um Leben und Tod berührt, die von dem, was dem Menschen sein „Trost im Leben und Sterben" ist, so wenig umgriffen scheinen.

Ein konstruktiver Fortgang in dieser Problematik dürfte nicht darin liegen, einer hier typologisch skizzierten konservativen oder liberalen Position Recht zu geben, die in der Praxis auch selten in Reinform vorkommen. Die konservative Position wird in der Regel auch der zwischenmenschlichen Beziehung in Konfliktsituationen eine wichtige Bedeutung zugestehen, wie auch eine liberale Position den Zeitpunkt der Verschmelzung als eine wichtige Zäsur anerkennen kann.

Es muss darum gehen, von grundlegenden evangelischen Unterscheidungen und Einsichten her die Frage nach dem frühesten Menschsein weiter zu durchdringen. Ein vertiefender und aktualisierender Blick auf die aus der reformatorischen Rechtfertigungslehre abgeleitete Anthropologie wird für die hier im Weiteren entfaltete Position maßgeblich sein. Eine größere Beachtung unserer heutigen westlichen Bürgergesellschaft mit ihrem Selbstverständnis, an dem auch Christinnen und Christen partizipieren, ist ebenfalls geboten. Für die Beurteilung des Natürlichen sind wichtige Hinweise der evangelischen Tradition einzubeziehen.

Nur im Beleuchten der Embryonenstatusfrage aus verschiedenen Blickwinkeln kann eine größere Klarheit erzielt werden. Dass diese unterschiedlichen Gesichtspunkte zusammenpassen, sich gegenseitig erklären, bedingen und ergänzen, so wie die evangelische Theologie immer wieder ihr systematisches Ganzes zu suchen hat, bleibt eines der Kriterien für die Plausibilität einer theologischen Auskunft.

2. Die Embryonenstatusfrage im Schnittpunkt von biologischem Wissen, philosophischer Erkenntnis und gesellschaftlichem Ethos

Die Embryonenstatusfrage ist einerseits eine alte Frage und besitzt eine lange Tradition. Die bis in die Antike zurückreichenden Überlegungen zur Präformation oder Beseelung des menschlichen Embryos im Mutterleib sind zwar für die Statusbestimmung dieses Wesens bedeutsam gewesen, doch blieben sie für die allgemeine Anthropologie im Ganzen nur eine Randfrage. Andererseits ist die Embryonenstatusfrage eine moderne Frage, die in fast keinem Zusammenhang mehr mit den traditionellen Theorien steht[1] und weit stärker die Frage nach dem Menschen überhaupt, nach seiner Würde oder seinen Interessen, thematisiert.

Die neue Gestalt der Embryonenstatusfrage ist vor allem eine Folge der immens fortgeschrittenen biologischen Kenntnis. An die Stelle von spekulativen Vermutungen sind harte biologische Fakten getreten, die keine Seelenvorstellungen lehren, sondern Zellfunktionen aufzeigen. Aber was sagen diese über den Menschen aus? Zwischen dem biologischen Befund des ungeborenen Lebens und dem, was wir über den Menschen denken, tut sich eine Kluft auf. Um sie zu schließen, werden Besonderheiten des biologischen Befundes hervorgehoben, Phänomene, die schon auf den späteren Menschen hinweisen. Oder die Kluft wird vertieft, indem man die Unterschiede zwischen Embryo und geborenem Menschen herausarbeitet. Dann ist der Embryo noch nicht als ein vollgültiger Mensch anzusehen.

Die traditionelle philosophische Frage nach dem Menschen, die zumeist von der unleugbaren Erkenntnis eines Menschen ausging und sein Wesen zu eruieren suchte, wird angesichts der Embryonenstatusfrage ihrer Voraussetzung beraubt und muss den Menschen an sich bestimmen. Ist der Mensch erst Mensch, wenn er eine bestimmte Reife erreicht hat, oder gibt es ein allen Reifegraden zugrundeliegendes Menschsein?

Die moderne philosophische Anthropologie ringt um die Plausibilität ihrer eigenen Voraussetzungen. Ihre Überlegungen konzentrieren sich dabei auf den Personbegriff. Ob ein Embryo schon Person ist, er schon personale Qualitäten besitzt, versucht man an den biologischen Eigenschaften des

1 Eine Ausnahme bildet die Diskussion um die Embryologie des Thomas von Aquin, dessen Theologie auch in dieser Frage eine Autorität für die katholische Positionsbildung darstellt. Siehe Knoepffler, Die systematische Relevanz; Amerini, Aquinas on the beginning and end of human life.

Embryos aufzuzeigen. Die Bedeutungen des Genoms, der Nidation, der Kernverschmelzung und anderer vermeintlicher Einschnitte oder Eigenschaften in der embryonalen Entwicklung werden auf ihre mögliche personale Relevanz hin reflektiert und geprüft. Umgekehrt wird von personalen oder personrelevanten ‚Eigenschaften' wie Spezieszugehörigkeit, Kontinuität, Identität oder Potentialität ausgehend gefragt, ob sie auf das vorgeburtliche Leben zutreffen und welche moralische Bedeutung mit ihnen verbunden ist.

Einige Aspekte dieser vielschichtigen und kaum überschaubaren Diskussion sollen im Folgenden dargestellt werden. Dabei ist vor allem darauf zu achten, biologische Phänomene von ihren personalen Zuschreibungen zu unterscheiden, ohne mit Hinweis auf diese Differenz die mögliche Berechtigung einer solchen Zuschreibung kurzschlüssig zu verneinen.

Die Diskussion um den Embryonenstatus ist wohl im akademischen Raum beheimatet, aber findet auch notwendigerweise Gehör in medizinischer Praxis, Rechtsprechung wie Politik und bekommt besonders durch die stetigen Entwicklungen der Medizin immer wieder Auftrieb. Sie ist – wie bei vielen anderen ethischen Fragen auch – die Abstraktion eines Problems, das in der Gesellschaft immer schon bewusst ist und individuell verschiedene ‚Lösungen' findet. In der Abtreibungsproblematik schwingt von je her schon die Frage nach dem Menschsein des Embryos mit. Die Antworten darauf werden in der heutigen säkularen Gesellschaft weniger durch religiöse Einstellungen als durch gesellschaftliche Erwartungen, persönliche Erfahrungen von Liebe, Abneigung, Zuwendung oder Trennung gegeben und beeinflusst. Die davon losgelöste, eben abstrakte Frage, ob es sich bei einem Embryo in der soundsovielten Woche um einen Menschen handelt, spielt in der privaten Entscheidungspraxis nur eine eher untergeordnete Rolle. Sie wird verdrängt oder scheint für die Situation nicht ausschlaggebend.

Eine soziologische Betrachtung ist notwendig, um den Umgang mit dem ungeborenen Leben in unserer Gesellschaft zu verstehen. Die Praxis der Abtreibung und die mit ihr verbundene Auffassung des ungeborenen Lebens in unserer westlichen Bürgergesellschaft ist in die Embryonenstatusfrage miteinzubeziehen. Es geht nicht um die Frage, wie eine ‚richtige' Antwort auf die Embryonenstatusfrage gesellschaftlich durchsetzbar ist, sondern um die Suche nach einer auf die heutige Gesellschaft zutreffenden Antwort. Damit ist nicht entschieden, ob die Antwort gegen einen gesellschaftlichen Konsens steht oder mit ihm übereinstimmt.

Der Embryo hat immer schon eine gesellschaftliche Bedeutung. Er ist in einem menschlichen Beziehungsgefüge eingebettet, das ihm und oft auch anderen ihm verbundenen Personen nicht nur äußerlich anhängt, sondern ihn und sie wesentlich bestimmt. In den zwischenmenschlichen Beziehungen, vornehmlich der werdenden Eltern, eröffnet oder verschließt sich ein personales Erleben des werdenden Kindes und bestimmt seinen Status. So wichtig die von konkreten Verhältnissen absehende Frage nach der Personalität des Embryos ist, die Verifizierung der personalen ‚Eigenschaften' ist nur in der konkreten Beziehung möglich. Liebe und Abneigung sind ungleich stärkere personale Äußerungen als etwa Kontinuität oder Identität und geben oder nehmen letzteren oft erst ihre Evidenz.

So werden in diesem Teil zuerst die biologischen Fakten der Embryonalentwicklung in personaler Perspektive betrachtet und die Plausibilität der sog. SKIP-Argumente untersucht. Daran schließt sich eine soziologische Betrachtung an, die den Embryo als Wesen in unserer westlichen Bürgergesellschaft zu würdigen sucht.

2.1 Grundsätzliche Überlegungen zur Embryonenstatusfrage

2.1.1 Natürliche Phänomene und ihre Deutung

Man wird in einer von empirischem Wissen geprägten Zeit geneigt sein, den ‚harten' Fakten der Biologie ein entscheidendes Gewicht für die Festlegung des Embryonenstatus einzuräumen. Doch die Deutung der Phänomene führt über die biologische Wissenschaft hinaus. Die Diskussion um den Präembryo-Begriff zeigt, wie rein biologisch gemeinte Begriffe schon mit Deutungen aufgeladen werden können, die durch das Phänomen nicht gedeckt sind.[2] Die Biologie wird immer wieder von bestimmten Bildern des Menschen und des Lebens überhaupt geprägt und bedarf der ständigen Differenzierung zwischen den Phänomenen und ihrer Deutung.

Doch wie soll eine Deutung, eine ethisch bedeutsame Statusbestimmung der embryonalen Phänomene, sachgemäß erfolgen? Sind die Phänomene selbst zu stumm oder zu vielsagend?

Wenn es beim Embryo um die Frage geht, ob mit ihm schon ein wie jeder andere zu achtender Mensch vorliegt, setzen wir unser Verständnis vom Menschen mit dem Phänomen des Embryos in Beziehung. Unser Verständnis von uns selbst ist immer schon normativ geprägt. Wir leben in einer mehr oder weniger ausgeprägten Spannung zu dem, wie wir den Menschen verstehen. Dass wir den Menschen nicht nur als rein biologische Erscheinung deuten – und wenn wir es versuchten, hätten wir mit diesem Verständnis das biologische Leben auch schon normativ durchzogen –, gilt auch für den Embryo.

Es wäre falsch, unsere über den biologischen Befund hinausgehende Deutung nur als etwas dem embryonalen Phänomen Übergestülptes anzusehen, sondern mit dem Phänomen eröffnet sich uns ein Deutungshorizont, in dem wir selbst mit dem werdenden menschlichen Leben stehen. Wir sind mit ihm verbunden, so wie wir auch mit dem Leben überhaupt verbunden sind.

2 Siehe Jones / Telfer, Before I was an embryo, I was a pre-embryo: or was I?

Nicht nur andere Menschen, sondern auch das Tierreich, ja sogar pflanzliches Leben stellen einen Achtungsanspruch an uns, der uns gebietet, sie in der ihnen gemäßen Weise zu behandeln.[3] Unser Verständnis des Naturschutzes speist sich nicht aus bloß funktionalen oder ästhetischen Gründen. Wir schützen Tiere, auch wenn die Umwelt ohne sie auskommen könnte oder wir sie nicht als schön empfinden. Ob dieser Anspruch des anderen Lebens letztlich in der Natur selbst oder in unserer geschichtlich gewordenen Sicht des Natürlichen liegt, mag dabei schwerlich zu entscheiden sein.

Auch der menschliche Embryo stellt an uns einen Anspruch. Er erwächst vor allem aus der zukünftigen Perspektive eines geborenen Menschen, der aus dem Embryo entsteht oder entstehen kann. Der Embryo vermittelt uns, dass er ein geborener Mensch werden könnte. Um die Bedeutung dieses Anspruchs zu ermessen, ob er einen geringen oder uneingeschränkten Schutz fordert, ist der Deutungshorizont des menschlichen Embryos auszuloten. Was hat das Phänomen des menschlichen Embryos in seiner Ganzheit, in seinen Eigenschaften, in seiner Situation uns zu bedeuten?

2.1.2 Der geschichtliche Horizont der Statusfrage

Der menschliche Embryo erinnert uns daran, dass wir Menschen einen Beginn in der Zeit haben. Doch bevor man diesen im embryonalen Leben genauer zu bestimmen sucht, ist zu fragen, ob alle Menschen ab dem gleichen biologischen Zeitpunkt Mensch sind oder werden. Könnte dieser individuell verschieden sein? Das erscheint auf den ersten Blick kontraintuitiv, wenn es um die Bestimmung des Menschen überhaupt geht. Aber wenn jeder Mensch wesentlich individuell und geschichtlich ist, warum sollte sich diese Individualität nicht auch in seinem Beginn niederschlagen?

Vielleicht ist selbst die Frage nach einem bestimmten Anfangszeitpunkt für das, was der Mensch im Wesen ist, unzutreffend. Aus theologischer Perspektive wird ein Verständnis des Menschen skizziert werden, das sich weitgehend der Annahme eines allen Individuen zeitlich gleichen Anfangspunktes entzieht.

3 Sicher hieße es den bekannten naturalistischen Fehlschluss zu begehen, wenn hier die bloße Konstatierung einer Naturtatsache einer moralischen Wertung gleichgesetzt würde, doch ist die Möglichkeit einer Beziehung zwischen Natur und Moralität nicht abzustreiten. „[D]ie fortschreitende Veränderung der natürlichen Fundamente unserer eigenen Existenz verdeutlicht vielmehr, dass wir ‚immer schon' zu diesen Naturtatsachen moralisch wertend Stellung genommen haben. Der Vorwurf des naturalistischen Fehlschlusses hat daher zumindest die Berechtigung, an dieser Stelle nach Begründungen zu verlangen [...] Ein Verzicht auf solche Begründungsmöglichkeiten, wie sie der kategorisch gemeinte Vorwurf des naturalistischen Fehlschlusses impliziert, kommt einer Kapitulation vor den anstehenden Problemen gleich und unterstellt, daß moralische Argumentation in diesen Kontexten nicht mehr greifen kann" (Quante, Natur, Natürlichkeit und der naturalistische Fehlschluß, 302).

Nicht nur aus individualgeschichtlicher, sondern auch aus geistesgeschichtlicher Hinsicht muss die Eruierung eines natürlich-zeitlichen Anfangspunktes jedes Menschen fragwürdig erscheinen. Durch die medizinisch-biologische Forschung kommen wir nicht der Entdeckung eines lange gesuchten Entstehungszeitpunktes näher, vielmehr verändert sie unsere Wahrnehmung und unser Verständnis des ungeborenen Menschen, dessen Anfang wir suchen. Die Bilder von Embryonen und Keimzellen fließen in unser Bild des Menschen ein. Wir nehmen das ungeborene Leben in neuer Weise wahr. Wie kann man einem so kleinen Zellhaufen eine dem erwachsenen Menschen gleiche Würde zusprechen? Oder wie kann man einem so viel Entwicklungspotential in sich bergenden kleinsten Menschenwesen seine Würde abstreiten? Die naturwissenschaftliche Sichtweise auf den menschlichen Lebensanfang befördert eigene Kriterien für dessen Bestimmung.

So sind auch unsere ethischen Urteile über andere historische Sichtweisen des Menschen in ihrem Wahrheitsanspruch einem geschichtlichen Vorbehalt unterworfen. Wie ist zum Beispiel die Tötung von Neugeborenen im Altertum zu beurteilen? Aus unserer heutigen Sicht ist eine solche Handlungsweise zu Recht verwerflich, aber fordert nicht die historische Gebrochenheit unserer sittlichen Urteile eine gewisse Zurückhaltung? Wird sich unser heutiges Verständnis des Menschen in einer späteren Rückschau ebenfalls als defizitär herausstellen?

Die Reflexion der eigenen Geschichtlichkeit bedeutet nicht, sich in einen Skeptizismus zu verlieren, sondern die geschichtliche Entwicklung hat zu einem Verständnis unseres Menschseins geführt, hinter das wir nicht mehr zurückgehen können und dürfen.

Die kontroverse Diskussion um den Embryonenstatus ist nicht in erster Linie Ausfluss eines verloren gegangenen konsensfähigen Menschenbildes, sondern vielmehr eines gewachsenen für unsere westliche Moderne maßgeblichen Verständnisses des Menschen, das keine Eindeutigkeit in der Embryonenstatusfrage enthält. Das moderne Verständnis unser selbst ist bisweilen so selbstverständlich, dass wir uns seiner geschichtlichen Dimension gar nicht bewusst sind.

2.1.3 Die Statusfrage zwischen Relativismus und unmittelbarer Wahrheit

Von diesen Vorüberlegungen ausgehend scheinen mir zwei Positionen in der Statusfrage des menschlichen Embryos unfruchtbar und letztlich inkonsequent zu sein.

Die eine sieht in den Deutungen des frühen vorgeburtlichen Lebens nur von den Phänomenen losgelöste Gedankengebilde, die in der Embryonenstatusfrage nur eine pragmatische Verabredung möglich machen. In dieser Frage wird man sich nie einig werden! Jeder sieht doch im Embryo, was oder wen er will!

So naheliegend eine solche Meinung angesichts der kontroversen Diskussion ist, so fragwürdig ist sie doch. Sicher werden auch in Zukunft die Meinungen auseinandergehen, aber dass wir etwas von uns in unsere Beurteilung des Embryos projizieren, ist kein stichhaltiger Einwand. Wir sehen zu Recht in ihm, was uns selbst betrifft, weil wir von diesem embryonalen Status herkommen.

In unserem Urteil über das embryonale Leben spiegelt sich unser Urteil über das eigene Leben. Ob man sein eigenes Leben mehr in einer selbstbestimmten Lebensführung oder einem sozialen Miteinander erfüllt sieht, es mehr als Aufgabe oder Geschenk begreift, wird das Urteil über den Status des Embryos beeinflussen. Die Wahrheit über das menschliche Leben muss nicht zuletzt durch das eigene Leben ‚erfühlt' werden, weil wir schon in ihm sind und die Wahrheit unsere bzw. meine Wahrheit ist. Dass es hierbei zu Täuschungen, Arrangements und Brüchen kommt, gehört ebenfalls zum Leben. Aber so wie das menschliche Leben überhaupt mehr ist als unser je eigenes Leben, hat auch unser Urteil über die Wahrheit menschlichen Lebens das eigene zu transzendieren, wenn anderes menschliches Leben beurteilt werden soll. Ob man dem Embryo Menschsein, in welchem Sinne auch immer, zu- oder abspricht, man kann es nur im Angesicht seiner ‚menschlichen' Wahrheit tun, die uns alle miteinander verbindet. Dass diese Wahrheit des embryonalen Daseins unterschiedlich gedeutet oder wahrgenommen wird, nimmt ihr im konkreten Fall nicht den Anspruch auf Allgemeingültigkeit und Eindeutigkeit. Eine Verneinung dieses Anspruchs wäre auch als Behauptung einer allgemeinen Wahrheit über den Menschen anzusehen, die begründungspflichtig ist. Um die Wahrheit des Embryonenstatus muss gerungen werden. Es gibt Dinge, bei denen es relativ gleichgültig ist, wie wir sie deuten und mit ihnen umgehen. Aber dazu gehört nicht das menschliche Leben.

Die andere fragwürdige Position besteht darin, das Phänomen mit seiner Deutung gleichsam zusammenfallen zu lassen. Muss es nicht für jeden klar denkenden Menschen evident sein, dass mit dem Embryo schon ein Mensch wie wir, nur in anderer Gestalt, da ist? Oder muss nicht jeder vernünftige, weltanschaulich nicht vorbelastete Mensch zugeben, dass es sich bei dem Embryo nur um einen kleinen Zellhaufen handelt, der bar jeder menschlichen Gestalt oder Empfindung es nicht verdient, Mensch genannt zu werden?

Der Befund erscheint im jeweiligen Fall evident, so dass sich eine weitere Diskussion oder Abwägung erübrigt. Das Wissen um den Embryo formt sich zu einem unmittelbaren Eindruck, der kaum zu revidieren scheint. Aus der Absolutsetzung eines solchen Urteils oder Eindrucks wird schnell ein Dogmatismus, der seine Augen vor den Argumenten anderer verschließt. Diese Haltung ist unfruchtbar und inkonsequent, weil sie in konträrer Gestalt auftreten kann – der Embryo als Mensch oder Zellhaufen – und weil eben alle anderen Menschen diese Evidenz in ihrer Erkenntnis teilen müssten, will man ihnen nicht eine Erkenntnisverweigerung unterstellen. So bleibt es letztlich bei einem uneindeutigen Phänomen, über das argumentativ gestritten werden muss.

Trotz dieser Kritik an ‚Evidenzen' ist die Bedeutung des unmittelbaren Eindrucks für die Statusbestimmung des Embryos nicht zu schmälern. Ob es sich um etwas oder jemand handelt, wird in unserer Lebenswelt zumeist mit dem ersten Eindruck entschieden. Das menschliche Antlitz des Anderen oder auch irgendein menschliches Lebenszeichen lassen keinen Zweifel mehr aufkommen. Wir nehmen das Personsein des Anderen intuitiv wahr, wie auch das Nichtpersonsein von etwas anderem. Es mag Grenzfälle bei lieb gewordenen Tieren oder höheren Primaten geben, aber Menschsein und Personsein bilden gewöhnlich eine Einheit, die nicht über ein Schlussverfahren ermittelt, sondern unmittelbar geschaut oder gefühlt wird.

Wenn wir den Embryo vor uns haben, mag sich unmittelbar ein personaler Eindruck oder die Wahrnehmung eines bloßen Zellhaufens einstellen und man erkennt intuitiv eine Person oder nicht. Doch diese Intuition wird oft unwillkürlich durch viele Faktoren gespeist, von einem möglichen Näheverhältnis zu dem entstehenden Menschen bis zum jeweils gewachsenen Grundverständnis des Humanen. Die Reflexion auf diese Faktoren ermöglicht eine Überführung der intuitiven Wahrnehmung in eine argumentative Darlegung der eigenen Position.

Die unmittelbare Wahrnehmung von Menschen als Personen qua ihres Menschseins und die darin liegende Achtung ist eine Errungenschaft des abendländischen Denkens und an ihr entscheidet sich unser Umgang mit Embryonen. Man könnte die Schwierigkeiten im Umgang mit Embryonen auch als das Ringen um eine neue Intuition verstehen. Ist der unmittelbar personale Blick für den Embryo angemessen oder handelt es sich um ein vorpersonales menschliches Sein?

2.1.4 Die Statusfrage zwischen ökonomischer Dynamik und gesellschaftlichem Diskurs

Einem weltfremden Idealismus würde das Wort geredet, wenn man nicht nüchtern konstatierte, dass das Bild vom Embryo sich nur bis zu einem gewissen Grad aus einem freien Austausch der Argumente und Intuitionen in unserer Gesellschaft entwickelt. Dagegen steht ein internationaler medizinisch-technischer Komplex, der von Forschungserfolgen motiviert und Profitaussichten getrieben immer wieder vollendete Tatsachen schafft, die bioethische Bedenken alt aussehen lassen und zur Anpassung an die neuen Gegebenheiten mahnen. Die bioethischen Gremien kommen, allein schon wegen einer möglichst repräsentativen Besetzung, zumeist zu keiner eindeutigen Empfehlung, aber das ist letztlich auch nicht so wichtig. Den moralischen Bedenken ist Ausdruck gegeben worden, was das Gewissen auf jeden Fall entlastet.

Der emotionalen Botschaft von verzweifelten, mit aktuellen oder drohenden Krankheiten belasteten Menschen, denen in Zukunft nur mit einer den

'Verbrauch' von Embryonen einschließenden Forschung geholfen werden kann, haben bioethische Bedenkenträger nur wenig entgegenzusetzen. Soll doch jeder machen, was er für richtig hält – wer solche Forschung ablehnt, kann dann später auf die 'unethisch' entstandenen Medikamente verzichten, wenn ihn die nur durch sie zu lindernde Krankheit selbst treffen sollte.

Ist nicht sowieso durch die inzwischen mögliche Klonierung eines Embryos aus einer Körperzelle ein besonderer Status des Embryos hinfällig geworden? Damit ist doch erwiesen, dass der Embryo nicht einem geborenen Menschen, sondern einzelnen Körperzellen gleichzusetzen ist! Der Anpassungsdruck auf die Bioethik ist groß.

Erwin Chargaffs böse Worte über die Bioethik – „Das ganze Zeug ist ein Riesenamulett, das weniger vor einem schlechten Gewissen als vor einem Schadenersatzprozess bewahren soll"[4] – sind ein Menetekel, dessen Wahrheit dann offenbar werden könnte, wenn die Würde späterer Generationen gläserner Patientinnen und Patienten sich ganz in ihren Gesundheitswert gewandelt hat und genetisch bedenkliche Embryonen auszutragen als verantwortungslos gegenüber Gesellschaft und dem entstehenden Menschen gilt.

Doch auch wenn man die ersten Anzeichen solcher Entwicklungen schon wahrzunehmen meint, ist nicht zu übersehen, dass die Gesellschaft über Widerlager verfügt, die einen solchen Bewusstseinswandel nicht nur aufhalten, sondern auch in eine andere Richtung lenken können.[5] Wird auf der einen Seite um die Möglichkeit des Suizids bei hoffnungsloser Krankheit gestritten, so ist auf der anderen Seite mit der Palliativmedizin ein Angebot zur Hilfe beim Sterben, aber nicht zum Sterben entstanden. Spüren auf der einen Seite Eltern einen gesellschaftlichen Druck, möglichst kein behindertes Kind 'in die Welt zu setzen', so ist auf der anderen Seite mit dem Inklusionsgedanken eine neue Sensibilität gegenüber behinderten Menschen wahrnehmbar. So scheint auch die Frage nach dem Embryonenstatus – noch – nicht dem Zwang des medizinischen Fortschritts unterworfen oder als Konsequenz einer weiteren gesellschaftlichen Liberalisierung zuungunsten des ungeborenen Lebens entschieden.

Es ist nicht auszuschließen, dass trotz liberalisierter Regelungen in Zukunft eine neue gesellschaftliche Wertschätzung des ungeborenen Lebens erwächst. Man hätte im Hinblick auf Deutschland vermuten können, dass im Zuge der gesellschaftlichen Debatte um das Recht auf Abtreibung dem embryonalen Leben seine Schutzwürdigkeit faktisch genommen worden ist, aber das Embryonenschutzgesetz hat wiederum ein anderes Signal gegeben. Das Ethos der Humanität kann das werdende, eingeschränkte oder sterbende menschliche

4 Chargaff, Die Aussicht vom 13. Stock, 115.

5 Dass in Umfragestudien ein wenige Tage alter menschlicher Embryo nur von einem sehr kleinen Teil der deutschen Allgemeinbevölkerung als eine reine Ansammlung von Zellen angesehen wird, während die Mehrheit ihn zwischen Zellen und Mensch oder näher am Menschen oder 'wie Mensch' einstufte, lässt durchaus auf ein allgemeines ethisches Problembewusstsein in dieser Frage schließen. Siehe Barth u. a., Ein klares Jein!; Engels, Zur Relevanz der Empirie.

Leben nicht ausschließen und die immer wieder aufkommende öffentliche Diskussion um eine angemessene Würdigung dieser Weisen menschlichen Daseins ist ein gutes Zeichen gesellschaftlicher Verantwortung.

2.2 Die beiden Sichtweisen des embryonalen Entwicklungsprozesses

2.2.1 Zum Verhältnis zwischen biologischer und personaler Interpretation

Man kann bei der Beurteilung des embryonalen Entwicklungsprozesses grundsätzlich zwei Sichtweisen unterscheiden. Zum einen lässt sich der Befund biologisch deuten, zum anderen ist er einer philosophischen Interpretation zugänglich. Beide Sichtweisen lassen sich nicht genau voneinander trennen, sondern sind eng miteinander verbunden.

Die Deutung des embryonalen Lebens in biologischer Perspektive ist ohne grundsätzliche naturphilosophische Annahmen nicht möglich. In die Deutung eines Phänomens als Organismus geht eine philosophische Reflexion über das Wesen eines Organismus ein.[6]

Ebenso ist die philosophische Interpretation in ihrer Deutung der embryonalen ‚Lebenswelt' von biologischem Wissen geprägt, das zu ihrem Verstehen der Phänomene beiträgt. Neue biologische Erkenntnisse über das embryonal-maternale Verhältnis können die Sichtweise auf die Potentialität des Embryos verändern.

Auch wenn die grundsätzliche Verwobenheit von Biologie und Philosophie bei der Embryonenstatusfrage besonders ausgeprägt zu sein scheint, ist es sinnvoll, beide Sichtweisen voneinander zu unterscheiden. Sie beziehen sich auf einen gemeinsamen Befund, der für sich gesehen nicht ‚neutral', sondern entweder in biologischer oder philosophischer Perspektive verstanden werden kann.[7] Beide Perspektiven können abgekürzt so formuliert werden, dass aus biologischer Sicht der sich entwickelnde Mensch die Entwicklung eines Organismus bedeutet, während aus philosophischer Sicht der sich entwickelnde Mensch als Entstehung einer Person begriffen wird.

Die Embryonenstatusdiskussion hat eine Tendenz zur biologischen Sichtweise, weil man einer naturwissenschaftlich orientierten Gesellschaft mit

6 Zu den verschiedenen Organismusmodellen siehe Köchy, Biophilosophie, 107–122.

7 Das biologische Verstehen moderner Molekularbiologie unterscheidet sich darin von einem philosophischen Verstehen, dass es in gewisser Weise ‚sinnlos' ist: „Wenn davon die Rede ist, wir hätte diesen oder jenen Prozess der Zelle ‚verstanden', so heißt dies nicht, daß wir den ‚Sinn', wie er vom Lebewesen selbst oder von der Natur gemeint wurde, erschlossen hätten. Es heißt vielmehr, wir haben die Möglichkeit und das Auftreten des Phänomens im Rahmen der Naturgesetze erklärt" (Rehmann-Sutter, Leben beschreiben, 39 f).

‚harten' naturwissenschaftlichen Fakten besser imponieren kann als mit ‚Spekulationen' über Personalität. So wird gerne eine personale Sicht des Menschen als naturwissenschaftlich begründet ausgegeben – und bisweilen wieder von ‚reinen' Naturwissenschaftlern entzaubert. Die Natur der Person scheint der Naturwissenschaft nicht standzuhalten.[8]

Doch lässt sich in der Embryonenstatusfrage der Ausgang beim Personbegriff nicht vermeiden und damit eine jeden naturwissenschaftlichen Sachverhalt übersteigende Vorstellung. Man legt eine personale Deutung auf organismische Entwicklungszustände an und befragt sie symbolisch-transzendierend auf ihre personale Qualität hin.

Ein solches Vorgehen ist nicht allein den Besonderheiten menschlich-embryonaler Entwicklung geschuldet, sondern in unserer lebensweltlichen Orientierung überhaupt tief eingesenkt. Zum Beispiel sind emotionale Zustände wie Angst oder Freude aus keinem organismischen Befund zu erheben und dennoch sind wir uns gewiss, sie bei andern Menschen oder Tieren zu erkennen. Die Versicherung des biologisch geschulten Hundebesitzers, dass es sich beim angstvollen Verhalten seines Tieres nicht um ‚echte' Angst, sondern um eine bloße Instinktäußerung handle, zeigt nur seine mangelnde Differenzierung der verschiedenen Perspektiven an.

2.2.2 Möglichkeiten des personalen Verständnisses

Ein wichtiger Unterschied zwischen der biologisch-organismischen und philosophisch-personalen Auffassung ist die jeweilige Vergleichsperspektive, in der man die Befunde beurteilt.

In der Biologie erschließt man die Bedeutung einer organismischen Gestalt aus dem Vergleich mit anderen Organismen. So kann man den Zustand des Embryos vor dem 8–16 Zellstadium, in dem die einzelnen Zellen sich zu spezialisieren beginnen, aufgrund der Totipotenz der Zellen als Ansammlung kolonial zusammenlebender Einzeller begreifen, die noch nicht die Kriterien

8 Gräb-Schmidt, Der Mensch – seine Natur als Freiheit, 42, konstatiert, dass die Natur als biologische Basis für unsere heutige Zeit ihre Funktion als Grenze verloren hat, und versucht den Begriff der Natur als Symbol des Unverfügbaren neu zu bestimmen, das seinen Ort im Inneren des Menschen habe. Ihre Folgerungen daraus lassen sich auch gut im Blick auf die Embryonenstatusfrage lesen. Die Natur erhält „als Natur dann ihren Status aus den mitschöpferischen Potentialen menschlicher Bildungskraft, zu deren Aufgaben es gehört, diesen Status der Natur immer wieder neu zu bestimmen, ohne diesen unserer Verfügbarkeit zu unterwerfen" (49). Doch gelingt es der modernen Gesellschaft, unverfügbar Natürliches zu bestimmen und zu bewahren, auch wenn es aus naturwissenschaftlicher Sicht verfügbar ist? „Der Versuch, die gegenwärtige ‚Natürlichkeit' der menschlichen Natur zur Norm zu erheben, dürfte letztlich mit dem Versuch, diese Natur durch Wissenschaft zu definieren und aufzuklären, unvereinbar sein" – so van den Daele im Hinblick auf die Frage der Keimbahntherapie (Die Moralisierung der menschlichen Natur, 365).

eines Vielzellers erfüllen.[9] Der Vergleich mit anderen Organismen wie der Grünalge Gonium lässt biologisch gesehen keinen anderen Schluss zu.[10]

Doch eröffnet sich für den embryonalen Befund eine andere Deutung, wenn man ihn im Licht eines bestimmten aus Tradition und Selbsterleben gewonnenen Personverständnisses betrachtet. Die totipotenten Zellen werden durch die zona pellucida zusammengehalten und bilden so gesehen schon eine Einheit, die sich darin fortsetzt, dass sich im Weiteren nicht aus einer Zelle, sondern aus allen Zellen *eine* Person – manchmal auch mehrere, aber eben nicht aus jeder Zelle eine – entwickelt.[11] Dass jede Zelle gleichsam alles kann, zeigt an, dass in ihr die sich entwickelnde Person schon präformiert ist – nicht in einem biologischen, sondern metaphysischen Sinne.

So wie ich Person nicht nur in einem Teil meines Körpers bin, sondern in jedem Teil ganz Person, so dass die Verletzung eines meiner Körperglieder auch eine Verletzung meiner Person darstellt, so weist die Totipotenz darauf hin, dass der entstehende Mensch schon ganz da ist, ohne dass er nur *eine* totipotente Zelle wäre. Wenn dann im Zustand der compaction die Spezialisierung einsetzt,[12] verschiebt sich die Darstellung der Einheit von der einzelnen Zelle hin zu einer qualitativ vertieften übergeordneten Einheit, die nicht durch eine äußerliche Hülle wie der zona pellucida angezeigt wird, sondern diese Einheit durch die in der Spezialisierung eintretende Abhängigkeit der Zellen voneinander durchsetzt.

Eine solche personorientierte Interpretation des embryonalen Befundes ergibt aus biologischer Sichtweise keinen Sinn. Man müsste dann auch der Grünalge Gonium und anderen Organismen eine personale Dimension zusprechen, abgesehen davon, dass Personalität kein biologischer Begriff ist.

Nur aus einer philosophisch begründeten personorientierten Sichtweise ist es sinnvoll, Personalität bis in die frühesten embryonalen Stadien zurückzuverfolgen. Der Zustand der Totipotenz des menschlichen Embryos ist eingebettet in eine Entwicklung von Personalität, die keine Stufung, sondern nur Grade der Entfaltung kennt. Es entfaltet sich nicht das, was im zeitlichen Sinne zuvor angelegt ist – das wäre ein falscher biologischer Präformismus –, son-

9 Im totipotenten Zustand kann sich eine Zelle oder ein Zellverband zu einem vollständigen Organismus entwickeln. Das bedeutet, dass beim frühen menschlichen Embryo – bis zum Achtzellstadium – aus den einzelnen Zellen sich bei entsprechenden Voraussetzungen jeweils ein Mensch entwickeln könnte.

10 Seidel, Schon Mensch oder noch nicht?, 370 ff.

11 Die sog. zona pellucida ist eine Schutzhülle um die Eizelle und den frühen Embryo. Sie wird vor der Einnistung des Embryos in die Gebärmutterschleimhaut abgestreift. Siehe unten die Abbildungen zur „ersten Woche", S. 211 f.

12 Die durch Furchung entstandenen einzelnen Zellen der befruchteten Eizelle, die von der zona pellucida in einem losen Verband zusammengehalten werden, treten im Vorgang der compaction untereinander so in Verbindung, dass die inneren und äußeren Zellen jeweils zusammengehen. Die innen gelegenen Zellen bilden die Embryoblast- und die äußeren die Trophoblastzellen, die neue Schutzschicht des Embryos.

dern was die Person von ihrem durch die Zeit hindurch bestehenden Wesen her darstellt.

In dieser Perspektive mag es spekulativ, aber nicht abwegig erscheinen, alles Leben in einem weiten Sinne als personal verfasst zu verstehen. Die Grünalge Gonium wird damit nicht zur Person erhoben, aber ihr lebendiges Dasein hat teil an einer Form, durch die sich Personalität entwickelt. Diese Form des Lebens hat für sich gesehen einen ‚Wert' und hätte, wenn sie sich entsprechend dem menschlichen Leben weiter entfalten könnte, an der ‚Würde' einer Person Anteil. Im Horizont personalen Daseins entsteht eine ‚Ehrfurcht vor dem Leben', die Leben nicht nur unter Nützlichkeitsaspekten oder ästhetischen Gesichtspunkten betrachtet und beurteilt.

Eine solche Skizze personalen Daseins ist mit vielen weiteren Annahmen verbunden, die einer biologischen Betrachtung fremd sind und bei einem anderen Personbegriff zu entsprechend anderen Folgerungen führen würden. Doch ist die Transzendierung der biologischen Betrachtungsweise grundsätzlich nicht zu vermeiden.

Es bieten sich verschiedene Möglichkeiten an, wie ein Personverständnis mit der embryonalen Entwicklung in Beziehung gesetzt werden kann. So ergeben sich voneinander abweichende Sichtweisen des personalen Anfangs embryonalen Lebens.

Die eine definiert ein bestimmtes individuelles Vermögen für das personale Dasein als entscheidend und sucht nach seinem Einsatzpunkt in der embryonalen Entwicklung. Dieses Vermögen kann mit der Ausbildung des Gehirns oder der Ausprägung von Empfindung gegeben sein.

Eine andere Sichtweise versucht das grundlegende Potential zur Entwicklung einer individuellen Person zu eruieren und findet es in der Einheit des Genoms.

Sieht man nicht das bloße Potential des Genoms, sondern seine Aktivierung als Beginn personalen Daseins, verschiebt sich nochmals der biologische Einsatzpunkt.

Der Blickwinkel ändert sich weiterhin, wenn man das argumentative Schwergewicht auf die Abgrenzung von der Umwelt und damit die Entstehung einer neuen Einheit legt. Die Bildung einer neuen Zelleinheit wird für die Personwerdung als entscheidend betrachtet.

Eine weitere personale Sichtweise sieht in der Sozialität das entscheidende Merkmal personalen Daseins und findet sie in der embryonalen Entwicklung an einem bestimmten Punkt des embryonal-maternalen Dialogs vorgebildet.

Schließlich wird versucht, die Definition von Personalität nicht an eine bestimmte Qualität des einzelnen Embryos zu binden und eine kontinuierliche Entwicklung ‚von Anfang an' nachzuweisen.

Im Folgenden sollen die hier skizzierten personalen Sichtweisen des Embryos, die in vielen Argumentationen bewusst oder unbewusst kombiniert werden, in ihren Vorzügen und ihrer Problematik dargestellt werden.

2.3 Die Bestimmung der Person durch personale Qualitäten oder Beziehung

2.3.1 Person durch die Ausbildung des Gehirns

Dass wir Menschen als Personen bestimmen und andere Lebewesen nicht oder nur in einer sich uns annähernden Weise, wird durch Eigenschaften oder Merkmale legitimiert, die der Mensch in besonderer Weise bei sich findet. Dazu gehört seine personale Konzentrierung, die sich in Bewusstsein, Denken und Empfinden äußert. Der gänzliche, irreversible Ausfall dieser personalen Konzentration ist gleichzusetzen mit dem Tod des Menschen als Person. Das weithin anerkannte Hirntodkonzept bestätigt eine solche Auffassung.

Als biologische Grundlage der personalen Einheit des Menschen kann sein Gehirn angesehen werden. Dessen Entwicklung bietet sich als Einsatzpunkt von Personalität an. Vor der Ausbildung des Hirnorgans kann noch von keiner Person gesprochen werden.[13] Mit einer solchen Lösung der Frage nach dem personalen Anfang, die hier stellvertretend auch für andere Einsatzpunkte, z. B. Empfindungsfähigkeit, steht, scheint sich der Gegensatz einer biologischen und einer personalen Betrachtungsweise zu glätten. Indem man biologisch notwendige Bedingungen für Personalität formuliert, wie sie mit der Ausbildung von Nerven- und Gehirnstrukturen gegeben sind, kann die personale Betrachtungsweise auf der biologischen aufbauen. Erst ab einem bestimmten biologischen Entwicklungsstand setzt Personalität ein. Das Gehirn wird als biologische Voraussetzung von Personalität verstanden. So kann die konkrete Auffindung eines Einsatzpunktes oder eines gestuften Anfangs ganz der naturwissenschaftlichen Betrachtung überlassen werden.

Doch diese Zuordnung hat ihre besondere Problematik. Die zugunsten einer konkreten entwicklungsbiologischen Fragestellung in den Hintergrund gerückten personalen Vorstellungen stehen wieder zur Disposition, wenn es um die konkrete Festlegung eines Anfangs oder von Stufungen geht. Es ist unbestreitbar, dass personales Leben nur dort erfahrbar ist, wo es in Strukturen biologisch beschreibbaren Lebens sein Dasein hat. Aber ob diese Erfahrung nur ab einer bestimmten biologischen Entwicklungsstufe möglich ist,

13 Vor allem SASS stützt seine Argumentation zur Frage nach dem Schutz des ungeborenen Lebens auf das Kriterium des Hirnlebens. Er spricht sich dafür aus, das Kriterium für Tod und Lebensbeginn des Menschen – verstanden als „vollwertiges Mitglied der Rechts- und Solidargemeinschaft" – anzugleichen, um ethische Doppelstandards zu vermeiden und eine große Akzeptanz zu ermöglichen (Hirntod und Hirnleben, 173). Entsprechend dem Hirntod schlägt er als Lebensbeginn das Auftreten der ersten postmitotischen stationären Zellen im Kortex vom 57. Tag p.c. an vor. Damit ist ein zusätzlicher Sicherheitsabstand berücksichtigt, weil zu diesem Zeitpunkt weder von einem funktionierenden Hirn noch von funktionierendem Hirngewebe die Rede sein kann (171 f). Vgl. auch KOVÁCS, The idea of brain-birth in connection with the moral status of the embryo and the foetus.

kann im Rahmen der Biologie kaum entschieden werden. Es gibt keinen biologisch fassbaren Übergang von einem ‚bloß' organismischen zu einem organismisch-personalen Dasein. Gegen eine Stufung spräche, dass wir eine solche normalerweise nicht bei Kleinkindern oder Demenzkranken vornehmen. Der Grad an Personalität eines Menschen steigt oder fällt nicht mit der Entwicklung oder Erkrankung des Nervensystems oder Gehirns. Wir würden in solchen Fällen sagen, dass ein Mensch in seiner Möglichkeit, sich als Person zu äußern, – noch – eingeschränkt ist. Oder kann ein Mensch auf eine mindere Stufe von Personalität absinken?

Wenn man hier keine Schwankungen zugesteht, ist es schwer einzusehen, warum Nerven- oder Gehirnentwicklung als ‚personale' Einsatzpunkte fungieren sollen. Weicht man auf die Kriterien von Empfindung oder Bewusstsein aus, die Personalität ausmachen könnten, stellt sich das gleiche Problem ein. Sind wir in sensiblen oder bewussten Phasen unseres Lebens ‚mehr' Person?

Die Einführung des Potentialitätsgedankens kann das Problem auch nicht lösen. Inwieweit ist das Potential zur Ausbildung von Nervensystem und Gehirn zu berücksichtigen? Ein Einsatzpunkt verlöre sich in einer mehr oder weniger willkürlichen ‚personalen' Bewertung von neuronalen Entwicklungsstufen.

Die Unterscheidung zwischen einem aktuell vorhandenen, aber nicht ausgeübten Potential von Bewusstsein oder Empfinden und einem erst auszubildenden, ‚potentiellen' Potential von diesen hilft nicht weiter, weil sie das Kriterium faktisch an der Zeit bis zur aktuellen Ausübung festmacht. Der Embryo bräuchte vielleicht einige Monate länger bis zum eigenen Bewusstsein als ein zum Beispiel im Koma liegender Mensch – aber wer weiß das genau? Wenn die oder der Erwachsene schon achtzig Jahre alt ist, könnte man zugunsten des Embryos dessen vor ihm liegende weitaus längere ‚bewusste' Lebenszeit ins Feld führen.

Solche unfruchtbaren, schnell ins Inhumane abgleitenden Überlegungen verweisen auf das Grundproblem der angestrebten Synthese von personaler und biologischer Sichtweise. Das Problem des Personalen wird auf biologischer Ebene zu lösen versucht, was diesem Lösungsansatz eine biologistische Tendenz verleiht. Weil Nervenzellen etc. für sich gesehen nicht als ‚personal' zu bestimmen sind, bleibt die Identifizierung eines bestimmten Entwicklungsstands als Einsatz personaler Existenz problematisch.

2.3.2 Person durch die Einheit und Einzigartigkeit des Genoms

Um die Verschmelzung von Ei- und Samenzelle als Anfang einer neuen Person zu begründen, wird immer wieder auf das neu zusammengesetzte Genom verwiesen, durch das ein Anfang gegeben sei.

Doch fallen Festlegung des Genoms und Kernverschmelzung zeitlich nicht zusammen. Wenn das Spermium die Hülle der Eizelle, die zona pellucida, durchdrungen hat und sich mit der Eizellmembran verbindet, wird durch den Polyspermieblock, eine Reaktion der zona pellucida, das Eindringen weiterer Spermien verhindert. Damit und mit der sich anschließenden zweiten Reifeteilung ist schon im Vorkernstadium das Genom festgelegt, auch wenn noch nicht vereinigt.

Welches Ereignis ist bedeutsamer: die Festlegung des Genoms im Vorkernstadium oder die sich anschließende Anordnung der väterlichen und mütterlichen Chromosomen in einer Teilungsspindel, die Kernverschmelzung?[14]

Überhaupt ist zu fragen, welche besondere Dignität dem Genom für das Menschsein zukommt. Aus biologischer Sicht gewährleistet und begrenzt das Genom die Entwicklungsmöglichkeiten des jeweiligen Individuums. Dessen konkrete Entwicklung erfolgt aber im Zusammenspiel mit vielen anderen Faktoren, welche die Exprimierung von Genen möglich machen und bestimmen. Das Genom ist also nicht das alleinige Informationsreservoir des sich entwickelnden menschlichen Organismus. Ihm kommt eine wichtige, aber nur relative Bedeutung für den Menschen zu.[15]

Doch ist zu würdigen, dass mit der begrenzenden Funktion des Genoms die zukünftigen Entwicklungsmöglichkeiten des Menschen als Mensch vorstrukturiert sind. Es findet keine spätere von außen kommende Zuführung von Genen statt, durch die der Rahmen der individuellen Entwicklung neu abgesteckt würde. Der Embryo entwickelt sich nicht in einer derart offenen Weise, dass er in den weiteren Entwicklungsphasen aus der genetischen Ver-

14 Wenn das mit einem haploiden Chromosomensatz versehene Spermium in die Eizelle eingedrungen ist, steht fest, ob sich – je nach x oder y Chromosom – ein männlicher oder weiblicher Embryo entwickeln wird. Durch das eingedrungene Spermium wird zugleich die Vollendung der zweiten Reifeteilung der Eizelle angestoßen, bei der einer ihrer beiden haploiden Chromosomensätze ausgesondert wird. Es bilden sich ein mütterlicher und ein väterlicher Vorkern mit je einem haploiden Chromosomensatz. Damit liegt das Genom des sich entwickelnden Embryos fest. Die beiden Zellkerne durchlaufen dann eine zwölf- bis achtzehnstündige Phase, in der sie ihre Chromosomensätze verdoppeln, sich annähern und ihre Kernmembranen auflösen. Die mütterlichen und väterlichen Chromosomen beider Zellkerne ordnen sich in einem Spindelapparat an. Der Prozess von dem Eindringen des Spermiums in die Eizelle bis zur Ausbildung der Zygote, die mit den durch die Teilungsspindel zusammengebrachten mütterlichen und väterlichen Chromosomen entstanden ist, dauert etwa einen Tag. Die gemeinsame Anordnung der Chromosomen stellt die ‚Kernverschmelzung' dar. Mit einer Verschmelzung in dem Sinne, dass die weiblichen und männlichen Chromosomen in einer neuen, ihnen gemeinsamen Zelle verschmelzen, ist das Ereignis nicht gleichzusetzen, weil sich mit der Anordnung der Chromosomen noch keine neue Kernmembran bildet. Siehe auch unten die Abbildung B, S. 212 (Für das Verständnis der embryonalen Entwicklung sei neben der hier im Einzelnen angegebenen Literatur auf den Online Embryologiekurs für Studierende der Medizin der Schweizer Universitäten Fribourg, Lausanne und Bern [http://www.embryology.ch/indexde.html, abgerufen am 8. August 2018] verwiesen, von dessen Anschaulichkeit und Verständlichkeit auch diese Arbeit profitiert hat).

15 „Eine Zelle entsteht nicht aus der DNA, sondern aus einer Zelle. Die DNA ist nicht in der Lage, im Bau oder im Leben einer Zelle zu funktionieren, außer sie befindet sich als Bestandteil schon in einer funktionierenden Zelle" (Rehmann-Sutter, Zwischen den Molekülen, 48).

wandtschaft mit seinen biologischen Eltern ‚ausbrechen' könnte. So ist dem menschlichen Organismus mit seiner genetischen Verfassung die Ganzheit seiner späteren Gestalt früh eingeschrieben, ohne freilich in einem präformistischen Sinne dort ‚vorhanden' zu sein. Mit der Festlegung des Genoms ist der Möglichkeitshorizont eines neuen Menschen umrissen, der durch andere Faktoren unterschiedlich ausgestaltet, aber nicht überschritten werden wird.

Bestimmtheit und Unbestimmtheit des neuen Menschen greifen in der Embryonalphase eigentümlich ineinander. Die frühe genetische Fixierung geht mit einer Offenheit in der Entwicklung einher, in der bis zur Ausbildung des Primitivstreifens nach etwa zwei Wochen noch nicht endgültig festgelegt ist, ob aus dem einen Embryo zwei entstehen.[16]

Wie steht es um die Einzigartigkeit des Genoms, die immer wieder in diesem Zusammenhang angeführt wird?

Dass ein Mensch sich in seinem Genom von allen anderen Menschen unterscheidet – selbst bei monozygoten Zwillingen finden sich Punktmutationen –, mag auf sein personales Fürsichsein hinweisen. Sicher wäre dieser Hinweis auf personale Individualität gar nicht gegeben, wenn sich der Mensch wie bei zellulären Lebewesen ohne Zellkern (Prokaryonten) oder bei Einzellern mit Zellkern nur in genetisch identischer Form fortpflanzen würde, aber die Einzigartigkeit und Individualität jeder Person auf ihre genetische Einzigartigkeit zu gründen, erscheint nicht plausibel. Wüssten wir nichts von den Punktmutationen eineiiger Zwillinge, würden wir sie dennoch selbstverständlich als zwei eigenständige Personen ansehen. Einzigartige Personalität lässt sich nicht biologisch begründen.

2.3.3 Person durch die Aktivierung des Genoms

Wenn man sich für die Bestimmung des personalen Anfangs auf das neue Genom stützt, stellt sich die Frage, ob der Zeitpunkt seiner Aktivierung dem Zeitpunkt seiner Festlegung nicht vorzuziehen sei. Solange das Genom noch keine Bedeutung für die Zelle hat, könnte man behaupten, dass dieses neue menschliche Leben nicht aktiv und deshalb noch kein neues *Leben* sei. Erst im Vierzellstadium wird das keimeigene Genom exprimiert. Dieses Ereignis kann so gedeutet werden, dass mit ihm die ‚Selbststeuerung' des Organismus ihren Anfang nimmt und erst aufgrund dieser Eigenaktivität von einem neuen Organismus gesprochen werden kann.[17] Aber ein so begründeter Einschnitt in

16 Bei der Entstehung des Primitivstreifens handelt es sich um eine wichtige Achsenbildung des Embryos zu Anfang der dritten Woche. Monozygote, aus *einer* Eizelle stammende Zwillinge können sich bis kurz vor Auftreten des Primitivstreifens herausbilden.

17 Quante, Personales Leben und menschlicher Tod, 69ff, hat für diese Zäsur plädiert, die ihm aber nicht als Beginn der Person, sondern im Rahmen seines biologischen Ansatzes als Beginn eines neuen Organismus gilt. Doch spricht er der „faktische[n] Beschaffenheit des biologischen Organismus als Realisationsbasis für Personalität und Persönlichkeit eine zentrale Rolle" zu

der embryonalen Entwicklung erscheint beim näheren Hinsehen problematisch.

Bevor das neue Genom aktiviert werden kann, bedarf es einer „dramatische[n] Reprogrammierung von Spermien und Eizellgenom in ein neues diploides somatisches Genom“,[18] bei der schon im Vorkernstadium das väterliche Genom drastisch demethyliert wird.[19] DNA-Methylierungen sind für die Genregulation notwendig. Durch sie kann die Zelle bestimmte Bereiche der DNA aktivieren.

In der embryonalen Entwicklung setzt schon kurz nach dem Eindringen des Spermiums in die Eizelle eine Demethylierung ein, durch die das Methylierungsmuster der vorangegangenen Generation gelöscht wird. Mit der Implantation oder Nidation, dem Einnisten der befruchteten Eizelle in die Gebärmutterschleimhaut, baut sich dann ein neues Methylierungsmuster auf. „Für das entwicklungsbiologisch lebenswichtige ‚Methylierungsgedächtnis‘ ist die Zeit der Implantation die ‚Stunde Null‘.“[20]

Angesichts dieses epigenetischen Befundes wäre der Zeitpunkt der Implantation als ein mindestens ebenso bedeutsamer Einschnitt wie die Exprimierung des eigenen Genoms anzusehen. Man könnte aber auch Demethylierung und Neumethylierung als einen zusammengehörigen Prozess betrachten, so dass der Neubeginn schon im Vorkernstadium einsetzen würde. Zudem wäre das Imprinting zu berücksichtigen, das die nur maternale oder paternale Ausprägung einer genetischen Anlage bezeichnet. Mit dieser elterlichen Prägung ist eine von der Neumethylierung nicht betroffene Kontinuität gegeben. Bis wann gehört diese Prägung noch zu den Eltern und ab wann ist sie vererbt?

Versteht man die gesamte sich weiter entwickelnde Zygote als die neue organismische Einheit, stellt sich die Frage, ob die vor der Exprimierung des eigenen Genoms im Embryo ablaufenden Prozesse, die vor allem mit den Reserven an mütterlicher RNA bestritten werden,[21] nicht auch schon Teil seiner organismischen Eigenaktivität sind. Für die Behauptung eines eigenen Organismus kann nicht das Mittel seiner Aktivität, das eigene, auch nur aus einem mütterlichen und väterlichen Anteil bestehende Genom oder die

(58) und verweist auf die Prägung unseres Personalitätsbegriffs durch das spezifisch menschliche Heranwachsen, Altern, Kranksein und Sterben. So ist für ihn ein zwei Wochen alter menschlicher Säugling nur eine potentielle, keine aktuale Person (20). Diese These dürfte umstritten sein und zeigt, dass mit der Isolierung eines biologischen Ansatzes zugleich eine Entscheidung im Hinblick auf das jeweilige Personalitätskonzept getroffen wird.

18 Haaf, Geschlechterkonflikt im frühen Embryo, 2304.

19 Demethylierung bedeutet die Abtrennung einer Methylgruppe von der DNA, Methylierung deren Anheftung an die DNA, deren Lesbarkeit dadurch beeinflusst wird.

20 Seidel, Schon Mensch oder noch nicht?, 370.

21 Auf die RNA (Ribonukleinsäure) wird die in der DNA der Gene gespeicherte Information umgeschrieben, um die Bildung spezifischer Proteine zu realisieren (Rager, Beginn, Personalität und Würde des Menschen, 40).

mütterliche ‚Erbmasse', entscheidend sein.[22] Warum soll ein Organismus nicht durch ‚Mitgebrachtes', noch nicht selbst Produziertes, seine ‚Selbst'-Organisation vorantreiben können?

Doch mit diesem veränderten Blickwinkel auf die ganze Zelle wird die Bestimmung eines Anfangs noch schwieriger. Der Stoffwechsel der schon befruchteten, aber im Blick auf ihr Genom noch inaktiven Zelle unterscheidet sich nicht von einer unbefruchteten Eizelle.[23] Besteht hier eine Kontinuität, ist es fraglich, ob schon von einer eigenen, von der Mutter unterschiedenen Organisation gesprochen werden kann.

2.3.4 Person durch eine neue Zelleinheit

Die genetische Neubestimmung reicht für die Beschreibung des neuen Lebens nicht aus, sondern es bedarf einer Verständigung darüber, was über das Genom hinaus zu ihm gehört, ab wann eine Grenze nach außen gebildet ist. Dass der neue Mensch nicht auf sein Genom zu reduzieren ist, dürfte unstrittig sein, aber ab wann ‚schält' er sich als ein neuer heraus?

Lässt sich die vor der Kernverschmelzung stattfindende Fusion von Spermium und Eizelle als Einsatz einer eigenen, ihre ‚Bestandteile' aufhebenden Gestalt interpretieren? Mit dem Eindringen des Spermiums in die Eizelle findet wohl eine Fusion der Zellmembranen statt. Doch geht in biologischer Hinsicht das Spermium in die Eizelle auf, befruchtet sie, ohne dass die Eizelle ihrerseits irgendwie vom Spermium integriert würde. „Die Zellmembran des Spermiums wird in die Membran der Eizelle inkorporiert."[24]

So könnte man in dem Fortleben der Eizelle, in der fortdauernden Abgrenzung durch die zona pellucida, noch einen Übergang zu einem neuen für sich abgegrenzten Leben sehen, das auch noch nicht mit der Kernverschmelzung gegeben ist. Der Zeitpunkt der Kernverschmelzung fiele als Einsatzpunkt einer ‚Selbstabgrenzung' aus, weil mit der Bildung der Teilungsspindel noch nicht zugleich die einer neuen Zellkernmembran erfolgt,

22 Für Quante liegt vor der Aktivierung des eigenen Genoms nur „ein Set von Entitäten nebst Randbedingungen vor, welches sich zwar als Ganzes bereits gegenüber dem Organismus der schwangeren Frau abgrenzt, dessen Integrationsleistung aber noch nicht von ihm selbst übernommen wird, so dass er nicht als ein Organismus zu zählen ist" (Personales Leben und menschlicher Tod, 90). Es stellt sich die Frage, ob ein Einschnitt zwischen einem vororganismischen ‚Selbst', das als lockeres Ganzes gegenüber dem mütterlichen Organismus seine Grenze zieht, und dem sich integrierenden organismischen ‚Selbst', das seine Genexpression betreibt, plausibel ist. Hört die vororganismische Einheit auf und eine neue organismische Einheit ist da oder besteht eine Kontinuität? Und wie ist ihr Verhältnis zu einem späteren personalen Selbstsein zu beurteilen? In den organismischen Ansatz spielen philosophische Grundannahmen hinein, die keine Eindeutigkeit des biologischen Befundes zulassen.

23 Seidel, Schon Mensch oder noch nicht?, 157 f.

24 Drews, Taschenatlas der Embryologie, 12.

durch die jene Verschmelzung nach außen offensichtliche Gestalt gewönne.[25] Erst die mit der ersten Zellteilung einhergehende Entstehung einer Zellkernmembran um die zwei neu gebildeten Zellkerne bedeutete die erste eigene Abgrenzung.

Doch auch diese Überlegungen bleiben im Ungefähren. Wenn man die Totipotenz vor dem Achtzellstadium berücksichtigt, in der die Qualität der Abgrenzung der einzelnen Zellen voneinander ihren losen Zusammenhalt durch die zona pellucida übersteigt, oder wenn man die Gestaltbildung nach der Differenzierung von Trophoblast und Embryoblast mitbedenkt,[26] dann ist wohl eine immer irgendwie bestehende Abgrenzung nach außen gegeben, deren Bewertung als noch nicht oder schon eigene, als mehr oder weniger qualifizierte letztlich willkürlich bleibt.

Sicher lassen sich in der Verbindung der Kriterien eines neugebildeten Genoms und einer neuen äußeren Gestalt verschiedene Zeitpunkte der ersten beiden Wochen bestimmen, an denen man den ‚eigentlichen' Beginn eines neuen Menschen ansetzen könnte, aber für die richtige Gewichtung der Kriterien sind schwerlich allgemein einsichtige Argumente aufzubringen. Aus biologischer Sicht kann man sogar schon mit der Trennung von mütterlichem Organismus und Eizelle, mit der Ovulation, den Beginn eines neuen eigenständigen biologischen Individuums behaupten.[27]

Das Verständnis eines personalen oder nur organismischen ‚Selbst', das seine Organisation betreibt, bildet sich im embryonalen Prozess in vieldeutiger Weise ab. Weder ist durch das Genom noch durch eine Außenbegrenzung der eindeutige Einsatz einer Selbstorganisation plausibel zu machen. Ist die organismische Selbstorganisation schon die Organisation durch ein personales Selbst oder erst die Organisation eines solchen? Der Mensch ist nicht nur ein Organismus unter anderen, sondern versteht sich als Person. So kann er schwerlich von seinem personal potenzierten Selbst-Verständnis absehen, wenn es um seinen Anfang geht.

2.3.5 Person durch Beziehung – die Bedeutung der Nidation

Ein anderer Lösungsansatz stellt die Beziehung zwischen dem werdenden Leben und seiner Mutter in den Vordergrund. Personalität entsteht durch

25 Vgl. Deutscher Ethikrat, Präimplantationsdiagnostik, 11 Anm.8.

26 Während sich der Embryo als freie Blastozyste in der Gebärmutterhöhle aufhält, differenzieren sich seine Zellen in die Embryoblastzellen, aus denen der eigentliche Embryo entsteht, und die Trophoblastzellen, die als Nährgewebe dienen. So entwickeln sich aus letzteren auch die kindlichen Anteile der Plazenta. Nach dieser Differenzierung noch in der zweiten Woche erfolgen in der dritten Woche die wichtigen Prozesse der Gestaltbildung, u.a. die Bildung des Primitivstreifens.

27 Seidel, Schon Mensch oder noch nicht?, 391 f, der darüber hinaus auch noch frühere Stadien ins Gespräch bringt.

zwischenmenschliche Beziehung. Erst in der Annahme des Ungeborenen durch die mit ihm Schwangere kommt es zur Personbildung.

Dieses Geschehen spiegelt sich auf leiblicher Ebene im ‚maternal-embryonalen Dialog' wider, für dessen Einsatz verschiedene Zeitpunkte der Entwicklung geltend gemacht werden können. Ein für einen solchen Dialog immer wieder hervorgehobenes Datum ist die Implantation, bei der am sechsten oder siebten Tag nach der Befruchtung sich der Embryo in die Wand der Gebärmutter einnistet.[28] Dieses Ereignis ließe sich so deuten, dass mit ihm die Annahme des Embryos durch die Mutter Gestalt annimmt.[29] Der mütterliche Organismus ‚akzeptiert' seine ‚Indienstnahme' durch den heranwachsenden menschlichen Keim, indem dieser sich an ihn nicht nur äußerlich anheftet, sondern vollständig in die obere Schicht der Gebärmutterschleimhaut einnistet.

Die hohe Verlustrate während der Zeit der Implantation kann so interpretiert werden, dass sich erst in und nach dieser Zeit eine stabile Beziehung zwischen Mutter und ihrem werdenden Kind herauszubilden anfängt, während zuvor der menschliche Embryo nur die Möglichkeit zu diesem Kind darstellt. Der implantierte Embryo wird erst mit der Implantation zu einem der Mutter verbundenen Gegenüber, zum ‚Dialogpartner'.

Auch dass in dieser Zeit in Wechselwirkung mit dem weiblichen Organismus die Körpergrundgestalt des Embryos endgültig festgelegt wird, unterstützt eine solche Sicht. Erst die Beziehung zur Mutter ‚macht' den embryonalen Organismus zu einem eigengestalteten Gegenüber. Der schon genannte Aufbau eines ‚biographisch spezifischen Methylierungsmusters'[30] ab der Implantation trägt weiterhin dazu bei, hier den wesentlichen Anfang einer neuen Person zu sehen.

Die Implantation als den eigentlichen Akt der Empfängnis zu begreifen, ist im Zuge einer solchen Deutung des Implantationsgeschehens gerechtfertigt. Die Frau empfängt ein werdendes Kind, dessen Möglichkeit zuvor durch die Verschmelzung von Oozyte und Spermium und deren weitere Zellteilung entstanden ist.

Dennoch liegt hier ein Grundproblem dieses Ansatzes. Die Implantation mag zwar durch die Festlegung der Körpergrundgestalt nicht nur als Entstehung einer Verbindung zweier Personen, sondern auch als ihre Unterscheidung aufgefasst werden, aber ist die Bestimmung des Embryos, der am dritten

28 Aber auch schon während der Präimplantationsphase kann von einem ‚maternal-embryonalen Dialog' gesprochen werden. Vgl. Kleinstein, Embryo-maternaler Dialog in der Präimplantationsphase. Zum Verlauf von der Ovulation zur Implantation siehe unten die Abbildung A, S. 211.

29 „Erst von diesem Zeitpunkt [sc. der Nidation] an treten Embryonen in eine enge seelische, körperliche und soziale Beziehung zu ihrer Mutter. [...] Wenn zu diesem Zeitpunkt der Lebensschutz beginnt, kann genau gesagt werden, worin der Lebensschutz besteht, nämlich in einem Verbot der gewaltsamen Trennung der Verbindung von Embryo und Mutter" (Kummer, Läßt sich ein Zeitpunkt für den Beginn des personalen Menschseins angeben?, 168).

30 Seidel, Schon Mensch oder noch nicht?, 370.

oder vierten Tag nach der Ovulation den Uterus als Morula erreicht und als freie Blastozyste bis zum sechsten Tag in der Gebärmutterhöhle sich aufhält, als bloße Möglichkeit eines Kindes plausibel?

Es mag schwerlich einleuchten, ihn als Teil der Mutter oder noch nicht personalisierte ‚Stofflichkeit' aufzufassen, der bzw. die er dann in der Implantationsphase nicht mehr sein soll. Dazu ist die Umbildung der Blastozyste durch die Implantation, durch die ihn bestimmenden mütterlichen Impulse, nicht gravierend genug, als dass man den Embryo vorher als bloßes ‚Material' dazu ansehen könnte.

Man könnte versuchen, dieses Problem zu umgehen, indem man nicht das Entwicklungsgeschehen, sondern die *Annahme* durch den weiblichen Organismus als das allein entscheidende Kriterium der Personbildung ansieht. So wie wir andere Menschen als Personen akzeptieren, so akzeptiert auch der mütterliche Organismus vornehmlich in der Implantationsphase Embryonen, die für uns damit Personstatus haben. Während wir in unserer Freiheit allerdings moralisch gehalten sind, alle Menschen als Personen zu akzeptieren, selektiert der mütterliche Organismus in notwendiger Weise Embryonen aus, die vermutlich etwas später absterben oder Fehlbildungen aufweisen würden. Es handelt sich um keine ‚unmenschliche', sondern um eine natürliche und sinnvolle Selektion, eine natürliche ‚Personenschranke', die viele Embryonen aufgrund ihrer Fehlentwicklung nicht zu passieren vermögen. Nicht die in der Implantationsphase von der Mutter gegebenen Impulse, die den Embryo zu einem weiter von ihr unterschiedenen Wesen machen, sind das personale Kriterium, sondern die Annahme oder Ablehnung aus guten Gründen durch den weiblichen Organismus. Personen sind Personen, weil sie von anderen Personen als solche angenommen werden. Dieses Geschehen wird in der Implantationsphase gleichsam präformiert. Von einem solchen Personverständnis ausgehend ist die Hervorhebung der Implantationsphase konsequent.

Doch diese personale Interpretation des Implantationsgeschehens strahlt mitlaufende Deutungen aus, die unserem allgemeinen Personverständnis entgegenstehen und sich schwerlich abblenden lassen. Entschiede hier ‚die Natur' in unseren Augen über Personalität aufgrund gelungener organischer Entwicklung, stünde das unserer Auffassung entgegen, dass wir Personalität gerade nicht an organischer Gesundheit messen. „Wo menschliches Leben existiert, kommt ihm Menschenwürde zu"[31] – dieser Spruch des Bundesver-

31 BVerfGE 39, 1, 41. Doch hat das BVerfG zugleich offengelassen, ob „Leben im Sinne der geschichtlichen Existenz eines menschlichen Individuums" schon vor der Nidation vorliegt (BVerfGE 39, 1, 37, mit leicht bejahender Tendenz BVerfGE 88, 203, 251). Es steht aber für das Gericht fest, dass die Würde des Menschseins auch für das ungeborene Leben im Dasein um seiner selbst willen liegt (BVerfGE 88, 203, 252). Böckenförde hat darauf hingewiesen, dass in Art.1 Abs. 1 GG nicht von der Würde der Person, sondern des Menschen gesprochen wird. Die Unterscheidung ist in dem Sinne gemeint, dass menschliche Würde sich nicht an einer bestimmten personalen Qualität entscheidet. „Sie kommt dem Menschen zu unabhängig von

fassungsgerichts mag aus biologischer Sicht unsinnig und im Hinblick auf die gesellschaftliche Realität als bloßes Ideal erscheinen, aber sichert eine unbedingte Achtung von Personen aufgrund ihres Menschseins und nicht aufgrund von Anderen festgelegter, zu personalen erklärter Qualitäten. Ein der Implantationsphase zugeschriebener personschöpferischer Akt der Annahme aufgrund des dort stattfindenden selektiven Geschehens lässt sich kaum mit einem nicht an bestimmte Qualitäten gebundenen Personverständnis menschlichen Lebens vereinbaren. Läge darin nicht die Rechtfertigung für eine ‚Nachkontrolle', also Embryonenselektion, im Falle eines ‚Irrtums der Natur'?

Es ist möglich, dass eine werdende Mutter schon vor der Implantationsphase für das in ihr geahnte neue Leben Annahme und Liebe entwickelt.[32] Eine solche reale Annahme würde die davon abgeleitete symbolische Annahme durch die Implantation für die Personbildung in den Hintergrund treten

bestimmten Eigenschaften, Merkmalen oder aktuellen Fähigkeiten; allein auf das Menschsein kommt es an, unabhängig von Stadien dieses Menschseins" (Menschenwürde als normatives Prinzip, 811).
So dürfte auch der Versuch problematisch sein, aus der Formulierung des obersten Gerichts, dass jedenfalls ab der Nidation das Ungeborene sich „nicht erst zum Menschen, sondern als Mensch entwickelt" (BVerfGE 88, 203, 252), eine kategoriale Unterscheidung innerhalb der pränatalen Entwicklung abzuleiten. Das menschliche Leben vor der Nidation, speziell der Embryo in vitro, ist bei einer solchen Unterscheidung nur als „Entwicklung *zum* Menschen" zu deuten (Dederer, Menschenwürde des Embryo in vitro?, 14ff, zu seinem Entwurf siehe auch Weschka, Präimplantationsdiagnostik, 249–255). Der Hinweis, dass vor der Nidation, insbesondere in vitro, die „Entwicklung als Mensch" noch nicht „objektiv" gewährleistet sei, weil „die notwendige und hinreichende biologische Voraussetzung der Einnistung in die Gebärmutter [fehlt], welche nach dem gewöhnlichen (‚natürlichen') Verlauf der Dinge zur Geburt eines Menschen führen wird" (Menschenwürde des Embryo in vitro?, 14 f), verleiht zwar der Nidation das ihr gebührende Gewicht, doch ruft zugleich andere notwendige und hinreichende biologische Voraussetzungen für die menschliche Geburt – vor und nach der Nidation – auf den Plan. Überhaupt ist zu fragen, ob eine deutlich gegebene größere Wahrscheinlichkeit einer natürlichen Entwicklung bis hin zur Geburt zu einer kategorialen Unterscheidung zwischen einer Entwicklung zum Menschen oder als Mensch erhoben werden kann. Auch vor der Nidation entwickelt sich der Embryo auf natürliche Weise und erhält im positiven Fall bis zur Geburt sukzessiv Voraussetzungen für diese. Die pränatale Entwicklung menschlichen Lebens anhand von biologischen Voraussetzungen oder bestimmten Qualitäten in Noch-Nicht-Mensch und Mensch zu unterteilen, gerät in Konflikt mit dem vom Verfassungsgericht an das bloße menschliche Dasein gebundenen Würdeanspruch.

32 Schwangerschaftsfrühtests sind zwar erst mit der Nidation des Embryos möglich, aber schon zu Beginn der Anheftung ab dem sechsten Tag nach der Befruchtung. Gahlings betont wohl zu Recht, dass am Anfang der Schwangerschaft diese selbst mit ihren Auswirkungen und nicht der Gedanke eines Du im eigenen Leib im Vordergrund steht (Phänomenologie der weiblichen Leiberfahrungen, 474), doch weist sie auch auf das Phänomen der Empfängnisgewissheit hin (443ff). Eine Frau kann sich eines neuen Lebens in ihr noch vor einem medizinisch möglichen Nachweis gewiss sein. Bisweilen stellt sich schon sehr früh das sichere Gefühl oder der gewisse Gedanke eines Anderen im eigenen Leib ein. Dass es hierbei häufig zu Täuschungen kommt, stellt die für die Frau möglicherweise personbildende Bedeutung einer solchen Empfängnisgewissheit nicht grundsätzlich in Frage.

lassen. Legt man also den Akzent nicht auf die Qualität des Embryos, sondern auf die Annahme selbst, die das Wesen zur Person macht, dann ist es nicht einsichtig, warum nicht auch Embryonen in früheren oder späteren Stadien kraft mütterlicher – und väterlicher – Annahme zu Personen erhoben werden können. Damit sänke das Implantationsgeschehen auf die Bedeutung eines wichtigen, aber nicht entscheidenden Einschnitts in der Personwerdung ab. Im Übrigen könnte man auch den Beginn der Befruchtung der Eizelle als ein Annahmegeschehen deuten. Die weibliche Eizelle öffnet sich für ein Spermium – und damit für die Bildung einer Person.

2.4 Person ‚von Anfang an' – Die Kernverschmelzung

2.4.1 Person aus der Vereinigung zweier anderer Personen

Der immer noch im Mittelpunkt der Diskussion stehende und damit auch umstrittenste Zeitpunkt für den Beginn menschlicher Personalität ist genauer in den Blick zu nehmen: die Kernverschmelzung. Gerade sie wird dafür in Anspruch genommen, Personalität nicht an bestimmten Entwicklungskriterien zu messen, sondern ‚von Anfang an' zuzugestehen. Was ist an der Kernverschmelzung Besonderes, dass man in ihr den nicht hintergehbaren Anfang einer neuen Person zu erblicken meint?

Nach der Imprägnation der Eizelle durch ein Spermium bilden sich ein mütterlicher und ein väterlicher Vorkern. Beide replizieren ihre haploiden Chromosomensätze, bewegen sich aufeinander zu und lösen ihre Membranen auf. Mit der Auflösung der Vorkernmembranen kommen zum ersten Mal weibliches und männliches Erbmaterial in Verbindung und werden in einer Teilungsspindel angeordnet.[33] Bei der Beurteilung dieses Ereignisses schieben sich leicht biologische und philosophische Annahmen ineinander:

> [...] von nun an agiert der Embryo als ein sich selbst organisierendes System, das wie alle Lebewesen nach dem Erreichen der Zielgestalt seines Werdens strebt.[34]

Angesichts der schon besprochenen Schwierigkeit, den Beginn einer Selbstorganisation des Embryos zu eruieren – man denke an die erst im Vierzellstadium erfolgende Aktivierung des Genoms oder die in der weiteren Entwicklung auf das embryonale Wesen einwirkenden Faktoren seitens der Mutter –, wird man den Befund einer echten Selbstorganisation ab der Kernverschmelzung kaum teilen können. Die an den aristotelischen Entelechiegedanken erinnernde Deutung des Lebens im zweiten Teil des Zitats legt das Ziel der Personalität schon in das embryonale Leben. Sein ‚Streben' ist nur

33 Vgl. Rager, Beginn, Personalität und Würde des Menschen, 66 ff.
34 Deutscher Ethikrat, Präimplantationsdiagnostik, 45.

aus einer den biologischen Befund transzendierenden philosophischen Deutung verständlich zu machen. Man könnte argumentieren, dass das Streben letztlich nicht von dem frühen Embryo selbst, sondern von seinem Ziel her rührt, auf das er hingeordnet ist. Deshalb wird auch das ‚Selbst', das sich im Embryo selbst zu organisieren beginnt, nur mit dem Ziel zu identifizieren sein. Es bestimmt den embryonalen Anfang im ontologischen Sinn, ohne schon in einem präformistischen Sinne da zu sein.

Der teleologische Gedanke, durch den die biologischen Prozesse der Embryonalentwicklung sich als ein zielgerichtetes Werden erschließen, verknüpft sicher auf sinnvolle Weise eine Person mit ihrem Werden, aber er verhilft nicht, einen Anfang dieses Werdens zu setzen. Weil ein sich selbst organisierendes System auch Ziel der embryonalen Entwicklung ist, steht ein solches nicht schon am Anfang des Werdens. Am Anfang steht wohl ein Anfang von neuer Selbstorganisation, aber verflochten mit Prozessen, die - noch - nicht die eigenen des Embryos sind. So ist ein Anfangspunkt aus teleologischer Sicht nur schwerlich zu fixieren.[35] Die Selbstorganisation ist nicht auf einmal da, sondern ein Werden. In dieser Perspektive ist die Kernverschmelzung nur eine Etappe auf dem Weg der menschlichen Entwicklung.

Die Frage nach dem Anfang kommt einer Klärung näher, wenn man zuerst den Blick von der Biologie weg auf unser Personverständnis wendet, dem eine eigene Gewissheit von personalem Beginn innewohnt.

Selbst wenn sich der biologische Befund der Bestimmung eines eindeutigen Anfangs entzieht, so kann nach unserem Verständnis dennoch kein Zweifel daran bestehen, dass jeder Mensch für sich einen Anfang hat, der ihn von seinen Eltern trennt. Diese Gewissheit liegt in einem personalen Verständnis des Menschen begründet, auf das der biologische Befund durchaus hinweist, aber das von ihm allein her nicht aufzuweisen ist.

Dass eine neue Person durch zwei andere Personen, Mann und Frau, gezeugt wird, gehört zum Grundverständnis menschlicher Personalität, auch wenn sich durch die neue Biotechnik weitere Möglichkeiten eröffnet haben. Menschen entstehen durch die ‚Vereinigung' von Mann und Frau. Das Verständnis dieses sinnlichen Vorgangs ist zugleich ein symbolisches, das eine eigene Wirklichkeit schafft. Es wird als ein ganzheitliches, Psyche und Leib des Menschen zutiefst betreffendes und darin intimes Geschehen angesehen. Auch wenn es so nicht immer erlebt wird, tut das seiner symbolischen Wirklichkeit keinen Abbruch.

Die Liebe als intensivste Beziehungsform findet einen wesentlichen Ausdruck in der sexuellen Beziehung zwischen Mann und Frau und erhebt diese zu einem personalen Geschehen. Mann und Frau erleben und symbolisieren darin ihre Einheit. Dass aus der sexuellen Gemeinschaft ein neuer Mensch

35 Weil die *ratio cognoscendi* für Teleologie in der Natur Subjektivität ist, bleibt sie fragwürdig, wo Subjektivität sich erst ausbildet (vgl. Rohs, Über die Möglichkeit einer teleologischen Deutung der Natur, 194).

entstehen kann, ist evident und entspricht der biologischen Verfassung des Menschen. Aber dass dieses neue Wesen nicht nur ein gemeinsames Produkt seiner Eltern, quasi ein ihnen zugehöriger Fortsatz, sondern ein personales Fürsichsein ist, das Achtung verdient, ist aus keinem biologischen Befund abzuleiten. Das Fürsichsein bedeutet, dass dieser Mensch in seinem leiblichen und geistigen Dasein trotz seiner Verwandtschaft weder der Mutter noch dem Vater noch beiden zugehört.[36] Dieses natürlich angelegte, kulturell gewachsene personale Denken setzt den Anfang eines neuen Menschen. Die Fortpflanzung des Menschen transzendiert in ihrer Bedeutung den biologisch beschreibbaren Vorgang. Sie ist nicht nur eine ‚Vermehrung' seiner selbst.

2.4.2 Verschmelzung als Symbol der Vereinigung

Legt man die personale Deutung der Vereinigung von Frau und Mann auf die vorgeburtliche Entwicklung an, so zeigt sich diese als ‚gleichnisfähig'. Dass der Ausdruck der Einheit in der Liebe sich bis auf zellulärer Ebene durchsetzt und in der Vereinigung von Ei- und Samenzelle zugleich die Einheit eines neuen Menschen ist oder zu ihr wird, zeigt die ‚Natürlichkeit' unserer personalen Intuitionen an.

Wie ein Blick in die Biologie lehrt, ist die menschliche Form der Fortpflanzung eine unter vielen, was auf eine Sonderstellung hinweisen könnte. Doch ist auch hier wieder zu beachten, dass eine rein biologische Sichtweise des Geschehens die personale Deutung des Befundes nicht bestätigen kann, sondern in ihrem Vergleich mit anderen Organismen die personale Sicht vielmehr auflöst oder ihr entgegensteht. In biologischem Sinne mag die unbefruchtete Eizelle als eigenständiger Organismus einzuordnen sein, aber in unserem personalen Verständnis ist sie zweifellos eine Zelle, die der Frau zuzurechnen ist.

36 Die mögliche Alternative, den Embryo allein der schwangeren Frau zuzuweisen, weil er Teil ihres Körpers oder an ihren Körper gebunden sei, erhebt diese Bindung zum Symbol und zur Begründung für exklusive Zugehörigkeit. Doch blendet eine solche Deutung aus, dass der Embryo sowohl im Fall der Fortführung als auch des Abbruchs einer Schwangerschaft von der Frau überwiegend im sozialen Kontext – und das heißt in ihrer Beziehung zu dem Partner – verstanden wird. Das Beziehungsgeschehen zwischen den Partnern lässt den Embryo ‚etwas zwischen ihnen' sein. Die obige Deutung der Entstehung des Embryos aus Ei- und Samenzelle schließt sich daran an.
Überhaupt erscheint die Deutung des eigenen Leibes als etwas, über das ich exklusiv und autonom verfüge, leiblicher Realität nicht gerecht zu werden. Menschen erheben – zu Recht und zu Unrecht – Ansprüche auf die Leiblichkeit des anderen. Gerade eine Schwangerschaft ist ein gutes Beispiel, wie der eigene Leib gewollt und ungewollt zu dem eines anderen werden bzw. zweien gehören kann. „Erschien der schwangere Bauch in den Erzählungen Schwangerer zunächst als ein Raum, den sie auf seltsame Weise mit einem Fremden teilen oder ihn gar an diesen abtreten müssen, so bildet er im Kontext der Paarbeziehung eine *Schnittmenge zweier Körper.* Als solcher garantiert er hier Sarah und dem Kind gleichermaßen Zuwendung durch Fabian" (Hirschauer u.a., Soziologie der Schwangerschaft, 191, Hervorhebungen im Original).

Auch der Verschmelzungsprozess selbst entspricht aus biologischer Sicht nicht gänzlich unseren personalen Intuitionen. Die Verschmelzung von Ei- und Samenzelle könnte biologisch eher als eine Bereicherung der Oozyte, der Eizelle, mit genetischem Material anzusehen sein.[37] Sie wäre nicht eine wechselseitige Verschmelzung zweier Zellen, sondern, wie erwähnt, nur das Aufgehen der Samenzelle in die Oozyte. Bei vielen Tieren reift die Eizelle, ohne dass es eines Spermiums bedarf. Beim Menschen ist eine solche parthenogenetische Entwicklung nur bis zu einer frühen vorgeburtlichen Phase möglich, dann stirbt der entstandene Organismus ab. Dennoch zeigt sich in dieser Möglichkeit eindrucksvoll die bestimmende Funktion der Oozyte im frühen Entwicklungsgeschehen. Wie soll eine solche einseitige Rollenverteilung zwischen Oozyte und Spermium die ‚Verschmelzung' zweier Menschen in der Liebe symbolisieren?

Doch gehört zu unserem personalen Verständnis, dass wir nicht nur mütterlichen, sondern auch väterlichen Ursprungs sind. Das Kind ist kein Erzeugnis der Mutter, zu dem der Vater nur eine genetische Komponente beisteuert, welche die Lebenserwartung eines ansonsten früh versterbenden Humanparthenogeneten hebt. Dass Mann und Frau eine neue Person zeugen, wird vielmehr dadurch bestätigt, dass es der Eizelle und des Spermiums für eine ‚normale' Entwicklung des neuen Lebens notwendig bedarf.

Die männliche Komponente mag in den ersten Entwicklungsstadien noch hinter der weiblichen an Bedeutung zurückstehen, aber in der ganzen Entwicklung des Menschen ist keine biologisch einseitige Ausrichtung auf die Mutter hin belegt.

Mit Ei- und Samenzelle kommen nicht nur zwei Zellen zusammen, sondern dieses Ereignis bildet in personaler Perspektive die ‚Vereinigung' von Mann und Frau und darin die mögliche Entstehung einer neuen Person. Ältere Theorien, dass der Keim künftiger Kinder im Vater oder der Mutter ohne wesentliche Einflussnahme des Geschlechtspartners vorgebildet sei und sich dementsprechend entwickle, sind seit Oscar Hertwigs Entdeckung der Zellkernverschmelzung im Jahr 1876 widerlegt.[38] Der Verschmelzungsvorgang besitzt die entscheidende symbolische Kraft, den Beginn einer neuen Person zu markieren. Vorher kursierende Modelle, dass etwa den Spermien eine katalytische Kraft innewohne, welche auf das Ei bei bloßer Berührung eine fermentierende Wirkung habe, oder die Vorstellung, dass der Samen des Mannes zunächst auf die Frau überhaupt einwirke, was die weitere Entwicklung in Gang setze, hätten diesen symbolischen Gehalt nicht gehabt.[39] Ihnen

37 Seidel, Schon Mensch oder noch nicht?, 384. Doch erscheint es plausibler, die Verschmelzung von Eizelle und Spermium zur Zygote als Bildung der ersten Zelle eines *neuen* Organismus zu verstehen. Zur Bedeutung der Zygote aus philosophischer Sicht siehe Oderberg, Modal Properties, Moral Status, and Identity, 260–267.

38 Bernard, Kinder machen, 70 ff.

39 Ebd., 61 ff. Bernard macht auf den geschichtlichen Zusammenhang von Zeugungsvorstellungen und Liebesvorstellung aufmerksam. Schon das epigenetische Zeugungsverständnis, das am

wohnt keine differenzierende Kraft inne, die das neue Leben von dem der Eltern trennt. Dagegen vermag der Vorgang der Verschmelzung eine solche Zäsur zu setzen, weil durch sie etwas entsteht, das weder eindeutig der Mutter noch dem Vater zuzurechnen ist. Der väterliche Einfluss bleibt der Eizelle nicht äußerlich, sondern verändert sie bis in ihren Kern. Dass Personen Personen zeugen wird durch den Vorgang der Verschmelzung fast nahtlos dokumentiert. Es bedarf keines Zwischenstadiums, in dem die neue Person noch in einem quasi vegetativen Zustand – oder modern: präembryonalen – Zustand etwas Unpersonales, nur mit der Möglichkeit der Personwerdung Ausgestattetes, letztlich Unklassifizierbares ist.

Damit löst sich das Problem auf, den Beginn der neuen Person durch eine dem Embryo inhärente Qualität bestimmen zu müssen. Die Qualität des embryonalen Lebens ist eine der negativen Art: Es ist ein weder dem Vater noch der Mutter zugehöriges menschliches Zellgebilde.

In diesem Sinne steht die biologische Verschmelzung auch für ein Werden der Person aus Beziehung. Die Beziehung zwischen Mann und Frau löst das Werden einer neuen Person aus. Während bei der Nidation als Beziehungsdatum zwischen Frau und Embryo die Beziehung selbst wieder auf einer bestimmten Qualität des Embryos fußte, ist hier die Qualität ganz in die personale Beziehung hineingenommen. Personen zeugen Personen.

2.4.3 Wann beginnt die Verschmelzung – und wann ist sie abgeschlossen?

Abgeleitet aus dem Verständnis personaler Beziehung kann die Verschmelzung von Ei- und Samenzelle als Entstehungsdatum einer neuen Person gewürdigt werden. Statt bestimmte Qualitäten als Bedingungen menschlicher Personalität zu definieren, liegt der Fokus auf dem personal bedeutsamen Vereinigungsgeschehen. Person ist man ‚von Anfang an', ohne ‚Vorleistung' seitens seiner anfänglichen embryonalen Gestalt, allein einer personalen Vereinigung geschuldet. Doch ist bei einer genaueren Analyse des Verschmelzungsgeschehens die Frage nach der Qualität dieser embryonalen Gestalt nicht zu vermeiden.

Ist die Entstehung einer Person aus der Vereinigung zweier Personen, die in der Verschmelzung ihr biologisches Pendant besitzt, der leitende Gedanke, so bleibt offen, welcher Zeitpunkt der Verschmelzung nun genau den Beginn markieren soll. Meistens wird die schon beschriebene Kernverschmelzung als das eigentliche Verschmelzungsgeschehen betrachtet. Doch ist zu überlegen,

Ende des 18. Jh. die präformistische Vorstellung ablöste, hat mit seiner „neue[n] Vorstellung, dass beide Geschlechter gleichermaßen und in voller Selbstermächtigung für die Zeugung ihrer Nachkommen einstehen, die Allianz von Liebe und Ehe zweifellos forciert. Der epigenetische Anteil an der Herausbildung des romantischen Codes ist beträchtlich" (ebd., 51).

ob man nicht besser auf die Verschmelzung von Spermium und Eizelle überhaupt als entscheidendes Ereignis zurückgehen sollte.

Sicher kann man sagen, dass vor dem Eindringen des Spermiums in die Eizelle noch von keiner Verschmelzung die Rede sein kann. Aber wenn das Spermium die zona pellucida durchdringt, beginnt zweifellos eine Fusion zwischen beiden. Das Spermium trifft auf die Eizellmembran, streift an dieser entlang, so dass sich die gegenseitigen Membranrezeptoren verbinden. Handelt es sich hier schon um den Beginn der Verschmelzung oder ist dieser Vorgang eher als ein Durchdringen der Eizellmembran anzusehen? Hat das Spermium seine eigene Membran, die des Spermienkopfs und des Mittelstücks, an der Eizellmembran abgestreift, sinken anschließend sein Kopf, sein Hals und seine Schwanzfäden in den Dotter ein. Ist angesichts dieses Vorgangs die Membranverschmelzung also nur eine Zwischenstation auf dem Weg zur eigentlichen Verschmelzung?

Vor allem wäre auf den folgenden Aufbau der Vorkerne zu verweisen, in denen die dekondensierte, ‚entpackte' DNA eingeschlossen wird und in der folgenden, fast einen Tag lang dauernden Synthesephase sich verdoppelt. Dass die dekondensierte DNA von einer Kernmembran neu umschlossen wird und das Erbgut nicht sogleich zusammenkommt, könnte deutlich machen, dass zu diesem Zeitpunkt noch eine klare Trennung des männlichen und weiblichen Anteils besteht, also von einer Verschmelzung noch nicht gesprochen werden kann. Auch wenn es schon während dieser Synthesephase zu einer Annäherung der Zellkerne kommt, würde erst die anschließende Auflösung der Kernmembranen und die Anordnung der väterlichen und mütterlichen Chromosomen in einem gemeinsamen Spindelapparat als entscheidendes Ereignis der Verschmelzung gelten müssen.[40]

Doch eine solche Interpretation ist problematisch, weil beide Kerne nicht zu einem gemeinsamen, durch eine gemeinsame Kernmembran von der übrigen Eizelle abgegrenzten Kern verschmelzen. Die der Eizelle zugehörige zona pellucida bleibt die Begrenzung. Ist deshalb der Auflösung der zwischenzeitlich entstandenen, für die Synthesephase notwendigen Kernmembran keine tiefere Bedeutung im Sinne einer Aufhebung der Trennung des elterlichen Erbguts zuzugestehen? Wäre dann nicht doch der vorher statt-

40 Ob es sich in dieser Phase schon um *einen* Spindelapparat handelt und von einer Verschmelzung im Sinne einer Mischung des mütterlichen und väterlichen Erbgutes gesprochen werden kann, ist nicht abschließend geklärt. An Zygoten von Mäusen konnte gezeigt werden, dass während der ersten Teilung der Zygote die männlichen und weiblichen Chromosomen an jeweils einer Spindel hängen und auch bei der anschließenden Verschmelzung der beiden Spindeln zu einer noch örtlich getrennt bleiben. Da bei der menschlichen Zygote im Unterschied zu der Mauszygote die Zentrosomen bei der Entstehung der zygotischen Spindel eine entscheidende Rolle spielen könnten, ist noch nicht abzusehen, ob der Vorgang sich auf die menschliche Embryogenese übertragen lässt. Sollte das der Fall sein, könnte erst nach der ersten Zellteilung von einer Vermischung von männlichem und weiblichem Erbgut gesprochen werden (Zielinska / Schuh, Double trouble at the beginning of life).

findende Verschmelzungsvorgang der Membranen beim Eindringen des Spermiums in die zona pellucida als eigentlicher Anfangspunkt aufzufassen?

Trotz dieser Anfrage kann man weiterhin an der gemeinsamen Anordnung des Erbguts im Spindelapparat als dem eigentlichen Datum der ersten Einheit festhalten. Für die Verschmelzung ist nicht die Abgrenzung nach außen entscheidend, sondern die Verschmelzung im Sinne einer Vereinigung. Dass die Verschmelzung des Erbgutes sich in der äußerlichen Einheit der Oozyte vollzieht, nimmt ihr nichts von ihrem Wesen. Es findet im Weiteren kein Vorgang mehr statt, in dem sich in vergleichbar bedeutsamer Weise voneinander getrennte weibliche und männliche Anteile miteinander verbinden.

Doch weil die verbundenen weiblichen und männlichen Chromosomen nicht der zygotischen Einheit, der ersten Zelle des Embryos, entsprechen, sondern nur *in ihr* die Einheit darstellen, bleibt eine solche Interpretation fragwürdig. Ist es nicht, wie gesagt, deshalb konsequenter, schon in der Verschmelzung der beiden Zellmembranen zu Imprägnationsbeginn oder noch besser in der Aufnahme des Spermieninhalts in das Zytoplasma der Eizelle den personal bedeutsamen Verschmelzungsbeginn zu sehen? Nicht die Anordnung der Chromosomen auf einer gemeinsamen Spindel, sondern die dafür notwendige Auflösung der Kernmembranen und das dadurch ungetrennte Zusammensein der Chromosomen in der so zur Zygote gewordenen Oozyte ist dann der Abschluss der Verschmelzung, die mit der Imprägnation der Oozyte begonnen hat. Die Spindel hat nur eine ordnende, aber keine Einheit schaffende Funktion.

Man könnte einwenden, dass aufgrund des weiteren Entwicklungsverlaufs die zona pellucida noch nicht als die eigentliche Hülle des Embryos anzusehen sei, die Einheit mit dem gemeinsamen Genom wohl Ausdruck fände, aber eben noch keine eigene sichtbare Begrenzung nach außen existiere. Diese setze erst mit der Bildung einer Zellkernmembran bei der ersten Zellteilung ein und bekomme eine deutlichere Gestalt im Blastomerenstadium, wenn die äußeren Zellen der zur Morula gewordenen Zygote sich zusammenschließen. Bei dieser compaction verbinden sich die Trophoblasten genannten äußeren Zellen und machen eine Einheit sichtbar, für welche die zona pellucida nur noch eine äußere Schale darstellt, aus der sie dann als Blastozyste herausschlüpft (hatching).

Doch auch diese Interpretation wird durchkreuzt durch die Tatsache, dass sich der Embryo allein aus der inneren Zellmasse, dem Embryoblast, entwickeln wird. Ist also die Differenzierung von Trophoblast und Embryoblast als Beginn der eigentlichen Gestaltbildung des Embryos zu interpretieren? Eine Gestalt des Embryos scheint in den ersten Entwicklungsphasen noch nicht identifizierbar, sie verschwimmt in einer ständig neu ansetzenden und doch fortwährenden Gestaltwerdung, deren Impulse sowohl von dem neuen Wesen als auch seiner Mutter herrühren.

2.4.4 Im Werden sein und im Werden Sein

Es ist nicht zu verkennen, dass die Gestaltwerdung des Embryos ein Geschehen ist, das eine durchgehende Bestimmung von Eigenem und Anderem nicht zulässt, sondern beides sich je nach Embryonalphase wechselnd zuordnen lässt. Es handelt sich um keine kontinuierlich-starre Entwicklung, sondern um ein fließendes Geschehen, das sich je nach Blickwinkel, aus der Perspektive einer früheren oder der erreichten oder einer späteren Entwicklungsphase, anders darstellt.

Die Differenzierung von der Umwelt erfolgt erst im Entwicklungsprozess selbst. Die Ausbildung des Embryoblasten und des für dessen Ernährung zuständigen Trophoblasten ab dem vierten Tag lässt sich als eine noch bestehende leibliche Verwobenheit des Embryos mit seiner Umwelt – und so mit einem Möglichkeitshorizont, dessen Reduktion erst das konkrete Individuum erscheinen lässt – betrachten.

Die Offenheit der embryonalen Einheit zeigt sich besonders in der noch nicht ausgeschlossenen Zwillingsbildung vor dem vierzehnten Tag. Die Einheit der Zygote könnte die Einheit mehrerer Individuen sein. Es besteht bis zum vierzehnten Tag die auf die ganze embryonale Existenz sich auswirkende Möglichkeit fort, ein neues Individuum herauszubilden.[41] In dieser Sichtweise kann auch der grundsätzliche Befund der Totipotenz bis mindestens zum Achtzellstadium nach drei Tagen gedeutet werden, bei der jeder Zelle die Möglichkeit eines eigenen Individuums innewohnt.

Ebenso unterstreichen epigenetische Einflüsse, z. B. die für die Entwicklung wichtigen Signale seitens des weiblichen Organismus, die Offenheit des embryonalen Prozesses zur Mutter hin. Das festgelegte Genom darf nicht den Blick darauf verstellen, dass es zusätzlicher Informationen bedarf, um die Körpergrundgestalt zu entwickeln. Der Embryo wird in den ersten Entwicklungsphasen in seiner Gestalt von der Mutter indirekt ‚miterschaffen'.[42]

41 Daraus den Schluss zu ziehen, dass wir es in der Zeit der möglichen Mehrlingsbildung mit „*artspezifischem*, aber eben noch nicht mit *individualisiertem* Leben zu tun" haben (DREIER, Bioethik, 40 f, Hervorhebungen im Original), ist keineswegs zwingend. Man kann an einer solchen Position vor allem die Verkürzung des Individuumsbegriffs auf den Ausschluss einer biologischen Möglichkeit kritisieren. Schon der Alltagsgebrauch des Individuumsbegriffs geht darüber hinaus und beschreibt ein Fürsichsein des Menschen, das sich nicht an der Un-Möglichkeit einer biologischen Teilung desselben orientiert. Als ein Fürsichsein und zu einem Fürsichsein entwickelt sich der Embryo schon vor dem vierzehnten Tag und noch weit darüber hinaus. Im Übrigen ist die Gleichsetzung bloß quantitativ bestimmter Individualität mit personaler Individualität auch kontraintuitiv, ansonsten müsste schon die bloße Möglichkeit der Klonierung des Menschen diesen in seiner Individualität mindern. Zur Diskussion um die Frage nach der Individualität des Embryos vgl. BREUER, Person von Anfang an?, 111–120, MAURON, The human embryo and the relativity of biological individuality.

42 Zur Diskussion um die Bedeutung der mütterlichen Positionsinformationen für die embryonale Gestalt siehe KUMMER, Läßt sich ein Zeitpunkt für den Beginn des personalen Menschseins

Der ganze Befund weist auf eine noch nicht abgeschlossene Individuierung hin. Eine nach außen gegebene relativ eindeutige Abgeschlossenheit, eine Einheit, die nicht die von zwei sein oder werden kann, und eine weithin gegebene Selbstorganisation des eigenen Daseins bilden sich im Embryonalprozess aus und individuieren einen Menschen.[43]

So ist deutlich, dass das menschliche Individuum sich nicht selbst in diesem Prozess macht, sondern in ihm wird. Es ist nicht von Anfang an ein Individuum da, das nur noch Gestalt annehmen muss, sondern in dem Prozess entwickelt sich ein für sich Bestehendes, Individuelles. Der Prozess des Werdens trägt ein doppeltes Gesicht und entzieht sich einer eindeutigen Bestimmung.[44] Im Werden ist das Individuum im ganzen Verlauf des Prozesses schon da, aber als darin zugleich werdendes wird es erst im Prozessverlauf. Es steht am Anfang kein Bauplan eines fertigen Individuums, der nur noch der Umsetzung bedürfte. Wir begegnen beim frühen Embryo nicht der Wirklichkeit eines Menschen in frühester Gestalt, sondern einem noch in seinem Möglichkeitshorizont befindlichen ,Embryo-Menschen'.

Neigt eine einseitige Sichtweise des Embryos als individuelles Wesen ,von Anfang an' nicht zu einer Art Präformismus, als sei der Mensch in diesem Embryo schon ganz vorgebildet? Wird dem gegenüber die epigenetische Sichtweise einer schrittweisen Entstehung von Individualität dem biologischen Befund besser gerecht? Oder sehen wir in dem entstehenden Menschen mit Recht schon mehr, als wir biologisch wahrnehmen? Es scheint das eigenartige Über-sich-hinaus-sein und darin doch Ganz-bei-sich-sein, das den

angeben?; WEIGL, Menschsein durch Implantation?; KUMMER, Zum Diskurs der Beurteilung des menschlichen Lebensanfangs.

43 Eine gesicherte Auskunft, ab wann individuelles menschliches Leben vorliegt, muss fraglich bleiben, weil man Individualität unterschiedlich deuten kann. Ist es die Einzigartigkeit des Eigenschaftenbündels, welche Individualität ausmacht (Bündeltheorie)? Oder sind Eigenschaften, die *ex se* individuell sind, für Individualität notwendig (Tropentheorie)? Oder bedarf es eines „nackten Substrates", das als Träger von Eigenschaften für Individualität entscheidend ist? Ein solches eigenschaftsloses Substrat könnte aber wiederum nur von den Eigenschaften her begriffen werden, die sich auf es beziehen. Gemäß den für die Frage nach dem Individuationsprinzip weiterhin aktuellen Einsichten des mittelalterlichen Philosophen und Theologen Duns Scotus „fehlt uns unter den gegenwärtigen Erkenntnisbedingungen eine direkte intuitive Einsicht in die Individualität des Individuums. Die Welt der Individuen ist uns nur durch die abstraktive Erkenntnis zugänglich, die sich auf die gemeinsame Natur bezieht und zu jenen sortalen Begriffen führt, mit deren Hilfe wir Individuen ,als etwas' erkennen" (CHABADA, Die Frage nach dem Individuationsprinzip, 19, zu den erwähnten Theorien der gegenwärtigen sprachanalytischen Ontologie, 6ff).

44 Dass das menschliche Werden natürlicherweise nach außen nicht sichtbar ist, dass es zuerst noch äußerlich durch den mütterlichen Bauch verhüllt ist, hat symbolische Kraft. Das Werden einer Person entzieht sich einer eindeutigen Identifikation genauso wie einer Auflösung in vieldeutige biologische Prozesse. Die moderne Medizin konnte diese Verhüllung trotz aller Durchleuchtung des embryonalen Werdens nicht wegnehmen. Im Gegenteil: Sie hat nur die biologische Verhüllung weggenommen, aber die Frage nach der Personalität eher noch rätselhafter gemacht.

Menschen als Person auszeichnet, sich in der zeitlichen Erstreckung des frühesten menschlichen Entwicklungsprozesses widerzuspiegeln.

Das Individuum ist in der Entwicklung, im Horizont *seiner* Möglichkeiten schon da und macht doch im Laufe der Entwicklung diese erst zu *seinen eigenen.* Je nach Sichtweise erscheint der Embryo in eigenständiger Gestalt oder nicht. Die Impulse des mütterlichen Organismus gelten dem Embryo und tragen dazu bei, dass er überhaupt embryonaler Gestalt ist. Im embryo-maternalen Dialog ist der embryonale Dialogpartner schon da und bildet sich zugleich zu einem solchen aus.

Man könnte einwenden, dass der Mensch nicht nur als Embryo, sondern zeit seines Lebens seiner Umwelt verbunden und auf ihre Signale angewiesen ist. Doch sind später äußere Signale und Empfänger deutlicher voneinander getrennt, während sich in der ersten Phase des embryonalen Lebens Umwelt und Individuum gewissermaßen ‚überlappen'. Das dem Embryoblasten dann Äußere, der Trophoblast, ist zuerst noch im Embryo ‚drin', ist er noch selbst. Das Wort Pindars ‚Werde, der du bist' ist für ihn leibliche Realität. Der Individuierungsprozess des Embryos enthält keine neue Qualitäten erzeugenden Einschnitte, die Qualitäten sind schon da und werden doch erst durch Einschnitte in den noch unspezifischen Möglichkeitsraum des embryonalen Lebens spezifiziert.

Die im Sinne eines ‚Diesseins' verstandene Individuation – dass man also sagen kann: "Dies ist der Mensch im Unterschied zu seiner Umwelt" – schält sich im Laufe der frühesten Entwicklung heraus, und doch ist dieser Mensch schon da, signalisiert durch schon geschehene, dann wieder aufgehobene und neu gesetzte oder modifizierte Abgrenzungen und Vereinigungen, sei es die zona pellucida oder die in *einer* Teilungsspindel angeordneten Gene.

2.4.5 Zwischen negativ und positiv bestimmter Identität

Ein eindeutiger Befund für die Bestimmung eines personalen Beginns war nicht zu erwarten, aber von einem bloß unkonturierten In- und Durcheinander von Entwicklungsprozessen kann trotz der beschriebenen, ‚verzögerten' Individuierung auch nicht die Rede sein. Eine personale Sicht auf das biologische Geschehen findet aussagekräftige, symbolhaltige Ereignisse, denen man die Qualität eines Beginns durchaus zuschreiben kann.

Die hervorstechendsten Ereignisse dürften die Implantation und die Keimzellverschmelzung sein. Die Implantation selbst kann als eine Beziehungsaufnahme verstanden werden, welche die Annahme eines Kindes durch die Mutter ausdrückt. Zugleich setzt sie entscheidende Impulse für Individuierungsereignisse wie Neumethylierung oder Ausbildung der Körperachsen, die in eine personale Perspektive gerückt werden können.

Die Mutter ist nicht mehr nur mit einem noch weitgehend im Möglichkeitshorizont sich befindenden Wesen verbunden, sondern mit einem Individuum, das nach erfolgreicher Implantation zu gebären sie mit großer Wahrscheinlichkeit entgegensehen kann. Doch unterstreichen die mit der Implantation einhergehenden oder von ihr ausgelösten Individuierungsvorgänge nicht nur die Bestimmung der Person aus ihrer Beziehung zu einer anderen Person, sondern schränken sie auch insofern ein, als sie der Begründung des Personseins durch die Beziehung zur Mutter die Begründung durch den Entwicklungsstand des werdenden Lebens zur Seite stellen. Man kann eine solche doppelte Begründung als unproblematisch ansehen, gewissermaßen als eine glückliche Koinzidenz, der Natur geschuldet. Der Embryo hat die erste ‚natürliche' Qualitätskontrolle erfolgreich bestanden.

Wenn man aber Personalität als eine Forderung begreift, den Anderen voraussetzungslos, nur kraft seines eigenen Daseins, als Person anzunehmen, oder als ein Geschenk ‚von Anfang an' ansieht, das nicht erst ab einem bestimmten Entwicklungsstand empfangen wird, dann bieten sich die Imprägnation der Eizelle durch die Samenzelle oder die Kernverschmelzung als eigentlicher Beginn einer neuer Person an.

Ist die biologische Funktion der Verschmelzung für die Fortpflanzung eines Organismus eher gering zu schätzen angesichts anderer Möglichkeiten im Reich der Lebewesen, so eröffnet doch diese Form der Lebensweitergabe die Möglichkeit, den Beginn einer neuen Person kenntlich zu machen. Der Vorgang der Verschmelzung verbindet auf symbolische Weise die Einheit zwischen Personen in der Liebe mit der Entstehung einer neuen Person. Die Einheit einer neuen Person wird da gefunden, wo im Akt der Verschmelzung die Eizelle der Frau und das Spermium des Mannes ihre Zugehörigkeit zu der einen und dem anderen zugunsten einer neuen, dritten Zugehörigkeit verlieren. Die Zygote ist nicht mehr ein Teil der Frau oder etwa des Mannes, sondern das Fürsichsein einer neuen Person.

Alle bestehenden oder noch entstehenden Verbindungen dieser Person zur Mutter, die ihr Sein im Mutterleib betreffen, haben nicht die symbolische Kraft, dieses heranwachsende Wesen als mütterliches Organ oder als etwas der Mutter ‚Eingewachsenes' oder aus ihr ‚Herauswachsendes' darzustellen. Ebenso sind alle der Verschmelzung vorausgehenden Prozesse, in denen Eizelle und Spermium noch getrennt sind, nicht ernsthaft als Dasein einer Person anzusehen.

Man mag die Interpretation eines biologischen Geschehens durch die Vorstellungen von Einheit und Liebe als romantisierend ansehen und hätte damit in einem tieferen Sinne recht, weil ein solches Gedankengut in der Zeit der Romantik wesentlich befördert wurde. Mit der Akzentsetzung auf dem Einheitsgedanken in der embryonalen Entwicklung wird zudem für eine frühestmögliche Emanzipation einer Person von anderen Personen votiert. Nicht die Unterscheidung von ihrem Umfeld, sondern von den sie zeugenden Personen gibt den Ausschlag für ihre Selbstwerdung.

Aber lässt sich diese Unterscheidung in personaler Perspektive durchhalten? Es wurde schon gesagt, dass sich das Fürsichsein der neuen Person gleichsam negativ, als nicht mehr Mann bzw. Vater oder Frau bzw. Mutter, konstituiert. Ihre negative Bestimmung vermag die neu entstandene Einheit erst in den weiteren Entwicklungsstadien zu einer eigenen positiven Bestimmung umwandeln. Dass sie als eine Einheit gegenüber anderen zugleich eine Einheit für sich ist, entwickelt sich erst in den weiteren Stadien – und bricht oft genug ab. Deshalb kann von einer Kontinuität der embryonalen Entwicklung nur in einem besonderen Sinn die Rede sein. Man müsste eher sagen, dass die Kontinuität sich selbst erst entwickelt. Kein durchgehend Identifizierbares zieht sich durch die Stadien durch, sondern eine Bewegung, in der sich eine kontinuierlich deutlichere Identifizierung dieser neuen Person ereignet.

So lässt sich kein eindeutiger Zeitpunkt innerhalb des Verschmelzungsvorgangs herausgreifen, der den gesuchten Beginn markieren könnte. Der Beginn ist selbst eine Bewegung, die sich aus der Bewegung des gesamten Befruchtungsvorgangs herausschält.

Wenn die positive Identifizierung erst im Laufe der ersten Embryonalstadien erfolgt, kann dann die ‚negative' Identifizierung für die Behauptung einer neuen Personexistenz ausreichen?

Diese Frage wird nur von dem jeweiligen Personverständnis ausgehend und damit unterschiedlich zu beantworten sein. Eine differenzierende Antwort könnte naheliegen. Wenn jemand Person ist, dann ist er es ab dem Verschmelzungsvorgang, aber nicht jede befruchtete Eizelle hat die Identität einer Person.

Eine solche Beurteilung muss die Frage der Kontinuität aus personaler Perspektive genauer in den Blick nehmen. Die Eigenart der personalen Kontinuität, ihre besondere Vermittlung von äußerer und innerer – bewusstseinsmäßiger – Kontinuität bzw. Identität, ist noch nicht berücksichtigt worden. Sie wird die Embryonenstatusfrage in einen vertieften personalen Horizont stellen.

In der Embryonenstatusdiskussion reiht sich die Frage nach Kontinuität und Identität in die sogenannten SKIP-Argumente ein, mit denen mögliche Eigenschaften von Personen diskutiert werden.

2.5 Mitglied der menschlichen Spezies, Kontinuität, Identität und Potentialität – Argumente für die Personalität von Embryonen?

2.5.1 Die Struktur der SKIP-Argumente

Die Diskussion um den Embryonenstatus hat sich nicht zu Unrecht auf die sogenannten SKIP (*S*pezies, *K*ontinuität/*K*ontinuum, *I*dentität, *P*otentialität)-Argumente konzentriert. Mit ihnen sind grundlegende und immer wieder gebrauchte Argumente in der Diskussion um den Embryonenstatus gebündelt. Ihre Ausformung und Deutung divergieren allerdings in der Literatur sehr stark, so dass sie eher Argumenttypen statt Argumente darstellen.[45] Im Folgenden sollen sie als Kriterien verstanden werden, aus denen sich die normative Gleichheit eines Embryos mit einem erwachsenen Menschen ableiten lassen könnte. Ein erwachsener Mensch gehört der Spezies Mensch an, ist ein Kontinuum in der Zeit, besitzt Identität in der Zeit und seine Wirklichkeit schließt Potentialität mit ein. Darin zeigt sich sein Personsein.[46] Reichen Zugehörigkeit zur Spezies, Kontinuität, Identität und Potentialität des erwachsenen Menschen bis in seine Embryonalzeit zurück?

Das *Spezies*argument stellt den Zusammenhang des erwachsenen Menschen zum Embryo unmittelbar einsichtig her. Beide gehören zur Gattung Mensch. Aber was trägt eine solche Gemeinsamkeit aus?

Eine *Kontinuität* ist ebenfalls zwischen erwachsenem Menschen und seinem Embryonalzustand unverkennbar. Aber wie lässt sie sich gegen die Diskontinuitäten, gegen die einschneidenden Veränderungen im Laufe der Entwicklung aufrechnen?

Eine *Identität* scheint auch gegeben zu sein, wenn jemandem seine Mutter ein Ultraschallbild aus der Zeit ihrer Schwangerschaft zeigt und erklärt, dass er das gewesen sei. Aber hat eine solche Identität die gleiche Qualität wie diejenige, die ich in Schlaf- und Wachzustand habe?

Das *Potentialitäts*argument setzt den Embryo ebenfalls in Beziehung mit dem erwachsenen Menschen, aber in der Weise, dass es zugleich den Unterschied zwischen beiden benennt. Der Embryo besitzt potentiell, was bei dem erwachsenen Menschen verwirklicht ist. Doch welcher Art ist die Potentialität, steckt die spätere Verwirklichung schon in ihr? Welcher normative Anspruch ist mit ihr verbunden?

Der hier gewählte Zugang zu den SKIP-Argumenten über den Vergleich zwischen Embryo und erwachsenem Menschen setzt sie in eine gewisse Parallele mit ethischen Ansätzen, welche die Statusfrage durch die Feststellung bestimmter schützenswerter Eigenschaften oder Qualitäten, z.B. Schmerzempfindlichkeit und Bewusstsein, zu beantworten suchen. Auch dort nimmt man einen Vergleich mit einem geborenen – oder erwachsenen – Menschen vor, kommt aber für die frühen Stadien zu einem meist negativen Ergebnis. Weil der Embryo diese Qualitäten nicht besitzt, gebühre ihm nur ein niedrigeres Schutzniveau als einem geborenen Menschen, der diese Eigenschaften in vollem Maße oder zumindest eingeschränktem Maße aufweist.

45 DAMSCHEN / SCHÖNECKER, Argumente und Probleme in der Embryonendebatte, 2.

46 Die Sonderstellung von Personen findet sich in völlig gegensätzlichen Ethiken. DENKHAUS hat herausgearbeitet, dass auch der für eine gewisse Statusangleichung von Mensch und Tier eintretende P. Singer bestrebt ist, Personen nicht einem maximierenden Konsequenzialismus zu opfern (Speziesismus, 202). Eine der Grundunterscheidung von ‚etwas' und ‚jemand' verpflichtete Personenethik kann wiederum dem Tier eine anders als bei Personen geartete, aber doch gleichwohl besondere Achtung entgegenbringen. „Leidvermeidung ist [...] der eigentliche ethische Gesichtspunkt im Umgang mit nichtpersonalem Leben" (SPAEMANN, Personen, 136).

Was unterscheidet beide Ansätze grundsätzlich voneinander, so dass sie in der Diskussion meistens im Streit miteinander liegen?

Zustände oder Eigenschaften wie Bewusstsein oder Schmerzempfinden kommen wohl bei Personen vor, aber sind nicht aktuell notwendig für Personalität. Ein bewusstloser oder schmerzunempfindlicher Mensch würde nichts von seiner Personalität einbüßen. Dagegen würde eine ausgesetzte Kontinuität oder ein radikaler Verlust der Identität – die sich nicht in einem Wissen um sich selbst erschöpft – zugleich den Verlust von Personalität bedeuten. Normalerweise – der umstrittene Fall der eineiigen Zwillingsbildung ausgenommen – halten wir es für einen Menschen nicht möglich, dass er früher mit einem anderen leiblichen Menschen identisch war oder dass sein Menschsein zeitweise ausgesetzt habe.

Mit den SKIP-Argumenten wird Personalität als solche beschrieben. Sie setzt sich nicht aus einem hochentwickelten Bewusstsein, Schmerzempfindlichkeit und Ähnlichem zusammen, sondern eine Person ist in ihrer Kontinuität, Identität und Potentialität ‚beinhaltenden' Wirklichkeit ‚Träger' solcher Eigenschaften. Die SKIP-Argumente zielen nicht auf die Achtung schützenswerter Eigenschaften von Personen, sondern auf die Achtung von Personen selbst.

Fokussiert man sich auf genannte Eigenschaften wie Schmerzempfindlichkeit und Bewusstsein als besonders zu beachtende, stellt sich die Frage, warum man nicht andere wählt wie die Fähigkeit der Sinne, bei denen der Mensch im Vergleich zu anderen Tierarten nur mittelmäßig abschneiden dürfte. Bei Schmerzempfindlichkeit ließe sich zudem schwer eine Abstufung zu vielen Tierarten rechtfertigen.[47]

Für Kontinuität, Identität und Potentialität können bestimmte, sie ermöglichende, biologisch erforschbare Strukturen oder Substrate aufgezeigt werden, aber als Ausdruck von Personalität sind sie nicht im Rahmen der Biologie aufzuweisen. Sich verändernde oder gleichbleibende Strukturen oder Substrate bedeuten per se weder Kontinuität oder Identität im personalen Sinne noch ihr Gegenteil. Dass ein Substrat sich zu xy entwickeln kann, gibt ihm noch nicht das Potential dazu. Die Umweltverflochtenheit alles Natürlichen lässt jede Potentialität in ein Zusammenwirken unendlicher Faktoren zerfließen. Zwar zeigen sich Organismen schon als für sich seiende Einheiten, doch erscheinen sie zugleich in ihre Umwelt wesenhaft eingebettet. Kontinuität, Identität und Potentialität setzen eine personale Entität voraus, die von sich selbst her eine biologisch nicht aufweisbare Abgrenzung zu anderem in Raum und Zeit besitzt.

Aber gründet nicht das Speziesargument auf einem naturwissenschaftlichen Faktum? In der Tat rekurriert das Kriterium auf eine biologische Fest-

47 Das ist gerade der Vorwurf von Singer an die sog. Speziesisten. Sie „erkennen nicht an, daß der Schmerz, den Schweine und Mäuse verspüren, ebenso schlimm ist wie der von Menschen verspürte" (Praktische Ethik, 86).

legung, aber seine Geltung leitet sich von dem naturwissenschaftlich nicht beweisbaren Befund ab, dass Menschsein seine biologische Gestalt transzendiere. Eine solche Einsicht konkretisiert sich für uns in dem historisch gewachsenen Personbewusstsein, das jedem Menschen personale Würde und Freiheit zuspricht und für die SKIP-Argumente grundlegend ist.

2.5.2 Recht und Grenze der SKIP-Argumente

Die SKIP-Argumente abstrahieren Aspekte von Personalität, die sich über das eigene Selbstverständnis erschließen. Unser eigenes Erleben, unser Bewusstsein, Mensch zu sein, transzendiert den Rahmen naturwissenschaftlicher Erklärungen. Mit ihnen ist ein anthropologisches Verständnis, das seinen Gegenstand auf die Besonderheit biochemischer Prozesse oder besondere Verhaltensmuster reduziert, überschritten. Gegen die Reduktion spricht unsere kulturell gewachsene, mit unserer Natur verwobene Einsicht in den dem Tier verbundenen und doch von ihm abgehobenen eigenen Speziescharakter, das ebenso in unserer Natur angelegte, kulturell geformte Bewusstsein eigener Kontinuität und Identität sowie das ebenso gewachsene Denken in Potentialitäten und Dispositionen.

Die SKIP-Argumente fußen auf diesen unserem Selbstverständnis unmittelbar zugehörenden Überzeugungen. Darin liegt ihre Stärke. Eine allein auf empirische Parameter setzende Definition von Personsein wird um die Frage nicht herumkommen, ob demente Menschen oder Säuglinge ein gegenüber anderen Menschen abgestuftes Personsein besitzen, ja ob sie noch oder schon als Personen gelten können. Schon allein solche Überlegungen haben etwas Anstößiges und Skandalöses, weil der nur eingeschränkte Zuspruch von Personalität einer Person letztlich die ganze Personalität nimmt. Personalität gibt es nur in Ganzheit.[48]

Unsere Intuition über die Personhaftigkeit von dementen Menschen oder Säuglingen ist zu stark, als dass man sie bestreiten könnte. Auch in der späteren Schwangerschaftsphase ist die Personhaftigkeit des noch im Mutterleib befindlichen Fötus für unser Bewusstsein stark ausgeprägt. Die Mutter steht in einer Geschichte mit dem sich entwickelnden Kind, das einen für sie fühlba-

48 Diese historisch gewachsene Intuition hängt vermutlich mit dem Gleichheitsgrundsatz zusammen. Eine Quantifizierung oder Abstufung innerhalb des Personbegriffs muss zwangsläufig mit der Vorstellung einhergehen, dass manche ‚gleicher sind als andere'. Dem steht nicht entgegen, dass höher entwickelte Tiere einem personalen Status nahe kommen. Doch Personen sind sie m. E. nur dann, wenn uns als Personen ein ebensolcher Anspruch von ihnen entgegenkäme (vgl. dazu die etwas anders verlaufenden Überlegungen von Spaemann, Personen, 11, oder das Beispiel der Delfine, 264). Eine anders entwickelte Kultur hat auf jeden Fall das Recht bestimmte Tiere als Personen oder gleich Personen zu achten, ohne dass es mit einem Verweis auf bestimmte fehlende Eigenschaften zu widerlegen wäre. Unsere Personintuition ist eben eine kulturell gewachsene, ohne dass dies etwas von ihrer Wahrheit nehmen würde.

ren, auch von außen wahrnehmbaren kontinuierlichen Prozess durchschritten und darin Identität angenommen hat. Man sieht den Fötus in der Perspektive des bald Geborenen. Die Aktualisierung seiner Potentialität, außerhalb des Mutterleibes zu leben, zu verwehren, hieße ihm Unrecht tun.

Aber können die für Geborene und bald Geborene zutreffenden Argumente auch auf den *frühen* Status des ungeborenen Lebens ausgedehnt werden? Diese Frage liegt der Diskussion um die SKIP-Argumente zugrunde und gibt ihnen den vergleichenden Charakter. Die Schwierigkeit einer Antwort ist unmittelbar klar. Keiner von uns weiß sich in Kontinuität mit seinem embryonalen Status so wie er sich in Kontinuität mit sich als z. B. Schlafendem weiß. Niemand hat eine Erinnerung an sein embryonales Dasein, aus der sich eine Identität ergäbe. Auch haben wir keine Vorstellung davon, potentiell Person zu sein. Von einer späteren Schwangerschaftsphase mit der dann fühlbaren Lebendigkeit des im Mutterleib Befindlichen können die Eltern sprechen, hier entsteht eine Geschichte mit einer anderen Person. Aber ob der Mensch seine besondere personale Auszeichnung im Reich der Lebewesen auch in den Embryonalstadien hat, entzieht sich einer klaren Einsicht.

Um den SKIP-Argumenten Gewicht im Hinblick auf den Embryo zu verleihen, ist auf empirische Qualitäten des Embryos zurückzugreifen, die nicht für sich genommen, sondern aus personal-metaphysischer Perspektive gedeutet werden. Man sucht nach biologischen Anknüpfungspunkten für personale Eigenschaften. Biologische Phänomene können in unserem Bewusstsein schon personal ‚aufgeladen' sein und so als Hinweise für Personalität dienen.[49] Ist die Kontinuität der embryonalen Entwicklung, bei der ein Entstehungsprozess in den anderen greift, so dass daraus später eine sichtbare Person entsteht, unserer personalen Kontinuität, die sich durch bewusste und unbewusste Phasen hindurchzieht, vergleichbar?

Doch die Bezugnahme auf biologische Phänomene der pränatalen Phase birgt in sich die Schwierigkeit, dass solche naturwissenschaftlich erfassbaren Prozesse personales Dasein ermöglichen, aber es selbst nicht eindeutig darstellen. Sie bleiben vieldeutig und können in gleicher Weise gegen die SKIP-Argumente verwendet werden, weil sie für sich prima facie keine personale Qualität haben. Dass einem Embryo personale Qualität zukommt, ist nicht unmittelbar ersichtlich, im Unterschied zu Menschen, bei denen Gestalt, Blick oder Stimme uns unmittelbar ihr Personsein signalisieren.

Dennoch ist zu konzedieren, dass personale Würde nicht notwendigerweise unmittelbar zu erkennen ist. Die geschichtliche Erfahrung von Diskriminierung zeigt, dass die unmittelbare Erkenntnis personaler Würde

49 Die Berechtigung dafür wird zum Beispiel in einer Philosophie gesehen, die das Natürliche und das Vernünftige auf der Stufe des Menschen als eine ursprüngliche Einheit betrachtet. „Nur durch die Vernunft des Menschen, der die Sinnpotentiale auslotet, die im natürlichen Strukturplan des Lebens vorgezeichnet sind, tritt zutage, was es mit unserer Natur ‚eigentlich' auf sich hat" (SCHOCKENHOFF, Pro Speziesargument, 24).

immer wieder der Einübung bedarf. Unsere Intuitionen in diesem Bereich sind nicht rein naturgegeben, sondern bedürfen der begründenden Versicherung. So ist nicht ausgeschlossen, dass die heutige Deutung und Sichtbarmachung biologischer Prozesse zu einer neuen Wahrnehmung embryonaler Würde führen könnte.

Auch wenn die SKIP-Argumente nur eine begrenzte argumentative Kraft besitzen, erscheint es nicht anders möglich, als durch sie die Frage nach dem personalen Status des Embryos mit unserer Einsicht in das eigene und des Anderen Personsein zu verbinden. Im Folgenden sollen die einzelnen SKIP-Argumente für sich betrachtet werden, um noch genauer aufzuzeigen, dass sie für die Verständigung über unsere personalen Intuitionen in der Embryonenstatusdiskussion unentbehrlich sind.

2.5.3 Das Speziesargument

Spezieszugehörigkeit und personale Identifikation

Das menschliche Gesicht eines Anderen macht dessen Personalität unmittelbar einsichtig. Es entfaltet seine personale Wirkung aber erst dort, wo es uns in Anspruch nimmt. Nicht die Augen an sich, sondern der Blick des Anderen, der uns trifft, nicht das bloß gesprochene Wort, sondern das uns ansprechende Wort haben personale Qualität. Dass auch der uns nicht ansehende oder zu uns sprechende Mensch als Person wahrgenommen wird, liegt daran, dass er uns ansehen oder ansprechen könnte.

Doch dieser Anspruch ist nicht hinreichend für personale Qualität. Auch Tiere können uns eindringlich ansehen und Medien senden uns dauernd Botschaften. Es ist vielmehr die Entdeckung meiner selbst im Anderen, die mir personale Achtung abverlangt. Sein Anspruch an mich ist in gewisser Weise ein Anspruch, der von mir selbst kommt. Er erscheint umso evidenter, je näher der Andere mir steht.

Dass zuerst die Anderen meiner Spezies zu schützen sind, weil sie mir gleichen und darin mir Achtung abverlangen, ist eine historisch gewachsene Einstellung, hinter die zurückzufallen nur um die Preis der Selbstbeschädigung jedes Einzelnen möglich wäre.[50]

50 So kennt auch die Menschenwürdegarantie des Verfassungsrechts keine Ausnahme und lässt allein das Spezieskriterium gelten. Die Antwort auf die in den fünfziger Jahren des letzten Jahrhunderts geführte Diskussion um die Menschenwürde von schwerstbehinderten und durch Krankheit entstellten Menschen ist eindeutig. Auch sie sind Träger der Menschenwürde. „Weil das Grundgesetz in dieser Frage [...] keinerlei Differenzierungen zuläßt, insbesondere weil es den etwa im Strafrecht gelegentlich beschworenen ‚homunculus normalis' im Verfassungsrecht nicht geben kann, ist als einzig taugliches Abgrenzungskriterium die Zugehörigkeit zur Gattung Mensch vermittelt durch die Abstammung von anderen Menschen zu akzeptieren" (Fink, Der Schutz des menschlichen Lebens im Grundgesetz, 213, mit Verweis auf BVerfGE, 39, 1, 42).

Durch äußere humane Kennzeichen hindurch konstituiert sich der personale Anspruch der Gleichheit. In dem Anspruch liegt ein ‚existentielles' Moment, dem nur schwer auszuweichen ist. Wenn mich ein anderer Mensch ansieht, erschließt sich die personale Qualität dieses Blicks nicht dadurch, dass ich zusätzlich zu dem Blick das menschliche Gesicht des Anderen erkenne und diesen Blick so als einen ‚personalen' identifiziere, sondern der Blick selbst hat in seiner Menschlichkeit, in der freilich die Gesichtszüge mit eingehen, einen personalen Ausdruck.

Aus einer distanzierten Einstellung heraus vermag ich meinen personalen Eindruck durch eine Identifikation des Anderen als Mitglied der menschlichen Spezies bestätigen, aber diese nachträgliche Feststellung trägt für sich selbst nur noch rudimentär den Charakter eines personalen Erlebnisses. So geht es beim Speziesargument letztlich nicht um den Schutz einer bloß biologisch verstandenen Spezies – der Speziesismusvorwurf schreibt das diesem Argument eigene Missverständnis fort –, sondern um den Schutz von Personalität, die eben bei der Spezies Mensch auftritt. Von einem personalen Erlebnis her lässt sich auf die Spezies Mensch schließen, aber umgekehrt von der Spezies Mensch auf dessen Personalität?

Man könnte aus gutem Grund schon die Differenzierung von Personsein und menschlicher Spezies als ungerechtfertigte Abstraktion kritisieren. Das biologisch beschreibbare Dasein des Menschen ist immer schon personal durchdrungen. Die Abstraktion einer Spezies reiht den Menschen im Tierreich ein, dem der Mensch einerseits zweifellos angehört, das er andererseits aber als das Tier, das um sein Tiersein weiß, transzendiert.[51] Biologisches und Personales bilden eine ursprüngliche Einheit. Darin besteht das Recht des Vorschlags, den Begriff des "Menschengeschlechts" als grundlegenden Begriff zu verwenden,

> um auf die für die Spezies ‚Mensch' charakteristische Form der Zusammengehörigkeit zu verweisen, die nicht im biologischen Zusammenhang aufgeht, sondern zugleich (und ohne das Biologische zu leugnen oder gering zu schätzen) einen sozialen Zusammenhang wechselseitiger Verantwortung bildet.[52]

Dennoch ist die fortschreitende Loslösung des Biologischen vom Personalen und Sozialen ein Zug unserer modernen Weltanschauung und die glänzenden und für viele Menschen so hilfreichen Errungenschaften der modernen medizinisch-biologischen Forschung konnten wohl nur mit einer gewissen Ausblendung der personalen Dimension erkauft werden. Der Mensch wird vor allem in seinen körperlichen Funktionen, ihrer Bewahrung oder Wiederherstellung wahrgenommen, während seine personalen Bedürfnisse, Zuwendung, Trost und Ermutigung dahinter anstehen müssen.

51 Vgl. Hegel, Vorlesungen über die Ästhetik I, 112, Hervorhebung im Original: „Dadurch löst der Mensch die Schranke seiner ansichseienden Unmittelbarkeit auf, so daß er deshalb gerade, weil er *weiß*, daß er Tier ist, aufhört, Tier zu sein, und sich das Wissen seiner als Geist gibt."

52 Härle, Alle Menschen sind Personen, 216.

Dass die moderne Medizin in der Embryonenforschung menschliches Leben vor sich hat, das man nicht eindeutig als personales oder nicht-personales Leben identifizieren kann, ist Folge der zunehmenden Spannung zwischen dem biologischen und personalen Verständnis des Menschen.

Ob man auf die ursprüngliche Einheit wieder aufmerksam machen sollte und so auf das Personsein jedes menschlichen Lebens oder ob die Differenzierung zwischen menschlichem und personalem Leben unserem modernen Personverständnis angemessen ist, bleibt strittig. Im Folgenden wird eine Spannung zwischen Mensch- und Personsein durchaus konzediert werden, aber doch zu zeigen versucht, dass die Frage nach der Personalität jedes menschlichen Lebens offengehalten werden muss.[53]

Spezieszugehörigkeit und personale Beziehung

Das Gewicht des Speziesarguments hängt davon ab, ob alle Angehörigen der Spezies Mensch als Personen zu bezeichnen sind. Eine eindeutige Antwort auf diese Frage wird durch den besonderen Charakter von Personalität erschwert. Die Eigenart des personalen Erlebnisses, dass ich in ihm nicht dem Anderen von mir aus Personalität zuschreibe, sondern der Andere sich mir als Person zeigt, weist darauf hin, dass Personalität auch verborgen sein kann. Von diesem Befund her ist es konsequent, die Personalität von Speziesangehörigen zu achten, die sich nicht in ihrer Personalität zeigen. Ist Personalität aber auch in dem Fall zu achten, wo ein Mensch sie nicht mehr oder noch nicht zeigen *kann?*

Schon die Frage geht am Wesen des Personalen vorbei, das sich in biologischen Phänomenen zeigt, aber nicht in ihnen potentiell ‚enthalten' ist. Personalität ist keine Tätigkeit wie Gehen, Laufen und Springen, die ein Mensch potentiell aufgrund seiner physischen Beschaffenheit ausüben kann. Sie kann sich absichtlich oder unwillkürlich in allem zeigen, was menschlich ist. Hier gibt es keine sinnvoll zu ziehende Grenze der geistigen oder körperlichen Fähigkeit eines Menschen.

Allein der Tod bildet eine Grenze. Sein besonderer Grenzcharakter liegt darin, dass er schwerlich auf ein bloß biologisch erklärbares Phänomen zu reduzieren ist. Mit ihm ist ein personaler Beziehungsabbruch vollzogen, der ihm seine Schwere gibt und uns trauern lässt. Personalität ist zugleich Interpersonalität. Mit dem Abbruch jeglichen interpersonalen Geschehens geht die Personalität verloren. Darin liegt ihre eigentliche Grenze, die in unserer Kultur mit dem Phänomen des biologisch verstandenen Todes einhergeht.

53 Es versteht sich von selbst, dass mit dem Begriff des menschlichen Lebens das Leben eines Menschen gemeint ist und nicht eine streng biologische Reduktion des Begriffs, die auch jede menschliche Zellkultur einschließen würde.

Ein Mensch, der in keiner personalen Beziehung steht, hat keine Personalität.[54] Gibt es Angehörige der Spezies Mensch, die außerhalb jeder personalen Beziehung ihr Leben vollziehen? Man könnte an die vielen befruchteten Eizellen denken, die mehr oder weniger unbemerkt abgehen. Aber wie sind die wahrgenommenen Schwangerschaften in ihrem Frühstadium zu beurteilen? Die Frau, die zum ersten Mal das neue Leben in ihrem Bauch bemerkt und sich darüber freut, stellt vielleicht schon eine personale Beziehung her.[55] Es kommt nicht darauf an, ob das ungeborene Leben selbst sich dieser Interpersonalität bewusst ist oder ein aktuelles Interesse daran hat. Die Beziehung wird durch Andere gewährleistet, die von dem personalen Sein des Embryos angesprochen sind. Dieser Anspruch ist beim ‚personalen Erleben' unbedingt und nicht bloß eine subjektive Option für den, der ihn vernimmt. Der Andere ist nicht bloß u. U. als Person zu achten, sondern sein Personsein behaftet mich selbst bei meinem eigenen Personsein. Seine menschlichen Qualitäten addieren sich nicht zu einem Personsein, sondern durch vielleicht nur marginale Eigenschaften hindurch erhebt sich sein personaler Anspruch. Dieser kann sich an den unterschiedlichsten Lebensregungen festmachen.[56]

Dass die Mutter, der Vater oder andere Nahestehende schon den frühen Embryo als Person erkennen, seinen personalen Anspruch vernehmen, gehört in den Bereich der Familie und hat dort sein Recht. In diesem intimen und darin zu respektierenden Sinn ist der Embryo Person. Aber ist der Embryo damit zugleich ‚allgemeine' oder ‚öffentliche' Person in dem Sinne, dass auch fernstehende Personen ihn als ihresgleichen anerkennen müssen?

Personen im allgemein anzuerkennenden Sinn sind auf jeden Fall solche, die einen selbst als Person wahrnehmen oder wahrnehmen können. Mit dem frühen Embryo ist eine gegenseitige personale Wahrnehmung noch nicht möglich. Solange nicht weitere Entwicklungsschritte vollzogen sind, bleibt es ein einseitiges personales Erlebnis. Eine werdende Mutter mag schon im Frühstadium ihrer Schwangerschaft davon erzählen können, ihr weiteres Leben wird davon geprägt sein, aber vermag ein Fernstehender die Evidenz eines solchen personalen Erlebnisses anzuerkennen? Er würde wohl die Mutter in ihrem Urteil über die Person in ihrem Leib achten, aber könnte selbst über die Personalität dieses Embryos im Zweifel sein.

54 Dass Christin und Christ noch im Tod sich in Beziehung zu Gott glauben, lässt sie auf das ewige Leben hoffen.

55 Man könnte dies auch als einen Ausdruck ‚leiblicher Vernunft' verstehen. Dabrock, Leibliche Vernunft, 247 f, hat von diesem Konzept leiblicher Verfasstheit ausgehend das früheste menschliche Leben und Schwerbehinderte als Träger von Menschenrechten einsichtig gemacht.

56 Das schwierige Problem des Hirntodes, nach dessen Eintreten auch noch Leben am Hirntoten feststellbar ist, soll hier ausgeklammert bleiben. Der entscheidende Punkt dürfte die Zentrierung des menschlichen Lebens sein, die durch den Hirntod nicht mehr gegeben ist. Eine solche Zentrierung des Lebens kann als ein notwendiges Kennzeichen personalen Daseins begriffen werden, auch wenn ihre Fixierung auf die Gehirnfunktionen zumindest für die Bestimmung des personalen Lebensanfangs problematisch ist. Siehe oben S. 41 f.

Eine Person im öffentlichen Sinne erhebt durch ihr Dasein, durch ihren Blick, durch ihre Haltung, durch ihre menschliche Erscheinung hindurch einen personalen Anspruch, der dem Embryo - noch - nicht möglich ist.

Ob der Embryo aufgrund seiner intimen personalen Wahrheit auch im allgemeinen Sinn, öffentlich, als Person anzuerkennen ist, muss fraglich bleiben. Würde man die Beziehung der Mutter zum Embryo ‚öffentlich' machen, auf ihre allgemeingültige Bedeutung hin prüfen, käme man nicht um die Frage herum, ob sich die Mutter eine solche Beziehung nur einbildet. Ein solcher Vorwurf würde die Wahrheit der intimen Beziehung zu Unrecht in Frage stellen, aber ihn im Hinblick auf die nicht gegebene Möglichkeit des Embryos, von sich selbst her einen allgemein vernehmbaren personalen Anspruch zu erheben, berechtigt erscheinen lassen.

Dabei ist es nicht die aktuelle Unfähigkeit des Embryos, einen personalen Anspruch zu erheben, die an seinem Personsein Zweifel hervorruft. Es stellt sich vielmehr die Frage, ob überhaupt schon eine Person vorliegt. Entsteht erst der Träger von Personalität? Läge schon ein Träger von Personalität vor, der in gravierender Weise in seiner Möglichkeit, sich personal zu äußern, eingeschränkt wäre - man denke an komatöse Patientinnen und Patienten -, würde man eine solche Einschränkung nicht als Verlust seiner Personalität werten.

Dass beim frühen Embryo nicht in jedem Fall ein Träger von Personalität vorliegt, erscheint auch angesichts der Vielzahl der in frühesten Embryonalphasen absterbenden Embryonen als plausibel. Die Wahrheit des frühen embryonalen Personseins ist für einen Außenstehenden weitgehend von der mütterlichen Beziehung zu dem in ihr wachsenden menschlichen Leben abhängig. So bleibt aus berechtigten Gründen strittig, ob der Embryo im allgemein anzuerkennenden Sinne Person ist.

Das Speziesargument schlägt eine Brücke zwischen dem Außenstehenden und dem Embryo. Beide verbindet die Zugehörigkeit zu der Spezies Mensch. Daraus ist kein Personsein des Embryos abzuleiten, aber doch die Erinnerung an eine Gemeinsamkeit, die Personen miteinander verbindet. Während menschliche Fähigkeiten zu personalen Äußerungen eingeschränkt sein können, ohne dass das Personsein desjenigen in Frage zu stellen wäre, ist die Zugehörigkeit zu einer anderen Spezies Ausschlusskriterium für Personalität. Andere Lebewesen mögen in ihrem Status einer Person nahekommen, aber bleiben hochentwickelte Tiere. So gebührt dem menschlichen Embryo ein Vorrang vor den Vertretern anderer Spezies. Diese Folgerung gewinnt noch an Einsicht, wenn man die anderen Argumente der Kontinuität, Identität und Potentialität hinzuzieht. Doch die Spezieszugehörigkeit kann nicht begründen, ob in der embryonalen Phase schon Personen existieren oder nicht.

Solche Überlegungen liegen einer Mutter, die in dem Embryo ihr Kind sieht, fern. Die im intimen Sinne gegebene personale Wahrheit ist zu respektieren. Der Unterschied zwischen einem intimen und einem öffentlichen Raum trägt den unterschiedlichen Perspektiven auf das Personsein Rechnung.

Das Speziesargument kann vor diesem Hintergrund eine tutioristische Begründung leisten. Weil keine Eindeutigkeit darüber vorliegt, ob es sich bei menschlichen Embryonen um Personen handelt, sollten sie als Teil der menschlichen Spezies geschützt werden. Aber doch sollte dieser Schutz nicht in gleicher Weise wie bei zweifelsfreien Personen durchgesetzt werden, weil Embryonen auch nicht Personen sein können.

Spräche man Embryonen kategorisch das Personsein ab, stünde die Gesellschaft in Gefahr, den ihr eigenen Personbegriff zu entzweien. Das intime Personverständnis würde zu einer bloßen Fiktion erklärt und damit die bedingungslose Liebe der Eltern zu ihrem Kind, die sich konsequenterweise bis auf die frühesten Embryonenstadien erstrecken *kann*, untergraben.

Eine durchgehende Gleichsetzung von Menschsein im Sinne der Spezies und Personsein würde hingegen die erhoffte personale Beziehung zum Embryo zur Pflicht erheben. Das stände in Widerspruch zum modernen familiären Selbstverständnis einer Liebesgemeinschaft, in der man Nachwuchs aus Liebe in die Familie aufnimmt und nicht als gesellschaftliche Verpflichtung oder natürliche Folge sexueller Gemeinschaft. Auf die sich hier auftuende Differenz zwischen Familie und öffentlicher Gesellschaft wird an späterer Stelle noch genauer einzugehen sein.[57]

2.5.4 Das Kontinuums- und Identitätsargument

Leiblichkeit und Körperlichkeit

Wir verstehen Personen im Sinne eines Kontinuums, sie verschwinden nicht einfach und sind dann wieder da, sondern besitzen Kontinuität in der Zeit. Eine Person ist in der Zeit identisch mit sich. Doch während unserem Sprachverständnis gemäß die Bedeutung von Identität eine innere wie äußere Kontinuität einschließt, meint das Sein eines Kontinuums eine eher nur äußere Kontinuität oder Identität, die wir bei anderen – und uns selbst – wahrnehmen.

Die äußere Kontinuität einer Person macht sich an empirischen Phänomenen fest, aber geht über sie hinaus, weil sie mit ihrer inneren, im Bewusstsein verankerten Identität vermittelt ist und den eigenen Körper *Leib* sein lässt.

Wird beim Kontinuumsargument eher eine äußere Perspektive eingenommen, entfaltet das Identitätsargument seine Kraft aus einer inneren Perspektive. Wie beide Argumente zusammengehören,[58] wird im Weiteren ersichtlich werden.

57 Siehe unten S. 85 ff.

58 Vgl. Honnefelder, der von der Voraussetzung ausgeht, „daß das Kontinuumsargument und das Identitätsargument im Prinzip dasselbe aussagen" (Pro Kontinuumsargument, 62).

Äußerlich ist der Embryo mit dem Geborenen offensichtlich nicht identisch, aber wir machen Identität auch nicht an äußerer Gleichheit fest. Jeder Mensch verändert sich im Laufe seines Lebens. Der Rekurs auf das gleichbleibende Genom kann als ein gewichtiges Indiz für Identität gewertet werden, aber es ist nicht hinreichend. Wäre das Genom selbst einer Entwicklung bei einem heranwachsenden Menschen unterworfen und würde nicht identisch bleiben, wäre damit noch nicht über die Identität dieses Menschen in seiner Entwicklung entschieden. Die argumentative Stärke des Identitätsarguments liegt in seiner personalen Deutung. Die Identität mit mir selbst ist in meinen Erlebnissen unmittelbar gegeben. Liegt keine schwerwiegende psychische Beeinträchtigung vor, erübrigt sich die Frage, ob ich auch wirklich der bin, der ich dieses oder jenes erlebe.[59]

Die unmittelbare Identität mit mir selbst in meinem Erleben ist mit meiner Leiblichkeit verbunden. Mein Leib ist der mit mir identische Körper, den ich habe. Das Identität erzeugende Selbstbewusstsein ist zwar psychischer Natur, aber leiblich gegründet. Der Bewusstseinsinhalt ist für sich gesehen nicht das, was man als sein Selbst identifiziert – man ist sich nicht als bloßes Bewusstsein von etwas identisch –, sondern man ist man selbst in der Einheit seiner *leiblichen* Äußerlichkeit. Doch ist diese leibliche Identität mit der Möglichkeit verbunden, sich von dem eigenen geistigen oder leiblichen Sein zu differenzieren. Meine Arme und Beine sind etwas *von* mir, genauso wie meine Gedanken etwas *von* mir sind – ich kann sie von mir *differenzieren.* In meiner leiblich-geistigen Einheit bin ich aber auch meine Körperglieder und mein Gedanke – ich kann mich mit ihnen *identifizieren.*

Wäre mein Leib nicht auch Körper – also in Differenz von mir –, hätte ich nur einen ‚Scheinleib', er wäre ein geistig fundiertes Substrat, das ganz in meinem Ich-Bewusstsein aufgehen würde. Seine Beeinträchtigung würde zugleich mein Selbstsein mindern. Doch wenn mein Körper erkrankt ist, hat das sicher Auswirkungen auf mein Selbstbewusstsein, aber lässt mich in meiner beeinträchtigten Leiblichkeit nicht weniger Ich sein als im gesunden Zustand.

Die körperliche Nichtidentität, meine mir mögliche Distanzierung von meinem Leib im Bewusstsein, einen Körper zu haben, geht mit einer leiblichen Identität einher, durch die ich mich als ein nach außen gerichtetes, äußerliches Wesen identifiziere.[60] Ich bin ein äußerlich erfahrbares Körperwesen, als solches mit mir identisch, ohne dass es zugleich einer besonderen leiblichen

59 „Der externe Standpunkt kann […] nicht phänomengerecht eingebracht werden, weil sich für eine Person niemals die Frage stellt, ob sie es selbst ist, die dieses oder jenes Erlebnis hat. Eine Person kann sich darüber im Zweifel befinden, ob eine Episode in ihrer Vergangenheit tatsächlich ihre eigene Handlungsgeschichte gewesen ist, diese Unsicherheit spielt sich aber allein auf der inhaltlichen Ebene des bewussten Lebens ab und erzeugt noch kein Identitätsproblem im epistemologischen oder ontologischen Sinne" (Sturma, Philosophie der Person, 183).

60 Vgl. Plessner, Der Mensch als Lebewesen, 117: „Rückbezüglichkeit und Interiorität, d.h. Inseinem-Leib-Sein, wurzeln in der Ichhaftigkeit des Lebewesens Mensch. Dadurch hat er ein doppeltes Verhältnis zu seiner physischen Existenz: er ist sie und er hat sie."

Identifikation bedürfte. Diese phänomenologische Eigenart menschlicher Identität lässt mich mit mir durch Zeiten fehlenden Bewusstseins hindurch identisch bleiben. In Phasen des Schlafes besteht durch die Verschränkung von Körper und Leib die eigene Identität fort, auch wenn ich mich in meiner Leiblichkeit nicht fortwährend identifiziere. Statt einer Wiedererkennung des eigenen Körpers stellt sich beim Erwachen eine leibliche Identität ein. Wir können normalerweise unseren Körper nicht als unseren erkennen, ohne ihn als unseren Leib, als wir selbst zu identifizieren.

Als äußerlich erfahrbares Körperwesen ist der Mensch in seiner Leiblichkeit zugleich nach außen, zum Andern hin gerichtet. Ich bin in meiner Identität nicht nur das, was ich mir selbst bin, sondern auch was ich für den Anderen bin.

Was bedeutet diese Eigenart menschlicher Identitätsbildung für die Frage nach dem embryonalen Status?

Identität und Identifizierung

Wenn man jemandem ein Bild von ihm als Embryo zeigt, kann er abstreiten, dass er es ist – dass er mit diesem Wesen identisch ist? Aus der Identität ergäbe sich unmittelbar die Schutzwürdigkeit. Der Einwand „Wenn ihr euch damals gegen mich entschieden und abgetrieben hättet, wäre das nicht weiter schlimm für mich gewesen, weil ich es nicht gespürt und auf mich heute keine Auswirkungen gehabt hätte, weil es mich dann heute nicht gäbe“ könnte schwerlich überzeugen und würde eher zynisch wirken, weil ein Mensch qua seiner nach außen gewendeten Leiblichkeit mehr ist, als was er für sich selbst ist. Sein Dasein ist auch ein Dasein für Andere, zu seiner Identität gehört sein Identischsein für Andere. Deshalb ist es für Andere nicht gleichgültig, ob ich bin, und kann es für mich als Person ebenfalls nicht gleichgültig sein, ob ich bin oder nicht.

Dennoch bleibt beim Betrachten eines Ultraschallbildes eine gewisse Fremdheit gegenüber dem eigenen Embryonalzustand bestehen, das Gefühl der Identität dürfte bei den meisten nur eine geringe Intensität aufweisen.[61] Bin *ich* wirklich dieses embryonale Wesen auf dem Ultraschallbild, das man mir später zeigt, so wie ich dann das neugeborene Kind gewesen bin?

In seinen frühen Phasen wird der Embryo häufig einer unter vielen gewesen sein, nur dass es bei ihm zu einer erfolgreichen Schwangerschaft kam. Die Eltern haben sich nicht für einen Embryo entschieden, sondern für das Kind, das da heranwächst. Das Kind ist der eine Embryo, aber es ist gleichgültig, dass

61 Die Intensität der Identifizierung ändert sich, wenn etwa das Bild von der Mutter oder dem Vater mit den Worten „Wir haben uns so über Dich gefreut“ gezeigt würde oder man sich selbst von Gott gewollt weiß. Dann kann auch diese früheste Phase durch eine zwischenmenschliche oder menschlich-göttliche Beziehung ‚personalisiert‘ werden.

es ‚zufälligerweise' dieser eine und nicht ein anderer war, der ‚erfolgreich' zum Kind heranwuchs. Er ist für viele Eltern noch nicht individuiert, erst mit der zunehmenden Wahrnehmung in der Fetalphase wird das ungeborene Leben für sie zum Individuum. Das Bild, die später fühlbaren Bewegungen machen es zu ihrem Kind.

Dass der Embryo ein einzigartiges Genom besitzt, das ihn von anderen Embryonen unterscheidet, gibt ihm eine Identität im biologischen, aber nicht in einem personal bedeutsamen Sinn. Die anderen nicht ‚erfolgreichen' Embryonen besitzen ebenfalls ein individuelles Genom, darin ist der eine Embryo nicht einzigartig. Nichts hebt den erfolgreichen Embryo von den anderen ab und sein Erfolg wird nicht als eine herausragende Leistung seinerseits gesehen, sondern ‚es hat geklappt' oder ‚es ist passiert'. Die erste Phase einer Schwangerschaft steht im Zeichen einer sich entwickelnden personalen Individuierung. Ein gelungenes Geschehen, ein Prozess mündet in *ein* Kind, das darin zu *diesem* Kind wird.

Die Entstehung von personaler Identität darf nicht als ein willkürliches Geschehen verstanden werden. Ich identifiziere jemanden, der sich mir identifiziert, sich mir als identisch zeigt. Dieser Zusammenhang ist der verschränkten Innen- und Außenperspektive in der Wahrnehmung personaler Identität sowohl meiner selbst als auch des Anderen geschuldet. Meine Identität ist nicht nur ein Sich-unmittelbar-wissen, sondern auch eine Identifikation von außen.[62] Dieser doppelte Aspekt der Identitätsbildung gilt nicht nur für mich selbst, sondern findet sich auch in meiner Identifizierung des Anderen wieder. Ich identifiziere ihn nicht nur anhand äußerer Merkmale, sondern in meine Identifizierung geht ein Unmittelbar-angesprochen-werden durch einen mit sich selbst Identischen ein. Ich schließe von den Merkmalen eines Anderen auf die Einheit, die sich mir unmittelbar im personalen Gegenüber zeigt.

Es handelt sich um einen Prozess des sich gegenseitig bedingenden ‚Identischseins' und ‚Identifizierens'. Jemand hat für mich nur Identität, wenn ich ihm Identität gebe, und ich kann nur Identität geben, wenn jemand sich mir gegenüber identifiziert.

Die Zurückhaltung vieler Mütter, in den ersten Monaten ihrer Schwangerschaft über ihr werdendes Kind zu sprechen und es rückhaltlos als ihr Kind anzunehmen, ist angesichts der relativ hohen Verlustrate in dieser Zeit ein durchaus angemessenes Verhalten, um im ungünstigen Fall nicht in zu große Trauer zu geraten. Diese Haltung ist möglich, weil eine Identität des Kindes erst entsteht. Sie erwächst aus den mütterlicherseits als ‚Identitätssignale'

62 Vgl. dazu Nagels Überlegungen zu der Betrachtung der Welt aus einer Außenperspektive, die das Perspektivische eigentlich ablegt: „[D]ie Erlebnisse und die Perspektive von TN [Thomas Nagel], die mir unmittelbar gegeben sind, machen nicht den Standpunkt des eigentlichen Selbst aus, da das eigentliche Selbst eben keine Perspektive hat, sondern TN und seine Perspektive in seiner Auffassung von einer zentrumlosen Welt als Inhalte dieser Welt mit einschließt" (NAGEL, Der Blick von nirgendwo, 109).

aufgenommenen Anzeichen des Kindes und dem darin stattfindenden ‚Identifizieren' des Kindes durch die Mutter. Dieser Identifizierungsprozess kann retrospektiv bis zur Zeugung zurückgehen.

Identität in der Zeit

Identität konstituiert sich in der Zeit und meine Identität ermöglicht mir erst Zeitlichkeit, die Zeitfolge. Ohne Identität würde ich nur zusammenhanglose Augenblicke erleben, sich mein Ich fragmentieren. Der zeitübergreifende Horizont von Identität reduziert meine Identität nicht auf mein jetziges Selbstbewusstsein, sondern dehnt sie über bewusstlose Phasen, über Schlaf und Erinnerungslücken hinweg aus.

Weil ich mit mir identisch bin, bin ich mehr als das, was ich jetzt bin. Ich bin jetzt auch der, der ich gewesen bin und der ich sein werde. Meine Identität macht mich zum geschichtlichen Wesen.[63]

Auf einem Kindheitsfoto identifiziere ich Äußeres, äußere Merkmale als mir zugehörig und stelle dadurch eine Identität mit diesem damaligen Kind her. Das Kind zeigt durch diese Merkmale vermittelt ein unmittelbares Sich-selbst-sein, das ich als meines identifiziere. Je innerlicher das Äußere erscheint, je ‚personaler' es mich anspricht, desto intensiver die Identifizierung. Wenn das Kind etwas ausdrückt, was zu seiner Eigenart gehört, wenn es charakteristisch lächelt, ist das meistens ein stärker identifizierendes Moment als etwa ein beliebiges Kleidungsstück, an das ich mich vage erinnere. Innen- und Außenperspektive verschränken sich miteinander. Meine Identität mit dem abgebildeten Kind erschließt sich von ihm aus, gleichsam von seinem ‚Innen' aus unmittelbar in seinem personalen Anspruch und wird von mir mittelbar durch seine äußeren Kennzeichen erschlossen.

Bei dem ersten Ultraschallbild aus der sechsten Schwangerschaftswoche meiner Mutter kann ich durch äußere Merkmale – das Bild stammt zweifelsfrei von damals – mich identifizieren, aber das innenperspektivische unmittelbare Mit-sich-selbst-sein und darin mich ansprechende Moment dieses Wesens ist in diesem Embryonalstadium noch nicht ausgeprägt, sondern nur ansatzweise in der Bildung einer Einheit vorhanden.

Geht man noch weiter zurück in der Embryonalentwicklung, treten zu der überwiegend äußerlichen Identifizierung die Argumente und Fragen dazu, die in der personalen Betrachtung der embryonalen Entwicklung diskutiert wurden. Bin ich schon vor der Implantation, wenn doch wesentliche Indivi-

63 Man mag einer solchen Personmetaphysik abgeneigt sein, wird sie aber kaum vermeiden können, wenn man unser natürliches Bewusstsein verstehen will. Lehnt man sie ab, treten an deren Stelle wohl unweigerlich die teilweise monströsen Fiktionen von ‚Gehirnamputationen' und auseinanderfallenden Personen (puzzle cases), die dann entsprechend eine ‚unnatürliche' Identitätsvorstellung postulieren. Metaphysik scheint für die Sicherung normaler Alltagsidentität unverzichtbar zu sein.

duierungsprozesse noch nicht abgeschlossen sind? Habe ich meinen Beginn mit der Keimzellverschmelzung genommen, weil ab diesem Vorgang Eizelle und Spermium nicht mehr für sich sind?

Die personale Deutung dieser Prozesse kann als ihre versuchte Verinnerlichung aufgefasst werden. Vorstellungen, dass die Implantation für die Annahme eines Kindes durch die Mutter steht, dass mit Ei- und Samenzelle Mann und Frau sich vereinen und damit eine neue Personeinheit hervorbringen, sind Versuche, diese biologischen Prozesse symbolisch zu denken, ihnen eine gleichsam ‚innere' Bedeutung zu geben. Es wurde der Keimzellverschmelzung dieser Symbolgehalt in besonderem Maße zugestanden, weil sie sich unmittelbar mit dem personalsten aller Geschehen, der Liebe zwischen zwei Menschen, verknüpfen lässt. Doch die symbolische Aufladung der Verschmelzung kann das Äußerliche dieses Vorgangs nur ansatzweise nach innen wenden. Mit der sich entwickelnden ‚positiven' Einheit wird erst nach und nach ein ‚Innen' geschaffen, eine eigene Identität, die Voraussetzung eines unmittelbaren personalen Ausdrucks nach außen ist.[64]

Die fehlende Innerlichkeit verhindert eine intensivere Identifizierung. Man erscheint sich auf dem Ultraschallbild ‚äußerlich', eher als eine notwendige Bedingung dafür, dass man heute da ist. Die Identität besteht eher in einer Kontinuität. Hier hat das Kontinuumsargument für sich genommen seinen eigentlichen Ort. Es bedeutet nicht mehr als ein abgeschwächtes Identitätsbewusstsein.

Doch hat auch eine früh begründete Identität des Embryos ihr Recht. Die äußerlichen Anzeichen der Schwangerschaft weisen eine Mutter auf ein Kind hin, das – ganz dem zeitübergreifenden Horizont personaler Identität entsprechend – oft schon prospektiv auf sein unmittelbares Mit-sich-selbst-sein angesprochen wird. Die Mutter redet mit dem heranwachsenden Wesen, obwohl es in seiner frühen Entwicklungsphase noch gar nicht zu einem *bewussten* interpersonalen Kontakt in der Lage ist. In ihrer Rolle als werdende Mutter tritt sie selbst für das Selbstsein des Kindes ein. Es ist schon das Kind, das es erst später sein wird, und war schon ihr Kind, als sie es noch gar nicht identifizierte. Aus einem Embryo, der zuvor im erfolgreichen Prozess einer Zeugung entstand, wird retrospektiv dieses Kind, wie es als dieses Kind im Mutterleib auch schon das später Neugeborene ist.

Die Frage nach der Identität eines Menschen zum Zeitpunkt seiner frühen Embryonalphase ist nicht eindeutig zu beantworten, und zwar nicht so sehr, weil es verschiedene subjektive Perspektiven – des späteren Erwachsenen, der Mutter usw. – gibt, sondern weil personale Identität einen diachronen, durch die Zeit bestehenden Horizont hat und doch auf Momente in der Zeit angewiesen ist.

Einerseits ist eine auf einen Zeitpunkt reduzierte Identität streng genommen nicht möglich, es gibt nur personale Identität durch die Zeit. Andererseits muss gesagt werden, dass die Identität mitkonstituierende Außenperspektive

64 Siehe zur negativ und positiv bestimmten Einheit des Embryos oben S. 60 ff.

nach äußeren Anhaltspunkten verlangt, die es nur zu einer bestimmten Zeit gibt. Die zeitübergreifende Identität kann nur an diesem oder jenem Zeitpunkt verifiziert werden. Der ich jetzt bin oder zu jenem Zeitpunkt war, bin ich. Der einzelne Momente überschreitende Horizont der Identität hat seine Verankerung in der Zeit.

Weil die äußeren Anhaltspunkte der Embryonalphase nur eine vergleichsweise geringe sich identifizierende Kraft haben, findet an ihnen der zeitübergreifende Horizont der eigenen Identität kaum einen empirischen Anhalt. Eine eigene Identität in der frühen Embryonalphase bleibt eine aus modernen biologischen Kenntnissen erschlossene Vorstellung, die sich weniger durch die Äußerlichkeit des eigenen embryonalen Daseins als durch andere festigt, die Mutter oder den Vater, die für sich die äußeren Signale damals verinnerlicht und somit auch den Embryo gleichsam verinnerlicht und ihm eine frühe Identität zugesprochen haben. Es könnte ebenfalls der Glaube an Gott sein, durch den man sich von der frühesten Phase an als Gewollter und Geliebter identifiziert.

2.5.5 Das Potentialitätsargument

Potentielle Qualitäten und Personen

Das Potentialitätsargument ist vielleicht das stärkste der SKIP-Argumente.[65] Im Unterschied zum Spezies-, Kontinuitäts- oder Identitätsargument berücksichtigt es ausdrücklich den Unterschied zwischen einem Embryo und einem Geborenen. Nicht die gleiche Spezies, der kontinuierliche Zusammenhang oder die Einheit einer Identität werden als Argumente gegen den Anschein eines kategorialen Unterschieds zwischen einem aus wenigen Zellen bestehenden Wesen und einem gerade geborenen oder erwachsenen Menschen angeführt, sondern der Unterschied als Unterschied im Modus betrachtet. Hier die eine Person in Aktualität, dort in Potentialität. Der für den Betrachter jeglicher personaler Kennzeichen bare Mehrzeller hat die Potentialität, Disposition oder das aktuale Vermögen, Person zu werden.[66] Aber macht die bloße Disposition zu etwas oder jemandem schon schützenswert – so schützenswert wie ein aktualisiertes Vermögen?

Auch bei diesem Argument zeigt sich, dass seine Plausibilität von unserem

65 Doch wird die intuitive Stärke des Arguments durch die moderne biologisch zentrierte Sichtweise mit ihren Erkenntnissen und Perspektiven besonders in Frage gestellt, wenn das Wissen um die faktischen, oft früh abbrechenden Verläufe embryonaler Entwicklung und die Möglichkeiten der Manipulation das embryonale Potential einer ‚normalen Entwicklung' zu einem Erwachsenen nur als eine unter vielen anderen Potentialitäten erscheinen lassen. Siehe hierzu Stone, Why Potentiality Matters, und Fisher, Why Potentiality Does Not Matter.

66 „Ein aktuales Vermögen ist […] die dispositionelle Möglichkeit eine bestimmte Fähigkeit auszubilden." Also hat der Embryo „jetzt das aktuale Vermögen, später aktuale moralrelevante Fähigkeiten auszubilden" (Damschen / Schönecker, In dubio pro embryone, 226 f).

Personverständnis eines Erwachsenen, einer ‚verwirklichten' Personalität herrührt. Was für die diachrone Identität zutrifft, gilt auch hier. Wir sind mehr, als wir jetzt oder in jetziger Realität sind. Was ich vermag, wird in seiner Bedeutung nicht dadurch gemindert, dass ich es nicht ständig aktualisiere. Ich bin ein Mensch mit Bewusstsein, auch wenn ich schlafe oder im Koma liege.

Gerade bei Eigenschaften, durch die sich Personalität besonders zu äußern vermag, gestehen wir Potentialität noch dann zu, wenn die Chance auf ihre Aktualisierung sehr gering ist. Sollte die Chance, aus dem Koma zu erwachen, sehr gering sein, so ist sie doch bedeutsam. Der Mensch im Koma hat noch die Disposition, das Bewusstsein zu erlangen, auch wenn es dazu vielleicht lange Zeit und Geduld braucht. Je ‚personaler' die Disposition ist, desto weniger fällt die Wahrscheinlichkeit ihrer Aktualisierung für ihre Wertschätzung ins Gewicht.[67] Es geht letztlich nicht um die Achtung der einzelnen Qualität selbst, durch die sich Personalität äußert, sondern um die Person selbst, die Achtung verdient.

Wenn wir uns um einen ins Koma gefallenen Menschen auch dann sorgen, wenn seine Disposition für eine Aktualisierung personaler Merkmale als nur gering eingestuft werden kann, müssten wir uns dann nicht umso mehr um die erfolgreiche Entwicklung eines Embryos, um seine Möglichkeit, sich als Person zu zeigen, kümmern, der vielleicht eine größere Chance der Aktualisierung von personalen Merkmalen besitzt?

Ein solcher Vergleich ist aber in anderer Hinsicht problematisch, wie in ähnlicher Weise schon beim Speziesargument angedeutet wurde. Beim Menschen im komatösen Zustand gehen wir von jemandem aus, der sich zuvor als Person zu erkennen gegeben hat, bevor er ins Koma fiel. Beim Embryo gehen wir von einem zukünftigen Jemand aus, der sich in seiner Personalität zeigen können wird. Ausgehend vom dem zeitübergreifenden Horizont einer Person könnte man hier nur einen perspektivischen Unterschied sehen. Aber während der im Koma liegende Mensch sich schon in der Zeit als Person ausgewiesen hat und eine solche bis zu seinem Tod bleibt, steht der Beginn personalen Lebens gerade in Frage.

Das Potentialitätsargument würde an Überzeugungskraft gewinnen, wenn Erwachsene die Disposition hätten, – wieder – zu Embryonen zu werden.[68] Der Embryonalstatus wäre eine Disposition personalen Seins und auch dort, wo zuerst nur ein Embryo vorliegt, müsste dieser Status als einer Person zugehörig angesehen werden.

67 Zur Schwierigkeit, Potentialität im Sinne von Wahrscheinlichkeit auszulegen, siehe ebd., 225 f.

68 Die Möglichkeit, aus adulten Stammzellen Embryonen zu züchten, ist mit der gemeinten Disposition nicht gleichzusetzen, weil der Klon eine andere Person wäre.

Werden und Vergehen

Dass es personrelevante Qualitäten gibt, die auch in potentiellen Formen vorliegen können, dürfte unbestreitbar sein. Aber kann es potentielle Personalität geben?

Handelt es sich beim frühen Embryo um ein ‚Etwas' mit dem Potential Person zu werden oder um eine noch verborgene Person, die sich erst zeigen wird? Im ersten Fall würde man eher gegen eine unbedingte Schutzwürdigkeit votieren, weil ‚Etwas' keine Person ist, die aktuell vorliegt, während man im zweiten Fall für den Schutz dieser sich noch nicht zeigenden Person plädierte.

Beide Alternativen verfehlen streng genommen die Bedeutung einer potentiellen Person. Im ersten Fall ist es ein Etwas mit dem Potential, Person zu werden, im zweiten eine Person mit dem Potential sich zu aktualisieren. Die potentielle Personalität, um die das Potentialitätsargument kreist, soll aber weder im Sinne eines bloßen Potentials – wie es Ei- und Samenzelle auch haben – noch als Ausdruck einer Person verstanden werden, die als solche irgendwie aktuell da sein müsste, auch wenn sie sich erst aktualisieren soll. So erscheint es konsequent, den Begriff einer potentiellen Person fallen zu lassen.[69]

Dennoch drückt sich in diesem Begriff ein Verständnis des werdenden menschlichen Lebens aus, das in einem personalen Sinne sein Recht hat.

Die eben vorgestellten Alternativen lösen sich im Bedenken des besonderen Werdeprozesses einer Person auf. Personales Werden erscheint angemessener erfasst zu werden, wenn man nicht von einem Etwas mit personalem Potential ausgeht, sondern von einer Nicht-Person, dem Nichtsein einer Person, das zur Person wird. Der Embryo ist in personaler Perspektive weder als Etwas noch als Person erkennbar, sondern im Werden – nicht von einem Etwas zu einer Person, sondern von einer Nicht-Person, einem Nicht-sein zu einer Person.

Dass Nicht-Person-sein zwingend Etwas bedeute, verkennt das Wesen von Personen. Das Nicht-Person-sein steht im Horizont eines Prozesses des Werdens oder Vergehens. Es ist deshalb genauer gesagt ein Noch-nicht-Personsein oder ein Nicht-mehr-Personsein und gehört als solches zum Personsein. Nur am Eingang bzw. am Ausgang dieses Personseins ist ‚etwas' und keine Person. Es verändert sich *etwas* bei der Verschmelzung von Ei- und Samenzelle oder bei dem Tod eines Menschen bleibt *etwas* zurück.

Personen werden und sterben. Wenn ein Mensch stirbt, wechselt sein Personsein nicht zu Etwas, sondern es vergeht, es wird zunichte. Ist der Mensch tot, wirkt seine personale Würde noch nach und lässt uns trauern, nun

69 In Verbindung mit dem Identitäts- bzw. Kontinuumsargument könnte man auch von der aktualisierten Person ausgehen und der sich zu ihr entwickelnden ein potentielles Personsein zuschreiben, das eine abgestufte Schutzwürdigkeit nahelegt. Siehe dazu Holm, The moral status of the pre-personal human being.

ist nur noch *etwas* von ihm da, sein Leichnam. Der Übergang des Sterbens gehört hingegen ganz zur personalen Wirklichkeit. Der Prozess personalen Werdens und Vergehens schließt eine Nichtigkeit mit ein, die als solche nicht schon ein Etwas ist. Unser historisch gewachsenes Personverständnis lässt uns das Sterben als Prozess zum Ende hin und das Werden als einen Prozess von einem Anfang her erfahren.[70]

Es läge nahe, dem werdenden Menschen, dieser potentiellen Person, den gleichen Schutz zuzusprechen wie dem sterbenden, vergehenden. Aber lassen sich Werden und Vergehen in dieser Weise gleichsetzen? Ist der werdende Mensch potentielle Person so wie der sterbende Mensch potentielle Nicht-Person? Die Parallelisierung erscheint unangemessen. Wir sind als Sterbliche alle aktuell potentielle Nicht-Personen. Oder muss man noch genauer sagen, das Potential zur Nicht-Person liege in diesem ver-nichtenden Nichts, das uns als Personen anhaftet?

Die werdende Person vollzieht den Übergang von einer Nicht-Person zur Person. Sie ist in ihrem Wesen beides zugleich. Versteht man – um eine Unterscheidung Kierkegaards aufzunehmen[71] – den Übergang zur Personwirklichkeit als die erfüllte Möglichkeit der Person, wäre die mögliche Person schon Person. Begreift man aber den Übergang von der Möglichkeit zur Wirklichkeit als die Vernichtung der Möglichkeit, ist das Ende der Möglichkeit der Anfang der Wirklichkeit, dann wäre die Nicht-Person noch keine Person.

2.5.6 Die SKIP-Argumente als Ausdruck personaler Selbstvergewisserung

Das Potentialitätsargument hält unser historisch gewachsenes Personverständnis fest, welches das Werden einer Person nicht ausschließt. Aber es vermag wie die anderen Argumente nicht den Streit pro embryone entscheiden. Worin liegt dann die Bedeutung der SKIP-Argumente? Spezies-, Kontinuitäts-, Identitäts- und Potentialitätsargument halten die Frage nach der embryonalen Personalität in der Schwebe und zeigen die *Möglichkeit* personalen vorgeburtlichen Daseins auf.

Die angesichts des Befundes naheliegende Lösung eines gradualistischen Personverständnisses kann nur ein schlechter Kompromiss sein.[72] Das Wer-

70 Das ist nicht selbstverständlich. Man könnte beides auch als einen bloßen Transformationsprozess in einem geistigen Sinne – als Verwandlung in ein anderes Wesen – oder in einem reduktionistischen naturwissenschaftlichen Sinne als Fortführung eines biochemischen Prozesses ansehen. Tod und Lebensbeginn wären bloße Stationen einer übergreifenden Bewegung.

71 Kierkegaard, Krankheit zum Tode, 11 f.

72 Auch dem Grundgesetz ist die Vorstellung eines anwachsenden Würdeschutzes fremd. „Das Grundgesetz enthält für das ungeborene Leben keine vom Ablauf bestimmter Fristen abhängige, dem Entwicklungsprozeß der Schwangerschaft folgende Abstufungen des Lebensrechts und seines Schutzes" (BVerfGE 88, 203, 254). Doch ist im Hinblick auf die verschiedenen Schutzphasen des Ungeborenen von einer durch das Gesetz geregelten Stufung des vorgeburtlichen

den einer Person, ihr Werden von einer Nicht-Person zur Person, bedeutet nicht, dass der werdende Mensch schon ‚etwas' Person wäre. Personalität ist nicht quantifizierbar. Der sterbende Mensch ist noch ganz Person und doch erfasst einen die Trauer darüber, dass sein Personsein zugleich schon als Nicht-Personsein gezeichnet ist. Der Embryo erscheint noch ganz ‚unpersönlich' und doch ist er zu Recht für die Mutter schon ganz Person.

Die mangelnde Überzeugungskraft der SKIP-Argumente diskreditiert nicht die anhaltende Diskussion um sie. Mit ihnen wird unser Wissen um Personalität in einem wissenschaftlichen Diskurs wachgehalten, der unter dem Eindruck der immensen Fortschritte innerhalb der Naturwissenschaften dazu tendiert, vermeintliche metaphysische Restbestände in unserem gesellschaftlichen Bewusstsein durch empirisch evaluierbare Sachverhalte zu ersetzen. Sollte man statt sich in unfruchtbare Spekulationen über Personalität zu verlieren nicht besser von allgemein akzeptierten Interessen und daraus sich ergebenden Werturteilen ausgehen?

Eine interessenorientierte Ethik scheint der Realität unseres alltäglichen Handelns mit ihren vielfältigen Interessenkonflikten ungleich näher zu stehen als das Nachsinnen über Personalität im Allgemeinen. Das ist auch in der Tat

Lebensschutzes und damit des vorgeburtlichen Lebens selbst gesprochen worden (Dreier, Stufungen). Der Embryo in vivo ist vor der Nidation nicht geschützt, bis zum Ende der zwölften Schwangerschaftswoche (nach Befruchtung) gilt Straffreiheit, wenn einem Abbruch eine Beratung mit drei Tagen Wartefrist bis zum Eingriff vorausging (zur genaueren Differenzierung der insgesamt vier Schutzphasen bis zur Geburt siehe Henking, Wertungswidersprüche, 128). Eine besondere gesetzliche Regelung ist bei medizinisch-sozialer und kriminologischer Indikation gegeben.

Zweifellos ergibt sich de facto aus den unterschiedlichen Regelungen ein ungleiches Schutzniveau für das ungeborene Leben. Das daraus abgeleitete Konzept eines gestuften vorgeburtlichen Lebensschutzes ließe sich als „immanente Rekonstruktion des geltenden und für verfassungsgemäß befundenen Rechts" begreifen (Dreier, Stufungen, 381). Doch fordert das unterschiedlich ausgestaltete Schutzniveau die Annahme eines vorgeburtlichen gestuften Menschseins oder Werdens zum Menschen? Auch andere Gründe lassen sich für den unterschiedlich intensiv gestalteten bzw. nicht vorhandenen Schutz des Ungeborenen anführen. So ist „die Ausgestaltung eines strafrechtlichen Schutzes für den pränidierten Embryo in vivo mit beweisrechtlichen Schwierigkeiten behaftet [...], die sich nur über die Entscheidungsregel in dubio pro reo lösen lassen" (Henking, Wertungswidersprüche, 195, siehe auch die differenzierte rechtliche Betrachtung der vom Gesetzgeber zugelassenen Anwendung von Nidationshemmern, 180–187). Jedenfalls käme man bei einem Stufenkonzept nicht umhin, die „abstrakten Prämissen" und „vorgeschalteten allgemeinen Erwägungen zu Art 1 I und 2 II GG" (Dreier, Stufungen, 382) in den beiden Urteilen zum Schwangerschaftsabbruch zugunsten der „konkreten Entscheidungsinhalte" (ebd.) aufzugeben (zur Kritik an Dreiers Position siehe auch Beckmann, Wachsendes Lebensrecht?). Ohne Zweifel würden durch ein Stufenkonzept bestehende Spannungen innerhalb des Rechts aufgelöst werden können, doch ist kaum abzusehen, ob damit nicht neue Spannungen aufträten – etwa im Hinblick auf rechtliche Fragen zum Lebensende. Sprechen durchaus ernst zu nehmende Gründe für die Vorstellung einer ‚prozeßhaften' Annäherung an die Menschenwürde, so ist doch einzuräumen, „daß dieses Verständnis zu Umbrüchen des herrschenden Begriffs von menschlicher ‚Würde' zwingt, der durch eine statische Anknüpfung an das Menschsein und einen absoluten Schutz gekennzeichnet ist" (Herdegen, Menschenwürde im Fluß, 773).

so, weil die mit der Frage nach Personalität berührten ethischen Konfliktfelder nicht alltäglicher Art sind. Bei ihnen geht es um Leben und Tod, um Liebe und Vertrauen, um das Ganze menschlichen Daseins. Sie bilden den Horizont unseres Lebens und fügen sich nicht in die Interessenabstufungen unseres Alltags ein. Dass ein Mensch Interesse habe, zu leben, verfehlt in seiner Selbstverständlichkeit schon den Lebensbegriff, weil Interesse selbst Ausdruck von Leben ist. Mein Leben ist mir immer schon in gewissem Sinne voraus, entzieht sich meiner Beurteilung. Ebenso verfehlt das Verständnis von Liebe im Sinne eines Interesses das Wesen seines Gegenstandes. Dass eine Liebesgemeinschaft mehr als eine Interessengemeinschaft ist, wird von allen wahrhaft Liebenden geglaubt und gehofft. Dass der Andere und nicht etwas an ihm ‚Gegenstand' meines Interesses ist, macht ihn unvergleichlich mit anderem Interessanten.

Zu leben und zu lieben sind Grunderfahrungen, deren Mangel oder deren Erfüllung all unsere alltäglichen Erfahrungen ‚einfärben'. Sie sind vielleicht in bestimmten Momenten intensiv zu spüren, aber sie gehen nicht in ihrer Bewusstheit auf. Man lebt auch, wenn man schläft, und man kann aus der Liebe leben, wenn man keine Liebe spürt.

Die Transzendenz solcher Grunderfahrungen, in denen sich kulturelle Prägungen und natürliche humane Dispositionen widerspiegeln – um die Hochachtung des Lebens muss auch im westlichen Kulturkreis immer wieder gerungen werden –, hat die Philosophie der Person zum Thema. Die von ihr gespeisten SKIP-Argumente legen personale Kennzeichen auf ein Wesen an, von dem wir alle herkommen, den Embryo. Die Frage, ob wir als solcher schon Person waren, rüttelt an unserem eigenen Personverständnis. Die SKIP-Argumente sind Ausdruck unserer ständig notwendigen Selbstvergewisserung, auch angesichts unseres eigenen Interesses und vieler fremder – vermeintlicher oder wirklicher – Interessen an unserem Wohl.

2.5.7 Personverständnis in Theologie, Philosophie und Gesellschaft

Die bisherigen Überlegungen waren der Biologie und möglichen Personalität des Embryos gewidmet. Sie sind durch die moderne Embryologie notwendig geworden, die uns einen gegenüber früheren Generationen grundlegend veränderten Blick auf das vorgeburtliche Leben werfen lässt. Das Wissen um die frühesten Entwicklungsstadien gibt der Frage nach dem individuellen Beginn des Menschen eine neue Grundlage. Die Entwicklung des Embryos wird auf ihre Bedeutsamkeit hin untersucht, auf mögliche Übergänge, Zäsuren, Potentiale, auf Beziehungen zum mütterlichen Leib, die dann in ihrer personalen Relevanz ausgelotet werden.

Es wurden verschiedene Möglichkeiten aufgezeigt, wie der embryologische Befund interpretiert werden kann. Die einen sehen in den frühesten Entwicklungsstadien vorpersonale Zustände des Menschseins, die erst ab der

Implantation oder ab einem Stadium der Gehirn- oder Nervenbildung überschritten werden. Andere werten die Keimzellverschmelzung als Zusammenfall von Mensch- und Personwerdung, durch die eine neue Einheit entsteht, der von Anfang an die Würde einer Person zukommt.

Die hier vorgenommene Diskussion der verschiedenen Deutungen embryonaler Entwicklungsstadien hat sich vor allem der letzteren Auffassung gewidmet und ihre Plausibilität kritisch zu würdigen versucht. Die Darlegung der SKIP-Argumente hat die Möglichkeit eines vorgeburtlichen personalen Beginns weiter bestätigt. Die mit ihnen verbundene Deutung früher embryologischer Stadien vermag zwar die Frage nach dem Beginn personalen Daseins nicht eindeutig zu entscheiden, aber lässt einen Beginn personalen Daseins ab dem Ereignis der Imprägnation der Eizelle durch ein Spermium oder der Kernverschmelzung zu.

Darin kann man nicht zu Unrecht eine gewisse Parteinahme dieser Untersuchung erkennen, die eine theologische Stellungnahme zu entwickeln versucht. Die Favorisierung eines sich nicht an bestimmten Entwicklungsstufen orientierenden personalen Beginns, wie er in der Verschmelzung gefunden wurde, speist sich auch aus theologischen Überlegungen, die ein gradualistisches oder ein an einen bestimmten Entwicklungsstand oder eine Fähigkeit gebundenes Personverständnis ablehnen.

Dennoch ist ein solcher Personbegriff kein theologisch-konservatives Sondergut, sondern wird auch von Theologinnen und Theologen, von Philosophinnen und Philosophen geteilt, die den Beginn von Personalität an anderen Ereignissen als der Imprägnation oder Kernverschmelzung festmachen würden. Die gleiche, an keine besonderen Voraussetzungen gebundene Personwürde aller Menschen drückt sich im Gedanken der Menschenrechte aus und ist Gemeingut zumindest westlicher Gesellschaften. So bleibt das besondere theologische Interesse an der Wahrung einer personalen Würde ‚von Anfang an' noch im Bereich einer von der Gesellschaft weithin geteilten philosophischen Grundannahme.

Das aus philosophischen und theologischen Traditionen gespeiste Personverständnis der westlichen Bürgergesellschaft enthält für die Theologie ‚Eigenes' und ‚Anderes'.[73] Der Gedanke einer „ohne Ansehen der Person" allen Menschen zugeeigneten Personalität, die den Anspruch auf Freiheit und Würde verleiht, ist die maßgebliche Maxime unserer Gesellschaft. Sie ist von der Theologie aus ureigensten Gründen mitzutragen, aber in ihrer gesellschaftlichen Ausdeutung immer wieder kritisch zu reflektieren.

Die folgenden Ausführungen zur Stellung des ungeborenen Lebens in der westlichen Bürgergesellschaft gehen dem Befund nach, dass nach allgemeinem gesellschaftlichen Verständnis allen Menschen die gleiche Würde oder Personalität zuzusprechen ist, ohne dass hierin das embryonale menschliche

73 Zum Vergleich des bürgerlichen und christlichen Personbegriffs siehe auch BOOMGAARDEN, Person aus Glauben oder schon als Geschöpf?

Leben grundsätzlich einbezogen würde. In einem späteren Teil wird dann dieser Befund mit dem theologischen Verständnis vermittelt werden.

2.6 Eine prekäre Liebe. Die Stellung des ungeborenen Lebens in unserer westlichen Bürgergesellschaft

2.6.1 Bürgerliche Gesellschaft und Familie

Grundlegend für das heutige Menschenbild der westlichen Bürgergesellschaft ist die bedingungslose Anerkennung des Anderen. Nicht dass damit die gesellschaftliche Wirklichkeit uneingeschränkt beschrieben würde, aber gesellschaftliche Institutionen und das Bewusstsein der Bürgerinnen und Bürger sind in hohem Maße von der Wahrheit bedingungsloser Achtung jedes Menschen durchdrungen.

Diese Vorstellung ist historisch gewachsen und offen für verschiedene Begründungen, etwa durch einen fiktiven Gesellschaftsvertrag oder das Naturrecht. Der Andere wird kraft seines Menschseins als Träger einer Würde und einer Freiheit wahrgenommen, die meiner eigenen Würde oder Freiheit gleichgestellt sind. Beides ist dem Anderen so ursprünglich eingestiftet, dass dort, wo sie ihm genommen werden, seine Würde in ihrer Verletzung umso mehr Achtung und seine Freiheit umso mehr als sein ureigenstes Recht Geltung verlangen. Wer Würde und Freiheit eines Anderen verletzt, handelt gegen seine eigene Würde und missbraucht seine Freiheit.

In ihrer Würde und Freiheit stehen sich die Menschen nicht atomistisch gegenüber, sondern sind in Sozialität verbunden. Mit der Würde und Freiheit des Anderen werden meine eigene Würde und Freiheit verbürgt. Diese soziale Verbundenheit ist grundlegend für das Gelingen der bürgerlichen Gesellschaft und bedarf der ständigen Einübung.

Die Achtung von Würde und Freiheit muss verinnerlicht werden, um selbst in ihrem Geist leben und handeln zu können. Eine Achtung des Anderen aus Angst vor Strafe und nicht aus dem Bewusstsein von Achtenswertem sähe dessen Würde und Freiheit nur als äußerlichen Tatbestand an und hätte ihre Verknüpfung mit dem eigenen und des Anderen Menschsein noch nicht erkannt. Erst wo ich die Würde und Freiheit des Anderen von ihm selbst her erkenne, nehme ich ihn – und mich – als Person wahr. Der notwendige Verinnerlichungsprozess von Würde und Freiheit ist die Entdeckung des eigenen Personseins. Er wird in der Gesellschaft durch soziale Institutionen geleistet, unter denen solchen mit Erziehungsauftrag eine vornehmliche Rolle zukommt. Dass in Schule und Familie das Kind zur Achtung von Würde und Freiheit erzogen wird, gehört zu den Grundpfeilern unseres gesellschaftlichen Selbstverständnisses.

Die Frage, ab wann ein Mensch ein Mensch ist, geht dem bürgerlichen Selbstverständnis voraus und steht nicht in seinem Fokus. Dass ein Mensch ungeachtet seiner Herkunft, Geschlecht, Hautfarbe etc. als Subjekt von Würde und Freiheit Achtung verdient, ist seiner Zugehörigkeit zum Menschengeschlecht geschuldet und nicht der personalen Qualität eines bestimmten, von ihm erreichten ontogenetischen Entwicklungsschritts.

Eine doch nur von anderen Menschen zu treffende Festlegung, ab wann man Mensch sei, würde dem bürgerlichen Selbstverständnis widersprechen, weil man Würde und Freiheit nicht von einem Anderen zugesprochen bekommt. Sie sind nicht seinem Wohlwollen oder seiner Personvorstellung überlassen. Jedem Menschen stehen sie qua seines Menschseins zu. Weil Freiheit und Würde des Anderen mit der eigenen Freiheit und Würde gleichursprünglich sind - sei es von Natur oder einem fiktiven Gesellschaftsvertrag her -, werden sie als Recht meiner selbst und des Anderen immer schon vorgefunden. Die bürgerliche Gesellschaft geht vom Menschen aus und tritt für dessen Personsein in Würde und Freiheit ein.

Für die Frage nach dem Status des Embryos und seiner möglichen Würde ist die Familie als der primäre Ort anzusehen, wo nicht in abstrakter, sondern existentieller Weise um die Bedeutung des ungeborenen Lebens gerungen wird.[74] Im Anspruch der Familie wird das gesellschaftliche Verständnis von Würde und Freiheit überboten. Der Andere in der Familie ist nicht nur in seiner Würde und Freiheit zu respektieren, sondern zu lieben.[75] In der Familie geht es darum, nicht nur den Menschen - oder die Menschheit - im Anderen zu achten, sondern den Anderen in seiner Individualität auf qualifizierte Weise anzunehmen. Eine durch Liebe und Vertrauen geprägte Intimität ist angestrebt, in der ein Mensch jenseits seiner gesellschaftlichen Rollen an Schule, Arbeitsplatz usw. ganz so sein kann, wie er ist. Die Familie wird als zentraler Ort eigener Identität verstanden.[76]

In der Familie kommen auf eigentümliche Weise naturhafte Gegebenheit und

74 Für den Begriff der Familie gibt es eine Vielzahl von Definitionsmöglichkeiten (siehe dazu Hill / Kopp, Familiensoziologie, 10–13). Familie soll hier als die Lebensgemeinschaft von mindestens einem Elternteil und mindestens einem (leiblichen oder adoptierten) Kind verstanden werden (siehe Härle, Ethik, 349 f). Familien mit Kind bzw. Kindern sind heute in der Regel auch kindzentriert (siehe Meyer, Monopolverlust der Familie, 27 f). Dafür spricht - im Hinblick auf Deutschland - auch die starke Präsenz des Leitbildes verantworteter Elternschaft (Ruckdeschel, Verantwortete Elternschaft).

75 Das gilt insbesondere für das Verhältnis der Eltern zueinander und zum Kind. Für das Verhältnis der Geschwister untereinander ist zu vermuten, dass seitens der Eltern mehrheitlich ein eher solidarisches Verhalten eingefordert wird.

76 Doch ist auch zu konstatieren, dass sich Familie und Gesellschaft immer mehr zu durchdringen scheinen. „Außerfamiliale Organisationsprinzipien und Wertsysteme ragen immer mehr in den Privatbereich hinein“ (Meyer, Das „Ende der Familie“, 218). Umgekehrt finden sich Hinweise darauf, dass „Gefühlsnormen, wie etwa ein fürsorglicher und herzlicher Umgang mit Kindern, auf die außerfamiliale öffentliche und berufliche Umwelt übertragen“ werden (ebd., mit Verweis auf Hochschild, Das gekaufte Herz).

Freiwilligkeit zusammen. Man kann sich seine Eltern und Geschwister nicht aussuchen! Auch die Eltern haben nur einen begrenzten Einfluss auf die Individualität ihres Kindes. Man findet sich in einer Gemeinschaft vor, deren tragende Säule die Liebe sein soll.[77] Liebe kann nicht erzwungen werden, sondern ist nur in Freiheit möglich. Diese Freiheit, Ja oder Nein zur familiären Liebesgemeinschaft zu sagen, ist den Familienmitgliedern auf unterschiedliche Weise gegeben. Die Eltern gehen freiwillig eine Beziehung ein und haben die Möglichkeit, sich wieder zu trennen. Die Kinder werden zur Selbständigkeit erzogen, kraft derer sie später im Bewusstsein eigener Freiheit neu ihre Beziehung zu den anderen Familienmitgliedern bestimmen können. Sie treten als selbständige Individuen in die bürgerliche Gesellschaft ein und von ihnen kann nicht *mehr* gefordert werden, als dass sie jeden Anderen in seiner Würde und Freiheit achten.

Der Zusammenhang zwischen Familie und bürgerlicher Gesellschaft ist nicht zufällig, beide stabilisieren sich gegenseitig. In der ,Wärme' der Familie kann ein Mensch Selbstvertrauen gewinnen, so dass er, gestärkt durch die familiäre Annahme, zum eigenverantwortlichen Handeln in der Gesellschaft fähig wird. Die Familie kann ihm in besonderem Maße Identität und ein Grundgefühl des Angenommenseins vermitteln, die ihm die Gesellschaft nicht geben. Doch stellt umgekehrt die bürgerliche Gesellschaft die Voraussetzungen für die Liebesgemeinschaft der modernen Familie bereit. Die Freiheit voneinander im bürgerlichen Umgang ermöglicht auch die Freiheit zueinander, die Möglichkeit einer Verbindung aus Liebe.

Was hier in seinen Grundstrukturen beschrieben wird, ist bekanntermaßen kein statisches Gebilde, sondern eine spannungsreiche, krisenbeladene Struktur, die sich weiter entwickelt und ständig nach einer neuen Austarierung ruft.[78] Nicht nur die Fixierung der rechtlichen Seite – die Frage nach dem

77 Die überragende Bedeutung der emotional vertieften Elternliebe zum Kind hat sich erst mit der bürgerlichen Familie entwickelt. „In der Verschränkung von der Individualisierung sozialer Subjektivität mit der Entdeckung und dem Aufstieg der ,romantischen Liebe' wird ,Liebe' für das Verhältnis der Eltern zu den Kindern prägend, die als eine Frucht der Liebe zwischen den Eltern gedacht werden. Es entsteht eine historisch neue und einzigartige *Emotionalisierung der Eltern-Kind-Beziehung*" (von Trotha, Kind und Familie, 230, Hervorhebungen im Original). Die gewachsene Bedeutung der Liebe für die moderne Familie der individualisierten Gesellschaft – gerade in ihrer emotionalen Auswirkung – wird besonders in den Erlebnisberichten deutlich, in denen Mütter ihre Beziehung zum Kind schildern. „Auffallend daran ist ein besonderer Klang: Da berichten Frauen immer wieder, daß sie überrascht, überwältigt, ja durcheinandergeschüttelt sind von der Intensität ihrer Gefühle zum Kind. Sie erleben, so heißt es da, eine Bindung und Liebe, wie sie keine sonst kennen, so umfassend und tief" (Beck-Gernsheim, Von der Liebe zur Beziehung?, 229).

78 „Heute werden mit Begriffen wie ,Selbstverwirklichung', ,Emanzipation' und ,Freiheit' Konstrukte thematisiert, die nach Umsetzung drängen – jedoch meist in Unwissenheit, wie diese genau erfolgen soll – und gesamtgesellschaftlich wie individuell eine hohe Ambiguität erzeugen. Die hohen aktuellen Scheidungsquoten können vor diesem Hintergrund nicht nur als Ausdruck eines neuen, befreiten Lebensgefühls gesehen werden, sondern auch als Zeichen einer ele-

Familienrecht –, sondern überhaupt die Ausgestaltung bürgerlichen, familiären Lebens ist jeder Generation neu aufgegeben. Dazu gehört auch der Umgang mit dem ungeborenen Leben.

2.6.2 Öffentlichen Regelungen zum Schutz des ungeborenen Lebens

Der Staat setzt rechtliche Verbindlichkeiten, mit denen er Familien einen stabilisierenden Rahmen gibt, und bietet mit verschiedenen gesellschaftlichen Institutionen soziale Unterstützung an, durch die eine Entscheidung für das Kind berechenbarer wird. Doch das Spannungsfeld zwischen familiärem und bürgerlichem Selbstverständnis bleibt bestehen. Dem werdenden Kind ist unabhängig von seinen Eltern aus öffentlicher Sicht mit Achtung zu begegnen und doch ist es in vielen westlichen Gesellschaften vornehmlich die Mutter, die es zu ihrem Kind ‚macht'.

Verschiedene rechtliche Regelungen sind in den westlichen Gesellschaften entstanden, um dem Unterschied zwischen familiärem und bürgerlichem Selbstverständnis bei der Auffassung des ungeborenen Lebens Raum zu geben, aber ihn nicht gänzlich zugunsten der einen oder anderen Seite aufzuheben. Zudem prägen unterschiedliche rechtliche und religiöse Traditionen die Regelungen zum Schutz des ungeborenen Lebens.[79]

Inwieweit das beschriebene Spannungsfeld zwischen familiärem und bürgerlichem Selbstverständnis im rechtlichen Kontext seine Berücksichtigung findet, soll im Folgenden auf dem Hintergrund der deutschen Regelungen

mentaren Verunsicherung infolge gesteigerter Anforderungen an moderne Partnerschaften und Ehen" (Widmer /Bodenmann, Beziehungen in der Familie, 168).

79 So hat der Europäische Gerichtshof für Menschenrechte entschieden, dass das ungeborene Leben nicht als Person anzusehen ist, die ‚direkt' unter dem Schutz menschlichen Lebens nach Art. 2 der Europäischen Menschenrechtskonvention steht. Doch sind Schwangerschaft und ihr evtl. Abbruch auch keine Privatsache der Frau, gleichwohl ihre Rechte und Interessen zu berücksichtigen. Mit seiner Zurückhaltung in der Frage des Lebensbeginns und des Schwangerschaftsabbruchs reflektiert und bestätigt der Gerichtshof grundsätzlich unterschiedliche Rechtsauffassungen seiner Mitgliedstaaten (siehe Rensmann, Die Menschenwürde als universaler Rechtsbegriff, 90 f, mit Bezug auf die Urteile des Europäischen Gerichtshofs für Menschenrechte, Vo v. France, RJD 2004-VIII, Rn. 82, und Evans v. United Kingdom, Kammerentscheidung vom 7.3.2006, Rn. 46, sowie die bestätigende Entscheidung der Großen Kammer vom 10.4.2007, Rn. 56).
Für Europa konstatierte Eser im Jahr 2000 auf Grundlage einer rechtsvergleichenden Untersuchung einen Rückgang der „Indikationslösung", d.h. der Zulässigkeit des Schwangerschaftsabbruchs nur bei Vorliegen von meist durch Dritte beurteilten Voraussetzungen. In einer ersten Reformphase ist es zu einer Hinwendung zur „Fristenlösung" gekommen. Mit ihr ist die Zulässigkeit des Schwangerschaftsabbruchs bis zu einem bestimmten Schwangerschaftsalter ohne Begründungserfordernis gemeint. Eine steigende Beachtung des „notlagenorientierten Diskusmodells", d.h. der Zulässigkeit des Schwangerschaftsabbruchs aufgrund einer der Letztverantwortung der Schwangeren unterliegenden Entscheidung nach Beratung, ist ebenfalls festzustellen (Eser / Koch, Schwangerschaftsabbruch im internationalen Vergleich, 11 f).

betrachtet werden. Ein kurzer Ausblick auf die US-amerikanische Situation schließt sich an.

Um der Spannung zwischen familiärem und bürgerlichem Selbstverständnis Rechnung zu tragen, ist die Ausdifferenzierung des privaten bzw. intimen Bereichs vom öffentlichen ein wichtiger Ansatzpunkt.[80] Es liegt in der ‚Natur' der Natur, dass die frühesten Stadien ungeborenen Lebens bei der natürlichen Befruchtung dem öffentlich-staatlichen Handeln entzogen sind. Aber nicht allein pragmatische oder beweisrechtliche Gründe setzen dem staatlichen Handeln und der gesellschaftlichen Öffentlichkeit hier eine Grenze,[81] sondern auch das Selbstverständnis der Familie als Liebesgemeinschaft fließt in die Auffassung des ungeborenen Lebens mit ein. Dieses Verständnis kann rechtlich nicht eingefordert werden – eine Verpflichtung zur Liebe kann es nicht geben – und wird doch mit der Einsicht berücksichtigt, dass eine liebende und darin freie Annahme des ungeborenen Lebens, seine ‚Menschwerdung', nicht von außen erzwungen werden kann.[82] Je mehr dieses allerdings als eigenständiges Individuum wahrnehmbar wird, ist seine Würde oder sein Lebensrecht offensichtlich, deren Schutz nicht allein der Verantwortung der Schwangeren zu überlassen ist.[83]

80 Diese Ausdifferenzierung ist aus rechtlicher Perspektive schon durch den zweifachen, „ambivalenten" Charakter der Grundrechte gefordert. „Sie sind Abwehrrechte des Privaten gegenüber dem Eingriff des Staates und Schutzpflichten des Staates gegenüber dem Übergriff des Privaten" (Isensee, Der grundrechtliche Status des Embryos, 51).

81 Siehe z. B. BVerfGE, 88, 203, 263: „Von wesentlicher Bedeutung ist [...], daß die Schwangerschaft in ihrer Frühphase oft nur der Mutter bekannt und das Ungeborene ihrem Schutz in jeder Hinsicht anvertraut, von ihm aber auch existenziell abhängig ist. Der Staat sieht sich vor die Aufgabe gestellt, Leben zu schützen, von dessen Vorhandensein er nichts weiß." Dem Staat ist es nicht möglich, seine Bürgerinnen und Bürger zur Offenlegung ihrer Privatsphäre, zu der – wenn auch in eingeschränktem Maße – die Sexualität gehört, zu zwingen. „Das Grundgesetz gewährt dem Bürger einen unantastbaren Bereich zur Entfaltung der Persönlichkeit im Kernbereich höchstpersönlicher, privater Lebensgestaltung, der der Einwirkung der öffentlichen Gewalt entzogen ist. Wegen seiner besonderen Nähe zur Menschenwürde ist der Kernbereich privater Lebensgestaltung absolut geschützt" (Beschluss des BVerfG, 1 BvR 1 1107/09 vom 10.6.2009). Dieser absolute Schutz könnte auch bei der Frage nach der Rechtmäßigkeit von Nidationshemmern von Bedeutung sein. „Denn die Verwendung von Verhütungsmitteln wie Nidationshemmern könnte nach ihrem Inhalt einen höchstpersönlichen Charakter haben und in den Intimbereich fallen, der vom Kernbereich privater Lebensgestaltung vollständig umfasst wird" (Henking, Wertungswidersprüche, 196).

82 Den Raum für eine freie Annahme des Kindes durch die Mutter berücksichtigt die deutsche Rechtsprechung zur Abtreibung durch ein Schutzkonzept, „das davon ausgeht, jedenfalls in der Frühphase der Schwangerschaft sei ein wirksamer Schutz des ungeborenen menschlichen Lebens nur mit der Mutter, aber nicht gegen sie möglich" (BVerfGE 88, 203, 266). „[D]ie im Überlassen einer Letztverantwortung zum Ausdruck kommende Achtung vor dem Verantwortungsbewußtsein der Frauen [könnte] Appellfunktion haben und geeignet sein, allgemein die Verantwortung von Frauen gegenüber dem ungeborenen Leben zu stärken" (BVerfGE 88, 203, 268).

83 Selbst dort, wo die Verantwortung auf die Frau übertragen wird, soll ihr nicht die Entscheidung über das Lebensrecht des Ungeborenen zukommen. „Die Verfassung [...] gibt keinem Privaten die Macht, die Grundrechtsfähigkeit zu verleihen oder vorzuenthalten [...] Das Lebensrecht

In der zweiten Entscheidung (1993) des BVerfG wird die Schutzpflicht des deutschen Staates gegenüber dem ungeborenen Leben ausdrücklich betont und die Grundrechtssubjektivität des Embryos festgehalten:

Menschenwürde kommt schon dem ungeborenen menschlichen Leben zu.[84]

Doch wird im Falle eines Schwangerschaftskonflikts, in der Frühphase der Schwangerschaft, auf die Möglichkeit für den Gesetzgeber verwiesen, auf eine Strafdrohung zugunsten einer Beratung zu verzichten, um die Schwangere für das Austragen des Kindes zu gewinnen. Der verfassungsrechtlich weitgreifende Schutz des Embryos wird im Abtreibungsgesetz nicht strafrechtlich geltend gemacht. Der Abbruch einer entstehenden Schwangerschaft vor der Nidation ist nicht als ein Schwangerschaftsabbruch im Sinne des Gesetzes anzusehen. Auch liegt dann keine Rechtswidrigkeit vor,

wenn der Abbruch der Schwangerschaft unter Berücksichtigung der gegenwärtigen und zukünftigen Lebensverhältnisse der Schwangeren nach ärztlicher Erkenntnis angezeigt ist, um eine Gefahr für das Leben oder die Gefahr einer schwerwiegenden Beeinträchtigung des körperlichen oder seelischen Gesundheitszustandes der Schwangeren abzuwenden.[85]

Nach dem Urteil des BVerfG wird also der Embryo grundsätzlich als ungeborener Mensch angesehen, dem die gleiche Würde wie jedem anderen geborenen Menschen zukommt, ohne dass im geltenden Recht dieser Einsicht mittels strafrechtlicher Bestimmungen entsprochen würde. Das Lebensrecht des Embryos unterliegt sowohl einem unterschiedlich ausgekleideten Schutzniveau nach der Nidation als auch einer Abwägung mit den Lebensverhältnissen der Schwangeren.

Im Embryonenschutzgesetz erfährt der Embryo ein höheres Schutzniveau als im Abtreibungsgesetz, das den vornidativen Embryo nicht einbezieht. Doch ist zu berücksichtigen, dass im Fokus des Embryonenschutzgesetzes nicht der Lebensschutz des Embryos, sondern die Verhinderung seiner Instrumentalisierung steht.[86]

wird daher nicht durch die Annahme der Mutter begründet, sondern durch die Verfassungsordnung“ (Isensee, Der grundrechtliche Status des Embryos, 56, mit Bezug auf BVerfGE 88, 203, 252).

84 BVerfGE 88, 203, 203.

85 § 218a II StGB.

86 Günther u. a., Embryonenschutzgesetz. Juristischer Kommentar, B Rn. 20. So kann man auch die relative Liberalität des Embryonenschutzgesetzes im Vergleich zum Abtreibungsgesetz betonen: „Das ESchG stellt die IVF-Patientin freier als eine Schwangere nach dem Beratungsmodell. Letztere hat im Prinzip die Pflicht, den Fötus auszutragen, der IVF-Patientin hingegen wird keine Übertragungspflicht aufgebürdet – auch nicht unter dem Gesichtspunkt, sie habe die Befruchtung und damit das Entstehen des Embryos veranlasst“ (Votum von Monika Frommel, in: Geisthövel u. a., Debatte der DVR-Fachkommission „Recht und Aufklärung“, 301).

Man hat immer wieder Wertungswidersprüche zwischen Abtreibungsgesetz und Embryonenschutzgesetz angemahnt.[87] Aber in dieser rechtlichen Spannung kommt auch der Unterschied in der Wahrnehmung und Konstitution des Menschen einerseits in der Intimität der Familie und andererseits in der gesellschaftlichen Öffentlichkeit zum Ausdruck. Sowohl die Durchsetzung des familiären Selbstverständnisses in der öffentlichen Gesellschaft – der in der Macht eines Menschen, in diesem Fall der Mutter, liegende Würdezuspruch an einen anderen Menschen, an ihr Kind – als auch der umgekehrte Fall – die Durchsetzung des bedingungslosen Würdeschutzes in der Intimsphäre der Familie – würden Familie und liberale Gesellschaft in ihrem Bedingungsgefüge gefährden. Die liebende Zuwendung und nicht ein strafbewehrtes staatliches Recht sichert dem Ungeborenen in der familiären Intimität seine personale Würde. Dennoch reicht die rechtlich zugesprochene Würde jedes Menschen bis in seine frühesten Embryonalstadien.

Dort, wo die ersten Stadien des Embryos in einem besonderen Maße in einem öffentlichen Raum sichtbar werden – bei der künstlichen Befruchtung –, aber auch dort, wo die Entwicklung des Embryos ein bestimmtes Stadium erreicht hat – z. B. die Nidation –, ist der Gesetzgeber gefordert, die öffentlich gemachten oder werdenden menschlichen Wesen zu schützen.[88] Während der Embryo im Mutterleib vor der Nidation der intimen Verantwortung der Mutter überlassen wird, ist er außerhalb des Mutterleibs einer gesteigerten öffentlichen Verantwortung unterworfen. Da jedem Mitglied der menschlichen Spezies ungeachtet seiner Eigenschaften Würde zukommt, gibt es schwerlich einen Grund, sie dem künstlich hergestellten Embryo in seinen frühesten Stadien vorzuenthalten. Dennoch gehört auch bei der künstlichen Befruchtung das ungeborene Leben zu seinen Eltern, ihre Intimität und darin faktisch gegebene Anerkennungsmacht gegenüber dem Embryo ist weiter zu berücksichtigen. Dem Willen der Mutter ist bei der künstlichen Befruchtung im Rahmen der Gesetze Recht zu verschaffen und ihre Belange sind mit der öffentlichen Wahrnehmung auszutarieren.

Legt man in den westlichen Gesellschaften den Akzent auf den Freiheits- und nicht auf den Würdegedanken, verschieben sich die Gewichte im

87 Siehe die Auflistung der kritischen Stimmen bei Henking, Wertungswidersprüche, 175, Anm. 679 bzw. 201, Anm. 778. Die Autorin selbst kommt zu dem Ergebnis, dass zwischen den Regelungen der §§ 218ff StGB und denen des Embryonenschutzgesetzes kein Wertungswiderspruch besteht.

88 Vor diesem Hintergrund müssen Embryonenschutzgesetz und § 218 StGB nicht als widersprüchlich angesehen werden. Der Gesetzgeber verzichtet aus beweisrechtlichen Gründen auf einen Schutz des pränidierten Embryos in vivo. Doch „die beweisrechtliche Problematik greift für die Laborsituation nicht. Während bei der Situation in vivo unklar bleibt, ob überhaupt ein Embryo existent ist bzw. ob auf ihn negativ eingewirkt wurde, ist die Situation in vitro nicht von diesen Unsicherheiten geprägt. Der Embryo in vitro ist in seiner Existenz sichtbar. Die Einwirkung auf ihn ist ebenfalls sichtbar und in ihrer nachteiligen Wirkung objektiv feststellbar. Der Gesetzgeber bringt damit zum Ausdruck, dass er den Embryo von Anbeginn seiner Entwicklung an für schützenswert hält, und hat für die Laborsituation ein besonderes Schutzbedürfnis erkannt" (Henking, Wertungswidersprüche, 199f).

Spannungsgefüge von Familie und Gesellschaft, aber die Konfliktpunkte bleiben die gleichen. Die US-Verfassung kennt als eine Verfassung der Freiheit konsequenterweise kein Sozialstaatsprinzip.[89] Ihre Betonung des Freiheitsgedankens muss die Trennlinie zwischen Privatheit und Öffentlichkeit weiter ausprägen. Zur Freiheit gehört das Recht auf ein privates Leben:

> Es ist das Versprechen der Verfassung, dass es einen Bereich persönlicher Freiheit gibt, in den die Regierung nicht eindringen darf.[90]

Eine Frau besitzt zwar kein absolutes, aber doch ein sehr weitgehendes Recht auf eine freie Entscheidung abzutreiben. Aufseiten des ungeborenen Lebens ist es der Zeitpunkt seiner eigenständigen Freiheit – der „selbstständigen Lebensfähigkeit“[91] –, ab dem es nicht mehr abgetrieben werden darf. Doch die Bestimmung eines solchen Zeitpunktes ist problematisch und das Recht auf Unversehrtheit einer Person kann sich bis auf seine Empfängnis zurück ausdehnen.[92]

89 Zur unterschiedlichen Rechtskultur in Deutschland und den Vereinigten Staaten siehe Eberle, Dignity and Liberty; Brugger, Neuere Rechtsprechung des U.S. Supreme Court.

90 *Planned Parenthood of Southeastern Pennsylvania v. Casey*, 505 U.S. 833 (1992), 847, zitiert nach Karnein, Zukünftige Personen, 108. Vgl. auch Steinbock, Life before birth, 98 f. Zur kommunitaristischen und feministischen Kritik an der Verbindung zwischen Schwangerschaftsabbruch und Privatheit im Urteil des Supreme Court siehe Rössler, Der Wert des Privaten, 170–179. Der Unterschied zwischen dem gesellschaftlichen Verständnis in den Vereinigten Staaten und in Deutschland zeigte sich in den jeweiligen Abtreibungsdebatten der siebziger bis neunziger Jahre des letzten Jahrhunderts (Ferree, Resonance and Radicalism). In Deutschland setzten sich die von der Frauenbewegung beworbenen Argumente durch, dass die Frau vor den psychischen und sozialen Belastungen einer ungewollten Schwangerschaft zu schützen sei und dass man es bei dem werdenden Leben und seiner Mutter mit einer tiefgreifenden Einheit zu tun habe, die gegen den Willen der Mutter aufrechtzuerhalten mögliche mütterliche Traumata nach sich ziehe. In der amerikanischen Diskussion dagegen ging es seitens der Frauenbewegung um die Durchsetzung eines individuellen Menschenrechtes, für das es keines Rekurses auf eine spezifisch weibliche Schutzwürdigkeit oder einer besonderen Schwangerschaftsontologie bedurfte. Bei der unterlegenen ‚feminist pro-life‘-Argumentation in Amerika wurde hingegen die soziale Komponente aufgegriffen. Nur bei genügend sozialer Unterstützung könne man von einer echten freien Wahl sprechen: „If everybody has such a free choice, why would they only choose abortion?“ (Interview mit Serrin Foster, Juli 1997, zitiert nach Ferree, Resonance and Radicalism, 336). In Deutschland spielte umgekehrt die Position einer absolut freien Entscheidung seitens der Frau – „Mein Bauch gehört mir“ – nur anfangs eine gewisse Rolle, wurde dann aber in der Öffentlichkeit im Weiteren marginalisiert (322 f, 336 f). Zum Vergleich zwischen Deutschland und USA siehe auch Eberle, Dignity and Liberty, 161–187.

91 Karnein, Zukünftige Personen, 109.

92 Ebd. 115. Das im Jahr 1973 gefällte Urteil *Roe v. Wade*, das der Frau das Recht zugesteht, über einen Schwangerschaftsabbruch bis zur selbständigen Lebensfähigkeit des Kindes frei zu entscheiden, wird in den Rechtsbestimmungen der einzelnen Bundesstaaten unterschiedlich ausgekleidet. Viele die Erwägung eines Schwangerschaftsabbruchs beeinflussende Bestimmungen, z. B. ob die Zustimmung der Eltern bei Minderjährigen erforderlich ist, ob der Eingriff durch öffentliche Gelder mitfinanziert werden kann, ob Wartezeiten zu beachten sind, unterliegen keiner einheitlichen Regelung.

Auf den Feldern der künstlichen Befruchtung und Stammzellforschung scheint die gegenüber Deutschland weitaus liberalere Rechtsordnung der Vereinigten Staaten die Differenz von privater Familie und öffentlicher Gesellschaft hinter sich gelassen zu haben und das Selbstbestimmungsrecht den insgesamt nur wenig reglementierten Umgang mit Embryonen einzuschließen. Doch ist die Differenz zwischen dem Privaten und Öffentlichen nicht aufgehoben. Die Trennlinie kehrt im Verbot öffentlicher Gelder für die Zerstörung von Embryonen wieder, wie es in der Dickey-Wicker-Zusatzklausel ausgesprochen ist.[93]

Sowohl in der hier angesprochenen deutschen wie US-amerikanischen Situation wird seitens des Gesetzgebers auf die Durchsetzung einer für Abtreibung, künstlicher Befruchtung und Stammzellforschung einheitlichen Statusfestlegung des Embryos verzichtet. Der Grund dafür liegt nicht nur in praktischen oder philosophisch-weltanschaulichen Schwierigkeiten einer Statusfestlegung durch das Recht,[94] sondern auch in der historisch gewachsenen Ausdifferenzierung von Familie und Gesellschaft. Die moderne Differenz zwischen dem Selbstverständnis in der Familie, in der ein geschützter freier Raum der Liebe den Menschen formen soll, und dem der Gesellschaft, in der jedem Menschen qua seines Menschseins Würde und Freiheit als ihm wesentliche Merkmale zukommen, gibt auch der Frage nach dem Status des Embryos ihr Gepräge.

Ob sich eine mehr am Freiheitsgedanken orientierte Auffassung, wie sie in den Vereinigten Staaten vorliegt, in Zukunft auch in den westeuropäischen Abtreibungs- und Embryonenschutzregelungen durchsetzen wird, ist je nach Land unterschiedlich zu beurteilen.[95] Länderspezifische Denktraditionen

93 Ebd., 135 ff.

94 Benda hat wiederholt darauf hingewiesen, „dass es nicht in der Kompetenz der Rechtswissenschaft liege, die Frage nach dem Beginn des Lebens zu beantworten; wohl aber muss das BVerfG in Auslegung des Grundgesetzes darüber befinden, von wann an menschliches Leben unter rechtlichen Schutz gestellt ist“ (Verständigungsversuche über die Würde des Menschen, 2148).

95 Ob dies wünschenswert wäre und zu welchen Konsequenzen es führen würde, ist schwer zu beurteilen. Kluth sieht im zweiten Abtreibungsurteil des BVerfG den Versuch einer vermittelnd pragmatischen Lösung, welche die maßgebliche Rechtsposition konterkariert hat, „indem der Schwangerschaftsabbruch zu einer sozialstaatlich umhegten Dienstleistung ausgestaltet wurde“ (Lebensschutz und die Grenzen des Verfassungsrechts, 37). Um zu einem rationalen staatlichen Handeln in diesem Problemkreis zurückzufinden, könnte der in den Vereinigten Staaten praktizierte Weg, betreffende Lebensvorgänge zu „privatisieren“ und damit „in die selbstregulierende Sphäre und Verantwortung der Gesellschaft zu entlassen“, empfehlenswert sein (ebd.). „Damit würde sich der Staat auf Regelungen beschränken, die er auch tatsächlich durchsetzen kann und zudem deutlicher als bei einem vermittelnden Modell der Gesellschaft die Verantwortung für die Problemlösung zuweisen“ (ebd.). Doch wäre demgegenüber zu bedenken, dass ein partieller Rückzug des Staates in diesem Bereich statt der Problemlösungskraft eher die Spaltung der Gesellschaft in dieser Frage verstärken könnte – man denke an die teilweise sehr erbittert geführte Abtreibungsdebatte in den Vereinigten Staaten.

stehen oft einer Gesetzesnovellierung entgegen.[96] Dabei handelt es sich nicht nur um religiöse Vorbehalte.

Beispielsweise sind die englischen Regelungen zur Abtreibung aus der Intention heraus entstanden, abtreibungswilligen Frauen die öffentlich angebotene und kontrollierte Möglichkeit zu einer ärztlich betreuten Abtreibung zu geben, um die verbreiteten „backstreets abortions" mit ihren Risiken zu beenden.[97] Von daher erklärt sich die zentrale Rolle der ärztlichen Entscheidung für oder gegen die Abtreibung. Es bedarf der Zustimmung zweier Ärzte. Auch wenn in der Praxis das paternalistische Modell von einer weitgehend autonomen Entscheidung seitens der Frau abgelöst wurde, bleibt für den englischen Gesetzgeber die ärztlich-medizinische Sicht auf die Schwangerschaftsproblematik maßgeblich.[98]

2.6.3 Geburt als Einsatzpunkt der Sozialisation?

Kann von dem allgemeinen Verständnis der Menschenrechte her keine eindeutige Antwort auf die Frage nach der Personalität des ungeborenen Lebens gegeben werden, so könnte doch im Horizont ihrer historischen Fassung die Geburt als wesentlicher Einsatzpunkt personalen Daseins erwogen werden:

> Die Menschen werden frei und gleich an Rechten geboren und bleiben es.[99]

Mit der Geburt erreicht ein Mensch einen neuen Status der Unabhängigkeit und wird eine öffentliche, von allen direkt wahrnehmbare Person.

> Erst in der Öffentlichkeit einer Sprachgemeinschaft bildet sich das Naturwesen zugleich zum Individuum und zur vernunftbegabten Person.[100]

96 Zur gesamteuropäischen Situation im Hinblick auf Abtreibung siehe Tazi-Preve / Roloff, Schwangerschaftsabbruch in Europa. Global gesehen kann eine Stärkung individueller Frauenrechte beobachtet werden, die im Hinblick auf das Recht zur Abtreibung weniger auf die Aktivitäten internationaler Frauenrechtsbewegungen als z. B. auf die Anzahl weiblicher Parlamentsabgeordneter im jeweiligen Land zurückzuführen ist (Boyle u. a., Abortion Liberalization in World Society, 899, 905).

97 Sheldon, The Medical Framework, 194 f.

98 Ebd. 208 f; siehe auch Lee, Tensions in the Regulation of Abortion in Britain. Dass die Entscheidung zur Abtreibung nur aus den in der Abtreibungsregelung von 1967 niedergelegten Gründen erfolgen soll und die Autonomie der Frau in der Praxis eingeschränkt bleibt, lässt sich am Skandal um die „verlorenen Mädchen" beobachten. Statistische Untersuchungen legen die Vermutung nahe, dass in Einwandererfamilien der ersten Generation aus Indien und Nepal Mädchen aufgrund ihres Geschlechtes abgetrieben wurden. Hier ist die Auffassung des Department of Health eindeutig: „Abortion on the grounds of sex selection is against the law and completely unacceptable" (zitiert nach Connor, The lost girls).

99 Erklärung der Rechte des Menschen und des Bürgers (1791), in: Hartung, Die Entwicklung der Menschen- und Bürgerrechte, 43. Siehe dazu auch Braun, Menschenwürde und Biomedizin, 59 ff.

100 Habermas, Die Zukunft der menschlichen Natur, 65.

Für das ungeborene Leben hingegen gilt nach Jürgen Habermas eine „Würde des menschlichen Lebens", die von der rechtlich garantierten Menschenwürde jeder Person abzuheben ist.[101] Eine solche Würde des ungeborenen Lebens schließt allerdings die Möglichkeit ein, in einem Akt der „anticipatory socialization" schon das Ungeborene zum Kommunikationspartner zu erheben.

Die von Habermas im Anschluss an Hannah Arendt versuchte Deutung der Geburt „als Wasserscheide zwischen Natur und Kultur", als Beginn der Differenzierung „zwischen dem Sozialisationsschicksal einer Person und dem Naturschicksal ihres Organismus",[102] erscheint sehr hoch gegriffen. Eine solche Grenzbedeutung der menschlichen Geburt traf vielleicht auf vergangene Jahrzehnte zu, aber verliert in unserer gegenwärtigen Gesellschaft an intuitiver Evidenz.

Nicht zuletzt aus der geschichtlichen Erfahrung schlimmster Missachtung menschlicher Würde wird heute zunehmend ein offensives Konzept von personalem Dasein vertreten.[103] Menschen, die früher aufgrund von Behinderung, Krankheit oder Alter nur am Rand der Gesellschaft ‚ihr Dasein fristen' konnten, werden heute als ‚vollwertige' Mitglieder der öffentlichen Persongemeinschaft verstanden.

Auch wenn die Einlösung einer solchen Sichtweise oft zu wünschen übrig lässt, bedeutet die Ausweitung des sozialen Anspruchs auf Menschen, die von sich aus nur sehr begrenzt in der Lage sind, am öffentlichen Leben teilzunehmen, eine sich weiter verändernde Sicht auf Personalität. Nicht die Artikulation des eigenen Anspruchs, einen angemessenen Platz in der Gesellschaft einzunehmen, ist für die Sozialisation eines Einzelnen entscheidend, sondern die Gesellschaft muss sich selbst Rechenschaft darüber ablegen, ob sie alle Personen berücksichtigt. Vor diesem Hintergrund erscheint auch die Geburt weniger als eine Grenze, ab der sich die Sozialisation des Kindes eröffnet, als vielmehr als Übergang in eine neue soziale Phase.[104]

Die moderne Medizin fördert mit ihrer Durchleuchtung des ungeborenen Lebens eine nach vorn geschobene Sozialisation. Das Ultraschallbild gibt dem ungeborenen Leben noch vor dem Spüren erster Regungen im schwangeren

101 Ebd., 67.

102 Ebd., 102 f.

103 Auch das deutsche Verfassungsrecht will in diesem offensiven Sinn ausgelegt sein. „Verfassungsinterpretation gebietet Schutz und Inklusion gerade dann, wenn die Berücksichtigung eines Anliegens im politischen Prozess nicht möglich oder nicht zu erwarten ist. Wenn es die vornehmste Aufgabe der Menschenrechte ist, die Schutzbedürftigen gegen die von der Mehrheit bestimmte Hoheitsgewalt zu schützen, kann verfassungsrechtlicher Schutz gerade dann geboten sein, wenn die Mehrheitsmeinung dies noch nicht erkannt hat" (Nettesheim, Die Garantie der Menschenwürde, 97).

104 Auch in der deutschen Strafrechtsdiskussion wird für den Normkomplex der Tötungs- und Körperverletzungsdelikte die Geburt als Unterscheidungskriterium zwischen „Leibesfrucht" und „Mensch" in Frage gestellt. Statt der Geburt ist die extrauterine Lebensfähigkeit als unserem heutigen Personverständnis angemessenere Zäsur vorgeschlagen worden (Gropp, Der Embryo als Mensch, siehe auch Küper, Mensch oder Embryo, 523ff).

Bauch ein menschliches Antlitz[105] und die Mutter oder die Eltern werden faktisch darauf vorbereitet, dass sie nicht ‚ein Kind' erwarten, sondern dieses konkrete mit diesen oder jenen Eigenschaften.[106] Es ist ihr Kind, das noch nicht geboren, aber schon ‚da' und schon vor der Geburt Familienmitglied oder ‚unser Kind' ist. Wenn heute verstorbene Föten auch bestattet und nicht bloß ‚entsorgt' werden können, ist dies ein Reflex auf die veränderte Wahrnehmung ungeborenen Lebens.[107]

Weil in unserer westlichen Gesellschaft eine Schwangerschaft nichts ‚Natürliches' mehr ist, das eine Frau immer wieder ereilt, rückt das einzelne ungeborene Kind in den Fokus sozialer Aufmerksamkeit. Ihm wird in vielen Fällen eine Achtung entgegengebracht, die keine Minderung oder Einschränkung seiner Würde gegenüber Geborenen beinhaltet.

Dennoch ist Habermas in seinem Hinweis Recht zu geben, dass in der Perspektive unseres öffentlichen Personverständnisses bei einer Einbeziehung allen ungeborenen menschlichen Lebens eine kontraintuitive Überdehnung von Begriffen wie Menschenrecht und Menschenwürde drohe.[108] Man griffe in unterschiedliche Wertvorstellungen ein, die unter einem gemeinsamen öffentlichen Personverständnis geeint sind.

Die sich verändernde Wahrnehmung ungeborenen Lebens bedeutet auch seine weiter auseinandergehende und deutlichere Wertung. Kann eine Frau schon den Embryo als ihr Kind ansehen, liegt für eine andere ‚nur' eine beginnende Schwangerschaft vor.[109] Das mag in früheren Zeiten nicht anders

105 „Weil das Sonogramm […] gerade *keine* Fotografie ist, sondern ein technisch-abstraktes Bild, regt es die Betrachter an, sich die Bildpunkte als Kind und künftiges Familienmitglied vorzustellen" (Hirschauer u.a., Soziologie der Schwangerschaft, 97, Hervorhebung im Original).

106 Die Schattenseite dieser Erwartungshaltung wird bei einer – unerwartet – diagnostizierten Behinderung deutlich, welche die Mutter oder die Eltern umso mehr treffen muss. Eine mit einer ausgeweiteten Pränataldiagnostik einhergehende Bedrohungs-, Rettungs- und Verantwortungsrethorik schiebt der Mutter zudem die Verantwortung für ein gesundes Kind zu und erzeugt in vielen Fällen nicht nur die Notwendigkeit einer Entscheidung auf Leben und Tod, sondern gibt ihr auch schon eine Antwortrichtung vor (siehe Beck-Gernsheim, Die soziale Konstruktion des Risikos; Baldus u.a., Pränataldiagnostik im Diskurs, 54, 17. These).

107 Habermas weist zur Bestätigung der Würdedifferenz zwischen ungeborenem und geborenem Leben auf die Regelung der Bremer Bürgerschaft hin, bei der zwischen der anonymen Beisetzung von Föten und Embryonen in Sammelgräbern und der Bestattung postnatal Verstorbener unterschieden wird (Die Zukunft der menschlichen Natur, 67f). Doch die gesetzlichen Reformen in Deutschland haben weiter den Weg dafür geebnet, auch frühen Fehlgeborenen ihre ‚volle' Würde auf Wunsch der Eltern zukommen zu lassen. So können seit Mai 2013 Eltern von Fehlgeborenen, d.h. einem totgeborenen Kind unter 500 g Geburtsgewicht, dieses beim Standesamt anzeigen und eine Bescheinigung erhalten, deren Datenangaben einer Geburtsurkunde ähnlich sind. Vgl. dazu Schäfer, Die Kultur eines Volkes.

108 Habermas, Die Zukunft der menschlichen Natur, 68.

109 Tegethoff unterscheidet in ihrer Untersuchung mehrere Typen von Schwangeren in ihrem Umgang mit dem Ungeborenen. Der eine Typus von Schwangeren kommuniziert mit dem Ungeborenen als einem Gegenüber, während ein anderer Typus nur beiläufigen Kontakt aufnimmt und das Ungeborene als Wesen im Übergang versteht. Die Schwangeren des dritten

gewesen sein, aber das Bewusstsein, ein Recht auf diese unterschiedliche Bestimmung zu haben, ist heute stärker geworden, bleibt weniger im Vagen und Ungesagten.

Zudem sind die Unwägbarkeiten einer Schwangerschaft und einer Geburt durch die Medizin bedeutsam verringert worden und stattdessen die von der Mutter zu bestimmende Beziehung zum Ungeborenen und damit die persönliche Entscheidung für oder gegen das Ungeborene in den Mittelpunkt gerückt. Die Sozialisation des Ungeborenen wird unterbunden oder setzt in individuell verschiedenen Phasen der Schwangerschaft ein.

Der Gesetzgeber gibt wohl Grenzen und Richtlinien vor, um das ungeborene Leben vor einem willkürlichen Umgang zu schützen, aber lässt Raum für eine freie Entscheidung zum Kind. Es soll in eine intime, familiäre Beziehung hineinwachsen. Die Geburt ist nur eine Station auf dem Weg der Sozialisation, die ihren Anfang dort nimmt, wo Mutter oder Eltern sich für die Liebe zu dem ungeborenen Wesen und damit zu ihrem Kind öffnen und es austragen wollen.

Das ungeborene Leben bringt für die Eltern die Erwartung des Geliebtwerdenwollens mit sich, die über die unterschiedlichen Werthaltungen hinweg das allgemeine Familienverständnis prägt. Zwar kann vor allem eine religiöse Haltung dazu führen, auch ein Kind auszutragen, für das man aus unterschiedlichen Gründen keine Liebe zu empfinden vermag. Aber hier wird in vielen Fällen ein Bewusstsein dafür bleiben, dass man dieses ungeliebte Kind eigentlich lieben müsste. Die uneingeschränkte Würdigung der Liebe zum eigenen Kind eint die verschiedenen Weltanschauungen und religiösen Einstellungen. Ist Liebe das eigentliche Kriterium der modernen Gesellschaft, das über das ungeborene menschliche Leben entscheidet? Nicht dass früher Kinder weniger von ihren Eltern geliebt wurden, aber die Kriterien für das, was Liebe beinhaltet, haben sich gegenüber früheren Zeiten verändert.

Traditionelle Überlieferungen und Lehrentscheide über den menschlichen Lebensbeginn geben Orientierung, doch erscheinen heute in ihren Begründungen oft als überholt, abstrakt oder willkürlich gesetzt, während die Frage, ob man dem Ungeborenen die ihm zustehende Liebe, d. h. konkret Empathie, Lebenszeit, Kraft, Geld usw., zukommen lassen kann und will, die konkrete elterliche Existenz mit ihren Wünschen und Nöten in den Mittelpunkt stellt. Durch diese Vorstellung von Liebe, die mit einem hohen Maß an seelischem und materiellem Einsatz verbunden ist, wird dann eine Schwangerschaft nicht aufgrund mangelnder Liebe, sondern trotz aufkommender Liebe beendet. Zwar ist oft ein tiefes Wissen darüber da, dass Liebe nicht vom Maß der Zuwendungen abhängt, aber aus ihr resultieren gesellschaftliche und persönliche Forderungen, denen schwerlich auszuweichen ist. Man meint die inneren und äußeren Ressourcen nicht aufbringen zu können, die für eine

Typus „wünschen sich eine individuelle Annäherung an das Ungeborene und erleben vor allem die frühe Schwangerschaft als Zeit der Unsicherheit oder Anpassung ohne ein klares Bild vom erwarteten Kind“ (Bilder und Konzeptionen vom Ungeborenen, 219).

adäquate Liebe zum Kind nötig seien.[110] Erst durch sie könne der Embryo zum eigenen Kind werden. Der Schwangerschaftsabbruch ist dann selbst im gewissen Sinn Ausdruck der Liebe zum Kind.

2.6.4 Liebe versus Natur

Der bürgerlichen Gesellschaft bleibt die Statusfrage des ungeborenen Lebens zwar ein Problem, aber sie ist grundsätzlich dadurch entlastet, dass Zeugung und erste Zeit des ungeborenen Lebens in der Intimität der Familie ihren Ort hat. Die Reproduktion ist wohl von öffentlichem Interesse, aber keine öffentliche Aufgabe, die entsprechend zu reglementieren und beaufsichtigen ist. In der familiären Intimität kann die vorhin skizzierte Spannung zwischen Freiwilligkeit und Naturgegebenheit in verschärfter Weise auftreten.[111] Schon die Zeugung verbindet beides in nicht lösbarer Weise. Die Partner kommen frei zusammen und doch ‚passiert es', dass die Frau schwanger wird.

Man könnte meinen, dass dies doch irgendwie immer schon so gegeben sei – aber die moderne Familie als Liebesgemeinschaft hat der Intimität eine neue Gestalt gegeben. Kinder – sobald wie möglich – zu bekommen oder es einfach ‚passieren' zu lassen, ist für Partner keine selbstverständliche Erwartung oder Option. Die Gründung einer Familie hat sich in unserer Gesellschaft von einer ‚natürlichen' Aufgabe zu einer bewusst anzunehmenden, sich für sie zu entscheidenden Herausforderung gewandelt, die an beide Partner gestellt ist. Kinder haben Anspruch auf ganzheitliche elterliche Zuwendung und Liebe, die nicht ohne weiteres an andere Personen des Haushalts oder Verwandtenkreises delegiert werden können. Ob das Kind mütterliche und väterliche Liebe erfährt, wird nicht mehr den natürlichen Gegebenheiten oder dem Lauf der Dinge anheimgestellt, sondern das Ja zum Kind ist ein bewusstes Ja, ihm Liebe zu ‚geben'.

Vermutlich ist gegenüber früheren Zeiten in der modernen Familie die Liebe zum Kind einerseits zerbrechlicher, andererseits intensiver geworden. Das Kind wird mehr als einzigartiges Individuum wahr- und angenommen, aber die Realisierung der dafür notwendigen individuellen Zuwendung ist mit

110 Die Vorstellung einer möglichst idealen Situation für das Kind spiegelt sich in Deutschland in der sozialen Regel der Reihenfolge wider: „Erst sollte eine Ausbildung abgeschlossen und die berufliche Situation konsolidiert sein, dann können Kinder kommen. Und ein Kind sollte in eine gefestigte Partnerschaft (mit oder ohne Heirat) geboren werden. Man kann dies als ‚Regeln der Konsolidierung' bezeichnen, die für die hohe Bedeutung der Sicherheit in der partnerschaftlichen, beruflichen und finanziellen Situation als Voraussetzung für Kinder stehen" (Bundeszentrale für gesundheitliche Aufklärung, frauen leben 3, 86).

111 Diese Differenz zwischen Freiheit und Natur mag man selbst als ‚natürlich' gegeben annehmen, aber sie hat in ihrer neuzeitlichen Ausprägung einen deutlichen Hintergrund im Wandel des abendländischen Naturbegriffs. Vor allem die von Kant gegebene Verhältnisbestimmung von Freiheit und Naturmacht hat eine Grundproblematik moderner Philosophie bis hin zum gegenwärtigen Lebensgefühl geprägt (vgl. Kühn, Vom Wandel des Naturbegriffs, 109 f).

hohen Ansprüchen versehen. Es sind zweischneidige Hilfen, mit denen das Gewicht von der Naturgegebenheit zur Freiheit hin verschoben wird. Neue Verhütungsmöglichkeiten, Gesundheitschecks von Anfang an, die ganze Ratgeberwelt zur Erziehung eröffnen neue Freiheiten und Möglichkeiten, aber legen auch neue Lasten der Verantwortung auf.[112] Die Liebe zum Kind als einzigartigem Individuum, für dessen Förderung und Entfaltung die Eltern verantwortlich sind, verändert das Verständnis des Kindes in seinem Menschsein. Jemand, dem liebende Zuwendung und Förderung nur unzureichend geboten werden können, steht in Gefahr sein Menschsein zu verfehlen, das nur durch die Entfaltung der eigenen Persönlichkeit gelebt werden kann.

Das Kind ist nicht ein Mensch, der sozusagen akzidentiell noch individuelle Merkmale besitzt, die man fördern kann. Es wird nicht als ‚Mensch' geliebt, sondern als konkretes Individuum, dessen größtmögliche Entfaltung untrennbar zur liebenden Zuwendung gehört.[113] So soll das Kind die innere Stärke und Festigkeit erlangen, die es als Erwachsener später braucht, um mit seinen mitgegebenen individuellen Vermögen und Möglichkeiten sich selbst zu finden und zu verwirklichen. In der Familie ist eine solche Selbstverwirklichung schon in Liebe zu leben und vorzuleben.

Die moderne Familie entledigt sich immer mehr des ‚natürlichen' Maßstabs, sei es in der Frage des ungeborenen Lebens oder der Blutsverwandtschaft, und nimmt die Liebe zum Maßstab, von dem her sich ihre Glieder definieren.[114] Damit stabilisiert sie die bürgerliche Gesellschaft und tritt zugleich in Spannung zu ihr. Die in der Familie grundgelegte liebende Annahme macht das Ungeborene zum eigenen Kind, zur Person, die in späteren Jahren in der Gesellschaft fähig ist, den Anderen zu achten, ob sie ihn liebt oder nicht. Umgekehrt ist vom bürgerlichen Selbstverständnis ausgehend jede Person in der Gesellschaft und damit auch in der Familie zu achten, ungeachtet ob sie geliebt wird oder nicht. Das Verständnis der Person in der Familie und in der bürgerlichen Öffentlichkeit treten in Konflikt miteinander.[115] Ist ein noch

112 „Der neu entstandene Normkomplex der ‚verantworteten Elternschaft' (Franz-Xaver Kaufmann) besagt, dass man keine Kinder in die Welt setzen sollte, für die man nicht in der Lage ist, eine den hohen Standards entsprechende Erziehungsverantwortung zu übernehmen. Das Gebot lautet, den Kindern unter Berücksichtigung möglichst all ihrer Bedürfnisse und Interessen bestmögliche Unterstützung zukommen zu lassen" (Meyer, Der Wandel der Familie, 443 f).

113 Die unsere Moderne kennzeichnende Individualisierung der Liebe steigert – und übersteigert – sie. „Insofern ist die Liebe die reinste Tragik: sie entzündet sich nur an der Individualität und zerbricht an der Unüberwindlichkeit der Individualität" (Simmel, Fragment über die Liebe, 274).

114 Diese allgemeine Tendenz impliziert auch Gegentendenzen. Auf der einen Seite werden ‚unnatürliche' patch-work-Familien akzeptiert, auf der anderen Seite das Recht anerkannt, dass ein Adoptivkind seine natürlichen Eltern kennenlernen darf. Die Freiheit von natürlichen Verhältnissen impliziert das Recht, um sie zu wissen.

115 Als Illustration dieses Konfliktes vgl. folgende Kritik: „Insofern erscheint es seltsam an ethi-

nicht geborenes menschliches Wesen, das seine Eltern nicht lieben oder für das sie nicht genug Liebe aufbringen zu können meinen, dennoch in seiner Würde qua seines Menschseins zu achten?

Während die familiäre Liebe zum konkreten Individuum dessen Eigenschaften und die Umstände seiner Entwicklung einbezieht, ist im bürgerlichen Verständnis gegenseitiger Achtung gerade von seinen Eigenschaften abzusehen.[116] Nicht sie machen das Individuum zum Menschen, sondern die ‚Menschheit' in ihm. Doch das bürgerliche Verständnis fordert auch nicht den Anderen zu lieben, sondern zu achten. Personen kann man nur mit ihren individuellen Eigenschaften und im Rahmen der Umstände, in denen sie einem begegnen, lieben. So steht das ungeborene Leben im Spannungsfeld zwischen familiärem und bürgerlichem Selbstverständnis.

Der Vorrang der Liebe vor den Naturgegebenheiten lässt das menschliche Leben im familiären Rahmen nur solches sein, wo es in seinem konkreten Dasein angenommen wird. Nicht die naturgegebene Schwangerschaft für sich gesehen bringt den Menschen hervor, sondern seine Personalität, sein eigentliches Menschsein, sein konkretes Gegenübersein, wächst in der liebevollen Annahme. Dass aus Liebe Kinder entstehen, gilt nicht nur für die leibliche Beziehung der Partner zueinander, sondern auch für ihre Liebe zum ungeborenen Leben.

Aber macht nicht die Liebe nur im metaphorischen Sinn einen Menschen, während durch Zeugung tatsächliche Menschen entstehen? Der biologisch eigentümliche Vorgang, dass nicht ein fertiger Mensch gezeugt wird, sondern er sich zu einem solchen erst entwickelt, öffnet den Raum für eine gewandelte

schen Debatten über den Embryonenschutz, wer sich dort ein Mandat als signifikanter Anderer erteilt, als öffentlicher Fürsprecher von Embryonen auftritt und sie diskursiv verkindert, wo nur Privatpersonen mit ihrer individualisierenden Liebesbereitschaft Personalität zuerkennen und interaktiv herstellen können" (Hirschauer u. a., Soziologie der Schwangerschaft, 290 f). Eine ebensolche Kritik würde sicher auch umgekehrt eine generelle Verneinung embryonaler Personalität hervorrufen.

116 In der Sozialphilosophie werden Achtung und Liebe als Muster subjektiver Anerkennung diskutiert (siehe dazu Honneth, Kampf um Anerkennung, 148ff). Ob sich das eine auf das andere zurückführen lässt, ist umstritten. So versteht Velleman Liebe als eine Antwort auf den Wert der vernünftigen Natur einer Person. Sie ist das „optionale Maximum" und Achtung das „erforderliche Minimum" von Reaktionen auf ein und denselben Wert (Liebe als ein moralisches Gefühl, 93). Hat damit die Liebe für Velleman ein Objekt, aber kein Ziel, so ist sie für Delaney durch ihre Ziele gekennzeichnet. Für ihn ist die romantische Liebe „in erster Linie durch den Wunsch charakterisiert […] über die Formierung eines *Wir* eine tiefgreifende Verbindung von Bedürfnissen und Interessen zu erreichen" (Romantische Liebe, 124, zum Vergleich beider Konzeptionen siehe die instruktive *Einleitung* von Honneth, 55–59). Beide Ansätze lassen sich auf die Liebe zum ungeborenen Leben beziehen. Die Eltern können in ihrer Liebe eine Achtung für das ihnen werdende Kind empfinden, die über die Achtung gegenüber anderen Menschen weit hinausgeht. Aber auch die Vorstellung, dass sich Eltern mit dem werdenden Kind innerlich früh zu einem ‚Wir' zusammenzuschließen versuchen, erscheint plausibel. Wenn sich für sie ihre Bedürfnisse und Interessen mit den zu erwartenden des Kindes nicht in Einklang bringen lassen, könnte das ihre Liebe zu ihm gefährden.

Bedeutung der Natur ungeborenen Lebens. Es liegt im Wesen der Entwicklung, dass in ihrem Verlauf nicht evident entschieden ist, ob sich in ihr ein Mensch weiterentwickelt oder erst entwickelt.

Die traditionelle Begründung, dass die ‚Natur' einen Menschen hervorbringen will und darin unbedingte Achtung verdient, ist der heutigen modernen Gesellschaft nur noch schwerlich einsichtig zu machen. Eine solche naturrechtliche Begründung impliziert die Vorstellung einer eigenen ‚sittlichen Natur', die in der Moderne weitgehend verloren gegangen ist.[117] Die Sittlichkeit liegt nicht mehr in der Natur begründet, sondern im menschlichen Subjekt. Für die Entwicklung des ungeborenen Lebens bedeutet dieser Begründungswandel, dass nicht die natürlich-biologische Entwicklung, sondern die zunehmende interpersonale Subjektivierung von ethischer Relevanz ist. Das entstehende Subjekt ‚ruft' nach Liebe und durch die Liebe wird es subjektiviert.

Wie die Umformung des Liebesverständnisses in der Moderne die radikale, einer Begründung durch die Natur bare Subjektivierung des Menschen vorangetrieben hat, soll im Folgenden näher betrachtet werden.

2.6.5 Das Kind als Gestalt der Liebe

Niklas Luhmann hat die geschichtliche Entwicklung der Liebe in der Neuzeit ausgehend von ihrem Verständnis als Kommunikationscode untersucht.[118] Seine Erkenntnisse sind für die Frage nach dem ungeborenen Leben in unserer Zeit bedeutsam und sollen im Folgenden in diesen Zusammenhang gestellt werden.

Luhmann analysiert, wie im Medium Liebe seit Ende des 18. Jh. der Weltbezug individualisiert wird. Die „Welt" des Anderen, des bzw. der Geliebten, wird in der Liebe internalisiert und so eine gemeinsame Welt geschaffen, die man mit sonst keinem teilt. Die Liebe geht mit einem Weltentwurf einher, „der ganz auf die Individualität einer Person abgestimmt ist und nur so exis-

117 „Die Sphäre des Rechts ist die Sphäre der Freiheit, in welcher, insofern die Freiheit sich äußert und sich Existenz giebt, die Natur zwar eintritt, aber als ein Unselbständiges" (Natur und Staatsrecht nach d. Vortrag des Professor Hegel im Winterhalbjahr 1818/19 von G. Homeyer, Ms. germ. quart. 1155, S. 9, zitiert nach Riedel, Bürgerliche Gesellschaft, 304). Zum Verlust der „sittlichen Natur" des Naturrechts siehe ebd. 255 f. Deshalb werden heute ganz selbstverständlich die Naturwissenschaften und nicht die Philosophie oder Theologie im öffentlichen Bewusstsein als die entscheidende Instanz angesehen, über das Wesen der Natur Auskunft zu geben. Als die Wissenschaften von der Natur stehen sie für ihre ‚Entzauberung' von allen moralischen oder theologischen Implikationen. Eine gewisse Ausnahme in unserer Zeit bilden die weltanschaulichen Ausgriffe von Evolutionisten, die aus dem Evolutionsgeschehen sittliche oder atheistische Folgerungen abzuleiten versuchen. Sie besitzen trotz großer Popularität nur geringe Überzeugungskraft.

118 Vor allem in: Liebe als Passion.

tiert".[119] Die Liebe erhält eine absolute Stellung. Es gibt kein Faktum mehr, das außerhalb ihrer liegend ihre Echtheit prüfen könnte. Die Liebe kann nicht durch vernünftige Gründe, durch Verweis auf Geld oder Stellung des Anderen, wesentlich in Frage gestellt werden. Liebe ist selbstreferent und inkommunikabel.[120] Sie wird als ein Sinnerleben verstanden, das sich von selbst versteht – auch wenn es seine Expression in einem Dauergespräch der Sich-Liebenden finden mag.[121] Dass man liebt, bleibt jeder Erklärung entzogen. In der Romantik entsteht eine neue Anthropologie, „die der Liebe keine Vorgaben mehr macht, sondern aus dem Bezug auf sie lebt".[122]

Diese bis heute nachwirkende Umformung des menschlichen Selbstverständnisses bringt mit sich, dass die Familie nicht mehr als eine durch die Generationen sich fortsetzende Einheit, sondern als jeweilige Neugründung eines Paares angesehen wird.[123] Die Eltern sind weitgehend allein für ihre Kinder verantwortlich. Haben in früheren Zeiten die Großeltern die Erziehung der Kinder mitgetragen – und auch belastet –, so ist ein solches informelles Mitspracherecht durch eine nicht einzufordernde Solidarität abgelöst worden. Die Großeltern unterstützen zumeist gerne den Nachwuchs der eigenen Kinder – aber: „Ihr lebt euer eigenes Leben". Die natürliche und als solche erwartete Fortsetzung der Generationenfolge ist einer jeweils neu zu treffenden freien Entscheidung gewichen.

Für das moderne Verständnis von Liebe ist eine Zumutung bedeutsam, die von Luhmann als eine Asymmetrie der Liebe herausgearbeitet wird. In einer Liebesbeziehung erwartet der geliebte Mensch die Identifikation des ihn Liebenden mit seinem Erleben. Was ich selbst erlebt habe, will ich mit meiner Geliebten, meinem Geliebten, teilen. Dieser bzw. diese muss sich also engagieren, auf mein Erleben eingehen, sich an es binden.[124] Da diese Ungleichheit vice versa gilt, kann sie sich in einer Beziehung in ein gewisses Gleichgewicht der Anteilnahme einpendeln.

Mit der Zeugung eines Kindes wird von den Eltern eine Vorleistung erwartet. Das Ungeborene oder das Kleinkind kann sich nicht für die Projektionen seiner Eltern engagieren und sein eigener Projektionsradius ist zu Anfang verständlicherweise sehr eingeschränkt. Vielmehr müssen die Eltern eine Projektion für ihr Kind entwickeln und sich für sie engagieren. Das Kind wird auf seine Entwicklung hin gedacht und dementsprechend gefördert.

Was uns heute selbstverständlich erscheint, ist es nicht. Die Universalisierung der Liebe, die Hineinnahme des Weltbezuges, hat die Projektion anspruchsvoller gemacht. Das Kind kann nur so geliebt werden, indem man sich ihm beständig zuwendet, für es eine Welt entwirft und sie mit ihm teilt. In

119 Ebd., 30.
120 Ebd., 153, 178.
121 Ebd., 29 f, 155 f.
122 Ebd., 54.
123 Ebd., 163.
124 Ebd., 26.

diesen Handlungen ‚ereignet' sich Liebe. Die so codierte Liebe ist mit großer Verantwortung verbunden, weil die Projektion für das Kind ganz in den Händen der Eltern oder des/der Alleinerziehenden liegt. Das Kind kann meine Imagination anfangs nur rudimentär bestätigen oder korrigieren. Die Entwicklungs- und Erziehungsperspektive lassen den Erwachsenen die Orientierung vorgeben. Es ist Liebe zu geben, ohne eine Liebe zu empfangen, die frei aus sich heraus am eigenen Weltbezug teilnimmt.[125] Die Liebe, die das Kind gibt, ist in seiner Abhängigkeit von der Erziehungsperson auch ein Teil ihrer Liebe, ihrer Projektion. Die Elternliebe hat einen dienenden Charakter.[126]

Die modernen Bemühungen, das Kind möglichst früh als eigenständiges Gegenüber zu würdigen, könnten als Strategie begriffen werden, die Eltern von ihrem einseitigen Engagement zu entlasten. Dass das Kind in seiner ihm angetragenen Eigenständigkeit dann in der Gefahr steht, „die Eltern verstehen zu müssen" – um seine Liebe zu zeigen! –, gehört zur Problematik moderner Erziehung.

Die Universalisierung der Liebe, wie sie sich in der Zeit der Romantik vollzogen hat, schließt Liebenden und Geliebte, Liebende und Geliebten gleichsam in die Liebe ein. Liebe ist nichts Akzidentielles, was zum eigenen

125 Die Voraussetzung für die freie Teilnahme am Weltbezug des Anderen liegt in einer fortgeschrittenen Individualisierung. Die Personen müssen „so weit individualisiert sein, daß ihr Verhalten in spezifischer Weise ‚lesbar' wird mit Hilfe einer Differenz, nämlich der Differenz von unmittelbar eigenem Interesse bzw. eigenen Gewohnheiten und dem, was mit Rücksicht auf den anderen oder mit Rücksicht auf die Beziehung zu ihm getan wird" (ebd., 41). Dem Defizit an intimer Kommunikation in der Liebe zum Kind steht allerdings auch ein Vorzug gegenüber: „[L]iegt nicht gerade da auch ihr Reiz [sc. der Beziehung zum Kind], weil sie ‚angeboren' ist, nicht durch die Zufälle der Lebensgeschichte erworben, damit der Logik der Tauschgesellschaft in bestimmten Sinne enthoben, unkündbar und dauerhaft? Weil sie in den ersten Jahren zumindest eine stabile, enttäuschungssichere Form der Hingabe erlaubt, wo man sich ausliefern kann, ohne die Angst, verletzt und verlassen zu werden?" (Beck-Gernsheim, Von der Liebe zur Beziehung?, 230).

126 Mit der Schwierigkeit eines solchen Dienstes hatten die Menschen wohl von je her zu kämpfen, aber bei wechselnder Motivation. In der Reformationszeit hat Luther insbesondere den väterlichen Dienst am Kind konsequent – und emanzipatorisch! – aus dem Glauben an Gott begründet: „Was sagt aber der christliche Glaube hiezu? Er tut seine Augen auf und siehet alle diese geringen, unlustigen, verachteten Werk im Geist an und wird gewahr, daß sie alle mit göttlichem Wohlgefallen als mit dem köstlichsten Gold und Edelsteine geziert sind, und spricht: ‚Ach Gott, weil ich gewiß bin, daß du mich als einen Mann geschaffen und von meinem Leib das Kind gezeuget hast, so weiß ich auch gewiß, daß dir's aufs allerbeste gefället, und bekenne dir, daß ich nicht würdig bin, daß ich das Kindlein wiegen solle, noch seine Windel waschen, noch sein oder seiner Mutter warten. Wie bin ich in die Würdigkeit ohn Verdienst gekommen, daß ich deiner Kreatur und deinem liebsten Willen zu dienen gewiß worden bin? Ach wie gerne will ich solchs tun, und wenn's noch geringer und verachteter wäre'" (Luther, Vom ehelichen Leben, WA 10/II, 295,27–296,9; Übersetzung zitiert nach Luther, Martin, Vom ehelichen Leben und andere Schriften über die Ehe, 35; siehe auch Witt, Martin Luthers Reformation der Ehe, 181–187). Heute wird die Motivation für den ‚Dienst' am Kind intrinsisch in der Liebe zum Kind und zur Familie gesucht. Das trägt vermutlich stärker zur Familienbande bei als noch zu Luthers Zeiten, aber bekannter Weise lässt sich die Liebe nicht gleichermaßen mitwecken, wenn das schreiende Kind einen nachts aus dem Schlaf reißt …

Leben noch hinzukommt, sondern man verwirklicht sich selbst durch eine Liebesbeziehung. Es gibt keine natürliche Person, die jenseits der Liebe sich selbst genug wäre. Der Mensch selbst geht in der Liebe auf, die keinem außerhalb ihrer befindlichen Maßstab unterliegt.

Die Entsubstantialisierung des Subjektbegriffs seit dem 18. Jh. lässt nichts zurück, das als Träger jenseits der subjektiven Relationen – und gerade der Liebe – begriffen werden könnte. Objektive Kriterien, die einen zur Liebe zu irgendjemandem anhalten könnten, gibt es nicht. Liebe kann nicht auf etwas hin geprüft werden. „Jeder Versuch, den andern zu ‚durchschauen', führt ins Bodenlose."[127] Die Liebe konstituiert mich als ‚für den Anderen' und den Anderen als ‚für mich'. Den Anderen in Distanz zu betrachten, ihn objektiv zu beurteilen zu versuchen, ist eine Bewegung aus der Liebesbeziehung hinaus. Nur in der Liebe selbst kann sich die Liebe zeigen.

Doch ist dieses Verständnis in seiner romantischen Idealität so kaum zu leben und der distanzierte Blick auf den Anderen, auf seine objektiv sichtbaren Bemühungen um die Liebe wird in einer modernen Partnerschaft nicht fehlen. Die Liebe im Alltag macht sich nicht an Gefühlen oder Bekenntnissen, sondern an Taten fest. Sie fordert sie ein und dennoch bleiben sie in ihrer Bedeutung für das eigentliche Erlebnis der Liebe peripher, das auf die gegenseitige Hingabe und Identifikation mit der inneren Welt des Andern konzentriert ist. Die Liebe bestätigt sich selbst in diesem Erlebnis, sie kann nicht durch bestimmte Gegebenheiten, durch leibliche oder seelische Schönheit des Anderen oder sein in Liebe werbendes Tun eingefordert werden. Nicht natürliche Fakten oder Taten schaffen Liebe, sondern sie macht diese zu Liebeswertem.

Die selbstreferentielle Struktur der Liebe bedeutet für das ungeborene Leben, dass nicht seine ‚objektiv' gegebene Entwicklung, die biologischen Tatsachen, als gerechtfertigter Anspruch auf ein Geliebtwerden in Anschlag gebracht werden können, sondern durch die Liebe werden die biologischen Fakten erst sprechend. Dann ist die Kindsbewegung im Mutterbauch ein Zeichen von Liebe und das Ultraschallbild zeigt jemand Liebenswerten.

Die Liebesbeziehung zum Kind ist in der Regel mit der zur Partnerin oder zum Partner verknüpft. Hegels Wort, dass die Eltern in ihren Kindern „nicht bloß das Gegenbild ihrer selbst, sondern ihrer Liebe vor Augen haben",[128] mag zu ideal erscheinen, aber verweist auf die im glücklichen Fall in der Liebe aufgehobene Gestalt des Kindes. Das Kind ist die Gestalt gewordene Liebe seiner Eltern zueinander, in der Liebe zu ihm ist es ‚ihr Kind'. Aber dort, wo die Liebe zwischen den Partnern ausbleibt oder erlischt, ist das sich ankündigende neue Leben in vielen Fällen keine dennoch liebenswerte Gestalt mehr, sondern kommuniziert etwas Problematisches oder Bedrohliches.[129] Die

127 Luhmann, Liebe als Passion, 223.

128 Hegel, Die Philosophie des Rechts, § 173. Vgl. dazu Honneth, Das Recht der Freiheit, 304 f.

129 Deshalb kann die Vorschrift oder Empfehlung, die Schwangere soll oder möge vor ihrer endgültigen Entscheidung zum Schwangerschaftsabbruch das Ultraschallbild des Ungebore-

Aufforderung, dass das heranwachsende Wesen als mein Kind doch Liebe ‚verdient' habe, hat in der Moderne keinen festen Grund, weil Liebe nicht aus der menschlichen Natur per se spricht.

2.6.6 Das Kind als Teil einer individuellen Intimitätsgeschichte

Wenn Hegel von dem Kind als Gegenbild ‚ihrer Liebe' spricht, dann meint er die Liebe der Eltern. Doch kann für unsere heutige Gesellschaft auch die Liebe des Einzelnen sich im Kind spiegeln. Der Umbau von institutionellen Formen, in denen Intimität gelebt wird, geht mit der Erwartung an den Einzelnen einher, dass er Intimbeziehungen wesentlich aus den eigenen persönlichen Ressourcen heraus zu pflegen und zu gestalten hat.

Die gesteigerte Selbstverantwortung bedeutet eine reflektiertere Wahrnehmung des eigenen Lebens als etwas Selbstständiges, das ich nicht mit jemandem teile, sondern an dem ich den Anderen teilnehmen lasse. Auch hierin wird der Universalitätsanspruch der Liebe mit einem gewissen Vorbehalt versehen, um den eigenen Autonomieanspruch in der Hingabe an den Anderen aufrechtzuerhalten. Meine Intimität mit dem Anderen bleibt von der Intimität des Anderen mit mir unterschieden, auch wenn es ‚unsere' Intimität ist.

Diese unterschiedlichen Perspektiven sind freilich immer schon gegeben, aber sie erfahren heute mehr Verständnis und beeinflussen das Verständnis von Liebe. Sie machen es dem Einzelnen leichter, im Fall eines Beziehungsabbruchs seine ‚Intimitätsgeschichte' selbständig fortzuschreiben. Dazu kann auch die Liebe zu einem Kind gehören, dem dann nicht primär die Beziehung zum Partner, zur Partnerin, aus der es entstanden ist, ins Gesicht geschrieben steht, sondern die eigene Beziehung zu ihm, dem Kind. Das Kind ist Teil der Intimitätsgeschichte der Einen wie des Anderen. Deshalb kann es auch allein erzogen werden oder in eine neue Beziehung ‚mitgenommen' werden. Diese Individualisierung der Eltern-Kind-Beziehung hat Auswirkungen auf einen möglichen Schwangerschaftskonflikt.

Einerseits stärkt das Verständnis individueller Intimität die Vorstellung, dass die Mutter sich ‚frei' für das Kind entscheiden können muss, ob der Partner es ablehnt oder nicht. Andererseits wird aus diesem Selbstverständnis die Entscheidung für oder gegen das Kind zu einer vorwiegend der Mutter. Auch wenn das Kind im Bauch der Mutter aufwächst, ist eine solche Entscheidungsbefugnis oder -last nicht von Natur aus gegeben. Es ist das gesellschaftliche Bewusstsein selbstbestimmter Intimität, das aus der leiblichen

nen anschauen, wie sie teilweise in Kanada oder den Vereinigten Staaten eingeführt wurde, wahrscheinlich keine Verringerung der Abtreibungszahlen bewirken. Siehe dazu STEINBOCK, Life before birth, 36 f. Zum Ultraschalldiskurs in den Sozialwissenschaften siehe HIRSCHAUER u. a., Soziologie der Schwangerschaft, 95–136.

Freiheit des Mannes von der Schwangerschaft faktisch eine herabgesetzte Verantwortung für das Kind folgert. Die Autorität der Mutter in der Entscheidung für oder gegen das Kind wiegt ungleich schwerer als die des Mannes – damit aber auch ihre Verantwortungslast.

Die erhöhte Eigenverantwortung verbindet sich mit den in die Partnerbeziehung hineinspielenden mehr oder weniger unpersönlichen Außenbeziehungen, die für die Selbstentwicklung jedes Einzelnen bedeutsam sind. Zwar dürfte eine erfüllte, von unbedingter Annahme geprägte Partnerbeziehung zum höchsten Gut unserer Gesellschaft zählen, aber das eigene Liebesverhalten und der eigene Wert, der einen liebenswert erscheinen lässt, verändert sich mit dem ‚Selbstwert' nach außen, der sich durch berufliche Erfahrungen und gesellschaftlichen Erfolg steigert oder vermindert.

Dieser Sachverhalt scheint zwar im Widerspruch zu dem Verständnis von Liebe zu stehen, die aus Nichts entstehen und sich nicht an Statussymbolen festmachen soll. Aber erfolgreich und erfahren zu sein und dann von jemand anderem nicht um Erfolg und Erfahrung willen, sondern um seiner selbst willen geliebt zu werden, ist ein attraktives Ideal. Eins befeuert das andere. Erfolg zu haben und dennoch nicht an ihn, sondern an eine andere Person gebunden zu sein, oder geliebt zu sein, aber durch seinen Erfolg selbst unabhängig zu sein, scheinen Freiheit und Bindung in idealer Weise zu vereinen. In der Realität ist es oft eine sehr fragile, von Wünschen und Hoffnungen geprägte Spannung, die ständig eines neuen Austarierens bedarf. Wo die Spannung auf die eine oder andere Weise sich verschärft, gerät das eigene Selbstverständnis ins Schwanken.

Ein in dieser Situation sich ankündigendes Kind wird bisweilen als Kitt in einer Beziehung, aber mehr noch als unerträgliche Belastung erfahren. Wie will man es in Liebe annehmen, wenn man selbst in der Liebe zu scheitern droht?

Die erstrebte und als gesellschaftliches Ideal gepriesene Eigenständigkeit des Einzelnen, seine Unabhängigkeit und größtmögliche Freiheit, geben ihm einerseits Halt jenseits einer gescheiterten oder sich entfremdenden Beziehung, aber können sich andererseits schnell in Einsamkeit und Sinnlosigkeit kehren. Nun ein eigenständiges und liebevolles Ja zu einem Kind aufzubringen, wird zu einer Hürde, die einem den positiven Aspekt dieser Eigenständigkeit noch zu rauben droht. Der Vorteil der emanzipatorischen Freiheit, die einem berufliche Flexibilität als auch neue, selbst zu gestaltende Beziehungen jenseits der gescheiterten verheißt, könnte durch ein Kind empfindlich eingeschränkt werden.

Um im Falle eines Scheiterns die persönliche Belastung gering zu halten, verfolgen viele Partner die Strategie, eine Beziehung mit einer möglichst nur persönlichen und nicht institutionellen Verbindlichkeit zu gestalten, um so das Ideal der Unabhängigkeit und Freiheit in die Beziehung zu integrieren.

Aber ob man in einer institutionell festgelegten Beziehung lebt oder seine Partnerschaft dauerhaft frei von solchen Verbindlichkeiten gestalten will, man entkommt bei tiefgehenden Beziehungskonflikten selten der Gefahr, in seiner Eigenständigkeit sich auf sich selbst zurückzuziehen, nur auf sich selbst geworfen zu sein. Sie mag in einer ‚lockeren' Beziehung noch größer sein. Ein Kind auszutragen oder nicht wird schnell zu einer die Frau überfordernden Entscheidung. Kann eine feste Paarbeziehung vielleicht noch eine höhere Mitverantwortung seitens des Partners oder der Eltern des Paares wecken, so wird doch in vielen Fällen es allein der Frau überlassen, für sich ‚richtig' zu entscheiden.[130]

Aber wie soll sie das Richtige wissen, wenn sie selbst noch auf dem Weg der eigenen Verwirklichung ist? Bekanntermaßen ist selten ein idealer Zeitpunkt für ein – weiteres – Kind gegeben und die schwangere Frau weiß wie jeder andere Mensch nur sehr ungenau, wie sich das weitere Leben entwickeln wird. Wird das Kind den Karriereknick und damit einen gewissen Selbstverlust bedeuten? Oder wird man später einem ‚Mutterglück' hinterhertrauern, das man gerne selbst erfahren hätte, aber aus biologischen oder der Beziehung geschuldeten Gründen nicht mehr nachholen kann? Wer weiß das im Vornhinein? Auch wenn solche Fragen zum Umkreis der Entscheidung für oder gegen eine Schwangerschaft gehören, so scheinen sie doch meistens nicht entscheidend zu sein. Es geht der Frau weniger um sich, als vielmehr um das Kind, dem nicht nur ihre, sondern auch die Liebe ihres Partners gelten soll.

2.6.7 Das Kind als elterliches Projekt – und sein Scheitern

Luc Boltanski hat in seiner großen soziologischen Untersuchung über die Abtreibung von den zwei Zwängen gesprochen, die sich bei der Zeugung eines Menschen einstellen.[131]

Der *erste* Zwang besteht in einer notwendigen Bestätigung des Fötus durch die Mutter, die „Zeugung durch das Wort". Der Mensch ist erst dann ein solcher, wenn er sowohl aus der „Zeugung durch das Fleisch", der leiblichen Zeugung, als auch der „Zeugung durch das Wort", der Bestätigung durch die Mutter, entstanden ist. Indem die Mutter das Menschsein dem in ihr heranwachsenden Wesen zuspricht, zeugt sie einen Menschen. Ihre Zeugung gleicht einer Adoption, in der das Wesen zu ihrem Kind erhoben wird.

130 Dennoch ist dies nicht die Regel. Nach der von der Bundeszentrale für gesundheitliche Aufklärung herausgegebenen Studie „frauen leben 3", 249ff, ist die Gemeinschaftlichkeit der Entscheidung bei ungewollten Schwangerschaften relativ hoch (knapp 45 %), sowohl bei der Akzeptanz als auch dem Abbruch der Schwangerschaft. In ca. 25 % der Fälle eines Abbruchs der ungewollten Schwangerschaft wurde den Frauen die Entscheidung überlassen. Dass Frauen von ihnen selbst gewollte Schwangerschaften unter dem Druck des Mannes abbrechen oder umgekehrt von dem Mann gewollte Schwangerschaften abbrechen, kommt selten vor (Bundeszentrale für gesundheitliche Aufklärung, männer leben, 199).

131 Boltanski, Soziologie der Abtreibung, 79 ff.

Der *zweite* Zwang bindet die Zeugung durch das Wort zurück an die Zeugung durch das Fleisch. Zwischen den durch das Fleisch gezeugten Wesen und dem durch das Wort erwählten hat Gleichheit zu bestehen, will man nicht verschiedene Menschenklassen konstruieren. Die Bestätigung durch das Wort darf nicht in einer bestimmten Eigenschaft des ‚fleischlichen' Fötus begründet liegen.[132] Im Unterschied zum ersten Zwang, den die Mutter sich aneignen muss, will sie ein Kind haben, ist der zweite Zwang von außen gegeben. Es ist der Zwang zur Nichtdiskriminierung. Dass die Mutter dieses und nicht jenes Wesen zu ihrem Kind erhebt, darf nur dem Zufall geschuldet sein. Es hätte jedes andere durch das Fleisch gezeugte Wesen, jeder andere Fötus auch sein können, den sie zu ihrem Kind erhebt.

Handelt es sich bei der Zeugung durch das Wort um einen Zwang, weil ohne ihn kein Mensch gezeugt würde, so kann man ihn positiv auch als eine Macht verstehen, mit der die Mutter Föten zu Menschen erhebt. Doch Boltanski weist darauf hin, dass diese Macht nicht zugleich die Autorität über diesen Zeugungsakt beinhaltet. Seine Interviews mit Frauen, die abgetrieben haben, machen deutlich, dass sie es zumeist widerwillig getan haben.[133] Die Frauen unterliegen selbst einer Übereinkunft, einem elterlichen Projekt. Es ist „das Einverständnis, das einen Mann und eine Frau verbindet, die die Absicht haben, ein Kind zu bekommen".[134]

Maßgeblich für den Abbruch oder die Fortführung einer Schwangerschaft ist ihre Einbettung in das elterliche Projekt.[135] Schwangerschaften, die sich nicht in ein Projekt fügen, weil es noch kein Projekt gibt oder im Projekt keine Einigkeit besteht, lassen für die Frau eine Zeugung durch das Wort nicht zu. Ist sie schon in jedem Fall gezwungen, eine Bestätigung des Kindes auszusprechen oder zu verweigern, so kommt für sie im letzteren Fall besonders das Zwingende zum Vorschein, dem die an der Abtreibung beteiligten Personen ebenfalls unterworfen sind. Die geforderte Gleichbehandlung der im Fleisch gezeugten Wesen gebietet es, den nicht bestätigten Fötus möglichst nicht als

132 Eugenische Maßnahmen seitens des Staates, die dazu dienen, die Qualität der Bevölkerung zu ‚verbessern', sind deshalb in westlichen Staaten heute weitgehend geächtet. Dagegen wird diskutiert, wie weit Eltern das Recht auf Eugenik ihres Nachwuchses zusteht (vgl. ebd., 246 f, siehe auch 441 f).

133 Ebd., 172.

134 Ebd., 174.

135 Für die Richtigkeit dieser These Boltanskis sprechen – für den deutschen Raum – Ergebnisse der Studie „frauen leben 3" der Bundeszentrale für gesundheitliche Aufklärung. In einer schwierigen Partnersituation sind eingetretene Schwangerschaften sechsmal so häufig ungewollt wie Schwangerschaften in stabilen Partnersituationen (frauen leben 3, 283). Für etwa ein Drittel aller abgebrochenen Schwangerschaften ist die „schwierige Partnersituation" der Hauptgrund. Es folgen die Argumente „berufliche oder finanzielle Unsicherheit", „gesundheitliche Bedenken" und altersbezogene Gründe wie „jung, unreif", oder „in Ausbildung oder Studium" (149). „Die Partnerschaftssituation (einschließlich Partnerlosigkeit) ist nicht nur der häufigste Grund für einen Abbruch, sondern sie bestimmt auch den Rahmen für die Entscheidung, was mit der eingetretenen Schwangerschaft geschehen soll" (Helfferich / Klindworth, Kein Kinderwunsch und schwanger, 221).

einen dem bestätigten gleichen zu behandeln, ihn schon in Vorstellung und Sprache zum Verschwinden zu bringen. Der Ausdruck des Schwangerschaftsabbruchs ist ein Beispiel dafür, wie der Bezug auf das fleischliche Wesen vermieden wird. Auch bei den ärztlichen Untersuchungen hält man sich an eine solche Sprachregelung. Während der im Wort bestätigte „authentische Fötus" bei den Ultraschallaufnahmen ausdrücklich als Baby vom ärztlichen Personal und Paar angesehen wird, ist der zur Abtreibung bestimmte „tumorale Fötus" ein wegzumachendes ‚Etwas'.[136]

Die Wertung des abzutreibenden Fötus als bloßes ‚Etwas', als ‚fast Nichts', ist durch die neueren technischen Entwicklungen prekär und schwierig geworden. Zum einen ist heute der Fötus im Bild allgemein gegenwärtig und konterkariert in seiner sozialen Realität seine ihm im Abtreibungsfall zugeschriebene Nichtigkeit; zum anderen ist durch die moderne Fortpflanzungsmedizin eine neue Kategorie des Fötus – Boltanski nennt ihn den „Technofötus"[137] – entstanden, die schwierige Abgrenzungsprobleme zum „authentischen" und „tumoralen" Fötus aufwirft. Sind die überzähligen Embryonen einer künstlichen Befruchtung nur ‚etwas', also so gut wie nichts, oder stehen sie in der Nähe zu den „authentischen" Föten? Die für die Abtreibungsfrage maßgebliche Unterscheidung zwischen tumoralen und authentischen Föten gerät angesichts solcher Abgrenzungsschwierigkeiten ins Wanken.

Die Bindung der Schwangerschaft an ein Projekt, dessen mögliches Scheitern Sprachlosigkeit in jeder Hinsicht auslöst, muss die schon in früheren Zeiten anzutreffende Diskretion und Verheimlichung der Abtreibung fortsetzen. Der verbreitete Versuch ihrer Legitimierung, indem der Frau die freie autoritative Entscheidung über ‚ihren' Fötus zugeschrieben wird, hat mit kaum lösbaren Begründungsproblemen zu kämpfen und scheint an der Lebenswirklichkeit der meisten Frauen – und ihrer Partner – vorbeizugehen.[138]

Die in vielen westlichen Staaten anzutreffenden Ansätze einer *Legalisierung* der Abtreibung haben mit dem weitgehenden Wegfall einer Bestrafung den Zugang zu einer professionellen Durchführung für die Frauen erleichtert und ihre gesundheitlichen Risiken verringert, aber ansonsten die Tendenz der Verheimlichung verstärkt. Die gesetzlichen Regelungen bieten keine *Legitimierung* der Abtreibung und stehen in dem Dilemma zu thematisieren, was im Hinblick auf den zweiten Zwang ‚nichts' zu sein hat. Sie nehmen den Frauen eher die Rechtfertigung, sich anderen vertrauten Menschen in ihrem Scheitern mitzuteilen – weil es zu tun legal ist oder erscheint. „Die Frauen, die abtreiben, waren wohl noch nie so allein wie jetzt."[139]

136 Boltanski, Soziologie der Abtreibung, 235 f.
137 Ebd., 255.
138 Vgl. ebd., 341 ff.
139 Ebd., 228. Siehe auch Günther-Greene, Tabu Abtreibung.

2.6.8 Die soziale ‚Zeugung' des Kindes

Man könnte Boltanski eine schon im Ansatz betriebene Rechtfertigung der Abtreibung vorwerfen, wenn Menschen einer doppelten Zeugung unterzogen sein sollen. Ein Mensch ist nicht schon Mensch durch seine fleischliche Zeugung, sondern erst durch die mütterliche Bestätigung. Boltanski will zeigen, „daß die Berücksichtigung der *Möglichkeit*, sich der Wesen zu *entledigen*, die durch einen Geschlechtsverkehr entstehen, eine Bedingung bei der Hervorbringung neuer menschlicher Wesen ist".[140] Er spricht der Mutter eine grundlegende Freiheit zur Abtreibung zu, die durchzuführen sich nicht als Tat an dem fötalen Wesen selbst, sondern nur als diskriminierender Akt gegenüber anderen bestätigten Föten einer Legitimität entzieht. Die „Singularisation" des fötalen Wesens zum Menschen liegt in der Macht der Mutter.[141]

Aber – so wäre zu fragen – schließt die Wahrnehmung des in ihr heranwachsenden Embryos bzw. Fötus nicht schon ein Anerkennungsverhältnis ein, vor dem die Mutter oder der Vater sich verschließen können, aber dessen Herstellung nicht in ihrer Macht steht?

Man könnte der an Boltanski gestellten Anfrage entgegenhalten, dass von ihm ein soziologischer Sachverhalt beschrieben wird, der in seinen verschiedenen Ausprägungen empirisch gut belegt ist. Jede Gesellschaft scheint eine solche Bestätigung des Menschseins durch das Wort zu kennen.[142] Doch Boltanskis *soziologische* Deutung eines solchen historischen und weiterhin aktuellen Phänomens tendiert zur *sozialphilosophischen* Grundlegung personaler Beziehungen am Lebensanfang. Ob die Bestätigung durch das Wort die nachträgliche Bestätigung eines schon gewachsenen Anerkennungsverhältnisses ist oder erst eine solche Anerkennung konstituiert, ist eine Frage, die nur im Rahmen einer philosophischen Anthropologie zu beantworten ist.

Es scheint m. E. in sozialphilosophischer Hinsicht sinnvoll zu sein, den Prozess der Menschwerdung durch das Wort in einem wechselseitigen Prozess zu verankern.[143] Die Mutter macht den Embryo bzw. den Fötus zu ihrem Kind,

140 Boltanski, Soziologie der Abtreibung, 76 (Hervorhebungen im Original).

141 Boltanski spricht von dem Prozess der Singularisation, „wodurch sie [sc. die Menschen] einen oder mehrere Namen bekommen, die sie als eigenes Wesen bezeichnen und ihnen einen einmaligen Platz in einem geordneten Ganzen geben (am häufigsten in einem System einer Verwandtschaft)" (ebd., 62).

142 Ebd., 82 f.

143 Auf diesen wechselseitigen Prozess zielt auch das biblische Gebot, seinen Nächsten zu lieben. Es geht nicht primär darum, aus oder an dem Anderen etwas zu machen, sondern von ihm etwas zu empfangen. „Auch und gerade der notleidende und hilfsbedürftige Mitmensch als solcher stellt uns zunächst durchaus nicht vor eine Aufgabe, sondern er hat uns etwas mitzuteilen, zu geben, zu schenken: Lebenswichtiges, Unentbehrliches sogar; auch und gerade er ist uns, indem er uns als solcher offenbar wird, primär und entscheidend der *barmherzige* Nächste" (Barth, Kirchliche Dogmatik I/2, 472, Hervorhebung im Original; siehe auch Barths

aber ebenso macht dieser sich der Mutter zu ihrem Kind. Die Singularität des Menschen erwächst aus einer Gegenseitigkeit, in welcher der Embryo eben zum singulären Menschen und die Frau zur Mutter werden. Das fleischlich Gezeugte trägt selbst schon das Wort mit sich und beginnt – nicht im expliziten Sinn, aber verständlich – zu der Mutter in spe zu sprechen. Es spricht durch seine erste Wahrnehmung, durch die Gefühle und Phantasien, die es bei der Mutter auslöst, und zugleich ist es die Mutter, die es aktiv wahrnimmt, es mit ihrer Phantasie zu ihrem Kind macht oder nicht. Der Embryo kann sich der Schwangeren – im wörtlichen und übertragenen Sinn – innerlich aufdrängen oder er kann sich in ihr verbergen, in ihrem Leib, in ihren Gedanken und Empfindungen. Die Frau kann das neue Wesen sich auch bewusst machen, es in ihr Bewusstsein holen, in ihr Leben schon als ihr Baby integrieren, auch wenn es sich zuerst nur durch einen kleinen Strich auf dem Teststreifen bemerkbar macht.[144]

Die von Boltanski beschriebene zweite Zeugung wäre dann die Wendung dieses Beziehungsprozesses nach außen. Die Mutter tritt für eine singuläre Position ihres Kindes in der Gesellschaft, in der Beziehung zu ihrem Partner, zu ihren Freundinnen, Freunden usw. ein. Wenn der Beziehungsprozess einer Menschwerdung negativ verlaufen ist, wird sie diese Wendung nach außen möglichst zu verhindern oder zu verbergen suchen. Es hat sich keine personale Beziehung entwickelt – weil die Schwangere sie nicht vollziehen konnte oder wollte. Der Ausgang dieses Prozesses wird wesentlich durch die Bedingungen des von Boltanski beschriebenen Projektes bestimmt sein, in das sich der Embryo bzw. Fötus einfügt oder nicht.

2.6.9 Das Kind als Projekt der Liebe

Nicht nur eine schon im Ansatz betriebene Rechtfertigung der Abtreibung könnte man Boltanski vorhalten, sondern auch das Gegenteil. Der zweite Zwang der Nichtdiskriminierung macht jede Abtreibung zu einer Ungerechtigkeit, die zu missbilligen ist.[145] Angesichts der von Boltanski beschriebenen semantischen Eiertänze und des Scheiterns jeglicher Legitimation könnte man die Konsequenz seiner Darstellung in einer grundsätzlichen Verurteilung der Abtreibung sehen.

Die Pointe von Boltanskis Gedankengang liegt in der nicht aufzulösenden Spannung im Abtreibungsverständnis. Die Abtreibung ist ein Übel, das nicht

Auslegung der Perikope des Barmherzigen Samariters in Luk 10,23–37, 460 ff. Im hilfsbedürftigen Anderen steht uns die Menschheit Jesu Christi in ihrer Passion vor Augen).

144 Die Autoren (Hirschauer u. a.) von „Soziologie der Schwangerschaft“, 47, berichten von einer Informantin, die „den zweiten Streifen auf dem Test als ‚eine zweite Person in meinem Körper‘“ interpretierte, „die ihr sagte, ‚Du wirst Mutter!‘“.

145 Boltanski, Soziologie der Abtreibung, 37 f.

zu rechtfertigen, sondern nur im Hinblick auf seine Umstände zu entschuldigen ist. Für Boltanski führt sie eine Spannung fort, die der doppelten menschlichen Zeugung geschuldet ist. Sie „befindet sich daher genau am Knotenpunkt des Widerspruchs zwischen den zwei Zwängen“.[146] Solange beide Zwänge bestehen, wird es auch Abtreibung geben.

Boltanskis Beschreibung des Spannungsgefüges zwischen Fleisch und Wort artikuliert unser Personverständnis, wie es sich am Anfang des menschlichen Lebens vollzieht. Weil der Mensch in seinem Wesen sozial ist, kommt seinem sozialen Werden konstitutive Bedeutung für sein Menschsein zu. Es würde unserem Personverständnis zuwiderlaufen, die Personwerdung allein auf die fleischliche Zeugung zu reduzieren. Im sozialen Werden des Embryos oder Fötus durch und mit der Mutter vollzieht, ereignet sich eine zweite Zeugung zur Person. Ihr Gelingen hängt maßgeblich von den sozialen Umständen, dem möglichen Projekt ab, in das die Schwangerschaft eingebettet ist.

Das elterliche Projekt als Form der Übereinkunft reiht sich in die Vielfalt der modernen projektorientierten Lebenswelt ein, aber mit ihm wird ein Projekt gesucht, „das widerstandsfähiger, von längerer Dauer und nicht so leicht aufzulösen ist, wie diejenigen – die Gefühle oder den Beruf betreffenden –, an denen man zuvor hatte teilhaben können“.[147] Die lang anhaltende und tiefgreifende Notwendigkeit, die dem elterlichen Projekt innewohnt, vermag zu einem authentischeren Leben zu verhelfen und übertrifft in ihrer Bedeutung andere vorübergehende, oft konsumorientierte Projekte.

Boltanskis Gedanken zum elterlichen Projekt korrespondieren mit der in dieser Untersuchung hervorgehobenen Bedeutung der Liebe für die Familie. Mit einem geliebten Partner eröffnet sich durch das Kind die Perspektive einer familiären Liebe, die nicht auf einer ständig neuen Entscheidung beruht. Das Kind wird zum leibhaftigen Ausdruck der gegenseitigen Zusammengehörigkeit, es erinnert an die Partnerliebe und kann sie hoffentlich immer wieder neu erwecken. Ein mit dem Kind gesetzter ‚natürlicher‘ Zusammenhang von sich Liebenden vermag der Entscheidung füreinander eine gewisse Kontinuität verleihen. Und umgekehrt ist die partnerschaftliche Liebe der Rahmen, in dem ein Kind aufgezogen werden kann.

> Man zeugt ein Kind in einer Zeit, später trennt man sich. Man weiß nicht, wie lange man zusammenbleibt. Aber sagen wir, ich möchte, daß es jemand ist, den ich liebe, und daß wir es zusammen aufziehen, wenigstens, daß wir's versuchen.[148]

Für viele Frauen hängt die Frage nach einem Kind entscheidend an dem sowohl eigenen als auch väterlichen Bezug zum Kind.

146 Ebd., 110.

147 Ebd., 186.

148 Ebd., Zitat aus Interview, 177. Boltanski und seine Mitarbeiter haben ausführliche Gespräche mit Personen, die eine Abtreibung erlebt haben, durchgeführt (24ff). Daraus stammen die folgenden Interviewzitate.

Wenn wir ein Kind bekommen, wird es ein Mensch, der wirklich einen Vater und eine Mutter hat.[149]

Das ist ein Bild, das ich mir von einem Kind mache, das heißt, daß es einen Vater und eine Mutter hat; das Schlimmste, was man einem Kind antun kann, ist ein unbekannter Vater, das meine ich.[150]

Ohne eine belastbare Liebe zueinander und zum Kind zerfällt das Projekt. Der Fötus bleibt ‚nichts'. Die dann vorgenommene Abtreibung wird um des Kindes willen von der Frau durchgeführt. Ohne seinen Vater würde dem Kind Wesentliches fehlen, das ungeborene Leben kann jetzt und in Zukunft kein Kind sein. Um es vor einer ‚verunglückten' Kindheit zu bewahren, wird es nicht in das Kindsein gehoben, das ein solches gar nicht sein könnte. Die elterliche Liebe macht das Kind – aber nicht die ‚körperliche Liebe', sondern im positiven Fall die in einem Projekt verstetigte Liebe.

So darf in der Entscheidung über eine Abtreibung die Freiheit zur Liebe nicht so verstanden werden, als ob die Frau – und der Mann – sich entscheide, ob man das heranwachsende Wesen als Kind lieben will oder nicht. Eher prüft die Frau, ob das in ihr sich zeigende neue Leben in einer bestehenden und zukünftigen liebenden Zuwendung heranwächst und so Kind sein kann und wird. Die Entscheidung für oder gegen die Abtreibung ist eine aufgrund bestehender oder nicht bestehender vermeintlicher Notwendigkeiten des Kindseins.

2.6.10 Das Kind als ‚Fleisch von unserem Fleisch'

Die Einbeziehung des Vaters in die Entscheidung für oder gegen das Kind ist nicht nur eine Entscheidung des Kopfes und des Herzens, sondern sie geschieht gleichsam auch ‚aus dem Bauch heraus'.[151] Boltanski spricht von der Spur eines Anderen im Leib der Frau, die „auf dauerhafte Weise in das Gewebe ihres eigenen Fleisches eingegraben ist".[152] Der Leib der Frau entfaltet im Fall einer Schwangerschaft vom Bauch ausgehend ein Eigenleben, es ist ihr Leben und doch auch ein anderes werdend. Die Vorstellung einer Gegend, der Begriff der chora, mag die Unmöglichkeit festzuhalten, „das Objekt und den Ort, den dieses Objekt einnimmt, voneinander zu trennen".[153]

Ausgehend von Boltanskis Beschreibung ist der Leibsituation der Schwangeren noch genauer nachzugehen. Die Unklarheit und Unsicherheit über ihre und in ihrer Leiblichkeit durchziehen Gefühle und Empfindungen

149 Ebd., Zitat aus Interview, 177.
150 Ebd., Zitat aus Interview, 173.
151 Zwar kann der Vater eher als die schwangere Mutter seine Beziehung zum Ungeborenen im Unpersönlichen halten. Doch bedeutet das für ihn, „seine eigene leibliche Verbundenheit mit dem Kind zu ignorieren" (Wiesemann, Von der Verantwortung ein Kind zu bekommen, 46).
152 Boltanski, Soziologie der Abtreibung, 381.
153 Ebd., 362.

vieler schwangerer Frauen. Das In-sich-Leibsein und doch Selbst-ein-anderer-Leib-in-sich-sein bis hin zum Einen-anderen-Leib-in-sich-haben sind Stationen einer sich leiblich vollziehenden Differenzierung, die gefühlt wird und Vorstellungen auslöst – so wie umgekehrt Vorstellungen die Gefühle leiten und anderes in sich werden lassen.

Das Auseinandergehen von Eigenem und Anderem im Schwangerschaftsprozess ist auf dem Hintergrund der doppelten Leibperspektive zu sehen. Man ist einerseits ganz in seinen Leib eingesenkt, ist ganz leiblich und hat doch den Leib als ‚nur' Zugehöriges, das mir zugehört, das ich zu meinem Körper machen kann. Die Differenzierung verkompliziert, ja verdreht sich, wenn ein neuer Mensch im eigenen Leib wird. Der eigene Leib reproduziert gleichsam auf neue Weise in sich selbst diese Differenz, wird in sich der eines Anderen und bleibt doch eigen. Die von ihm ausgehenden Gefühle von Anderssein und Vertrautsein können als eigene Gefühle angenommen oder als Gefühle im Bauch distanziert werden.

Eine solche Möglichkeit mag auch im Fall einer Krankheit gegeben sein, die den eigenen Leib verändert und in dieser Veränderung angenommen oder distanziert werden kann. Doch die leibliche Veränderung im Fall der Schwangerschaft ist offensichtlich eine andere, weil in ihrem Anderssein eine personale Dimension durch die männliche „Spur" in der Frau mitläuft, die am Entstehen der neuen Person beteiligt ist. Die personale Herkunft oder Aussicht des Anderen-Eigenen nimmt im Leib der Frau Raum.

Die ‚Fleischwerdung' des Anderen, des Mannes im Fleisch der Frau, das Eingehen der eigenen Gefühle und Vorstellungen, die der Andere auslöst, in das eigene leibliche Empfinden, in das Empfinden des eigenen Leibes, bringt eine dauerhafte Nähe des Anderen mit sich, zu der die Frau sich selbst als leibliches Wesen, das nicht nur sein Leib ist, sondern ihn auch hat, ins Verhältnis setzen muss. Sie kann auf ihren Leib hören, der ihr eigener ist und der doch von Anderem einverleibt wird. In ihr kann das Andere in seinem personalen Anspruch vernehmbar oder vom eigenen Leibempfinden assimiliert oder verdeckt sein. Sie kann aber auch ihre eigenen Vorstellungen und Wünsche ihrem Leib zu Gehör bringen.

Morgens und abends fasse ich es an, ich weiß, daß es da ist, auch wenn ich noch nichts von ihm spüre.[154]

Die Frau formt sich die Personalität in ihrem eigenen leiblichen Empfinden, es ist allein der Leib ihrer Person, und doch wird einer Person in ihrer Person Raum gegeben. Das Andere hat eine leibliche Basis in ihr gefunden und mit diesem Anspruch muss sie sich auseinandersetzen. Ob sie nun mehr auf ihren Leib hört oder ob sie diesem ihre eigene Vorstellung eindrückt, beides verweist aufeinander. Das Andere in ihrem Leib bedarf in seinem personalen Anspruch

154 Ebd., Zitat aus Interview, 392.

der personalen Vorstellungen durch die Frau, und die personale oder nichtpersonale Vorstellung der Frau bedarf ihrer leiblichen Bestätigung.

2.6.11 Das Kind im Konflikt der Gefühle und Vorstellungen

Wenn hier von dem Anderen die Rede war, so wurde nicht immer deutlich, ob es sich um den Anderen, den Mann handelt, mit dem die Frau zusammen war, oder um das andere neue Leben im Bauch der Frau. Der eine und das andere stehen ja nicht nur in einem genetischen Zusammenhang. Liebe oder Abneigung zu dem Mann übertragen sich leicht auf das entstehende Leben.

Die Liebe zum Kind kann durch die Liebe zu seinem Vater geprägt sein, vielleicht geht beides auch so einander über, dass die Frau nicht eindeutig sagen könnte, ob sie dem einen oder dem anderen gilt. Die Übertragung entscheidet mit über die Bedeutung des heranwachsenden neuen Lebens für die Frau und deren Gefühle zu ihm. Ein Ja zu dem heranwachsenden Leben, seine Annahme als ‚unser Kind', verwandelt die Partner in Vater und Mutter. Besitzt die Liebe der Partner zueinander die Reife zum Projekt eines Kindes? Ist das Kind erwünscht?

Ein Baby muß erwünscht sein, damit es mehr oder weniger glücklich sein kann.[155]

Die Schwangerschaft, dieses Bauchgefühl oder überhaupt neue Gefühl seiner selbst, eröffnet die Möglichkeit eines neuen Zu- und Miteinander. Das mag bedrohlich oder verheißungsvoll sein. Das sich ankündigende Kind kann den Wunsch nach einer Realisierung eines solchen Projektes seitens der Frau groß werden lassen, auch wenn der Vater in spe dagegen steht. Aber Verhältnisse, die der Vorstellung eines solchen Projektes nicht entsprechen, verwandeln leicht das, was in der Frau ist, in etwas Bedrohliches.

Ich spüre, etwas frißt mein Leben. Etwas frißt mich von innen her. So ist es ungefähr. Es ist nicht schlecht, nicht böse. Aber da habe ich wirklich etwas [...].[156]

Zugleich scheint es ein Schwangerschaftsgefühl zu geben, das sich der Entscheidung für oder gegen ein solches Projekt nicht anpasst.

Beim ersten hat man alles getan, um ihn verschwinden zu lassen, und beim zweiten tut man alles, um ihn zu behalten, um ihn bei bester Gesundheit zu erhalten, und man denkt notgedrungen daran, weil die Gefühle sind im Grund dieselben.[157]

Die internen Bezüge, in denen die Frau zu sich selbst, zu ihren Vorstellungen, zu ihrem Leib steht, denen sie ausgesetzt ist und die sie aktiv prägt, und die äußeren Bezüge, denen sie sich in gewissem Maße verweigern oder aussetzen

155 Ebd., Zitat aus Interview, 403.
156 Ebd., Zitat aus Interview, 374.
157 Ebd., Zitat aus Interview, 398.

kann, schaffen eine besondere Unsicherheit, von der viele Schwangerschaftskonflikte bestimmt sind.

Angesichts des sich mit der Schwangerschaft verändernden inneren und äußeren Bezugsfeldes kann die in der Öffentlichkeit immer wieder propagierte Aufforderung an die Frau, sie solle sich nicht von anderen beeinflussen lassen, sondern allein für sich selbst über ihre Schwangerschaft entscheiden, nur ein Ideal suggerieren, das gerade in diesem Konflikt illusorisch ist. Schon bei wichtigen Entscheidungen in anderen Lebensbereichen fällt es nicht leicht, zwischen den eigenen Bedürfnissen, Wünschen und denen anderer zu unterscheiden. Wenn aber die Grenzen zwischen mir und dem Anderen, zwischen innen und außen sich verwischen, ja selbst die Akteure in diesem Konflikt nicht deutlich sind, weil sich ein neuer im Entstehen befindet, um dessen Sein oder Nichtsein der Konflikt geht, bleibt der Appell an die eigene Autonomie wohlfeil. Soll die Frau auf ihren Bauch hören, soll sie ihren Vorstellungen und Wünschen nachgeben, soll sie sich der Unrealisierbarkeit des gewünschten Projektes beugen? Soll sie auf ihre Angst oder auf ihr Hochgefühl – „ich hatte die Kraft für alles, ich war wie von einer unglaublichen Energie getragen“[158] – hören, die sie abwechselnd befallen? Oder soll sie versuchen, alles mit ihrem Verstand unter Kontrolle zu bringen – was angesichts des beschriebenen leiblichen Eigenlebens nur schwer möglich ist.

> Ich hatte keinerlei Kontrolle, in meinem Körper passierte etwas und ich hatte keine Kontrolle darüber, das war unerträglich.[159]

Boltanski weist darauf hin, dass in den Gesprächen über Abtreibung viele Frauen von ihrer Trauer berichteten. Die Entscheidung für eine Abtreibung bringt das in einem wachsende Leben, den einsetzenden Anspruch seines Personseins, zum Ende. Empfindungen eines Anderen oder eigenen Vorstellungen von ihm wird ihr leiblicher Boden entzogen – aber damit sind sie nicht ausgelöscht. Es bleibt der Verlust eines Kindes, das kein Kind war, nicht der Verlust einer anderen Person, sondern eher einer möglichen Person.

> Kein Verlust wie ein Kind, das man bekommen hat und das es gab, aber es ist auch ein Verlust und ich habe diesen Verlust gespürt, der Körper spürt diesen Verlust, man verliert ein Kind, das noch nicht da ist, das man nicht anfassen konnte, das man nicht …, aber man verliert es trotzdem.[160]

Es ist gleichsam ein innerer Verlust seiner selbst – „der Körper spürt diesen Verlust“, weil er vielleicht etwas anderes signalisiert hat, als was der eigenen Vorstellung nach möglich war.

158 Ebd., Zitat aus Interview, 372.
159 Ebd., Zitat aus Interview, 378.
160 Ebd., Zitat aus Interview, 402.

3. Menschsein in Beziehung. Evangelische Anthropologie und Embryonenstatusfrage

Ein weiter Bogen ist geschlagen worden von der biologischen und philosophischen Betrachtung des vorgeburtlichen Lebens bis zum öffentlichen, familiären und intimen Umgang mit ihm. Es handelt sich um einen Zusammenhang. In die fachphilosophische und in die biologische Auffassung gehen Denkmuster der Gesellschaft ein, aber auch die wissenschaftlichen Reflexionen, die ‚Expertenmeinungen', speisen sich in das gesellschaftliche Bewusstsein ein und prägen es mit.

Die Theologie selbst hat in ähnlicher Weise an einem solchen Prozess teil. Sie prägt zum einen das gelebte Christentum mit, wie dass sie von deren Bewusstsein mitgestaltet wird, zum anderen bildet sie darüber hinaus eine Stimme im gesamtgesellschaftlichen Diskurs, von dem sie ebenso beeinflusst ist.

Auch wenn die Theologie mit der Philosophie Argumentationsmuster und Begriffsbildungen teilt, so ist sie nicht als Zweig der philosophischen Disziplin, etwa als Religionsphilosophie, zu verstehen, sondern als eine Wissenschaft mit eigener Grundlage. Sie besitzt einen eigenen anthropologischen Deutungsanspruch, der von seinem Ursprung her sich von jeder genuinen Philosophie, auch einem aus christlichen Wurzeln gespeisten allgemeinen Personverständnis, unterscheidet, weil er auf der Offenbarung Gottes in seinem Volk Israel und in seinem Sohn Jesus Christus gründet und im Glauben an ihn immer wieder neu bedacht sein will.

Die folgende theologische Betrachtung greift das der evangelischen Theologie eigene Verständnis des Menschen auf, ohne dabei die Betrachtung des Menschen in den anderen Wissenschaften aus dem Blick zu verlieren. Ihre aus Gottes Offenbarung erschlossenen anthropologischen Einsichten, wie sie im Ebenbild- oder Rechtfertigungsgedanken niedergelegt sind, gewinnen dort an Wahrheit, wo sie in der rechten Beziehung zum gegenwärtigen gesellschaftlichen Bewusstsein, mit ihm und gegen es, Gestalt annehmen. Dem jeweiligen ‚Zeitgeist' kommt eine konstruktive Funktion in der Bildung einer im besten Sinn zeitgemäßen Theologie zu. Die Theologie schleppt keine Binnenwahrheit durch die Zeiten, sondern muss jederzeit neu bewähren, was sie in einer bestimmten geschichtlichen Zeit an Wahrheit empfangen hat. Sie hat die Wahrheit des gesellschaftlichen Bewusstseins zu prüfen und muss sich von ihm in ihrem eigenen Wahrheitsanspruch in Frage stellen lassen.

Die christliche Theologie kann nicht auf eine explizite göttliche Offenbarung zum menschlichen Lebensanfang zurückgreifen, aber die Gestalt des ihr in Jesus Christus offenbarten Menschseins gibt eine Orientierung, die auch den Anfang des individuellen menschlichen Lebens nicht im Dunkeln belässt. Im Horizont dieses Personverständnisses deutet sie den biologischen Befund und beurteilt das gesellschaftliche Ethos.

Dabei wäre es eine Verkürzung der theologischen Besinnung, wenn die Theologie nur noch den ‚Segen' zu einer von ihr geteilten ‚maximalen' Voraussetzungslosigkeit personalen Daseins bei der Keimzellverschmelzung gäbe. Man würde die dargelegten Einwände und Probleme eines solchen Datums nicht ernst nehmen und andere grundlegende Merkmale personalen Daseins übergehen, zu denen aus theologischer Sicht auch die Interpersonalität zählt.

Das gesellschaftliche Bewusstsein vom Status des ungeborenen Lebens ist noch in einer anderen Weise als die fachwissenschaftliche Beurteilung embryologischer Stadien für die theologische Urteilsbildung bedeutsam. Der Mensch ist nicht nur Adressat einer theologischen Auffassung, sondern er ist es, um dessen personalen Beginn es geht. Sein Selbstverständnis macht ihn aus und ist nicht als bloßer Bewusstseinsüberbau zu werten, der in Richtung eines christlichen Bewusstseins zu beeinflussen ist. Verändert die erwähnte Subjektivierung der ‚Natur' den Menschen selbst – und mit ihm auch seinen Anfang? Die Vorstellung, man könne einen von der Natur – und damit letztlich von Gott – genau festgesetzten Anfang des Menschen freilegen, indem man von seinem kulturell gewachsenen Selbstverständnis abstrahiert, ist illusionär. Wie schon gezeigt, ist mit der Betonung von Liebe, Würde und Freiheit in der westlichen Gesellschaft ein Verständnis des Menschen entstanden, das sich auf die Vorstellung des menschlichen Lebensanfangs auswirkt.

Die Theologie sanktioniert weder das herrschende gesellschaftliche Verständnis noch stellt sie ihm eine eigene zeitlose Wahrheit entgegen, sondern ist von der Hoffnung getragen, dem modernen, heutigen Menschen selbst das ihm gemäße Verständnis seines Anfangs erschließen zu können. *Hier zu differenzieren zwischen dem ‚natürlich' gewordenen Verständnis des heutigen Menschen, das abzulehnen nur einem vergangenen, einer anderen Zeit zugehörigen Selbstverständnis das Wort reden würde, und einem den heutigen Menschen unmenschlich machenden Verständnis seines Anfangs, das zu kritisieren im besten Sinne zeitgemäß wäre, ist die Herausforderung der Theologie.*

Die Hoffnung, dass diese Differenzierung gelingen kann, liegt darin begründet, dass durch Gottes Liebe zu allen Menschen, die er in seiner Menschwerdung in einer bestimmten Zeit gezeigt hat und die durch seinen Geist durch die Zeiten und in die jeweilige Zeit getragen wird, auch Licht auf den natürlichen Anfang des Menschen in der heutigen Zeit fällt. Die Theologie legt keinen generellen Widerspruch gegen das moderne Selbstverständnis ein – an dem sie doch selbst teilhat –, sondern um der von Gott gewollten Menschlichkeit des heutigen Menschen willen, also zu seinen Gunsten, setzt sie sich mit dessen Verständnis auseinander.

Wenn im Folgenden zuerst auf einen Text aus der Reformationszeit, auf Luthers Disputation über den Menschen, zurückgegriffen wird, scheint das dem Votum für den modernen, heutigen Menschen zu widersprechen.

Die Menschen des 16. Jh. besaßen weder Kenntnisse moderner Embryologie noch hatten sie eine Ahnung von dem Selbstverständnis einer modernen Bürgergesellschaft. Aber Luthers Text hat aus theologischer Sicht für die evangelische Theologie grundlegend formuliert, wie der Mensch im Spannungsfeld philosophischer und theologischer Deutungen zu verstehen ist.

Aus Luthers differenzierter Betrachtung des Menschen lassen sich wichtige Leitlinien für eine evangelische Antwort nicht nur auf die Frage nach dem Wesen des Menschen überhaupt, nach seinem Personsein, sondern auch auf die Frage nach seinem Anfang entwickeln.

Luthers Unterscheidung einer philosophischen und theologischen Anthropologie befördert im theologischen Sinne eine moderne Sicht des Menschen, weil sie einerseits einem eigenen Verständnis des Menschen jenseits theologischer Prämissen Raum gibt und andererseits in der Kritik der Theologie an einer solchen philosophischen Möglichkeit das Proprium theologischer Anthropologie freilegt und mit dem philosophischen Verständnis in eine Auseinandersetzung bringt.[1]

Die Besinnung auf die Wurzeln evangelischer Anthropologie wird dann mit Blick auf jüngere evangelische Stellungnahmen zur Embryonenstatusfrage fortgeführt, um in einem weiteren Schritt zu einer eigenen theologischen Position zu kommen, in der die zu Anfang entwickelte philosophische Sicht auf den biologischen Befund und das Personverständnis unserer Bürgergesellschaft wieder in die theologische Reflexion einbezogen werden.

3.1 Luthers Disputation über den Menschen

3.1.1 Die philosophische Perspektive auf den Menschen

Luthers Disputation über den Menschen aus dem Jahr 1536 enthält vierzig Thesen, die das Verständnis des Menschen in philosophischer und theologischer Hinsicht gegenüberstellen. Der Reformator unterscheidet grundsätzlich die philosophische von der theologischen Definition des Menschen:

1 Vgl. die Ausführungen von v. LÜPKE, Grenzen der Definitionsmacht, 100ff, und von ROLF, Zwischen Forschungsfreiheit und Menschenwürde, 199ff, welche die Frage nach dem Embryonenstatus ebenfalls im Licht von Luthers Disputation über den Menschen betrachten.

These 1: Die Philosophie, die menschliche Weisheit, definiert den Menschen als vernunftbegabtes, mit Sinnen und Körperlichkeit ausgestattetes Lebewesen.[2]

These 20: Die Theologie hingegen definiert aus der Fülle ihrer Weisheit den ganzen und vollkommenen Menschen.

Beide Definitionen haben für Luther ihr Recht, allerdings reklamiert die Theologie für sich den höheren Anspruch, den „ganzen und vollkommenen Menschen" zu bestimmen, während die philosophische Definition sich auf den „sterblichen und irdischen" Menschen beschränken muss. Schon diese Unterscheidung gibt eine wichtige Perspektive für die Bestimmung des Menschen und darin für das embryonale Menschsein vor. Es ist damit zu rechnen, dass die Theologie zu einer anderen Bestimmung des Menschen als die Philosophie kommt, ohne dass letztere, die sich auf das endliche Menschsein bezieht, durch die theologische Definition widerlegt oder überflüssig wäre. Es baut sich ein Spannungsfeld innerhalb der Definition des Menschen auf, das für die Bestimmung des embryonalen Menschseins fruchtbar zu machen ist.

Luthers Urteil über die Erkenntnisleistung der Philosophie ist von Skepsis geprägt:

These 11: Vergleicht man [...] die Philosophie oder die Vernunft selbst mit der Theologie, so wird sich zeigen, daß wir über den Menschen nahezu nichts wissen.

Zur Begründung für die unterschiedliche Gewichtung des anthropologischen Wissens in Philosophie und Theologie rekurriert Luther auf das von Aristoteles überlieferte und in der Scholastik weiter modifizierte Vier-Ursachen-Schema.[3] Über die Sinnhaftigkeit dieses Schemas braucht hier nicht gestritten zu werden, seine metaphysischen Voraussetzungen dürften von vielen Philosophen heute nicht mehr geteilt werden. Dennoch weisen die einzelnen Ursachen auf Probleme hin, die für die Bestimmung des embryonalen Lebens aktuell sind. So sollen im Folgenden Luthers Überlegungen zur stofflichen, zur gestaltenden Ursache, zur Zweckursache und zur Wirkursache auf den menschlichen Embryo hin bedacht werden.

2 Die Thesen (WA 39/I, 175–177) werden zitiert in der Übersetzung nach LUTHER, Erneuerung von Frömmigkeit und Theologie, 293–297.

3 „Die Vierzahl ergibt sich daraus, daß zum natürlichen Veränderungsgeschehen außer dem Zugrundeliegenden (causa materialis) und der einzuführenden neuen Gestalt (causa formalis) ein ebendies bewirkender Faktor (causa efficiens) gehört, der wiederum entsprechend motiviert ist (causa finalis)" (EBELING, Disputatio de homine. Die philosophische Definition des Menschen, 334).

Die stoffliche Ursache des Menschen

Luther begründet seine Geringschätzung des philosophischen Wissens über den Menschen zuerst mit der dürftigen Wahrnehmung seiner *‚stofflichen Ursache'*:

These 12: Scheinen wir doch kaum seine [sc. des Menschen] stoffliche Ursache hinreichend wahrzunehmen.

Mutet auf den ersten Blick Luthers These angesichts des heutigen medizinischen und biologischen Wissens völlig überholt an, so ist doch die philosophische und nicht naturwissenschaftliche Betrachtungsweise hier zu beachten. Auf die Frage des Embryonenstatus angewandt ist zu fragen, welche materielle Grundlage den Menschen zum Menschen macht.[4] Ist der Mensch mit seiner genetischen Einheit – unter Berücksichtigung der Penetranz und Expressivität der Gene – in seiner ‚Stofflichkeit' da? Oder ist seine materielle Grundlage schon mit der Vereinigung von Ei- und Samenzelle hergestellt? Man könnte auch fragen, ob erst bei der Ausbildung von Gehirnstrukturen die materielle Grundlage spezifisch menschlichen Daseins gegeben sei. Es bieten sich verschiedene Einsatzpunkte für das erste Dasein des Menschen an, je nachdem welche Kriterien an das Menschsein angelegt werden.

Die gestaltende Ursache des Menschen

Der Gedanke der *gestaltenden Ursache* zielt auf die Einheit einer Gestalt, die in der Scholastik an die Vorstellung der Seele gebunden ist, durch die der Leib regiert wird.

These 15: Über die gestaltende Ursache aber, als welche sie die Seele bezeichnen, wurde nie und wird nie unter Philosophen Einigkeit erzielt.

Auch wenn man die Vorstellung einer Leib-Seele-Differenz als problematisch ansieht, ist die Frage nach der Gestalt des Menschen weiterhin aktuell. Ist die – unteilbare – Einheit der menschlichen Gestalt erreicht, wenn die Totipotenz oder die Fähigkeit zur Zwillingsbildung verloren gegangen ist? Liegt dann eine Gestalt vor, die es verdient, Mensch genannt zu werden? Oder ist – noch weit mehr in der Fluchtlinie der Seelenvorstellung liegend – die Ausprägung von

4 Ich löse mich im Folgenden bewusst von den historischen Konnotationen der Lutherischen Thesen. Luther hat bei der causa materialis im Sinne der Unterscheidung von Leib und Seele den menschlichen Leib im Blick (siehe Ebeling, Disputatio de homine. Die philosophische Definition des Menschen, 360).

Bewusstsein und Rationalität als einheitsstiftende Form menschlichen Lebens anzusehen?

Die mit dem Ursachen-Schema verbundenen Vorstellungen von Materialität und Form wirken auch im heutigen Streit um die Bestimmung des Embryos weiter. Luthers Behauptung, dass über die gestaltende Ursache des Menschen nie Einigkeit erzielt werden wird, hat unter den neuzeitlichen Bedingungen philosophischen Denkens seine Gültigkeit nicht verloren. Sicher hat man von einer ausdrücklichen Seelenvorstellung in der Philosophie weitgehend Abschied genommen, aber die Frage, ab wann eine qualitative Einheit – einer das ganze menschliche Wesen durchziehenden Seele nicht unähnlich – beim Embryo vorliegt, die sein menschliches Leben zum personalen Menschsein erhebt, bleibt bestehen und findet bis heute kontroverse, nicht auszugleichende Antworten.

Die Zweckursache des Menschen

Luthers Skepsis gegenüber einem philosophischen Anspruch, die stoffliche und gestaltende Ursache des Menschen eindeutig bestimmen zu können, steigert sich bei der Suche nach der *Zweckursache* und der *Wirkursache* zu einer Verneinung jeglichen philosophischen Wissens.

These 13: Kennt doch die Philosophie ohne Zweifel nicht die wirkende Ursache und entsprechend auch nicht die Zweckursache des Menschen.

These 14: Als Zweckursache setzt sie nämlich nichts anderes als irdische Wohlfahrt; und sie weiß nicht, daß die wirkende Ursache Gott der Schöpfer ist.

Worin kann die *Zweckursache* des Menschen aus philosophischer Sicht bestehen? Luthers Behauptung, dass Ziel und Zweck des Menschen aus philosophischer Sicht höchstens in einer irdischen Wohlfahrt bestehen könne und damit zu kurz greife, impliziert die Kritik an einem eudämonistischen Ideal, das dem Menschen eine Erfüllung seines irdischen Lebens verspricht. Das Thema wirkt in der heutigen Konjunktur des Glücksbegriffs nach und ist auch in der Diskussion um den Embryonenstatus präsent. Stellt man den Aspekt des Wohlergehens in den Vordergrund, schließt sich die Frage daran an, ob der Mensch bestimmter Fähigkeiten oder Möglichkeiten bedarf, aufgrund derer er erst in der Lage ist, ein erfülltes Leben zu führen. Hat menschliches Leben noch einen Sinn, wenn ein Mensch seine Zweck- oder Zielursache nicht verwirklichen kann? Welche Krankheiten sind so schwerwiegend, dass ein davon betroffener Mensch sagen müsste – wenn er denn aufgrund seines Leidens überhaupt denken und sprechen könnte –: "Wäre ich doch besser nicht geboren!"?

Die wirkende Ursache des Menschen

Wenn Luther auf die *wirkende Ursache* zu sprechen kommt und sie in Gott als dem Schöpfer erblickt (siehe oben These 14), scheint diese Auskunft offensichtlich der Entstehung embryonalen Lebens zu widersprechen. Die unmittelbar wirkende Ursache für die Entstehung des Embryos liegt nicht in Gott, sondern in der sexuellen Beziehung seiner Eltern oder in der assistierten Befruchtung. In beiden Fällen treffen Ei- und Samenzelle aufeinander und aus ihnen entsteht der Embryo. Aber die Frage nach der wirkenden Ursache greift tiefer, weil der Embryo nicht als ein bloßes Produkt seiner Eltern angesehen werden soll, das wie die Statue eines Bildhauers zu einem bestimmten Zeitpunkt abgeschlossen ist. Die Frage zielt auf ein fortgesetztes Gewolltsein des entstehenden Menschen, das über den Zeitpunkt und die Zufälligkeit einer Befruchtung weit hinausgeht. Die wirkende Ursache kann sich nicht in einem physischen Entstehungsprozess erschöpfen, weil deren menschliches ‚Produkt' im Augenblick seines Daseins von seinen Entstehungsbedingungen als emanzipiert zu betrachten und in einer von den Eltern losgelösten in sich selbst bestehenden Notwendigkeit zu achten ist. Zum Menschsein scheint eine Achtung gebietende Selbstständigkeit dazuzugehören, egal wie unselbstständig der konkrete Mensch jeweils ist.[5]

Worin liegt dann die *wirkende Ursache* des Menschen? Liegt sie nicht nur im Vollzug eines physischen Prozesses, sondern schließt eine geistige Haltung mit ein, um einen Menschen als Menschen da sein zu lassen, so nimmt das Fehlen dieser geistigen Haltung dem physisch Daseienden dennoch nicht sein Menschsein. Ein ungewollter Mensch ist auch Mensch. Eine unmenschliche Behandlung macht aus einem Menschen keinen Un-Menschen, sondern aus denen, die so mit ihm verfahren. Allein die Zerstörung oder das Erlöschen seiner physischen Daseinsbedingungen würden ihm sein aktuelles Menschsein nehmen.

Wenn Luther als wirkende Ursache Gott den Schöpfer nennt, wird eine Unabhängigkeit des Menschen von seinen gesamten innerweltlichen Entstehungsbedingungen behauptet. Durch diese Bedingungen hindurch vollzieht Gott als alleiniger Urheber die Schöpfung eines Menschen. Die Schöpferbe-

5 Deshalb hat die Aussage zum eigenen Kind „Wir haben Dich gemacht" etwas Missverständliches. Sie berücksichtigt nicht, dass hier das ‚Produkt' seine Entstehung in besonderer Weise transzendiert. Der Aussage „Du bist aus der Samenzelle deines Vaters und aus der Eizelle deiner Mutter geworden" ist die Anstößigkeit der Eltern als ‚Macher' genommen. Das Kind wird da in seinem Menschsein angenommen, wo es ungewollt-gewollt ist. Dieser Haltung gegenüber dem Kind wird von werdenden Eltern häufig in der Charakterisierung der Schwangerschaft als ‚geplanter Zufall' indirekt Ausdruck gegeben. „Wir haben es ja ganz genau geplant, aber als es dann soweit war, war es die totale Überraschung" oder im Fall einer – zuerst – nicht geplanten Schwangerschaft: „Wir haben nicht aufgepasst – und es hat sofort geklappt" (Zitate von Schwangeren bzw. deren Partner, entnommen HIRSCHAUER u. a., Soziologie der Schwangerschaft, 71).

ziehung emanzipiert den Menschen von seinen innerweltlichen Entstehungsbedingungen.

Liegt nicht darin ein natürlicher Hinweis auf den Transzendenzbezug des Menschen, dass die Bestimmung seiner ganzheitlichen Gestalt und Geschichte nur in einem geringen Maße anderen Menschen möglich ist? Spielt nicht selbst unter den Bedingungen moderner Fortpflanzungsmedizin beim ‚Er-zeugen' eines gewünschten Kindes und noch mehr bei der Steuerung seines Wie-seins der Zufall mit hinein – man denke an die nicht berechenbaren äußeren Faktoren, die einen Menschen in seiner Lebensgeschichte prägen –? Der Mensch kann nicht seinesgleichen machen so wie er andere Dinge produziert.

Das Bestreben der modernen Biomedizin, das Wiesein eines Kindes von vornherein durch genetische Eingriffe zu bestimmen und zu gestalten, ist grundsätzlich nicht als Eingriff in das Schöpfungshandeln Gottes zu verstehen, weil dieses nicht nur im Zufälligen, sondern auch im Absichtlichen Raum nimmt. Doch kann die Unabhängigkeit der Menschen voneinander durch eine genetische Optimierung gefährdet sein.

> Verbessernde eugenische Eingriffe beeinträchtigen die ethische Freiheit insoweit, wie sie die betroffene Person an abgelehnte, aber irreversible Absichten Dritter fixieren und ihr damit verwehren sich unbefangen als der ungeteilte Autor des eigenen Lebens zu verstehen [...] Nur im negativen Fall der Vermeidung extremer und hochgeneralisierter Übel bestehen gute Gründe für die Annahme, dass der Betroffene der eugenischen Zielsetzung zustimmen würde.[6]

Eine künstlich geschaffene, irreversible Bindung des menschlichen Lebens an bestimmte eugenische Vorstellungen anderer könnte nicht nur die Selbstbestimmung einschränken, sondern auch den natürlichen Hinweis auf Gottes schöpferisches Wirken verdecken. Menschen bürdeten sich eine zusätzliche Verantwortung auf, deren Reichweite sie selbst in eine Schöpferrolle drängt. Gottes Schöpfungswirken ginge nicht mit dem ‚blinden' Wirken der Natur, sondern mit einer neuen Dimension verantwortungsbeladenen und schuldgefährdeten menschlichen Handelns einher. Generationen würden in einem Übermaß an Dank oder Anklage aneinander gebunden, deren eigentlicher Adressat Gott wäre.

3.1.2 Die Rätselhaftigkeit des entstehenden Menschen

Luthers Betrachtung der verschiedenen Ursachen des Menschseins ist von einer großen Skepsis gegenüber philosophischen Ansprüchen begleitet. Der Mensch kann sich nicht selbst ergründen, er weiß nicht um die ihn bestimmende *stoffliche Ursache* seines besonderen Daseins, auch wenn seine Geistigkeit ihn vor anderen Tieren auszeichnet und – was Luther noch nicht wissen

6 Habermas, Die Zukunft der menschlichen Natur, 109.

konnte – seine genetische Ausstattung und sein Gewordensein aus menschlicher Ei- und Samenzelle ihn als Menschen ausweisen. Die genauere Betrachtung der Embryonalentwicklung liefert für sich gesehen keine eindeutigen Hinweise über den Zeitpunkt, wann zuerst die Materie eines neuen Menschen vorliegt. Zwar ist der Keimzellverschmelzung ein gewisser Vorzug eingeräumt worden, aber dieser durchaus plausible Beginn bleibt auch mit Fragezeichen versehen.

Luther hat eine mögliche Antwort auf die Frage nach der Einheit des Menschen ebenfalls skeptisch beurteilt. Die *gestaltende Ursache* des Menschen mag so etwas wie eine Seele sein, aber über ihr Wesen kann die Philosophie nichts Überzeugendes zu sagen. Wie und ab wann Leib und Seele oder auch Geistigkeit und Leiblichkeit des Menschen ineinandergreifen – dazu wird auch der neueren philosophischen und theologischen Diskussion keine entscheidende Antwort zu entnehmen sein.

Die Suche nach der *Zweck- oder Zielursache* hat die Frage nach einem sinnerfüllten Leben aufgeworfen. Aber eine Grenze ermitteln zu wollen, ab der ein sinnerfülltes Leben möglich ist, verbleibt im Willkürlichen. Ist die Bestimmung für einen anderen ‚potentiellen' Menschen unmöglich, so auch für einen selbst. Was weiß ich über mein Glück oder Unglück von morgen? Hatte man bei der stofflichen und gestaltenden Ursache noch Anhaltspunkte für eine Beurteilung, so scheinen hier selbst diese zu fehlen.

Dennoch haben wir ein Bewusstsein davon, dass zu einem irgendwie erfüllten Leben, das verdient, das eines Menschen genannt zu werden, ein gewisses Maß an ‚innerem Frieden' gehört, ein Maß an Lebensqualität, das es erst zu einem menschlichen macht. So ist die Frage nach der Zielursache zur Bestimmung des Menschen notwendig und doch kaum plausibel zu beantworten.

Die Überlegungen zur *wirkenden Ursache* liefen darauf hinaus, neben den physischen Faktoren die psychischen seitens der Eltern zu berücksichtigen. Doch ist es auch nicht möglich, in beiden Faktoren zusammen die wirkende Ursache zu erblicken, weil der entstandene Mensch seine innerweltlichen Entstehungsbedingungen gleichsam ‚aufhebt'. Dass er gewollt ist, ist für ihn lebenswichtig, aber wenn er nicht gewollt ist, hat er gleichwohl das Recht zu leben. Der Mensch ist mehr als die Vereinigung von Ei- und Samenzelle, aber er ist aus nicht mehr als einer Vereinigung von Ei- und Samenzelle entstanden.

Zusammenfassend muss man sagen, dass im Blickwinkel der Lutherischen Thesen gesehen die Philosophie die Frage nach dem Status des Embryos nicht wird beantworten können.

Luther bestimmt in seiner philosophischen Thesenreihe die Vernunft als das Merkmal, das den Menschen vor den anderen Tieren und sonstigen Dingen auszeichnet. Dem Menschen gebührt eine Vorrangstellung vor aller sonstigen Kreatur. Doch die philosophische Definition des Menschen „als vernunftbegabtes, mit Sinnen und Körperlichkeit ausgestattetes Lebewesen" (These 1) stößt an die Grenze ihrer Leistungsfähigkeit, wenn von ihr ausgehend eine am Ursachenschema orientierte nähere Bestimmung des Menschen versucht wird. Angesichts des rudimentären Wissens über sich selbst, das der Mensch durch seine Vernunft zu erlangen vermag, rügt Luther die Definition selbst als „dürftig und schlüpfrig und allzu sehr an der Stofflichkeit orientiert" (These 19). Die Vernunft selbst ist in ihren Gedanken „dem Zufall und der Nichtigkeit unterworfen" (These 18) – wie soll sie den Menschen selbst ergründen können und wie kann sie selbst dem Menschen wesentlich sein?

Luther resümiert am Ende seiner gesamten Thesenreihe, dass durch die Vernunft nur ‚Schemen der Welt' wahrgenommen werden können:

These 40: Deshalb hält Paulus diese Reiche der Vernunft nicht einmal für wert, sie „Welt" zu nennen, sondern bezeichnet sie lieber als „Schemen der Welt" (1. Kor. 7,31).

Luthers Rede von den „Schemen der Welt" besitzt eine gewisse Ambivalenz, weil sie einerseits die Oberflächlichkeit der philosophischen Welterkenntnis betont, andererseits diese nicht auf eine bloße Unkenntnis reduziert.[7] Durch die Vernunft vermag der Mensch die Wirklichkeit der Welt zu erkennen, aber nur ‚schemenhaft'. Die philosophische Erkenntnis hat ihren guten Sinn, wo sie nicht danach strebt, den ganzen Menschen zu definieren, sondern bestimmte Bereiche seines Daseins in den Blick nimmt. Aber es bleiben nur Schemata, weil das Ganze der Teile nicht erfasst werden kann.

Die Unkenntnis der Philosophie wird – aus theologischer Sicht – dann offenbar, wenn sie in der Bestimmung des Menschen mit der Theologie zu konkurrieren versucht.

Luther macht die direkte Konkurrenz besonders bei seiner Bestimmung der Wirkursache deutlich. Im Gegensatz zur Philosophie, die darüber keine valide Auskunft zu geben vermag, liegt sie für ihn als Theologen in der Schöpfermacht Gottes. Damit öffnet sich eine Perspektive, in der die Spannung in den Entstehungsbedingungen des Menschen, seine Bedingtheit und doch Eigenständigkeit, aufgelöst ist. Die Aussage, dass Gott mich gemacht hat, die fortwährende Abhängigkeit von Gott, beinhaltet für Christinnen und Christen nichts Unmenschliches, sondern ist Bekenntnis ihrer Selbstständigkeit und Freiheit, die im Willen Gottes begründet liegen.[8] Während im familiären Miteinander die elterliche Achtung vor der Eigenständigkeit des eigenen Kindes sich oft dadurch ausdrückt, dass es gewollt-ungewollt entstanden sei, ist bei Gott von einer unbeschränkt wollenden Absicht zu sprechen.

Diese Perspektive eines Schöpfergottes liegt außerhalb einer Philosophie,

7 Zur Interpretation des Schemabegriffs siehe EBELING, Disputatio de homine. Die theologische Definition des Menschen, 541–544.

8 Deshalb hat die biblische Bezeichnung des Menschen als Sklave oder Knecht Gottes (z. B. Röm 6,22) nichts Anstößiges und ist dem Kindsein (z. B. Röm 8,16) nicht entgegengesetzt.

die sich auf den irdischen Menschen beschränkt. Dennoch ist es bemerkenswert, dass unsere moralischen Intuitionen, welche die Vorstellung eines Machens des Menschen durch seine Eltern problematisch erscheinen lassen, sich mit dem Gedanken eines Schöpfergottes verbinden lassen. Die als moralisch angemessen erscheinende Haltung, das Kind zu ‚wollen', es darin anzunehmen, und es zugleich nicht als Produkt des eigenen Willens zu betrachten, auch wenn es ‚bewusst' gezeugt wurde, gibt in angemessener Weise dem Gedanken des von Gott geschenkten Kindes Raum.

Wie die philosophische und theologische Perspektive aufeinander zu beziehen sind, wird sich in der folgenden Darstellung der explizit theologischen Thesen Luthers weiter klären.

3.1.3 Die theologische Perspektive auf den Menschen

Wie definiert die Theologie den Menschen? Luthers Definition des Menschen ist mit Berufung auf Paulus in der Aussage gegeben, dass der Mensch durch Glauben gerechtfertigt wird:

These 32: Paulus faßt in Röm. 3,28: „Wir erachten, daß der Mensch durch Glauben unter Absehen von den Werken gerechtfertigt wird" in Kürze die Definition des Menschen dahin zusammen, daß der Mensch durch Glauben gerechtfertigt werde.

Luthers Definition rekurriert nicht auf bestimmte Fähigkeiten und Eigenschaften, die den Menschen ausmachen, sondern auf ein Handeln Gottes an ihm.[9] Dass in dieser Weise der Mensch vollkommen und als ganzer zu definieren ist, liegt darin begründet, dass Gottes Handeln den Menschen als ganzen umfasst. Im Glauben wird der Mensch in ein neues Leben mit Gott geführt, das ihn frei von Sünde sein lässt.

Die Schöpfung unter der Sünde

Luthers anthropologischer Ansatz bei der Rechtfertigungslehre scheint auf den ersten Blick für die Bestimmung des Menschen im Zeichen der Bioethik wenig brauchbar zu sein. Der Embryo dürfte schwerlich mit dem Rechtfertigungsglauben in Verbindung zu bringen sein.

Aber von der Rechtfertigungslehre ausgehend fällt nicht nur Licht auf den

9 Vgl. v. Lüpke zu Luthers Definition: „Das theologische Anliegen ist es [...] gerade, das den Menschen Definierende in jener Externität zu belassen, in der es das ganze Leben umfasst, durchdringt und bestimmt, ohne mit einer seiner innerweltlichen Konstituentien identisch zu sein" (Grenzen der Definitionsmacht, 108).

Glaubenden, sondern auf den Menschen allgemein. Für jeden Menschen gilt, „daß er Sünder und Ungerechter und deshalb vor Gott schuldig, jedoch durch Gnade zu retten sei" (These 33). Auch diese Aussage scheint im Hinblick auf die bioethische Fragestellung kein Gewinn zu sein. Dass jemand Sünder ist, wird nach allgemeinem Verständnis erst durch ein mehr oder weniger bewusstes Verhalten Wirklichkeit, von dem im Hinblick auf das vorgeburtliche Leben keine Rede sein kann. Aber Luther weitet in den folgenden Thesen seiner Disputation die Konsequenz dieses Urteils über die Sündhaftigkeit des Menschen immer weiter aus. Luther beruft sich auf Paulus, der die Menschen ohne Ausnahme der Sünde unterstellt sieht (Röm 11,32; Gal 3,22), um so „die ganze Welt, oder was immer Mensch heißt, unter der Sünde zusammenzufassen" (These 34). Schon in dieser These kündigt sich an, dass das menschliche Proprium, die Rettung des eigenen sündhaften Daseins durch die göttliche Gnade, gar nicht auf bestimmte Menschen zu beschränken ist, sondern für die ganze Welt seine Bedeutung hat. Die Grenze zwischen Mensch und seiner Mitschöpfung fällt wohl nicht weg, aber beide rücken eng zusammen, wenn es um das den Menschen in seinem Menschsein ausmachende Geschehen geht.

Es wird deutlich, dass für Luther Sünde nicht mit einem bestimmten Bewusstseinsgrad einhergeht, ab dem der Mensch ‚schuldfähig' wäre, sondern gemäß Paulus „was immer Mensch heißt" mit der Sünde behaftet ist. Auch dort, wo der Mensch seinen Anfang nimmt, ist von ihm als einem unter der Sünde zu sprechen. Es wäre absurd, dem vorgeburtlichen Menschen schon irgendwelche Schuld – etwa durch eine missverstandene Erbsündenvorstellung – zu unterstellen, aber es ist nicht absurd, ihn in einem zwischenmenschlichen Zusammenhang zu sehen, der auch schuldbelastet ist. Von Anfang an hat er an gestörten zwischenmenschlichen Beziehungen teil und steht somit unter der Sünde.

Die Neuschöpfung des Menschen

Die Nähe von Mensch und Umwelt setzt sich bei der Neuschöpfung des Menschen durch Gott fort, wie sie im Glauben durch die rechtfertigende Gnade Gottes geschieht. Der Mensch wird als „bloßer Stoff" gesehen, aus dem Gott ihn neu erschafft. Die Neuwerdung des Menschen im Glauben wird mit dem ursprünglichen Schöpfungsakt verglichen, als ob es den Menschen in der Sünde gar nicht gegeben hätte:

These 35: So ist denn der Mensch dieses Lebens Gottes bloßer Stoff zu dem Leben seiner künftigen Gestalt.

These 36: Wie auch die Kreatur überhaupt, die jetzt der Nichtigkeit unterworfen ist, für Gott der Stoff zu ihrer herrlichen künftigen Gestalt ist.

These 37: Und wie sich Erde und Himmel im Anfang zu der nach sechs Tagen vollendeten Gestalt verhielt, nämlich als deren Stoff,

These 38: so verhält sich der Mensch in diesem Leben zu seiner zukünftigen Gestalt, bis dann das Ebenbild wiederhergestellt und vollendet sein wird.

Luthers Veranschaulichung des neu entstehenden Menschen am ursprünglichen Schöpfungsakt Gottes steht einer Auffassung entgegen, welche die in der ersten Schöpfung gewonnene Gestalt als Voraussetzung der dann im Glauben entstehenden Neugestalt verstehen will. Anstatt bei der ersten Schöpfungsgestalt anzuknüpfen, handelt es sich um eine wahrhafte Neuschöpfung, der diese erste Schöpfungsgestalt Ziel und nicht Grund ist. Luthers Auffassung ist die Konsequenz aus der allein an der Rechtfertigungslehre orientierten Definition des Menschen. Die ganze Kreatur ist durch die Sünde der Nichtigkeit unterworfen und nichts ist am Menschen zu finden, das noch Gott ebenbildlich wäre.

Diesem Gedanken Luthers wird in der weiteren Untersuchung darin gefolgt werden, dass nicht bei einer natürlichen Ebenbildlichkeit des Menschen zu Gott der theologische Ausgang genommen wird, sondern bei der im Glauben gründenden Beziehung des Menschen zu Gott, von der Licht auf den natürlichen Anfang des Menschen fällt. In seiner Neuschöpfung wird der Mensch wieder zum Ebenbild Gottes und es eröffnet sich ihm ein neuer Zugang zu seiner von Gott gewahrten Ursprünglichkeit.[10] Durch dieses von Gott zugesagte Geschehen allein ist die evangelische Theologie legitimiert, einen eigenen Wahrheitsanspruch in der Embryonenstatusfrage zu formulieren.

Der Mensch ist der Erkenntnis über das, was ihn hier und jetzt Mensch sein lässt, nur im Glauben über sich hinausgehend verbunden. Er weiß sich schon hier und jetzt der Nichtigkeit seines Daseins enthoben, wenn Gott ihn auf die Zukunft hin gestaltet, aber die göttliche Gestaltung setzt je neu an der Nichtigkeit des Menschen an, um so fortzuschreiten.

10 Die reformatorische Rede von dem Verlust der Gottebenbildlichkeit durch die Sünde ist immer wieder kritisiert worden (Barth, Kirchliche Dogmatik III/1, 224 f; Pannenberg, Systematische Theologie II, 241 ff). Die Ebenbildlichkeit wäre in einem substantialen oder akzidentiellen Verständnis auch missverstanden, wenn man sie in oder an sich tragen und so verlieren könnte. Bonhoeffers Ausführungen zur gefallenen Geschöpflichkeit nehmen den reformatorischen Ansatz auf, aber stellen ihn in einen relationalen Horizont, der die nur in Gott verbürgte Gottebenbildlichkeit wahrt: „Geschöpflichkeit und Fall verhalten sich nicht so zueinander, daß der Fall ein Akt der Geschöpflichkeit wäre, der die Geschöpflichkeit nicht aufzuheben, sondern höchstens zu modifizieren oder zu deteriorisieren vermöchte, der Fall vielmehr macht *wirklich* aus dem Geschöpf – imago-dei-Menschen – den sicut-deus-Schöpfer-Menschen, und es besteht zunächst kein Recht mehr, diesen letzteren auf seine Geschöpflichkeit anzureden, es besteht auch keine Möglichkeit mehr, ihn in seiner Geschöpflichkeit zu erkennen [...] Nur Gott selbst könnte den Menschen anders anreden, er könnte ihn auf seine nie aufzuhebende Geschöpflichkeit anreden, und er tut das in Jesus Christus, im Kreuz, in der Kirche“ (Bonhoeffer, Schöpfung und Fall, 107 f, Hervorhebung im Original).

Für den nichtglaubenden Menschen muss gesagt werden, dass er in seiner Gottabgewandtheit immer ‚nichtiger' wird und sich seiner wesentlichen Gestalt zunehmend beraubt. Für diesen Menschen gilt die paradoxe Aussage, dass er wie der glaubende Mensch nichtig ist, aber zugleich immer nichtiger wird.[11]

Nach Lutherischem Verständnis ist der Mensch nicht als Wesen geschaffen, das sich als natürliches Geschöpf auf seine Bestimmung hin bewegt oder nicht, sondern er ist jederzeit in der Schöpfung begriffen oder im Abfall davon. Es gibt nicht einen festen Ausgangspunkt eines menschlich-natürlichen Daseins, der für sich zu eruieren wäre, sondern der Mensch hat sein Wesen, seine Natur, nur in der durch Gottes Heilstat ausgelösten Bewegung oder verliert es, wo er sich dieser Bewegung entzieht.

Der Mensch als Gottes bloßer Stoff

Luther verwirft trotz seiner Vernunftkritik die philosophische Definition des Menschen nicht gänzlich, sie hat ihr Recht, wenn es um den sterblichen und irdischen Menschen geht. Aber sie besitzt keinen festen Grund, keine belastbare Evidenz und so nur ein geringes Recht gegenüber der theologischen Definition, die den ganzen Menschen, also den sterblichen und irdischen Menschen eingeschlossen, definiert. Die philosophische Definition vermag weniger den Menschen in seinem Menschsein zu definieren, als vielmehr ihn von anderen irdischen Lebewesen zu unterscheiden. Die theologische Definition des Menschen hingegen sieht sein jetziges irdisches Dasein im Horizont seiner über den Tod hinausgehenden Zukunft. Die Rechtfertigung des Menschen durch den Glauben bringt diesen in eine Bewegung hin zu einer künftigen Gestalt, die sein irdisches Dasein überschreitet. Das im philosophischen Kontext angewandte Ursachen-Schema tritt in der theologischen Thesenreihe in den Hintergrund zugunsten einer besonderen Unterscheidung von Form und Materie.[12] Im Unterschied zu dem, was er im Glauben durch Gottes Wirken werden wird, ist der Mensch jetzt mitsamt der übrigen Kreatur nichts anderes als bloßer Stoff. Als solcher wird der Mensch auf sein künftiges Leben hin von Gott geformt. Was der Mensch als Ebenbild Gottes und damit in seinem Wesen ist, wird erst in der Ewigkeit sichtbare Gestalt haben.

11 Vgl. These 39: Bis dahin [sc. bis zu seiner Wiederherstellung und Vollendung als Ebenbild Gottes] befindet sich der Mensch in Sünden und wird tagtäglich zunehmend gerechtfertigt oder verunstaltet.

12 Siehe Ebeling, Disputatio de homine. Die theologische Definition des Menschen, 479 ff. Siehe auch 483: „Nach aristotelischer Sicht ist der Mensch zumindest das compositum von materia und forma, auf das dann als zusätzliche Aspekte die causa efficiens und die causa finalis bezogen sind, die eine in das Dunkel passiven Ursprungs weisend, die andere als Zielangabe der eigenen Aktivität. Hier [i. e. in theologischer Hinsicht] dagegen ist nicht der Mensch als Substanz das Ergebnis der ihn konstituierenden causae, sondern nur die materia eines Geschehens, das sich gleichsam über ihn ergießt und an dem er, eben weil nur materia, rein passiv beteiligt ist."

Die Schwierigkeit der Embryonenstatusfrage kann im Licht dieser theologischen Erkenntnis gedeutet werden. Die fehlende Evidenz eines eindeutigen Anfangs – als auch Endes – des menschlichen Lebens ist ein Reflex der mangelnden Kenntnis des Menschen über sich selbst, die mit seiner Abkehr von Gott einhergeht. Ab wann und wie er sich in seinen frühesten Lebensstadien von anderem Leben abhebt, bleibt unsicher. Diesem Erkenntnismangel vermag auch die Theologie nicht abzuhelfen, weil der in der Neuschaffung begriffene Mensch noch an der Nichtigkeit teilhat, die seine Abwendung von Gott in sein Leben und in die Welt gebracht hat.

Die „Schemen der Welt", die der philosophische Verstand erkennt, werden mittels des theologischen Blicks nicht deutlicher. Solange sich der Mensch nicht in der „Quelle selbst, welche Gott ist" (These 17), wahrnimmt, bleibt ihm in philosophischer Hinsicht ein rudimentäres Wissen über sich selbst in seiner irdischen Verfassung, das allein für sich gesehen auch durch die Theologie nicht erweitert werden kann.

So besitzt die Philosophie neben der Theologie ein eigenes, im Hinblick auf den ganzen Menschen sehr begrenztes, aber doch relevantes Wissen über den Menschen.[13] Die Theologie hat ihrerseits ein Wissen im Glauben, dessen von der Philosophie nicht einsehbarer Ursprung ihm seine allgemeine Evidenz für die Vernunft nimmt, das aber als Wissen über den ganzen Menschen eine Gewissheit im Umgang mit den frühesten menschlichen Lebensstadien implizieren könnte.

3.1.4 Der Mensch im Spannungsfeld zwischen philosophischem und theologischem Wissen

Aufgrund ihrer – aus theologischer Sicht – unterschiedlichen Betrachtungsweisen können Theologie und Philosophie nicht übereinkommen. Die Philosophie ist am irdischen und sterblichen Menschen orientiert, während die Theologie für sich in Anspruch nimmt, den vollkommenen und ganzen Menschen zu definieren.

Luthers Aussage wird durch die Entwicklung der neuzeitlichen, nachmetaphysischen Philosophie bestätigt. Die Philosophie hat eine spekulative Seelenlehre von sich ausgeschieden und beschränkt die Erkenntnis des Menschen – beispielsweise im kantianischen oder utilitaristischen Denken – auf sein irdisches, an Raum und Zeit gebundenes Dasein. Die evangelische Theologie bedarf ihrerseits auch keiner metaphysischen Seelenlehre, aber tritt

13 Das herauszustellen, ist freilich nicht die Absicht der Lutherischen Disputation, sondern vielmehr das nichtige Wissen der Philosophie im Unterschied zur Theologie. Dennoch scheinen mir die kleinen Vorbehalte im Text – dass wir in philosophischer Hinsicht *nahezu* nichts wissen (These 11), die kaum hinreichende Wahrnehmung der stofflichen Ursache (These 12), die „Schemen der Welt" (These 40) – dem philosophischen Wissen einen gewissen Raum zuzugestehen, der ihm auch durch die Theologie nicht genommen wird.

für eine göttliche Beziehung zum Menschen ein, die dessen irdisches Dasein überschreitet.

Ihre Ansicht über den Menschen wird die Theologie der Philosophie nicht einsichtig machen können, weil sie diesen in einem anderen Horizont betrachtet. Das gilt auch für die Diskussion über das Menschsein des Embryos. Die Argumente der Theologie sind wohl der Vernunft – „der allerschönsten und allerherrlichsten Sache" (These 24) – verpflichtet, aber doch von einem Wissen um die göttliche Offenbarung aus entworfen, das durch die Vernunft nicht einsichtig zu machen ist. Die Argumente sind nachvollziehbar, aber doch nur für den wirklich überzeugend, der ihre die Vernunft überschreitende Grundlage teilt. Diese Beschränkung muss die Theologie im Auge haben, wenn sie ihre Argumente zum Embryonenstatus hervorbringt.

Die Theologie hat keine passenden Antworten auf die von der Philosophie aufgeworfenen Probleme. Sie übernimmt durchaus die philosophischen Fragen, aber ihre Antwort führt aus dem Fragehorizont hinaus, weil sie selbst von einem anderen Horizont herkommend argumentiert. In ihrem spezifischen Offenbarungswissen stellt sich die Theologie gegen die Behauptung einer bestimmten irdischen Lebensqualität, durch die ein Mensch erst das Ziel Mensch zu sein erreicht habe. Durch keine innerweltliche Qualität seines Daseins kann er sein Menschsein verwirklichen, sondern nur durch den Glauben an den in Christus offenbarten Gott. Ebenso lässt die Theologie neben dem trinitarischen Gott keine andere Instanz zu, die für sich die Ursprungsmacht über einen Menschen in Anspruch nehmen könnte. Dass Menschen von Menschen geboren werden, impliziert keine Schöpferwürde für den Menschen, sondern identifiziert ihn nur in seiner Gattung.

Aber die Kritik an den philosophischen Möglichkeiten, den Menschen zu verstehen, ist von einer impliziten Kritik der Theologie an ihren eigenen Möglichkeiten begleitet, durch die sie sich selbst begrenzen muss. Zwar definiert die Theologie – wie Luther vollmundig sagen kann – „aus der Fülle ihrer Weisheit den ganzen und vollkommenen Menschen" (These 20), aber der Mensch, den sie definiert, ist nicht aktuell vollkommen, sondern erlangt seine Vollendung erst nach seinem Tod. Die Theologie kann wohl jetzt schon den ganzen und vollkommenen Menschen definieren, aber seine wahre und ursprüngliche Gestalt bleibt ihr aktuell verborgen. In dieser Beschränkung ist die Theologie in gewisser Weise auf die Philosophie zurückgeworfen und teilt mit ihr das Nichtwissen. Beiden Disziplinen ist der Mensch in seiner ursprünglichen Natürlichkeit verborgen.

Luther hat die der Philosophie und Theologie inhärente Grenze in seiner Thesenreihe über die Philosophie umrissen, wenn er die Suche nach der gestaltenden Ursache des Menschen für aussichtslos erklärt, bis der Mensch „sich endlich in der Quelle selbst, welche Gott ist, wahrgenommen haben wird" (These 17).[14] Eine solche Selbstschau im Geist Gottes ist dem sterblichen

14 Vgl. Ebeling, Disputatio de homine, Die philosophische Definition des Menschen, 446.

und irdischen Menschen, der sich philosophisch oder theologisch zu ergründen sucht, nicht möglich.

Es deutet sich ein nicht auflösbares Gegen-, Neben- und Miteinander von Philosophie und Theologie an, wie es auch in der Embryonenstatusfrage zu beobachten sein wird. Die Theologie beansprucht, Ursprung und Ziel des Menschen zu kennen, aber wie der Philosophie ist ihr weitgehend verdunkelt, wie beides dem irdischen Menschsein eingeschrieben ist. Was hier in der Frage nach dem Menschen als irdischer Schatten hinter dem auf den ganzen Menschen ausgreifenden Heil Gottes zurückbleibt, breitet sich umso mehr dort aus, wo es um den Anfang seines irdischen Daseins geht. Dass der Mensch „von der Erde genommen" ist, bleibt weitgehend rätselhaft, weil der Mensch in seiner Abkehr von Gott den aus dem Blick verloren hat, der hier nimmt. Nur im Blick auf den ihm in Christus neu begegnenden Gott gewinnt sein natürlicher Anfang an Kontur, weil er in ihm seinem Schöpfer begegnet.

Aus Luthers grundlegenden anthropologischen Entscheidungen kann eine theologisch gerechtfertigte Grundstruktur des Argumentierens in Fragen des Embryonenstatus vorgezeichnet werden. Spezifisch theologische Argumente verbinden sich mit philosophisch nachvollziehbaren Einsichten zu einer Argumentationslinie. Das ist keine Selbstverständlichkeit – es gibt anthropologische Themen, bei denen die Theologie nahezu den alleinigen Anspruch erhebt und die Abgrenzung zur Philosophie stärker ist. Wenn es etwa um Sinn und Ziel des Lebens geht, wird die Theologie zuerst auf die göttliche Offenbarung verweisen, so wie diese von vielen Philosophen bestritten werden wird. Aber die Frage nach dem Embryonenstatus liegt nicht im direkten Blickfeld der Theologie. Sie ist eine theologische Frage, weil es um das Menschsein überhaupt geht, aber sie ist auch eine philosophische Frage, weil es um die Bestimmung des *irdischen* Menschseins in seiner anfänglichen Entwicklung geht.

Die Bestimmung des embryonalen Menschseins liegt *einerseits* in der Fluchtlinie jener Unterscheidung, mit der in der Lutherischen Disputation die Philosophie die Vernunft als Merkmal des Menschseins im Unterschied zum Tier und sonstigen Dingen bestimmt. Das ist nicht so zu verstehen, als sei erst mit der Entwicklung der Vernunft der Mensch da, aber qua seiner Vernunft reflektiert der Mensch sich als Person, deren Dasein nicht an bestimmte Verstandesleistungen geknüpft ist, vielmehr in spezifischer Weise das Dasein und die Intelligenz eines Tieres transzendiert, ohne seine Verbundenheit mit ihm zu leugnen. Der Mensch wird als Organismus und in seinem personalen Selbstverständnis betrachtet. Die Embryonenstatusfrage betrifft das *äußere* Menschsein, „den Menschen als vernunftbegabtes, mit Sinnen und Körperlichkeit ausgestattetes Lebewesen" (These 1).

Andererseits definiert die Theologie den ganzen Menschen und stellt seine Leiblichkeit und deren Beginn in einen größeren Horizont. Sie verfolgt ein offensives Konzept des Menschseins, wenn Luther betont, dass Paulus ‚Mensch' unbegrenzt verstanden habe, um letztlich die ganze Welt als von Gott abgewandt zu beschreiben (These 34). Aber Gott hat sich des Menschen und darüber hinaus der ganzen Schöpfung in Jesus Christus angenommen. Das äußere Menschsein unterliegt der ‚*inneren*' Bestimmung des Menschen als Gottes bloßer Stoff „zu dem Leben seiner künftigen Gestalt" (These 35).

3.1.5 Die Teilhabe von Theologie und Philosophie an der geschichtlichen Vernunft

Luther stellt in seiner Erörterung Philosophie und Theologie typologisch gegenüber. Im Hintergrund seines Philosophiebegriffs steht allerdings weniger eine ‚Philosophie an sich' als vielmehr die scholastische Rezeption *des* Philosophen: Aristoteles. Seine Philosophie verkörpert die menschliche Weisheit, der die Theologie mit ihrer Reflexion der göttlichen Weisheit gegenübersteht.

Kritisiert Luther die Dürftigkeit und Zufälligkeit philosophisch-menschlicher Weisheit über den Menschen, so ist der polemische Ton nicht zu überhören. Aber man kann eine solche Zuschreibung nicht nur in abfällig-kritischer Weise verstehen. Nimmt man den polemischen Aspekt bei Luther heraus, dann ist mit seinem Verweis auf die Zufälligkeit und Nichtigkeit menschlicher Vernunft auch ihre geschichtliche Dimension angesprochen. Luther hat diese Dimension der Vernunft aufgrund scholastisch-antiker Vorgaben weniger im Blick,[15] aber das Selbstverständnis der Moderne hat sich von der Vorstellung einer ewig gleichbleibenden Vernunft gelöst und versteht sie bei aller Kontinuität in einem geschichtlichen Wandel begriffen.

Vor allem ist zu sehen, dass sich die ehemalige ‚Magd' in ihrer Emanzipation von der Theologie einiges von ihrer alten Herrin mitgenommen hat. Die Philosophie hat sich wohl von scholastischen, auf die Theologie bezogenen Denkmustern gelöst, aber Wege gefunden, jenseits eines Offenbarungsglaubens Einsichten in die menschliche Existenz zu bewahren, die der Theologie immer noch nahestehen. Die Theologie ist ihrerseits immer wieder mit philosophischen Einsichten konfrontiert worden, die sich als ‚christlicher' erwiesen als ihre eigenen Vorstellungen – man denke an den Menschenrechtsgedanken. Sie hat ebenfalls an der geschichtlichen Entwicklung der Vernunft teil und ihr durch die Offenbarung Gottes legitimierter Anspruch kann immer nur mit dem Wissen um die eigene Fehlbarkeit vorgebracht werden.

Die christliche Vorstellung vom Menschen ist in das neuzeitliche Denken eingeflossen und hat allgemeine säkulare Überzeugungen wachsen lassen, die mit den genuin christlichen korrespondieren. So ist die Vorstellung der Würde

15 Luther thematisiert nicht den geschichtlichen Wandel, sondern die grundsätzliche Vergänglichkeit der Vernunft, wenn er der These 40, in der die „Reiche der Vernunft" zu bloßen „Schemen der Welt" abgewertet werden, den Verweis auf 1 Kor 7,31 anfügt, wo Paulus auf das vergängliche Wesen der Welt zu sprechen kommt (siehe oben S. 126).

des Menschen von der christlichen Tradition mitgeprägt worden, aber es bedarf keiner christlichen Glaubensüberzeugung, um für die Würde jedes Menschen einzutreten. Die Theologie trifft also im Bereich der menschlichen Weisheit auch auf Philosophien und allgemeine Vorstellungen, die ihr verwandte Gedanken äußern, aber in anderen Begründungszusammenhängen wurzeln.

Die von Luther geförderte Befreiung der Theologie von den Fesseln einer Philosophie, die den Blick auf wesentliche Inhalte christlichen Glaubens verstellte, hat auch dazu beigetragen, die Philosophie von der Theologie zu befreien. Während in der Lutherischen Disputation Polemik und Abgrenzung das Verhältnis zur Philosophie bestimmen, sieht sich die Theologie in der Neuzeit einer eigenständigen, vielfältigen Philosophie gegenüber, die sie als Spannungsfeld bedarf, um das ihr Eigene sagen zu können. Denn sie lebt von deren Begriffen und Gedanken, durch die sie aufgefordert ist, in ihrer Zeit der christlichen Botschaft eine wissenschaftlich verantwortete Gestalt zu geben. So ist die Theologie durch eine integrative Tendenz gegenüber der Philosophie gekennzeichnet, um sich zugleich von ihr zu differenzieren.

Das veränderte Verhältnis von Theologie und Philosophie ist nur ein Aspekt des neuzeitlichen Emanzipationsprozesses. Mit der Bildung einer bürgerlichen Gesellschaft hat sich ein allgemeines gesellschaftliches Verständnis, ein common sense, herausgebildet, an dem die Kirche als Teil der gesellschaftlichen Institutionen Anteil hat. Ähnlich wie bei der Philosophie entdeckt die Theologie auch im allgemeinen gesellschaftlichen Verständnis ihr Eigenes in fremder Gestalt. Sie muss zur Herausbildung eines christlichen Ethos daran anknüpfen, um die Gesellschaft in ihrem dem Nächsten verpflichteten Ethos zu stärken und zugleich damit und darüber hinaus Raum für die christliche Botschaft zu schaffen, die dem Andern die Liebe Gottes, wie sie in der Erlösungstat Christi Gestalt angenommen hat, vor Augen stellt. Christinnen und Christen handeln weltlich und genuin christlich – und legen darin Zeugnis ab für Christi Handeln in dieser Welt.[16]

Der Geschichtlichkeit der Vernunft bedeutet die Relativität und Bedingtheit sowohl der theologischen wie philosophischen Erkenntnis. Die Theologie selbst hat keine Schöpfungslehre, durch die sie die Embryonenfrage evident und ‚schöpfungsgemäß' beantworten kann, und tastet mit der Philosophie auf dem Boden der geschichtlichen Vernunft nach sicherer Erkenntnis. Beide versuchen an den Eigenschaften und Bezügen des frühesten menschlichen Wesens in ihrer Erkenntnis Halt zu finden und bleiben dabei doch in mancher Hinsicht im Ungewissen. Die Theologie kann dieser Konsequenz in der Embryonenfrage nicht ausweichen, auch wenn sie ihrerseits durch die ihr eigene Erkenntnis *im Glauben* Licht in das Dunkel dieser Frage zu bringen beansprucht.

Dass in der Embryonenfrage keine letzte Klarheit erzielt werden wird, liegt

16 Vgl. dazu Boomgaarden, In zweifacher Verantwortung, 117–120.

aus theologischer Sicht an der Abkehr des Menschen von Gott, welche die ganze Schöpfung mitbetroffen hat. Die Selbsterkenntnis des Menschen ist durch seine Sünde beeinträchtigt. Man kann durchaus die geschichtliche Gebrochenheit, die Vergänglichkeit menschlicher Überzeugungen und Gedanken unter diese Beeinträchtigung rechnen. Unsere Vernunft ist durch Einflüsse geprägt, deren ‚Unvernunft' uns oft genug verborgen bleibt. Was heute in der Embryonenstatusfrage als klar erscheint, mag sich im späteren Rückblick als Verblendung herausstellen.

Dennoch ist diese pessimistische Sicht nur die eine Seite der Medaille. Auf der anderen Seite ist zu betonen, dass die christliche Heilsbotschaft selbst in die Geschichte gekommen, geschichtlich geworden ist und in der Geschichte und in geschichtlicher Gestalt Gewissheiten geschaffen hat, die sich durch die Geschichte hindurchtragen. Das gilt auch für das ‚Leben im Geist', d. h. für das Handeln in der Nachfolge Christi, das durch Gottes Geist seine Ausrichtung erfährt und deshalb nicht aus bloßen Vermutungen und Annahmen gespeist wird, sondern immer wieder nach Klarheit und Gewissheit sucht und sie findet. Darauf ist gerade bei einer Frage zu hoffen, bei der es um Leben und Tod geht, bei der Menschen in große Gewissensnöte kommen können. Hier immer wieder zu der vom göttlichen Geist geschenkten Klarheit in aller geschichtlichen Gebrochenheit zu finden, ist die Aufgabe von Theologie und Kirche.

3.2 Stationen und Positionen der Embryonenstatusfrage in der evangelischen Theologie

Luther hat die evangelische Anthropologie durch sein relationales Verständnis des Menschen geprägt. Nicht eine dem Menschen inhärente Form oder Seelensubstanz definiert sein Wesen, sondern die Beziehung auf den ihm gnädigen Gott. Wie diese Gottesbeziehung des Menschen mit den zwischenmenschlichen Beziehungen zu vermitteln ist, hat in der neueren evangelischen Theologie unterschiedliche Antworten gefunden. Die Gott-Mensch-Beziehung ist für das Menschsein grundlegend, aber ebenso ist menschliches Leben auf den Bezug zu seinesgleichen angewiesen. Wie sind beide Bezüge im Hinblick auf das ungeborene Leben zu gewichten?

Jeder Versuch, den Status menschlicher Embryonen aus evangelischer Sicht zu bestimmen, bewegt sich in einem vorgezeichneten Feld von Positionen, die auf unterschiedliche Weise die relationale Sicht des Menschseins profilieren. An den Tübinger Thesen und dem Ansatz von Christiane Kohler-Weiß lassen sich zwei Möglichkeiten einer Zuordnung beider Relationen aufzeigen. Die Bestimmung des embryonalen Status durch Johannes Fischer, der ebenfalls beide Relationen berücksichtigt, ist in grundsätzliche philosophische Überlegungen eingebettet. In diesem Zusammenhang soll seine Position kritisch gewürdigt werden.

3.2.1 Zwischen der Sorge für das menschliche Leben und der Sorge für seine Menschlichkeit. Die Tübinger Thesen „Annahme oder Abtreibung"

Die relationale Sichtweise des embryonalen Lebens in der evangelischen Theologie und Kirche ist durch die sogenannten Tübinger Thesen aus dem Jahr 1971, die von mehreren Tübinger Professoren der Evangelischen Theologie als Beitrag zur Diskussion über die Revision des § 218 StGB verfasst worden sind, wesentlich befördert worden.[17] Sie drückt sich vor allem in dem Satz „Menschliches Leben ist nur dann menschliches Leben, wenn und sofern es angenommenes Leben ist"[18] aus, der den Embryo in seinem Lebenswert allein von der Annahme seiner Mutter abhängig zu machen scheint. Eine solche pauschale Folgerung würde dem Text aber nicht gerecht.

Ausgangspunkt der Argumentation ist die Rechtfertigung des Menschen durch Gott als theologische Definition des Menschen. Die Annahme des Menschen durch Gott verpflichtet die menschliche Gesellschaft „zum Schutz jedes menschlichen Lebens".[19] Die Annahme menschlichen Lebens setzt dieses nicht erst in seinem Wert, sondern findet es vor und ist aufgefordert, ihm in Menschlichkeit zu begegnen.

Das menschliche Leben wird in den Thesen ausdrücklich als ein geschichtliches verstanden. Seine Geschichtlichkeit hält es in einem ständigen Werden. Deshalb kann es kein Menschsein ab einem bestimmten Zeitpunkt geben, dem ein bloßes Menschwerden vorausgeht. Nur in einem rein nominellen Sinne kann „man erst von einem bestimmten – allerdings umstrittenen – Zeitpunkt an den werdenden Menschen einen Menschen" nennen.[20] Als geschichtliches Wesen ist der werdende Mensch immer schon Mensch. Der Anfang des werdenden Lebens wird von den Autoren im „menschlichen Akt der Zeugung (Empfängnis)" gesehen.[21] Von diesem Zeitpunkt an gebührt dem menschlichen Leben als werdendem Menschen Schutz. Die Begründung für die Gleichsetzung von werdendem und seiendem Menschen ist im Rechtfertigungsgeschehen zu suchen, das den Menschen in seinem Wesen geschichtlich sein lässt:

17 Für eine ausführliche Interpretation des Dokuments im Kontext seiner Zeit siehe Kohler-Weiß, Schutz der Menschwerdung, 133–174.

18 Jüngel u. a., Annahme oder Abtreibung, 171.

19 Ebd., 168.

20 Ebd.

21 Ebd., 169.

Der durch das Ereignis göttlicher Rechtfertigung definierte Mensch ist in dem Sinne geschichtlich, daß er nicht Mensch ist, ohne es zu werden. Der Mensch wird, solange er ist.[22]

Von Gottes rechtfertigendem Handeln ausgehend ergibt sich also nicht nur die Bestimmung menschlichen Lebens durch die Annahme seitens Gottes und der dazu aufgeforderten Menschen, durch die seine *Menschlichkeit* verbürgt wird, sondern auch seine *Geschichtlichkeit*, die den Menschen einen werdenden sein lässt. Diese Einsicht in die Struktur menschlichen Lebens erlaubt es, den Satz „Menschliches Leben ist nur dann menschliches Leben, wenn und sofern es angenommenes Leben ist" in einer zweifachen Weise zu lesen.

Weil der Mensch nicht nur durch die *Menschlichkeit* konstituiert wird, sondern auch durch seine *Geschichtlichkeit*, macht nicht allein seine Annahme ihn erst zu einem solchen, sondern sein mit dem Akt der Zeugung beginnendes Werden. Von daher weisen die Autoren die Behauptung einer „freie(n) Verfügbarkeit des Menschen, insbesondere der werdenden Mutter über ihre Leibesfrucht", zurück.[23] Menschliche Annahme gehört zum menschlichen Leben dazu, aber konstituiert es nicht alleine.

Auf dem Hintergrund eines möglichen Konfliktes zwischen den beiden Konstitutiva des menschlichen Lebens, seiner Geschichtlichkeit und Menschlichkeit, „zwischen der Sorge für das menschliche Leben und der Sorge für die Menschlichkeit des menschlichen Lebens"[24], eröffnet sich dennoch die Möglichkeit, aufgrund einer nicht zu verwirklichenden Annahme das menschliche Leben in seinem schon geschichtlichen Werden und seiner Lebendigkeit preiszugeben. Menschlichkeit ist conditio qua non: wenn das Konstitutivum der Menschlichkeit dem menschlichen Leben fehlt, scheint die es mitkonstituierende Geschichtlichkeit in ihrer Bedeutung zurückzutreten:

Nicht schon die physische Zeugung, sondern erst die menschliche Annahme macht Leben als menschliches Leben möglich.[25]

Menschliche Annahme konstituiert nicht allein das menschliche Leben, aber ohne sie gibt es kein menschliches Leben. Die nicht erzwingbare Sorge um die Menschlichkeit macht im Falle ihrer Verweigerung menschliches Leben unmöglich:

Nicht angenommenes Leben führt zu Krankheit, Aggression und Tod.[26]

Ohne Menschlichkeit ist die bloße Lebendigkeit unmenschlich und sinnlos. Doch könnte man fragen, ob bei einer nicht möglichen „Menschlichkeit des

22 Ebd.
23 Ebd., 171.
24 Ebd., 169.
25 Ebd., 172.
26 Ebd., 171.

menschlichen Lebens“ noch die „Sorge für das menschliche Leben“ bliebe.[27] Dafür spräche die Geschichtlichkeit menschlichen Lebens. Weil menschliches Leben stets im Werden ist, kann es keinen Zeitpunkt geben, an dem eine bestehende oder fehlende menschliche Annahme über seine Existenz entscheidet. Im Werden begriffen mag sich menschliches Leben auch später erfüllen.

Die Autoren sehen den Schwangerschaftskonflikt in seiner ethisch relevanten Gestalt durch den bisherigen Gedankengang noch nicht erfasst und nehmen einen weiteren Aspekt hinzu, der mit dem Gedanken der Menschlichkeit eng zusammenhängt. Zu einer „Anthropologie der Annahme“ gehört auch eine „Ethik der Gemeinschaft“.[28] Wo Menschen sich nicht einander annehmen, wächst keine Gemeinschaft. Einer Annahme des Anderen steht die absolute Selbstverwirklichung entgegen:

> Die Forderung nach unbedingter Bewahrung werdenden Lebens stimmt mit der Forderung nach unbedingter Selbstbestimmung der Mutter darin überein, daß damit jeweils das Prinzip absoluter Selbstverwirklichung des Menschen - entweder des Ungeborenen oder der Mutter - vertreten wird.[29]

Dieser Satz dürfte die größten Probleme aufwerfen. Dass das Prinzip absoluter Selbstverwirklichung sowohl der unbedingten Bewahrung werdenden Lebens als auch der unbedingten Selbstbestimmung der Mutter gemeinsam sei, ist eine Abstraktion, die der Realität eines Schwangerschaftskonflikts nicht gerecht wird. Von einer absoluten Selbstverwirklichung kann bei dem werdenden Leben schlichtweg keine Rede sein - ganz im Gegenteil: ist doch anzunehmen, dass dieses menschliche Leben die Gemeinschaft mit der Mutter suchen wird. Und ob andere es unbedingt bewahren wollen, ändert nichts an dem Befund. Auch die unbedingte Selbstbestimmung der Mutter wird man im konkreten Fall selten antreffen.

Trotz dieser argumentativen Problematik in der Deutung des Schwangerschaftskonflikts haben die Autoren einen grundlegenden, relational orientierten Entwurf zur Bestimmung werdenden menschlichen Lebens vorgelegt. Die am Anfang der Tübinger Thesen herausgestellte „Annahme des menschlichen Lebens durch Gott und deshalb durch Menschen“[30] ist der Maßstab für die Beurteilung des Schwangerschaftskonfliktes. Mit der im Rechtfertigungsgeschehen verankerten Begründung wird ein spezifisch evangelisches Profil für die Argumentation gewonnen, auch wenn die genauere Zuordnung göttlicher und menschlicher Annahme in der Konstitution des Menschen durch Menschlichkeit und Geschichtlichkeit Fragen offen lässt. Bei Luther bezieht sich die Formulierung vom Menschen in seinem Werden

27 Siehe oben Anm. 24.
28 Jüngel u. a., Annahme oder Abtreibung, 172.
29 Ebd.
30 Ebd., 168.

primär auf den *glaubenden* Menschen, der durch die Rechtfertigung Gottes zu einem Menschen zeitlebens *wird.* In den Tübinger Thesen wird das Werden des glaubenden Menschen zum jeden Menschen konstituierenden geschichtlichen Werden transformiert. Es ergibt sich quasi eine zweifache Rechtfertigung des Menschen. Zum einen ist jeder Mensch als natürlich werdender von Gott gerechtfertigt und darin als Mensch angenommen. Zum andern ist jeder Mensch in seinem Menschsein auf die Annahme durch den Mitmenschen angewiesen, die aus der göttlichen Rechtfertigung des Menschen folgt und ihn erst zum Menschen macht.

3.2.2 „Vom Zusammenwirken Gottes und der Frau bei der Menschwerdung". Menschwerdung im Verständnis Christiane Kohler-Weiß'

Christiane Kohler-Weiß hat in ihrem im Jahr 2003 erschienenen Buch „Schutz der Menschwerdung. Schwangerschaft und Schwangerschaftskonflikt als Themen evangelischer Ethik" wichtige Stationen in der Beurteilung des Schwangerschaftsabbruchs durch die evangelische Theologie – u. a. die Tübinger Thesen – differenziert beschrieben und kritisch gewürdigt. In einem weiteren Teil ihres Werkes legt sie eine eigene theologische Bewertung des Schwangerschaftskonflikts vor.

Ihre Position ist geprägt vom Vorrang der göttlichen Annahme des Menschen gegenüber jeder menschlichen Annahme:

> Die Annahme des Menschen durch Gott und damit seine Menschlichkeit ist unmittelbar mit seiner Lebendigkeit gegeben. Die Annahme durch Menschen muss als ein nachfolgendes Handeln in Entsprechung zum Handeln Gottes gedacht werden.[31]

Für dieses nachfolgende Handeln ist das freie menschliche Ja erforderlich. Nur so kann Gottes Handeln entsprochen und damit der Sinn der Schwangerschaft, der in der Erfahrung unserer Geschöpflichkeit besteht, erfüllt werden.

> Dem freien Ja, mit dem Gott einen Menschen ins Leben ruft, korrespondiert die Zufälligkeit einer Befruchtung im Zusammenspiel mit dem freien Ja der Eltern, insbesondere der Mutter, zu diesem Kind.[32]

Die mit Gottes Freiheit korrespondierende Freiheit der Eltern schließt die Möglichkeit ein, sich der Schwangerschaft zu verweigern. Um den Status des Embryos vor und nach seiner Annahme oder Ablehnung insbesondere durch die Frau zu verstehen, ist der eigentümliche Anfang von Personen zu berücksichtigen.[33]

31 Kohler-Weiß, Schutz der Menschwerdung, 362.

32 Ebd., 361.

33 Kohler-Weiß greift hier auf Überlegungen von Wucherer-Huldenfeld, Beginn und Anfang des menschlichen Daseins, zurück. Wucherer-Huldenfeld unterscheidet Anfang und Beginn.

Weil Gott mit der Lebendigkeit des embryonalen Lebens schon den Anfang eines Menschen setzt, begegnet der Frau in ihrer Schwangerschaft immer schon eine Person *in statu nascendi*. Aber Anfangen ist selbst ein Prozess, dessen „spezifisch menschliche Anfänglichkeit darin besteht, dass unsere Eltern den Anfang mit uns wagen".[34] Entscheidet sich die Mutter für ihr Kind, gibt sie der Person in statu nascendi zugleich einen Status, der einem geborenen Kind entspricht. Entscheidet sich die Mutter gegen ihr Kind, „wird die Person in statu nascendi zu dem, was sie außerhalb des Lebenszusammenhangs mit ihrer Mutter ist, nämlich potentielle Person".[35] Es kommt zu einem Perspektivwechsel, zu einer theoretischen Wahrnehmung des werdenden Lebens, die aber die – potentielle – Personalität des Embryos oder Fötus nicht mindert. „Er bleibt ein Kind, das sie nicht haben konnte."[36]

Kohler-Weiß präzisiert weiter das in den Tübinger Thesen nur teilweise geklärte Verhältnis zwischen menschlicher und göttlicher Annahme, zwischen der Sorge für das menschliche Leben und der Sorge für die Menschlichkeit. Gottes Annahme macht den Menschen zur Person in statu nascendi und die Schwangere im positiven Fall zur ‚gewordenen' Person, die einem schon geborenen Kind entspricht.

Kohler-Weiß' Verdienst liegt darin, das Phänomen der Schwangerschaft in seiner Bedeutung für die ethische Betrachtung des Schwangerschaftskonflikts gewürdigt zu haben. Der schwangeren Frau wird erst im Verlauf ihrer Schwangerschaft das Kind zu einem Gegenüber. Sie ist an der Entscheidung über die Personalität ihres Kindes beteiligt, ohne dass ihr diese allein zustände.

Hier liegt m. E. auch das Problem ihres Entwurfes. Gott und Mensch sind in einer tendenziell synergistischen Weise an der Personbildung des ungeborenen Lebens beteiligt. Gott ruft die Person ins Werden, andere menschliche Personen machen sie zur ‚gültigen' Person.

Während in den Tübinger Thesen zwischen einer Person im Werden und einer ‚gültigen' Person streng genommen gar nicht unterschieden werden konnte, weil jede Person im Werden ist, wird hier nun beides nicht nur nominell, sondern ethisch bedeutsam differenziert. Die schon in den Tübinger Thesen nicht durchgehaltene Einheit von Menschlichkeit und Lebendigkeit löst sich weiter auf. Diese Tendenz ist der mehr an der Natur der Schwangerschaft ausgerichteten systematischen Betrachtung geschuldet.

Die Botschaft der Rechtfertigungslehre, dass der Mensch durch die göttliche Rechtfertigung sein Menschsein – und das schließt seine Menschlichkeit

Der Beginn steht für den Moment des Beginns einer zeitlichen Abfolge, während Anfang „die Eröffnung eines Ganzen in seinem Sein, Ganzseinkönnens, in seinem konkreten Wesen" (256) meint. Wucherer-Huldenfeld selbst plädiert dafür, „daß der Anfang des Menschen wohl innerhalb der frühesten Embryonalstadien unbestimmt und unbestimmbar bleibt" (262).

34 Kohler-Weiß, Schutz der Menschwerdung, 364.

35 Ebd., 365.

36 Ebd.

ein – empfängt und nicht von anderen Menschen, scheint nur in begrenzter Weise auf den Schwangerschaftskonflikt anwendbar.

3.2.3 Zwischen etwas und jemand. Johannes Fischers kategoriale Differenzierungen im Hinblick auf den Embryo

Menschliches Leben und personales Menschsein

Die vielleicht profilierteste Stellungnahme seitens der evangelischen Theologie in der gegenwärtigen Diskussion um den Embryonenstatus hat Johannes Fischer vorgelegt.[37] Er sieht in den bioethischen Voten der evangelischen Kirche jüngerer Zeit einen Traditionsbruch sich vollziehen. Habe man bisher faktisch menschliches Leben, unter das Embryonen einzuordnen sind, und Menschen unterschieden, werde nun diese Differenz eingeebnet zugunsten eines Würdeschutzes für das vorgeburtliche Leben.[38] Für Fischer führt diese Gleichsetzung zu einer rein biologisch definierten Daseinsauffassung des Menschen. Das biologische Menschsein begründe den Würdeschutz – damit aber argumentiere man wie die Gegner einer embryonalen Würde, die empirische Fakten wie Empfindungsfähigkeit und Bewusstsein zu ausschlaggebenden Kriterien erhöben.[39]

Von beiden Auffassungen will sich Fischer absetzen durch seine Unterscheidung von menschlichem Leben und personalem Menschsein, die keine biologische Differenz bezeichnet, sondern in der Vorstellung einer vom menschlichen Erkennen unabhängigen natürlichen Welt und einer in Anerkennung und Achtung gegründeten sozialen Welt wurzelt.[40]

Dabei handelt es sich um einen kategorialen Wahrnehmungsunterschied. Aus feststellbaren natürlichen Eigenschaften, die das menschliche Leben ausmachen, kann kein Personsein abgeleitet werden.[41] Eigenschaften sind vorhanden und gehören in den Bereich der theoretischen Erkenntnis, während Personen hingegen anwesend oder abwesend sind. Personen sind nicht feststellbar, sondern nur intuitiv wahrnehmbar.

Der Begriff der Intuition besitzt eine grundlegende Bedeutung in der theologischen Ethik Fischers, weil unsere Erkenntnisse, Urteile und Überzeugungen durch intuitive Wahrnehmung erst entstehen.

> Wir urteilen gar nicht aufgrund der feststellbaren Merkmale einer Situation, sondern unter dem Eindruck und der Wirkung einer erlebten Situation.[42]

37 Zu Fischers Position vgl. Kohler-Weiß, Schutz der Menschwerdung, 229–307.
38 Fischer, Menschenwürde und Anerkennung, 25 f.
39 Ebd. 34 f.
40 Ebd. 28 f.
41 Fischer, Theologische Ethik, 172.
42 Ebd. 126.

Die Intuition ist sowohl von der Ausrichtung der Person auf die jeweilige Situation als auch von der erlebten Situation selbst bestimmt. Die personale Ausrichtung wird von Fischer als eine geisthafte verstanden, die den Menschen in unterschiedlicher Weise in seiner Lebensführung orientieren kann. Für Christinnen und Christen ist es der Geist der Liebe, durch den Gott sie in ihrem Handeln leitet. In der intuitiven Wahrnehmung einer anderen Person wird diese nicht als Objekt, wie es der theoretischen Erkenntnis entspräche, von mir distanziert, sondern als teilnehmende Person einer auch mich umfassenden Persongemeinschaft geachtet. Personalität ist nur in Gemeinschaft manifest, wo Menschen miteinander kommunizieren. Die Teilhabe an einer Persongemeinschaft konstituiert die jeweilige Person. Eine Persongemeinschaft zeichnet aus, „dass *in* solcher Kommunikation Personen nur *von sich selbst her* Bestimmtheit gewinnen können als die Personen, die sie sind, und mithin als jemand in Erscheinung treten, der seinen Stand in sich selbst hat".[43]

Embryo als Person?

Kann von diesem Verständnis personalen Daseins her gesehen der Embryo als Person geachtet werden?

Fischers Antwort fällt differenziert aus, weil es sich bei diesem Wesen um einen werdenden Menschen handelt, dem als noch nicht daseiendem, noch nicht gewordenem kein Personstatus zugesprochen werden kann, aber doch als im Werden schon daseiendem Würde gebührt.[44] Die Geburt eines Menschen markiert für Fischer die entscheidende Zäsur im Übergang zum Personsein. Personales Dasein knüpft nicht an bestimmte Eigenschaften, sondern an eine Intuition an, die jeder Isolierung von Eigenschaften vorausliegt. Es ist vor allem das Antlitz des Anderen, das unsere personale Intuition auslöst, aber nicht begründet.[45] Durch seine Geburt tritt der Mensch in die Persongemeinschaft ein.[46] Allerdings sieht Fischer hierin nur eine traditionelle Festlegung, die nicht ein für alle gültiges Datum ist. Es gehört für ihn

> zum Wesen der menschlichen Person, dass ihr Eintreten in den gemeinsamen Lebensraum [...] nicht fest-stellbar ist. Jede diesbezügliche Festlegung ist ein Verfügen über etwas, das prinzipiell dem menschlichen Verfügen entzogen bleiben muss.[47]

Deshalb hat es nach Fischer selbstverständlich sein Recht, wenn eine schwangere Frau den in ihr werdenden Menschen schon in einem frühen

43 Ebd. 172, Anm. 194 (Hervorhebung im Original).
44 Fischer, Vom Etwas zum Jemand, 12.
45 Fischer, Theologische Ethik, 172.
46 Fischer, Aktive und passive Sterbehilfe, 80.
47 Fischer, Über moralische und andere Gründe, 156.

Stadium als ihr Kind ansieht und ihn sozusagen ‚personalisiert'. Der Grund dafür liegt für ihn in einer Vorwegnahme des Entwicklungsziels, so dass wir

> vom vorweggenommenen Ende dieser Entwicklung her mit dem ‚etwas' des Embryos den an diesem selbst nicht aufweisbaren ‚jemand' [verbinden], der im Verlauf der Schwangerschaft und dann mit der Geburt als Person in Erscheinung treten wird.[48]

Wenn Fischer vom Werden des Menschen im Sinne der Person spricht, dann sind daran entsprechende Entwicklungsmöglichkeiten geknüpft, die in der Sphäre des Biologischen verankert sind. Wenn sie nicht für eine Entwicklung zu einem geborenen Menschen gegeben sind, kann nicht von einem werdenden Menschen gesprochen werden.[49] Dem Embryo ist höchstens eine Würde des menschlichen Lebens zuzugestehen, die aber anders als die Menschenwürde keine Rechte beinhaltet, sondern nur einen gewissen Schutz vor bestimmten Praktiken.

Fischer weitet diesen Gedanken auch auf überzählige Embryonen aus, die durch die Reproduktionsmedizin entstehen.[50] Da ihnen die Voraussetzungen zum Geborenwerden fehlen, können sie nicht einem für die Geburt bestimmten Embryo gleichgesetzt werden, dem die Entwicklungsmöglichkeiten auf künstlichem oder natürlichem Wege bereitgestellt werden. Dass wir es sind, die bei der künstlichen Befruchtung den Embryo erzeugen und somit an den fehlenden Entwicklungsmöglichkeiten ‚schuld' sind, setzt keinen prinzipiellen Unterschied zum verschwenderischen Umgang der Natur mit Embryonen. Die neuen Möglichkeiten rühren allerdings „an eine im kulturellen Bewusstsein tief sitzende und letztlich auf religiöse Wurzeln zurückgehende Überzeugung, nämlich die Überzeugung von der Unverfügbarkeit und Gott- oder Naturgegebenheit des Beginns des Lebens eines Menschen".[51]

Wenn Embryonen ohne Entwicklungsmöglichkeiten der Status des werdenden Menschen abgesprochen wird, so dass sie sich nie als Person zeigen können, wie beurteilt dann Fischer den Status von Menschen, die aufgrund von Krankheit oder Behinderung hinter dem Status einer sich zeigenden Person zurückbleiben? Solchen Menschen ist zu unterstellen, dass sie sich als Personen bestimmen würden, wenn sie könnten.[52] Von daher sind sie als Personen zu achten. Dass sich Personen von sich selbst her als solche in der Kommunikation zeigen können, ist also kein notwendiges Kriterium. Die Teilhabe an der Persongemeinschaft kann auch gegeben sein, wenn sie von der

48 Fischer, Von Etwas zum Jemand, 12. Vgl auch ders., Die Schutzwürdigkeit menschlichen Lebens in christlicher Sicht, 40: „Die Entwicklung des Menschen als Person ist mit anderen Worten auf einen Vorschuss seitens der Gemeinschaft existierender Personen in dem Sinne angewiesen, dass er als Person betrachtet wird, schon bevor er sich als diese erweisen kann."

49 Fischer, Von Etwas zu Jemand, 12.

50 Ebd.

51 Fischer, Menschenwürde und Anerkennung, 26.

52 Fischer, Theologische Ethik, 171 f.

einzelnen Person nicht aktuell einzulösen ist. Von einer Person ist aber streng genommen erst dann zu sprechen, wenn sie geboren ist.

Vom Etwas zum Jemand?

Fischers Ansatz zeichnet aus, dass er aus grundsätzlichen Überlegungen zur evangelischen Ethik geschöpft ist, die ein umfassendes Verständnis von Wirklichkeit skizzieren. Es geht um eine konsequente „Entkoppelung der Sphäre von Glaube und Wissen"[53], die sich bei der Embryonenstatusfrage in der Unterscheidung von intuitiver Personwahrnehmung und biologischer Menschenbetrachtung widerspiegelt. Der Personbegriff stammt aus der theologischen Tradition und ist von jeglicher biologischen Überformung frei zu halten. Aber gelingt dies Fischer?

Fischers Ausführungen zum Personbegriff stehen teilweise in Nähe zu den Ausführungen Robert Spaemanns und kommen doch in der Statusfrage zu einem entgegengesetzten Ergebnis.[54] Der Vergleich beider ist für die Beurteilung der Position Fischers hilfreich. Einer von Fischers Beiträgen ist überschrieben mit dem Titel „Vom Etwas zu Jemand" und man fragt sich, ob dieser Titel so glücklich gewählt wurde, da ein solcher Übergang aufgrund der unterschiedlichen Perspektiven gar nicht möglich sein kann. „Die Erforschung von etwas führt nicht zu jemand."[55] Der Übergang ereignet sich nur dort, wo proleptisch die Eltern das ‚Etwas' des Embryos schon zu Jemandem machen. Spaemann und Fischer stimmen darin durchaus überein, dass

> [d]ie Anerkennung als Person [...] nicht erst die Reaktion auf das Vorliegen spezifisch personaler Eigenschaften sein [kann], weil diese Eigenschaften überhaupt erst auftreten, wo ein Kind diejenige Zuwendung erfährt, die wir Personen entgegenbringen.[56]

Doch nimmt für Spaemann die Mutter in der personalen Zuwendung zu ihrem ungeborenen Kind nicht etwas vorweg, sondern erkennt sein personales Existieren aus eigenem Ursprung an, das dem konkreten Akt der Anerkenntnis vorausgeht. Es ist höchstens die Manifestation des Personseins, sein Kommunizierenkönnen, das die Mutter im Reden zu dem noch nicht verstehen könnenden Ungeborenen vorwegnimmt. „Aus etwas *wird nicht* jemand"[57] – auch nicht durch unsere personale Zuwendung.

Spaemanns Ansatz erscheint konsequenter, weil er keinen Wechsel zwischen einem distanzierenden theoretischen Erkennen von etwas und einem

53 Ebd.
54 Zu Fischers Rezeption Spaemanns siehe Theologische Ethik, 166, Anm. 190.
55 Fischer, Vom Etwas zum Jemand, 12.
56 Spaemann, Personen. Versuche über den Unterschied zwischen ‚etwas' und ‚jemand', 256.
57 Ebd., 261 (Hervorhebung im Original).

personalen Anerkennen zulässt. Die Person wird gleichsam entdeckt. Fischer beschreibt dagegen einen Übergang von etwas zu jemandem. Einerseits ist klar, dass die Aufnahme des Ungeborenen in die soziale Welt nicht seinen natürlichen Eigenschaften geschuldet ist, sondern der „lebensweltlichen Wahrnehmung“,[58] andererseits ist diese Wahrnehmung an konkrete Voraussetzungen der Entwicklungsfähigkeit geknüpft. Wie sind diese mit der personalen Wahrnehmung zu vereinbaren? Solche Voraussetzungen sind nur aus einer theoretisch-distanzierenden Sicht zu eruieren.

Fischers Bemühen, seinen Ausgangspunkt beim sozialen Begriff des Menschen zu nehmen, wird durch solche Voraussetzungen konterkariert und rückt seine eigene Position in die Nähe der von ihm kritisierten biologistischen Menschenbilder.

Zwischen die beiden Sichtweisen der Biologie und der zwischenmenschlichen Kommunikation scheint sich die ‚empirische‘ zu schieben, wenn „aus rein empirischen Gründen“[59] beim Embryo nicht von einem werdenden Menschen gesprochen werden kann. Eine solche Perspektive dürfte auch dem Argument zugrunde liegen, dass bei einer Ausweitung des personalen Menschseins eine „kategoriale Differenz“ überspielt werde:

> Ein Mensch *ist* nicht sein Organismus, sondern er *hat* einen Organismus. Embryonen demgegenüber *haben* keinen Organismus, sondern sie *sind* organismische Entitäten. Daher können menschliche Embryonen nicht Menschen sein.[60]

Die Folgerung ist deshalb nicht einsichtig, weil es gute Gründe gibt, den Menschen sowohl im Sinne eines Habens als auch eines Seins seines Organismus zu verstehen.[61] Die Distanz zu meinem Organismus oder zu meiner Natur ist nicht immer gegeben. Es zeichnet mein Menschsein ebenso aus, dass ich gleichsam in meine Natürlichkeit, in mein organismisches Dasein ‚versenkt‘ bin. Dass der Mensch im embryonalen Zustand sich noch nicht zu sich verhalten kann, braucht keineswegs gegen sein personales Menschsein zu sprechen.

Auch Fischers Unterscheidung zwischen der natürlichen Welt, die als unabhängig vom menschlichen Erkennen und Anerkennen vorgestellt wird, und der sozialen Welt, die in Anerkennung und Achtung fundiert ist, kann in seiner markierten Differenz schwerlich überzeugen. Zur Achtung des Anderen könnte gerade seine Unabhängigkeit von meinem Erkennen und Anerkennen gehören, wie Fischers Gedanke des In-sich-selbst-seins von Personen durchaus nahelegt. Indem ich dem Anderen Achtung entgegenbringe, erkenne ich

58 FISCHER, Anerkennung und Menschenwürde, 34.

59 FISCHER, Vom Etwas zum Jemand, 12.

60 FISCHER, Menschenwürde und Anerkennung, 29 (Hervorhebungen im Original).

61 PLESSNER hat diese doppelte Seite des Menschseins in seiner philosophischen Anthropologie eindrucksvoll beschrieben. Personalität ist „ein formaler Grundzug unserer leibhaften Existenz, welche zwischen körperlichem Sein und dem Zwang, dieses körperliche Sein zu beherrschen, das heißt es zu haben, einen Ausgleich finden muß“ (Die Frage nach der Conditio humana, 61).

die Forderung nach Achtung im Anderen selbst fundiert. Die Achtung einander erweist sich so als etwas ‚Natürliches'.

Es stellt sich die Frage, ob die Unterscheidungen zwischen einem natürlichen und einem sozialen Begriff des Menschen, zwischen der biologischen und der zwischenmenschlichen Perspektive so trennscharf durchzuführen sind, wie es Fischer versucht. Deshalb ist die Diskussion um die SKIP-Argumente auch kein Irrweg,[62] sondern bildet in ihrer Unentschiedenheit genau die unumgängliche Schwierigkeit in der Beurteilung ihres Gegenstandes ab. Schon die Beobachtung, dass sowohl der Begriff des Natürlichen als auch der Begriff des Lebens, welcher der Biologie zugrunde liegt, traditionell für Biologie, Philosophie und Theologie bedeutsam sind, weist auf die Schwierigkeit einer ‚sauberen' Abgrenzung hin, die doch immer nur aus dieser oder jener Fachperspektive gezogen werden kann. Ein Übergriff auf die andere Disziplin scheint für das jeweilige Verständnis vielmehr notwendig zu sein.[63]

Geburt als Kriterium theologischer Tradition?

Fischer sieht vom christlichen Verständnis her die Personalität des Menschen darin begründet, dass er „einen Anruf vernehmen und antworten, Werke tun und am Glauben teilhaben kann".[64] Von daher sei der Mensch aus Sicht der evangelischen Theologie von seiner Geburt her gedacht und der werdende Mensch auf sie hin.

Doch diese Beschreibung wird der reformatorischen Tradition nicht gerecht. Bei Luther steht einer solchen Personalitätskonzeption ein Verständnis des Menschen allein aus dem Rechtfertigungsgeschehen entgegen, das nicht an eine bestimmte Fähigkeit oder Qualifikation des Menschen gebunden ist, weil die Rechtfertigung in einem radikalen Sinne bedingungslos ist. Gott führt auch Menschen in sein Heil, die nichts vernehmen und antworten können. Wenn seine Heilsgnade selbst Toten gilt, wieso dann nicht Ungeborenen? Damit ist nicht entschieden, dass alle Embryonen als menschliche Personen zu gelten hätten, aber es ist zu vergegenwärtigen, dass von Gott her Personalität nicht an der Schranke des Geborenseins halt macht.

Fischer hat von seinem theologischen Personverständnis ausgehend den Menschen durch die Beziehung Gottes zu ihm begründet, ja sogar der Lebensbegriff kann für ihn nur von der Teilhabe am Leben des Gekreuzigten und Auferstandenen her theologisch verstanden werden.[65] Wenn Fischer darauf verweist, dass die theologische Tradition die Beziehung zu Gott vom *gebore-*

62 Vgl. FISCHER, Menschenwürde und Anerkennung, 29.

63 Zum Ineinander von Natur- und Personbegriff aus philosophischer Perspektive siehe BECKMANN, Natur und Person vor dem Hintergrund gegenwärtiger bioethischer Grundprobleme.

64 FISCHER, Die Schutzwürdigkeit menschlichen Lebens in christlicher Sicht, 35.

65 Ebd., 34, 45 Anm.18.

nen Menschen her gedacht habe,[66] gesellt sich neben die Begründung durch die Gottesbeziehung noch ein grundlegenderes Kriterium. Menschliches Leben, „in dem sich kein Werden in Richtung auf einen geborenen Menschen vollzieht", erfüllt nicht die entsprechende „Qualifikation".[67]

Die Konsequenz dieses Ansatzes liegt in einer gegenüber Kohler-Weiß abgeschwächten Möglichkeit embryonaler oder fötaler Personalität. Macht dort Gottes Annahme das vorgeburtliche Leben zur Person in statu nascendi und dann die Schwangere diese zur ‚gewordenen' Person, so ist es bei Fischer faktisch der Mensch allein, der das ungeborene Wesen zur Person in statu nascendi macht, während Gott nur noch für eine gewisse Würde des vorgeburtlichen Lebens eintritt.

3.2.4 Die Frage nach dem Embryonenstatus und die Rechtfertigungslehre

Sowohl die Tübinger Thesen als auch die Ausführungen von Kohler-Weiß und Fischer beinhalten eine differenzierte Zuordnung von menschlicher und göttlicher Annahme. Die Geschichtlichkeit des Menschen, sein Werden, das durch die Rechtfertigungslehre definiert ist, bedarf nach den Tübinger Thesen noch der ebenfalls durch die Rechtfertigungslehre begründeten Menschlichkeit, die zwischen den Ansprüchen des werdenden Lebens und der Mutter austariert werden muss. Oder göttliche und menschliche Annahme werden in ein nachgeordnetes Verhältnis gesetzt, wie bei Kohler-Weiß zu beobachten war. Der Annahme des ungeborenen Menschen durch Gott hat noch eine menschliche Annahme zu folgen. Oder man fügt wie Fischer menschliche und göttliche Annahme dahingehend zusammen, dass beide an bestimmte Voraussetzungen menschlicher Entwicklung gebunden sind. Aufnahme in die menschliche Persongemeinschaft und in die Gemeinschaft mit Gott im Glauben finden im strengen Sinne erst ab der Geburt statt.

Eine Schwierigkeit dieser Thesen und Entwürfe scheint mir darin zu liegen, dass sie die Annahme des ungeborenen Lebens durch Menschen von dem theologischen Zentralereignis der Rechtfertigung, der Annahme des Menschen durch Gott, nicht nur sachgemäß abheben, sondern beides auf problematische Weise miteinander in Spannung setzen – und damit auch das davon betroffene ungeborene Leben. So steht neben einer göttlichen Annahme des vorgeburtlichen werdenden Menschen eine von Gott gewollte, aber aus der

66 Die Berufung auf die theologische Tradition dürfte in diesem Punkt eher eine Fiktion sein. Viel eher scheint die Aussage von Kohler-Weiß zuzutreffen, dass Fischers Zuordnung von Personalität und Geburt einen Neuansatz innerhalb der evangelischen Ethik darstellt. „Auch frühere Ethiker sahen die Bedeutung der Geburt, ordneten sie aber stets der theologisch begründeten und biologisch belegten Aussage des ‚Menschseins von Anfang an' unter" (Schutz der Menschwerdung, 305).

67 Fischer, Die Schutzwürdigkeit menschlichen Lebens, 37. Vgl. dazu das Votum in der EKD-Schrift „Im Geist mit der Liebe umgehen" oben S. 27, Anm. 26.

Freiheit des Menschen erfolgende Annahme, durch deren Menschlichkeit das ungeborene Leben erst Mensch sein kann. Oder das von Gott angenommene ungeborene Leben kann als Person in statu nascendi von der Mutter in einen dem geborenen Kind gleichen oder einer potentiellen Person entsprechenden Status überführt werden. Fischer umgeht die Schwierigkeit einer Zuordnung dadurch, dass von einer göttlichen und menschlichen Annahme der wirklichen Person erst nach der Geburt eines Menschen zu sprechen ist. Dahinter dürfte die Sorge stehen, dass eine uneingeschränkte, von keiner menschlichen Annahme sekundierte, bedingungslose Annahme des vorgeburtlichen Lebens durch Gott alle Embryonen zu vollgültigen Menschen erklären müsste, was kontraintuitiv zum Befund der mehrheitlich abgehenden Embryonen wäre und möglicherweise im Fall eines Abtreibungskonflikts den Nöten und Interessen der Frau oder des Paares keinen Raum ließe.

Wie sind göttliche und menschliche Annahme miteinander zu vermitteln, ohne dabei die göttliche Annahme weder an eine bestimmte Qualität menschlichen Daseins zu binden noch durch den Ausgriff auf alle menschlichen Embryonen zu überdehnen? Wie kann das göttliche Rechtfertigungsereignis in den Anfang des Menschseins hineinstrahlen und ein angemessenes Verständnis des Embryos jenseits einer generellen Personalisierung oder Nicht-Personalisierung oder einer bloß menschlich-subjektiven Zuschreibung eröffnen, ohne den werdenden Menschen aus mehreren, im Schwangerschaftskonflikt miteinander konkurrierenden Bestimmungen ‚zusammenzusetzen' oder ihm Grade personaler Bestimmung beizumessen?

4. Aus Gottes Hand. Eine systematische Theologie des ungeborenen menschlichen Lebens

Der im Folgenden entfaltete eigene Entwurf zur Beurteilung des Embryonenstatus aus evangelischer Sicht versucht auf den Boden der Rechtfertigungslehre zurückzugehen und von dort aus wesentliche Einsichten für die Statusdiskussion zu gewinnen. Beide Wege, göttliche und menschliche Annahme voneinander abzuheben oder sie auf Kosten der bedingungslosen Rechtfertigung Gottes zusammenzuführen, verkürzen die sich aus der Rechtfertigungslehre ergebenden Folgerungen und Perspektiven. Es ist richtig gesehen, dass die göttliche Annahme der menschlichen Annahme vorausgeht, so dass die göttliche Annahme auch bei einer Ablehnung durch andere Menschen in voller Weise gültig bleibt, ja dort in einer für einen Menschen schmerzlichen Weise aufleuchtet und ihn in die Nähe des Gekreuzigten stellt. Aber es ist auch zu sehen, dass die göttliche Annahme sich durch Menschen ihren Weg bahnt, die das Wort Gottes in Rede und Tun bezeugen. Die göttliche Annahme des Menschen ist kein überweltliches Prinzip, sondern untrennbar mit menschlicher Sozialität verbunden. Sie geht nicht in ihr auf, sondern ist ihr Grund und ihre Vollendung.

Die folgenden Ausführungen sind zuerst grundlegenden Einsichten evangelischer Anthropologie gewidmet, wie sie schon in der Lutherischen Disputation maßgeblich umrissen wurden. Das Verständnis des Menschen in seiner Ganzheit und seiner Nichtigkeit, wie es besonders in der Taufhandlung zum Ausdruck kommt, wirft Licht auf den Embryonenstatus und das Verhältnis von menschlicher und göttlicher Annahme.

Da sich das Ineinander von göttlicher und menschlicher Annahme an leiblichen Personen vollzieht, ist der Horizont des *natürlichen* Menschseins zu bedenken. Die biologische Betrachtung des Embryos und ihre Bewertung aus theologischer Sicht finden hier ihren Ort. Als äußere Form des in Liebe Anzunehmenden besitzt die biologische Gestalt eine orientierende, aber keine die Annahme normierende Funktion.

Die theologische Beurteilung vollzieht sich im Rahmen der Gesellschaft – und hier der liberalen Bürgergesellschaft –, deren Selbstverständnis in die theologische Urteilsfindung einfließt, mit ihr zusammengeht. Doch liegt der Ausgangspunkt der Theologie in einer Zuwendung Gottes zum Menschen, wie sie sich in Jesus Christus vollzogen hat und sich weiter in seinem göttlichen Geist vollzieht. Die in der Rechtfertigungslehre gründende Theologie menschlicher und göttlicher Annahme gewinnt damit den Charakter eines Zeugnisses für die Gesellschaft, für deren Grundsätze sie aus theologischen

Gründen zugleich eintritt. So ist nach einer angemessenen Vermittlung zwischen evangelischem und allgemein bürgerlichem Ethos zu fragen, die sich nicht darauf beläuft, wie christliche Einsichten in die Gesellschaft zu bringen sind, sondern aus der sich erst die rechte Gestalt des christlichen Ethos ergibt.

In einem weiteren Teil soll mit der In-vitro-Fertilisation ein zentrales Problemfeld der modernen Reproduktionsmedizin aus evangelischer Sicht beleuchtet werden. Die besondere Verfahrensweise der künstlichen Befruchtung bedarf einer eigenen Betrachtung, nicht nur weil mit ihr ein selektiver Aspekt hinzukommt, sondern weil bei ihr auch das Beziehungsgefüge des werdenden Lebens, die Beziehung der Mutter bzw. Eltern und die des behandelnden medizinischen Personals zum werdenden Leben, gegenüber einer natürlichen Schwangerschaft verändert ist.

In den vielfältigen gesellschaftlichen bzw. biomedizinischen Zusammenhängen wird theologisch gesehen neues Leben ‚aus Gottes Hand' empfangen.[1] Sich ankündigender Nachwuchs ist ein Geschenk, dessen Geber Gott ist.[2] Die Mutter, die zum ersten Mal ihr Neugeborenes in den Händen hält, die auf dem Ultraschallbild das neue Leben erblickt, wird in vielen Fällen Dankbarkeit verspüren, auch wenn sie vielleicht keine Vorstellung von dem Geber hat. Gott reicht ihr ein Kind, auch durch die Hände vieler anderer Menschen. Mit dem Verweis auf den eigentlichen Geber ist angedeutet, dass er das Geschenk erst zu solch einem macht, uns personale Gemeinschaft mit werdenden Menschen

1 Der Ausdruck der Hand Gottes hat seinen Anhalt in der Bibel (Jes 66,2: „Meine Hand hat alles gemacht, was da ist, spricht der Herr"). Luther sieht mit der Hand Gottes zugleich die Anwesenheit und Abwesenheit der göttlichen Kraft in allen Dingen beschrieben. „Die Schrift aber lehrt uns, dass Gottes rechte Hand nicht sei ein sonderlicher Ort, da ein Leib solle oder möge sein, als auf einem goldenen Stuhl; sondern sei die allmächtige Gewalt Gottes, welche zugleich nirgend sein kann und doch an allen Orten sein muss" (Daß diese Wort Christi „Das ist mein leib" noch fest stehen, WA 23, 132,19–22, Text behutsam der heutigen Schreibweise angepasst – J.B.). Zum einen ist die göttliche Gewalt für Luther „unbegreiflich und unmeßlich, außer und über alles, das da ist und sein kann". Doch „[w]iederum muß sie an allen Orten wesentlich und gegenwärtig sein, auch in dem geringsten Baumblatt" (WA 23, 132,27–29). Luther betont, dass Gott keine Amtleute oder Engel ausschickt, um etwas zu schaffen und zu erhalten, sondern er selbst am Werk ist und „seine Kreatur sowohl im Allerinwendigsten als im Allerauswendigsten" macht und erhält (WA 23, 134,1 f).

2 Ein Kind ist eine Gabe Gottes, durch die besonders deutlich wird, wie Gott gibt. So tritt einerseits der Geber hinter der Gabe zurück, weil nicht Gott, sondern die Eltern das Kind gezeugt haben. Derridas Hinweis, dass es Gabe nur gäbe, wenn sie als solche von Gabenempfänger und Geber nicht wahrgenommen und augenblicklich vergessen werde (Falschgeld, 24 ff), hat sein relatives Recht, weil alle Aufmerksamkeit dem Kind gehört. Doch scheint andererseits der eigentliche Geber dem Glaubenden im Kind selbst auf – ist es doch Ebenbild Gottes und trägt die Gestalt, in der sich Gott den Menschen offenbart hat. Den Erzeugern des Kindes wird mit ihm nicht etwas hinzugegeben, sondern die Gabe verwandelt sie in Empfänger (vgl. dazu Dalferth, Alles umsonst, 173 ff), macht sie zu Vater und Mutter. Ihnen ist ein Gegenüber geschenkt, eine Gabe, die sie sich nicht aneignen können und sollen, sondern die sie in ihrer Eigenheit achten und fördern dürfen. Das Kind ist eine Gabe, die ihnen nicht gehört, und darin Gabe zur eigenen Hingabe, zur Liebe. Die sich so natürlich ergebende Liebe zum Kind wird zum Anknüpfungspunkt und Übungsfeld für die im Glauben geschenkte Liebe.

schenkt. Die Natur erzeugt keine menschlichen Personen, die uns dann Gott reicht, sondern von ihm her zeigt sich uns das werdende menschliche Wesen als Person. Gott bestimmt den jeweiligen Embryo uns zur Gemeinschaft. Dass uns natürliche und kulturelle Eigenarten dabei Orientierung bieten, gehört zum Geschenk dazu.

Aus Gottes Hand – damit ist einer prinzipiellen Bestimmung embryonalen Lebens gewehrt, die dem oft verborgenen und unterschiedlichen Beginn menschlicher Beziehungen nicht gerecht würde. Aus Gottes Hand ein Kind zu empfangen, erscheint vielleicht besonders schwierig im Kontext einer künstlichen Befruchtung zu glauben. Die Frage der Machbarkeit mit ihren oft geringen Chancen und vielen Risiken scheint ein ‚natürliches‘ Empfangen aus Gottes Hand zu konterkarieren. Die Folgerung liegt nahe, dass Gott schon auf natürlichem Wege ein Kind geschenkt hätte, wenn er es denn gewollt hätte. Aber in den unnatürlichen Gegebenheiten ist Gottes Hand ebenso offen und kann uns das Geplante oder Unwahrscheinliche schenken. Doch ist zu fragen, ob bestimmte Verfahrensweisen den Empfang eines neuen Menschen als personales Gegenüber nicht nur erschweren, sondern mit der Abweisung anderer möglicher Personen verbinden.

4.1 Der natürliche Anfang des Menschen im Licht des göttlichen Anfangs mit ihm

4.1.1 Die Taufe als umfassendes Lebensereignis

Luther vertrat in seiner Disputation über den Menschen die These, dass die Theologie Ursprung und Ziel des menschlichen Lebens kenne. Im Unterschied zur philosophischen Deutung hat sie ein Wissen über den ganzen Menschen. Auch wenn ihr Verständnis nicht abstrakt neben einer gesellschaftlich-philosophischen Deutung steht, sondern mit ihr weithin deren Begrifflichkeiten und Vorstellungen teilt, so ist die Quelle ihrer Aussagen nicht die Vernunft in ihrem historisch gewachsenen Selbstverständnis, sondern die Heilsgeschichte Gottes mit dem Menschen, wie sie in der Bibel bezeugt ist.

Wenn die theologische Tradition über den Anfang des einzelnen Menschen spricht, steht nicht sein natürlicher Beginn, sondern seine Taufe im Mittelpunkt. Das mag befremdlich erscheinen, wird doch die Taufe an einem Menschen vollzogen und erzeugt ihn nicht. Doch ist sie mit Vorstellungen verbunden, die von einer radikalen Neuwerdung des Menschen zeugen. Schon der Akt des Untertauchens, wie er in der Urkirche und heute noch oder wieder in vielen Kirchen praktiziert wird, vollzieht symbolisch den Prozess der Neuwerdung. Paulus hat in Röm 5 die Taufe als ein Mitsterben mit Christus begriffen. Ihre geistliche Bedeutung lässt sie das für Anfang und Ende des menschlichen Lebens gewichtigere Ereignis als Geburt und Tod sein. Sie markiert einen solch radikalen Neuanfang des Menschen, eine Neugeburt des Menschen, dass sie in Kollision mit unseren Intuitionen über den natürlichen Anfang des Menschen gerät:

Wie kann ein Mensch geboren werden, wenn er alt ist? Kann er denn wieder in seiner Mutter Leib gehen und geboren werden? (Joh 3,4)

Durch das Ereignis der Taufe nimmt Gott den Menschen in sein Heilsereignis hinein, wie es sich in Kreuz und Auferstehung Jesu Christi vollzogen hat. So wie Jesus Christus vom Tode auferstanden ist, wird der Mensch durch die Taufe in ein neues Leben geführt.

Darum: Ist jemand in Christus, so ist er eine neue Kreatur; das Alte ist vergangen, siehe, Neues ist geworden! (2 Kor 5,17)

Dem bisherigen Leben des Menschen wird nicht ein geistliches Verständnis beigegeben, sondern es ereignet sich eine Neuwerdung des Menschen, die sein ganzes natürliches Leben durchdringt. Der Beginn des neuen Menschen in der Taufe fügt sich nicht dem natürlichen Ablauf des menschlichen Lebens.[3] Mit der Taufe wird der Beginn eines neuen Lebens markiert, der nicht nur das zukünftige, sondern auch das vergangene Leben des Menschen einschließt. Auch mit seinem vergangenen Leben steht der Mensch nun in einer neuen Beziehung zu Gott. Deshalb ist die Frage nach dem richtigen Zeitpunkt der Taufe nur eine sekundäre. Sicher will gerade die Kindertaufe zum Ausdruck bringen, dass das ganze Leben des Täuflings von Gottes Gnade umfasst wird, aber es wäre ein theologisches Missverständnis, den Zeitpunkt der Taufe möglichst früh zu wählen, damit der Täufling schon früher an der Gnade Gottes Anteil hat. Auch für die Erwachsenentaufe gibt es gute Gründe.

Mit Gottes Heilszusage kommt eine Wirklichkeit in die Zeit, die unser Verständnis von ihr an seine Grenzen führt. Gottes Zeit für den Menschen

3 Doch fällt von der Taufe her Licht auf den wunderhaften Charakter einer ‚natürlichen' Geburt. In der Taufe wird nicht nur das Sterben mit Christus vollzogen, sondern auch die Perspektive der künftigen Auferstehung eröffnet. „In der Gegenwart entspricht der Auferstehung Jesu auf Seiten der Getauften ein ‚Wandeln' (περιπατεῖν) ‚in der Neuheit (καινότης) des Lebens'", während für die Zukunft ihnen die Teilhabe an Jesu Auferstehungsleben verheißen wird (Wolter, Brief an die Römer. Teilband 1: Röm 1–8, 374). Die Hoffnung auf die künftige Auferstehung lässt nach Luther den glaubenden Menschen die Geburt jeglichen Lebens anders ansehen. „Denn wer die Auferstehung der Toten nicht glaubt, der glaubt auch nicht das Wunder der Geburt noch nimmt er es wahr, nämlich, dass ein Mensch vom Menschen, ein Rind vom Rind geboren wird" (Genesisvorlesung, WA 43, 374,22–24). Zwar wird man heute aus naturwissenschaftlicher Sicht die hier mitschwingende, in der Antike und besonders im Judentum verbreitete Vorstellung von dem toten Samen, aus dem Leben ersteht, nicht mehr teilen können (vgl. zur antiken Vorstellung die Auslegung zu Joh 12,24 von Zimmermann, Das Leben aus dem Tod, 808). Doch mag für ein christliches Lebensverständnis das naturwissenschaftlich nicht nachvollziehbare und doch an natürliche Vorgänge gebundene Entstehen einer Person Hinweis auf das Geheimnis ihres Ursprungs sein.

misst sich nicht in der Folge von Stunden, Tagen und Jahren. Sie gibt dem Menschen eine Zukunft, die nicht der Zeitspanne bis zu seinem Tod entspricht, sondern ihn in neuer Weise von Gott her und auf ihn hin leben lässt, in welcher der natürliche Tod keine begrenzende Bedeutung mehr besitzt. Auch der Beginn des Lebens scheint sich in gewisser Weise zu relativieren. Gott hat das rettende Tun Jesu Christi, seine dem natürlichen Menschen verborgene Weisheit schon „vor aller Zeit" zu unserer Herrlichkeit verordnet (1 Kor 2,7) – als ob es uns schon seit Ewigkeit in Gottes Gedanken gegeben hätte. So entgrenzt sich das natürliche Leben des Menschen durch das ihm in der Taufe zugesprochene und zugeeignete neue Leben. Das menschliche Leben nimmt durch die Gottesbeziehung in Christus neue Konturen an, die natürlichen Eckpunkte des menschlichen Lebens verblassen in ihrer Bedeutung. Nicht das, was der Mensch von seiner Geburt an mitbekommen und was er bis zu seinem Tod bewirkt hat, macht sein Leben aus, sondern was Gott an ihm getan hat. Er lebt aus der Rechtfertigung, die er im Glauben an Christus erlangt hat.

In der Taufe wird vollzogen, was den Glauben ausmacht. Gott nimmt den Menschen in seiner Liebe an, ohne dass dieser dafür irgendwelche Voraussetzungen schaffen oder mitbringen muss. Gottes Liebe bedarf nicht des Liebenswerten, einer bestimmten Qualität des Empfängers, an der sie sich erst entzünden kann. Sie ist schöpferisch und macht gerade aus dem nicht Liebenswerten, dem Unkenntlichen und Nichtigen eine neue Kreatur. Luthers Wort von der nuda materia, die Gott zu einer neuen Gestalt formt, beschreibt die Radikalität des göttlichen Handelns.

Man könnte solche Aussagen als Übertreibungen auffassen, die keine tiefere Wirklichkeit zwischen Gott und Mensch beschreiben, sondern eher der Größe Gottes Rechnung tragen wollen. Aber Luthers Fundierung seiner Aussagen in dem Geschehen von Kreuz und Auferstehung, in dem Gott in Jesus Christus den Übergang vom Nichtsein zu neuem Leben für die Menschen vollzieht, lässt keine andere Beschreibung der menschlichen Wirklichkeit zu. Gottes Zuwendung zum Menschen in Jesus Christus, die in Taufe und Glaube bejaht wird, macht den Menschen erst als solchen kenntlich. Er wird zu dem, der er von Gott her ist. Als ein von Gott Geliebter nimmt er ebensolche Gestalt an.

Aus dieser theologischen Sichtweise ist es verständlich, dass die Suche nach einem evidenten Anfangspunkt des menschlichen Daseins erfolglos bleiben muss. Wer der Mensch ist, was ihn ausmacht, bleibt außerhalb des Geschehens von Glauben und Taufe unsicher, zwiespältig und so auch sein Beginn. Dass Gottes Liebe zum Menschen ihn in seinem Wesen ausmacht, wird für den Menschen – nicht für Gott – erst in Glaube und Taufe Wirklichkeit.

Gottes Liebe zum Menschen kommt im Glauben ans Ziel, in dem der Mensch in das Heilsgeschehen von Kreuz und Auferstehung hineingezogen wird. Wenn Gottes Liebe an keine menschlichen Voraussetzungen geknüpft ist, so kann eine aus dem Glauben fließende Ethik der Liebe auch keine solchen kennen. Damit ist paradoxerweise nun doch eine Voraussetzung für die Beurteilung des Menschen gewonnen, die eben in einer radikalen Voraussetzungslosigkeit besteht.

4.1.2 Gottes Heilshandeln an dem leiblichen Menschen

Die Taufe bedeutet in ihrer engen Verbindung mit dem Glauben eine Neuschöpfung des Menschen, die den dem Nichtsein und Vergehen verfallenen Menschen in eine ewige Gemeinschaft mit Gott bringt. Gottes Erwählung der menschlichen Nichtigkeit gibt eine Tendenz vor, die jeder Festlegung einer bestimmten Qualität menschlichen Daseins widerstreitet. Gottes Annahme des nichtigen Menschen richtet einen Maßstab für das Menschsein auf, der aus christlicher Sicht alle anderen menschlichen Maßstäbe des Menschseins außer Kraft setzt oder verbietet.

Das Votum für die voraussetzungslose Annahme jedes Menschen, das dieser theologische Gedanke impliziert, wird wohl weitgehend Zustimmung finden. Aber muss ihm nicht eine vernünftige Betrachtung des Menschseins vorangehen, die es anhand bestimmter Eigenschaften definiert und damit zum Adressaten der Zuwendung erhebt? Wie soll die göttliche Zuwendung allein Maßstab dessen sein, was den Menschen ausmacht? Sind nicht bestimmte natürliche Mindestanforderungen an das Menschsein zu stellen, die es erst zu einem solchen machen, eine feststehende Individualität oder eine irgendwie gegebene Fähigkeit, Interesse zu äußern? Macht die Annahme eines Anderen nicht erst Sinn, wenn dieser seinerseits fähig ist, diese auch anzunehmen? Bedarf Liebe nicht eines Interesses des Anderen, geliebt zu werden?

Luther hat in seiner Theologie Überlegungen ähnlicher Art, die für ihn die Freiheit und das alleinige Wirken der Liebe Gottes eingeschränkt hätten, zurückgewiesen. Nimmt man Gottes Handeln am Menschen als Norm christlicher Liebe, wird sie bisweilen auch den Menschen zu einem Handeln ‚höher als alle Vernunft' führen.

Man könnte fragen, ob die Nichtigkeit des Menschen, derer sich Gott annimmt, nicht in einem rein metaphorischen, ‚geistigen' Sinn zu verstehen ist, von dem eine natürlich-biologische Nichtigkeit abzuheben ist. Der Glaube ist dann eine Form der Sinnerfüllung, die im natürlichen Leben des Menschen Raum nimmt. Eine solche Deutung des Glaubens wird aber dem christlichen Heilsereignis nicht gerecht. Die physische und psychisch-geistige Dimension sind im Handeln Gottes gänzlich miteinander verwoben. Gott bietet in Jesus Christus keine bloße ‚Sinnerfüllung' an, sondern heilt physisch Kranke. Der Tod des Menschen wird nicht als bloß natürliches Ereignis verstanden, sondern als Konsequenz der Sünde. Das zentrale Heilsereignis der Kreuzigung Jesu und seiner Auferstehung in neuer Leiblichkeit ist in seiner physischen Dimension kaum zu überbieten. Gottes Heil gilt dem Menschen in seiner Einheit und Ganzheit.

Die Nichtigkeit des Menschen meint aber auch nicht die Nichtigkeit alles Natürlichen, als ob das Leben des Menschen ‚nichts' wäre, sondern eine Nichtigkeit, die aus seiner Abkehr von Gott folgt und ihn darin in seiner Natürlichkeit, seiner von Gott gegebenen Geschöpflichkeit, betrifft. Die Nichtigkeit des Menschen schließt einerseits dessen natürliche Verfasstheit ein, andererseits ist sie mit ihr nicht gleichzusetzen. So wie sich die Abkehr des Menschen von Gott auf seine Leiblichkeit auswirkt, so ist auch seine Umkehr zu Gott im Glauben ein leibhaftiges Ereignis.

Wenn Jesus Kranke heilt, wird in diesen Ereignissen nicht nur Glaube geweckt, sondern dem Menschen etwas von seiner natürlichen Verfasstheit zurückgegeben. Das Verständnis des Menschen, das, was seiner Natur entspricht, wird in einem tieferen Sinn erfüllt. Der Blinde, den Jesus geheilt hat, sieht die Welt mit ‚neuen' Augen, der geheilte Lahme wird seine neugewonnene Beweglichkeit nicht als natürlich gegeben, sondern als Geschenk leben – mit jedem Schritt und Tritt. Aber auch derjenige Mensch, der nicht sehend wird, der gelähmt bleibt, kann in der Begegnung mit Gott seine Leiblichkeit neu erfahren.[4] Die Berührung mit der Liebe Gottes wird dem Menschen in seiner leiblichen Verfasstheit zum Heil sein, auch wenn er nach unserem Verständnis durch seine Behinderungen nicht die Möglichkeiten der ‚intakten' menschlichen Natur hat.

Sicher haben wir ein natürliches Grundverständnis unserer Leiblichkeit, das durch den Glauben nicht außer Kraft gesetzt wird. Gott kann durch es sein Heil in Heilung und Bewahrung zeigen, aber ist nicht daran gebunden. Zudem ist das Verständnis unserer Leiblichkeit an seinen ‚Rändern' selbst unscharf und fließend. Dass der Mensch ein bestimmtes natürliches Verständnis von seiner Gestalt, seinem Werden, von Krankheit und Gesundheit hat, gibt ihm eine notwendige Orientierung in seiner Lebensführung, aber entzieht sich einer eindeutigen Normierung. Das Verständnis des Natürlichen ist immer zugleich kulturell überformt und eröffnet nicht den Blick für eine überzeitliche, ‚wahre' Natur des Menschen. Es orientiert den Menschen in seinem Dasein, aber zieht keine scharfen Trennlinien. Sei es zwischen Krankheit und Gesundheit oder zwischen Mann und Frau – die Übergänge sind einerseits deutlich, andererseits fließend. Durch die Gottesbeziehung im Glauben kann sich ein neues ‚Einwohnen' in die eigene Leiblichkeit eröffnen, nicht eine theoretische Erkenntnis über ihre ursprüngliche Natürlichkeit, sondern ein praktisches Sich-leiblich-empfangen von Gott her, das immer wieder neu vollzogen wird. „Leiblichkeit ist das Ende der Werke Gottes."[5]

Was bedeutet die voraussetzungslose göttliche Annahme des leibhaftigen Menschen für die Frage nach dem Menschsein embryonalen Lebens?

4 Vgl. z. B. die biographischen Berichte von Wilson, Um Füße bat ich und er gab mir Flügel, und von Lusseyran, Das wiedergefundene Licht.

5 Oetinger, Biblisches und Emblematisches Wörterbuch, 407.

4.1.3 Nichtigkeit und Ganzheit des Menschen

Die mögliche Konsequenz des Rechtfertigungsgedankens könnte darin liegen, die frühesten menschlichen Lebensstadien als vollgültiges Dasein des Menschen anzusehen, weil Gottes Liebe sich nicht an einer Qualität des Menschseins festmacht. Damit scheint sich das eigentliche Problem aber nur zu verschieben.

Zu welchem Zeitpunkt sollen die frühesten menschlichen Lebensstadien angesetzt werden? Es muss schon die Qualität eines Menschen da sein - den dann Gott ungeachtet seines Entwicklungsstandes annimmt. Die theologisch verstandene Nichtigkeit des Menschen kann schwerlich so verstanden werden, dass (noch) kein Mensch da ist. Wenn aber von einem Menschen ausgegangen wird, muss dann nicht eine bestimmte Qualität für sein Menschsein vorausgesetzt werden?

Doch eine solche Bedingung würde den Blick dafür verstellen, dass Gott nicht eine Qualität des Menschseins annimmt, die einen Menschen ausmachen soll, sondern den Menschen in seiner Ganzheit.[6] Gottes Liebe bestimmt den ganzen Menschen. Der Mensch ist als ganzer angenommen und wird durch Gottes Liebe erst ganz. Es liegt an unserem zerrissenen, nicht durch die Liebe Gottes gehaltenen Blick, dass wir den Menschen nach seinen Qualitäten beurteilen - sie machen ihn für uns dann als ganzen aus.

Ganzheit ist ein Begriff, der sich einer empirischen Überprüfung entzieht. Ganzheit ist bekanntlich mehr als die Summe ihrer Teile, bzw. bestimmter Qualitäten. Sicher haben wir Vorstellungen davon, was ganzheitliches menschliches Leben bedeuten kann, und verbinden sie mit einer bestimmten Lebensqualität. Aber die Vielfalt der individuellen Entwürfe und die unterschiedliche Gewichtung der verschiedenen Faktoren lassen keine Normierung zu. Wenn im christlichen Verständnis das menschliche Leben in der Beziehung zu Gott seine ganzheitliche Erfüllung erfährt, dann sind alle Qualitäten, die zu einem ganzheitlichen Menschsein gehören, in diese Beziehung einbezogen. Gottes Zuwendung zum Menschen macht gleichsam die Qualität des Menschen aus. In dieser Zuwendung sind empirische Qualitäten des Menschseins eingeschlossen, sie sind von Gott gegeben. Die Bindung menschlicher Qualitäten an die göttliche Zuwendung verbietet es, isoliert von ihnen her den Menschen zu betrachten. Nicht sie machen den Menschen aus, sondern dessen Gottesbeziehung, in die der Mensch immer als ganzer steht, ohne dass eine bestimmte Qualität seines Menschseins herausgehoben wäre.

So verbindet sich der Gedanke der Nichtigkeit des Menschen mit dem der Ganzheit. Ohne die Beziehung zu Gott würde der Mensch der Nichtigkeit, die in der Konsequenz des Todes ihren Ausdruck findet, verfallen. Aber weil Gottes Heilshandeln bis in den Tod reicht, kann auch das geringste mensch-

6 Vgl. RATSCHOW, Der ganze Mensch; JÜNGEL, Ganzheitsbegriffe - in theologischer Perspektive.

liche Leben von ihm nicht ausgeschlossen werden. Das unfertige, das fragmentarische und das vergehende menschliche Leben sind vom Heil Gottes umfangen und werden in ihm ganz, heil.

In ihrer Radikalität mögen solche Aussagen spezifisch christlich erscheinen, aber damit verbundene Hoffnungen, Ansichten und Einstellungen reichen weit über den christlichen Kontext hinaus. Menschen verstehen ihr Leben nicht als eine zufällige Aneinanderreihung von Ereignissen, sondern erkennen Linien in ihnen, verbinden sie zu einem Ganzen und hoffen darauf, dass auch das Disparate, das Nichtig-Sinnlose ihres Lebens, noch von einem höheren Sinn umfangen ist.

So haben wir in unserer Beurteilung des Anderen ein ‚natürliches Wissen' um seine Ganzheit jenseits seiner Qualitäten, dem man in der Liebe nachspürt. Dieses Wissen stellt sich ebenfalls dort ein, wo eine werdende Mutter das in ihr werdende Leben als ihr Kind liebt und erkennt. Das natürliche Wissen um die Ganzheit eines Menschen, das zwar immer wieder zugunsten der Qualitäten verdunkelt wird, ist zugleich ein kulturell gewordenes Wissen – nicht zuletzt weil darin der Mensch seinen Zusammenhang mit der übrigen Naturwelt übersteigt. Der Mensch steht als ganzer jenseits seiner ihn in die Umwelt einfügenden Qualitäten. In dem Wissen um die Personalität haben die christliche Überlieferung und andere Traditionen diesen Sachverhalt auf den Begriff gebracht.

4.1.4 Der Beginn des ganzen Menschen

Das Wissen um die spezifische Ganzheit einer Person ist in unserer modernen Lebenswelt verankert und doch mit der im Wandel begriffenen Sicht des Menschen immer wieder neu zu verbinden. Die Embryonenforschung hat in den vergangenen Jahrzehnten das vorgeburtliche menschliche Leben dem Dunkel nur grob bekannter und vermuteter Entwicklungsschritte entrissen und für die frühesten Phasen das Bild des individualmenschlichen Entstehens grundlegend verändert. Es finden sich viele Hinweise darauf, dass der Mensch mit der Verschmelzung von Ei- und Samenzelle schon eine Vielzahl von Informationen mitbekommen hat, die dafür stehen können, dass er ‚von Anfang an' als ‚ganzer Mensch' begriffen werden kann. Ebenso sind gewichtige Entdeckungen gemacht worden, die für das Verständnis eines erst in der weiteren Entwicklung ganz Werdenden sprechen.

Gemäß dem Verständnis, dass die Ganzheit des Menschen nicht an einer hinreichenden Selbständigkeit oder Komplettierung von eigenen Qualitäten festzumachen ist, kann eine einseitige Parteinahme im Hinblick auf diese beiden Sichtweisen theologisch nicht überzeugen. Beide fließen wohl in das Verständnis des frühesten Menschseins ein und sprechen einerseits gegen einen fixen Anfangszeitpunkt personalen menschlichen Daseins und andererseits für ein personales Werden ‚von Anfang an'. Der Beginn des menschlichen Daseins ist selbst in eine Lebensbewegung ausgedehnt, in der von vornherein angelegt ist, dass sich in ihr Neues ereignet. In einem maternal-embryonalen Dialog entwickelt sich erst der neue ‚Gesprächspartner'.

Das Datum der Verschmelzung von Ei- und Samenzelle ist aufgrund der neuen Qualität einer relativ selbständigen Einheit zu würdigen, entscheidend aber ist die personale Sichtweise, in der sich mit der Verschmelzung die Bildung einer Einheit vollzieht, die weder der sie zeugenden männlichen noch weiblichen Person zuzuordnen ist. Diese Deutung wurde als eine Art ‚negativer' Identifizierung des neuen Menschen beschrieben. Das Neugewordene zeichnet aus, dass es kein Teil der es Zeugenden ist. Nicht die inhärenten Qualitäten dieses neuen Für-sich-seins machen es zu einer Person, sondern ihre Ganzheit ist von außen gegeben, gezeugt. Die leibliche Einheit der sie Zeugenden, die freilich eine solche nur im personalen Sinne ist, strahlt ab auf das neu Entstehende, lässt es ebenfalls Einheit sein, die aber angesichts der noch bestehenden Verwobenheit mit und Abhängigkeit von dem weiblichen Organismus sich erst ‚positiv' ausbilden muss.[7]

Die neu entstehende Ganzheit ist mehr als die Summe ihrer Teile, weil ihre beiden Teile, aus der sie ‚zusammengesetzt' ist, im Vorgang der Verschmelzung aus personaler Perspektive nicht mehr das sind, was sie von ihrer männlichen und weiblichen Herkunft sind. Deshalb machen Menschen keine Menschen und bestehen nicht aus Fremdteilen, sondern haben Erbanlagen mitbekommen. Mit der Verschmelzung von Ei- und Samenzelle werden diese in *einer* Ganzheit aufgehoben – durchaus im doppelten Hegelschen Sinne verstanden –, durch welche ihre bisherige Bestimmung ausgelöscht und zugleich in neuer Weise fortgesetzt wird. Aus der von ihrer männlichen oder weiblichen Herkunft bestimmten Zelle wird ein Erbgut, das einem neuen ‚Träger' zugehört. Er ist die neue zugrundeliegende Ganzheit, die darin ganz ist, dass sie kein Ausfluss und keine Fortsetzung anderer Personen ist.

Es könnte sich das Unbehagen einschleichen, ob damit der Verschmelzungsvorgang nicht allzu sehr personal ‚aufgeladen' wird. Aber – um es nochmals zu betonen – man wird schwerlich um solch eine Deutung biologischer Ereignisse herumkommen, wenn man Menschen als Personen versteht. Es wurde gezeigt, wie sich auch das Ereignis der Nidation in einem personalen Sinn deuten ließe. Dass hier der Verschmelzung der Vorzug gegeben wurde, liegt an dem leitenden theologischen Gedanken der personalen Ganzheit, die sich nicht aus einem Grad an bestimmten Qualitäten herleitet.

Noch in einem weiteren vertiefenden, spezifisch theologischen Sinn erweist sich die ‚Vereinigung' von Mann und Frau, die dem biologischen Verschmelzungsvorgang seine personale Deutung verleiht, als Wahrheit personalen Seins.

Das Symbol der Vereinigung, aus der Neues entsteht, gibt dem natürlichen Anfang des Menschen seine Evidenz. Zwei Menschen kommen zusammen und durch ihre leibliche Einheit, die ihre Einzelheit aufhebt, entsteht der ‚Abstand'

7 Siehe oben S. 60 ff.

zu einem neuen Menschen. Ein Mensch zeugt sich nicht mittels eines anderen fort, sondern der sexuelle Charakter ihrer Begegnung fordert bzw. fördert die gegenseitige Hingabe und Liebe. Aus der Selbstaufgabe zweier Menschen entsteht ein neuer Mensch. Mag dieses Geschehen in der Realität allzu oft nur flüchtig oder verzerrt erlebt werden, so wird doch eine Sinngebung von Sexualität als Liebe immer wieder gesucht.

Dass Menschen aus einer Beziehung heraus entstehen, die kulturell als Ausdruck von Liebe gilt, dass ihr sich gegenseitiges Aufgeben in der sexuellen Hingabe für den Anderen neues Leben hervorbringt, weist in seinem Bedeutungsgehalt Gemeinsamkeiten mit dem Heilsereignis in Christus auf. Gottes bedingungslose Hingabe in Christus an den Menschen bis in den Tod ist aus Liebe geschehen und hat neues Leben hervorgebracht. Mit dem Hinweis auf diese Analogie ist die Natur des sexuellen Aktes nicht im katholischen Sinn zur vollkommenen und maßgeblichen menschlichen Fortpflanzung erhoben, sondern eine nicht weiter zu ergründende, aber tiefgehende Parallele zwischen göttlicher und menschlicher Liebe beschrieben.

Der Verschmelzungsvorgang von Ei- und Samenzelle ist im besonderen Maße ausgezeichnet, die Entstehung einer neuen Person anzuzeigen. Er bildet die leibliche Entsprechung zur sexuellen Vereinigung zweier Personen und setzt damit den Anfang eines neues Lebens, der nicht wie andere mögliche Einsatzpunkte einer Personentstehung, sei es Gehirnentwicklung, Aktivierung des Genoms oder Nidation, eine bestimmte Qualität des Menschseins vorgibt oder mit ihr verbunden ist.

Diese anderen möglichen Einschnitte stehen zudem vor der Misslichkeit, das zuvor bestehende Wesen irgendwie bestimmen zu müssen, das weder ein organischer Teil des Vaters noch der Mutter ist. Der Versuch, diesen oder anderen späteren Zeitpunkten eine symbolische Kraft zukommen zu lassen, wirkt eher künstlich – dazu sind sie allzu sehr interpretationsbedürftig. Sie bleiben letztlich auf der Ebene pragmatisch getroffener Vereinbarungen oder sind durch eine nicht zu hinterfragende religiöse Tradition bestimmt.

Ein Votum für spätere Einschnitte müsste die natürliche Vorstellung, dass durch die Vereinigung von Mann und Frau, die in der Vereinigung von Ei- und Samenzelle eine neue Einheit schafft, Kinder entstehen, als Täuschung aufklären. Die Eltern würden durch ihre Vereinigung zwar die Voraussetzung für die Entstehung von Kindern schaffen, der eigentliche Entstehungsvorgang wäre aber ein spezielles Ereignis der Implantation oder Achsenbildung im weiblichen Organismus, aus dem Kinder würden.

Die ‚Natürlichkeit' der Vorstellung, dass mit der Keimzellverschmelzung der Mensch seinen Anfang nimmt, zeigt sich im Übrigen darin, dass er allgemein als ein terminus a quo akzeptiert wird, hinter den zurückzugehen jedem natürlichen Verständnis des Menschseins widerstreitet. Das wird besonders in der Diskussion um die Potentialität des Embryos deutlich. Das Argument, dass dort, wo man die Potentialität zum entscheidenden Kriterium macht, auch Samen und Eizelle für schützenswert erklärt werden müssten, will nur das Potentialitätsargument selbst widerlegen. Im Unterschied zu der Zeit nach der Vereinigung von Ei- und Samenzelle ist die Frage nach einem konkreten schützenswerten Menschsein davor absurd.

Tritt die Theologie für ein Personverständnis ein, das aufgrund des Heilshandelns Gottes am ganzen Menschen in einer Ganzheit der Person jenseits spezifischer Qualitäten ihr wesentliches Kriterium hat, so wird sie der ‚qualitätslosen' Verschmelzung von Ei- und Samenzelle als personalem Beginn den Vorzug geben. Aber sie wird weder behaupten, dass jede befruchtete menschliche Eizelle eine Person sei, noch festlegen wollen, dass jede Person ihren Anfang im Verschmelzungsereignis nähme. Der Verschmelzungsakt eröffnet eher den Horizont personalen Werdens.

Das zeigt sich schon bei dem Versuch einer Fixierung eines bestimmten Ereignisses innerhalb des Verschmelzungsvorgangs, der sich als terminus a quo einem genaueren Zugriff entzieht. Zwar kann man durchaus plausible Gründe für die Kernverschmelzung anführen, doch ist sie nur ein ‚Bewegungsausschnitt' einer größeren Vereinigung und in unmittelbar vorausgehende und folgende Ereignisse eingebettet, die ebenfalls als möglicher Anfang gesehen werden könnten. Der Anfangspunkt menschlichen Lebens löst sich in eine Lebensbewegung auf.

4.1.5 Menschsein durch die Liebe Gottes

Die der Entwicklung des Embryos innewohnenden Abstufungen können angesichts der bedingungslosen Liebe Gottes zum Menschen keine die göttliche Zuwendung begrenzenden Barrieren sein. Die Liebe Gottes reicht ohne Abstufung bis an den unergründlichen Anfang jedes Menschen. Durch sie ist er in jeder Phase seines Lebens in höchstem Maße schützenswert.

Das Geschehen zwischen Gott und Mensch ist ein Beziehungsgeschehen, in dem der Mensch zu seinem Wesen kommt. Es ist ein Schöpfungsgeschehen, das auch den geringsten und unkenntlichsten Menschen zu einem wahrhaften, mit Gott in Gemeinschaft stehenden macht. Es ist ein Geschehen der Liebe, das dem Menschen in der Beziehung die Würde wahrhaften Menschseins verleiht. Das göttliche Heilsgeschehen ist nicht als ein bloßer Erkenntnis schaffender Akt zu verstehen, durch den deutlich würde, wie wertvoll ein Mensch für sich gesehen ist.

Das Beziehungsgeschehen zwischen Gott und Mensch ist daher auch nicht im allgemeinen Sinne eines transzendentalen Prinzips menschlichen Daseins zu verstehen – als eine letztlich spekulative Behauptung, welche die Empirie des menschlichen Lebens nicht berührte. Gott hat seine Beziehung zum Menschen in konkreter Weise offenbar gemacht. Nur in der konkreten Beziehung entfaltet sich die Wahrheit des göttlichen Geschehens, weil sie selbst konkret ist. Ihre Konkretion ist in der Menschwerdung Gottes in Jesus Christus sichtbar geworden und setzt sich im Geschehen der christlichen

Gemeinde fort. Trotz und in allem Versagen geben Menschen die erfahrene Liebe Gottes an andere weiter. So nimmt Gottes Liebe in der Welt Gestalt an. Menschen verkündigen und leben Gottes Liebe zu den geringsten und unscheinbarsten Menschen. Das bleibt keinesfalls auf Christinnen und Christen beschränkt, sondern Gott berührt auch die Herzen derer, die das göttliche Heilsereignis nicht kennen oder sich von ihm abgewandt haben, und lässt sie seine Taten tun.

So ist das göttliche Heil in dieser Welt präsent und Gottes Liebe gewinnt durch Menschen auch für die frühesten menschlichen Lebensstadien Gestalt. In der liebenden Annahme durch Menschen erfährt auch embryonales menschliches Leben Gottes Liebe.

Man könnte fragen, ob die Fokussierung der göttlichen Liebe auf den Menschen, der sie dem andern weitergibt, nicht zu eng gefasst ist. Gott zeigt seine Liebe nicht nur durch Menschen, sondern durch die ganze Schöpfung. Das ist aus theologischer Sicht nicht zu bestreiten und doch besteht hier ein eindeutiges ‚Gefälle' im Wirken Gottes. Nicht nur ist das höchste Gebot exklusiv auf die gottmenschliche und zwischenmenschliche Beziehung konzentriert, sondern Gott selbst zeigt sich im Menschen. Seine Offenbarung erfüllt sich nicht in einem allgemeinen Schöpfungshandeln, sondern in der Menschwerdung in Jesus. Durch ihn und die ihm nachfolgenden Menschen vollzieht sich das den Menschen neuschaffende Heil, das diesem eine unverlierbare Würde gibt. Das Menschsein konstituiert sich theologisch gesehen nicht durch die Mittel, die ein Mensch zum Leben braucht, sondern durch die Liebe. Außerhalb einer konkreten Liebesbeziehung kann nicht von einem Menschen gesprochen werden. Dass Gott durch andere Menschen dann einem das Lebensnotwendige und darüber hinaus zu geben vermag, gehört zu seiner Liebe. Deshalb kann nicht erst die Möglichkeit einer bestimmten lebenserhaltenden Umwelt den Menschen zu einem solchen machen.

Dass der Mensch in seinen frühesten Lebensstadien durch Gott angenommen ist, hängt nicht davon ab, ob die Natur oder andere Menschen ihm eine weitere Entwicklung ermöglichen, aber lässt sich auch nicht zu der theoretischen Erkenntnis abstrahieren, dass jede früheste menschliche Lebensstufe ein von Gott angenommener Mensch sei.

Den natürlichen Abgang von Embryonen durch medizinische Eingriffe irgendwie verringern zu wollen, um *Menschen* zu retten, implizierte eine falsche Gleichsetzung von embryonalem und vollgültigem Menschsein. Das Menschsein des Embryos wäre ein abstraktes Prinzip und nicht in eine konkrete Beziehung eingebettet.

4.1.6 Menschsein durch die Liebe anderer Menschen

Das Verständnis des Menschseins aus der zwischenmenschlichen Beziehung findet sich in einer heute weitverbreiteten Wahrnehmung eines Schwangerschaftskonflikts wieder. Erst indem die Mutter das ungeborene Leben als ihr Kind annimmt, ist diesem eine Personwürde gegeben. Es stehen sich nicht von vornherein zwei vollgültige Personen in diesem Konflikt gegenüber, was jeden Schwangerschaftsabbruch letztlich verbieten würde, sondern in der Entscheidung der Mutter für das ungeborene Leben empfängt es seine personale Würde, und es wird alles getan, um seine weitere Entwicklung zu gewährleisten. Eine solche Einstellung zum ungeborenen Leben, die für die moderne liberale Gesellschaft weitgehend zutrifft, korrespondiert im Gedanken des Personseins aus Beziehung durchaus mit der evangelisch-christlichen Auffassung, doch ist dort die Freiheit zur Liebe gegenüber dem Ungeborenen grundsätzlich anders zu verstehen.

Die konstitutive Beziehungsdimension im christlichen Sinn bedeutet nicht, dass die Liebe zum Menschen in embryonaler Gestalt zur Wahl stünde. Ein Mensch kann sich für einen Anderen nicht frei entscheiden, sondern die Liebe zu ihm ist ein göttliches Gebot.[8] Der Mensch ist von Gott aufgerufen, seinen Nächsten zu lieben. Nur in dieser Liebe lebt er die Freiheit seines Menschseins. Entscheidet er sich dagegen, wendet er sich von dem Anderen und von Gott ab. Das ist das Wesen der Sünde. Der Mensch ist dazu aufgerufen, den Anderen ungeachtet seines möglichen defizienten Menschseins als den zu bekennen, der er vor Gott ist: eine geliebte Person. Er erhebt durch die Liebe den Anderen zur Person, zu dem, was er für einen distanzierten Blick nicht sein könnte. Er macht es nicht durch sein eigenes Lieben, sondern durch das göttliche Lieben, das durch seine eigene begrenzte Liebe fließt. Nicht ein Mensch konstituiert durch sich selbst den Anderen als Person, sondern Gottes Wirken, an dem alle Liebe hängt, ist allein schöpferisch. Dort, wo die Liebe verweigert wird, macht man sich an dem Anderen, an seiner Person schuldig.

Doch wie kann das möglich sein, wenn erst durch die Liebe das andere Wesen zu seinem personalen Menschsein erhoben wird? Muss nicht konsequenterweise die Verweigerung der Liebe bedeuten, dass der Andere dann keine Person ist?

Dass erst die Liebe den Anderen zur Person macht, aber paradoxerweise ihre Verweigerung Schuld an der Person des Anderen bedeutet, liegt an dem besonderen Wesen der Liebe, die nicht einer Willensentscheidung für dieses oder jenes gleicht. Das göttliche Gebot der Nächstenliebe führt den Menschen in eine unmögliche Situation, in der er etwas machen soll, was er von sich aus

8 Siehe z. B. Lev 19,18; Mk 12,31; Gal 5,14. Es kommt hier nicht darauf an, sich auf die eine oder andere evangelische Auslegungstradition des Liebesgebotes festzulegen. Ob im Lutherischen Sinn der Mensch zuerst am Gesetz verzweifeln soll, um es dann durch die Hinwendung zum Evangelium zu erfüllen, oder ob Evangelium und Gesetz im Barthschen Sinne eine Einheit bilden – gemeinsam ist der Gedanke, dass nur durch Gottes Gnade und Hinwendung zum Menschen dieser das Gebot der Nächstenliebe erfüllt. Dass Gott die Menschen liebt und sie Geliebte Gottes sind, ist der Grund jedes rechten Gebotsverständnisses; „so kann auch das, daß sie ihren Nächsten lieben werden wie sich selbst, nur unter dieser Voraussetzung wirklich werden, gesagt und verstanden werden" (Barth, Kirchliche Dogmatik I/2, 454).

gar nicht machen kann. Er soll den Anderen lieben, was nur in einer freien Entscheidung für den Anderen möglich ist und sich nicht gebieten lässt. Und selbst in der Freiheit einer Entscheidung lässt sich Liebe nicht eigenmächtig erzwingen. Man entscheidet sich zur Liebe und doch ergreift sie einen, stellt sich ein, bleibt unverfügbar. Der aktiv-passive Charakter der Liebe, der in jeder Liebesbeziehung irgendwie vorhanden ist, wird durch das Liebesgebot radikalisiert. Wer den Anderen nicht liebt, kann nicht darauf verweisen, dass sich bei ihm keine Liebe eingestellt hat oder er bei dem Anderen nichts Liebenswertes gefunden hat. Jesu Gebot der Feindesliebe lässt solche an sich einsichtigen Entschuldigungen nicht gelten.

Die unverfügbare Dimension der Liebe ist ein Verweis darauf, dass sie von Gott kommt. Er schenkt die Liebe nicht willkürlich, sondern ist mit ihr bei jedem Menschen mehr oder weniger verborgen präsent und hält sie wach durch die Schöpfung oder das eigene Gewissen. Wenn ein Mensch den anderen liebt, gibt er zugleich Gottes Liebe am anderen Raum. Verweigere ich dem anderen Menschen die Liebe, verweigere ich ihm, was ihm von Gott her zusteht. Die göttliche Dimension der Liebe, ihre den Anderen konstituierende Kraft, die der liebende Mensch nicht selbst aufbringt und doch durch seine menschliche Liebe zum anderen wirkt, lässt die Verweigerung der Liebe Schuld sein.

So bringt der Mensch nicht die Liebe in seiner Freiheit hervor, auch wenn er mit seinem Willen an ihr beteiligt ist, sondern wird gleichsam sich selbst ziehend in die Liebe gezogen. In der Liebe setzt ein Mensch eine Beziehung zu einem anderen, in die er zugleich gesetzt ist. Er macht in der Liebe die Erfahrung einer Kraft, die ihm gleichsam vorausliegt, die ihn trägt, auch wenn es *seine* Liebe ist. Deshalb kommt auch die Verweigerung der Liebe schon von der Erfahrung der Liebe her; der Mensch verschließt sich der Liebe, durch die der andere schon Person ist.

Das göttliche Liebesgebot verweist den Menschen unbedingt auf die ihm in Jesus Christus geschenkte Liebe, auf deren Empfang er immer wieder neu angewiesen ist. Die ihm durch Christus, durch dessen Eintreten für den Menschen geschenkte Liebe spricht ihn durch andere Menschen an, durch ihr Antlitz und ihre Worte. Im Anderen kommt dem Menschen Christus mit seinem Geschenk der Liebe entgegen.

Wo menschliche Zeichen sich in der Schwangerschaft ausbilden, entsteht mit diesem Werden eine zwischenmenschliche Beziehung, die nur durch Liebe Bestand haben kann und danach verlangt. Diese Beziehung in Liebe hat sicher eine natürliche Grundlage in der Mutter-Kind-Beziehung, aber die Liebe zum werdenden Menschen um seiner selbst willen ist ein nicht verfügbares Geschehen, das von Gott kommt. Das Entstehen dieser Beziehung ist nicht ‚objektiv' zu terminieren, sondern an die subjektiven Umstände und Wahrnehmungen gebunden, darin nicht willkürlich, sondern als Liebe beanspruchend. Die menschlichen Zeichen, aus denen die Beziehung erwächst, sind so vielfältig, wie Beziehungen es eben sind. Es kann der positive Befund des

Schwangerschaftstests sein, das Ultraschallbild wie die bloße Phantasie eines Kindes, von dem die Mutter weiß, dass es in ihr entsteht. Vielleicht ist es zuerst nur die Ahnung, Mutter zu werden, mit der sich eine Beziehung anbahnt.[9]

Damit ist kein abstraktes Votum für eine Liebe zu allen Embryonen ausgesprochen. Der konstitutive Beziehungscharakter der menschlichen Person legt keinen absoluten, für alle gleichen Entstehungszeitpunkt fest, aber steht auch nicht für eine freie menschliche Entscheidung darüber. Er orientiert sich an dem Wesen der göttlichen Liebe, wie es sich in Jesus Christus offenbart hat. Liebe kann man nicht einfach hervorbringen, sondern nur als Geschenk und in einer für den Anderen die Augen öffnenden Erkenntnis empfangen. Es ist ein Geschenk, das von Gott kommt. Weil es beim Schutz des Lebens von Anfang an nicht um die Einhaltung einer biologisch objektiven Grenze geht, kann daraus kein ‚Gesetz' gemacht werden. Vielmehr geht es um die Mahnung und Ermutigung zu einem Leben in der Liebe.

Die individuell unterschiedliche Beziehungsaufnahme wird besonders da sichtbar, wo Mütter oder Eltern von dem Verlust ihres werdenden Kindes betroffen sind. Ein Elternpaar trauert sehr intensiv um einen in der sechsten Woche abgehenden Embryo, weil in ihnen schon früh eine große Liebe zu dem werdenden Kind entstanden ist. Andere Eltern haben noch keine personale Beziehung zu dem heranwachsenden Leben entwickelt und es stellt sich eher das Gefühl des Bedauerns als der Trauer ein. Zu Recht wird man das hier vorzeitig beendete embryonale oder fötale Leben nicht prinzipiell als von Gott geschaffene Personen erklären können, sondern das Wissen darum haben allein die Betroffenen in ihrer mehr oder weniger gewachsenen Beziehung zu dem Verstorbenen – und in ihrer Beziehung zu Gott.

4.1.7 Verschmelzungsvorgang und liebende Beziehung als *ein* Anfang personalen Daseins

In welchem Verhältnis stehen Vorgang der Verschmelzung und Aufnahme einer liebenden Beziehung zueinander, die beide auf ihre Weise für den Beginn von Personalität bedeutsam sind? Deutlich erscheint eine unterschiedliche Art beider Erkenntnisse. Sucht man den Beginn personalen Daseins in den biologischen Phänomenen auf, dann findet er aus christlicher Sicht im Verschmelzungsvorgang von Ei- und Samenzelle seinen stärksten Ausdruck. Bei dem Vorgang der Verschmelzung setzt ein personales Werden ein, dessen Prozess mit der Unterscheidung von negativ und positiv bestimmter Einheit

9 „Noch wenige Tage, dann wissen wir es. Britta hat bereits vor einigen Wochen einen Ausschlag bekommen – nicht allzu selten, wenn man schwanger ist. […] Ich hatte eine Ahnung, aber so richtig ‚wissen' tue ich es nicht. Es ist diese Ahnung, die tief in mir ist und nicht an die Oberfläche will. Wir werden Mütter. Ich hoffe nur, dass mich mein Gefühl nicht im Stich lässt. Noch wenige Tage" (Johanna). Zitat entnommen Hirschauer u. a., Soziologie der Schwangerschaft, 40.

gekennzeichnet wurde. Das Merkmal der Einheit trägt die Aussage, dass ab diesem Vorgang eine Person entsteht. Damit ist aber nur in einer abstrakten Weise von einer Person die Rede. Die Konkretion ereignet sich in der Aufnahme einer liebenden Beziehung. Die im Werden befindliche neue Personeinheit wird von einer anderen Person wahrgenommen und so als bestimmte Person konkret erkannt.

Die Zuordnung zwischen beiden Ereignissen der Personwerdung wäre missverstanden, wenn mit der Verschmelzung gewissermaßen nur eine personale Form oder Einheit bereitgestellt würde, die erst mit der Beziehungsaufnahme zur Person erklärt würde. Das relational-personale Fürsichsein des ungeborenen Anderen in der Liebesbeziehung korrespondiert mit dem natürlich-personalen Fürsichsein im Verschmelzungsvorgang und vermag kraft seines Fürsichseins zeitlich hinter die es erscheinen lassende Beziehungsaufnahme zurückreichen. Die zum werdenden Leben Beziehung Aufnehmende konstituiert dieses nicht ab dem Zeitpunkt der Beziehungsaufnahme als Person, sondern lässt es dadurch das sein, was es schon zuvor war.

Dieser Vorgang findet sich in der Wahrnehmung der Mutter wieder, die bei Entdeckung ihrer Schwangerschaft das Kind im Fall der Annahme als eines versteht, das schon vorher als Person da war. Die Personalität eines Menschen wird nicht durch andere gemacht, aber in der Beziehungsaufnahme wird er die Person, die er für sich selbst schon ist. Der Verschmelzungsvorgang bietet sich als der natürliche Einsatzpunkt an, ab dem eine Person als solche ist. Durch die von Gott kommende Liebe lässt ein Mensch den anderen Person sein, deren Anfang schon im Verschmelzungsvorgang liegt.

Der frühere Zeitpunkt personaler Entstehung kann in den personkonstituierenden Zeitpunkt der liebenden Annahme mitaufgenommen werden. Die ‚erste' Gegenwart einer Person, ab der sie da ist, schließt eine Geschichte ein, in der sie schon da war. Durch ihre liebende Annahme erwächst eine Person mit ihrer Entstehungsgeschichte, die in die Zeit vor ihrer aktuellen interpersonalen Entstehung zurückreicht. Beide Zeitpunkte bilden eine Einheit aufgrund der besonderen Zeitlichkeit einer Person, die schon ist, wenn sie da ist, und nur schon ist, wenn sie da ist.

Dass eine Person immer schon eine Geschichte hat, liegt aus theologischer Sicht in der vorausgehenden göttlichen Annahme begründet. Gott hat mit dem Menschen immer schon angefangen, bevor andere Menschen mit ihm Gemeinschaft aufnehmen. Menschen können dieses göttliche Annahmegeschehen nicht einholen, weil es in dem in der Zeit nicht zugänglichen, aber in die Zeit reichenden göttlichen Schöpferwirken von Ewigkeit her begründet liegt. Auch der geschichtliche Beginn im Verschmelzungsvorgang zerrinnt, wie schon gesagt, beim Versuch genauer Festlegung in eine vielschichtige Bewegung. Die Aussage, dass im zwischenmenschlichen Kontakt eine Person entsteht, die schon ab der im Verschmelzungsvorgang sich darstellenden

Vereinigung zweier Personen da war, hält die Entstehung aus der Beziehung zweier Personen *und* aus Gott fest.

Man könnte die bedingungslose göttliche Annahme ‚von Anfang an' im Verschmelzungsgeschehen sehen, worauf die sexuelle Vereinigung als Symbol der *Liebe* hinweist, und die menschliche Annahme in dem diesem personalen Anfang Raum gebenden zwischenmenschlichen Anfang, zumeist zwischen Mutter und Kind. Doch so wie Menschen nicht nur den zwischenmenschlichen Anfang, sondern durch ihre Intimität auch den ‚ersten' Anfang setzen, ist Gott nicht nur ‚von Anfang an' am Wirken, sondern er ist es auch, der in der ersten zwischenmenschlichen Begegnung mit einem Menschen anfängt. In beiden Anfängen geht Gottes Wirken auf unterschiedliche Weise in das menschliche Handeln und Erkennen ein.

Die Auflösung der paradox erscheinenden Personentstehung in der Weise, dass alle Embryonen ab der Verschmelzung *oder* ab der liebenden Annahme Personen sind, verkennt den Charakter des Personalen.

Personalität ist an konkrete Interpersonalität gebunden, die in einer generellen Personerklärung aller befruchteten menschlichen Eizellen nicht berücksichtigt würde. Es entstünde das Missverständnis, als würden biologische Vorgänge Personen hervorbringen. Personen sind zwar auf bestimmte biologisch beschreibbare Vorgänge in ihrer Entstehung und Fortdauer angewiesen, aber sie entsprechen ihnen nicht. Wenn ich Personen wahrnehme, transzendiere ich diese Vorgänge auf ein biologisch nicht ableitbares Du hin.

Ebenso bedeutet eine Auflösung des Paradoxes zur Behauptung, dass erst ab dem Zeitpunkt der liebenden Annahme Embryonen Personen sind, eine Verkennung des personalen Phänomens. Wir erheben keine biologischen Phänomene zu Personen und stellen so Interpersonalität für uns her, sondern wir erleben Begegnung mit anderen, die uns schon als Personen begegnen. Ansonsten würde ich ein Etwas zu einem Du erheben, das diese Würde verlieren müsste, wenn ich meine Entscheidung wieder revidierte. Aber es gehört zu unserem Personverständnis, dass ein bestehendes Personsein nicht der Entscheidung anderer Personen unterworfen ist. So können wir wohl Dinge oder Lebewesen zu Personen imaginieren – und nehmen ihnen wieder ihr Personsein mit dem Ende unserer Imagination –, aber wir können sie nicht als solche erschaffen und sie uns zum unabhängigen Gegenüber machen.

4.1.8 Der Beginn einer Person – natürlicher Befund und kulturelle Deutung

Die hier ausgebreiteten Überlegungen zum natürlichen Beginn des Menschenlebens sind in Zusammenhang mit Luthers letzter These aus seiner Disputation über den Menschen zu stellen. Sie nehmen Gedanken aus dem „Reich der Vernunft" auf, in dem nur „Schemen der Welt" erkennbar sind.[10]

10 These 40, siehe oben S. 126.

Luther hat in seiner Disputation die geringe Erkenntniskraft der natürlichen Vernunft im Vergleich zur göttlichen Offenbarung in Christus betont. Dennoch besitzt das der Welt zugewandte „Reich der Vernunft“ in der Theologie ein besonderes Recht, das ihr als Schöpfung Gottes zugestanden werden muss.

In der neueren Theologie hat Karl Barth diesen Gedanken in seiner Lehre von den Lichtern aufgegriffen. Er versteht unter diesen Lichtern „Schemata des geschöpflichen Seins“, „wiederkehrende und insofern beständig geordnete Beschaffenheiten und Verhältnisse“, die dem Menschen leuchten, die er sieht und versteht.[11] Sie sind indirekt auf die Christusoffenbarung bezogen, weil sie von der von Gott erhaltenen und gehaltenen Welt zeugen, von Gottes Treue zu seiner Schöpfung, die er in Jesus Christus gezeigt hat. Barth hat zwar in seinen Ausführungen nicht den Beginn des Menschenlebens im Sinn, aber seine grundsätzliche Beschreibung der natürlichen Verhältnisse, wie sie der menschlichen Vernunft einzuleuchten vermögen, kann helfen, die aus theologischer Sicht relative Wahrheit der Reflexionen über embryonale Personalität zu verdeutlichen.

Die neue Einheit durch den Verschmelzungsvorgang weist auf die Selbständigkeit jedes Menschen hin, die ihn von Anfang an nicht ein Teil von seinem Vater oder seiner Mutter sein lässt, wenngleich er auf sie bezogen ist. In dieser „Einzelheit“ wird jeder Mensch von Gott gesehen und geliebt. Doch die im Verschmelzungsvorgang entstehende Gestalt eines neuen Menschen bleibt eine „Rätselgestalt“.[12] Sie bleibt schon darin ein Rätsel, dass sich ihr Anfang schwerlich auf ein bestimmtes Datum fixieren lässt. Es kann nur bei „dunklen Umrissen und Andeutungen“ bleiben.[13]

Der verschwenderische Umgang der Natur mit Embryonen legt es nahe, nicht jeden Embryo zum Mitglied der menschlichen Gemeinschaft zu erheben. Es widerstreitet der Vernunft, die Menschheit durch Berücksichtigung aller vorzeitig abgestorbenen Embryonen virtuell zu vervielfachen. Das natürliche Verständnis des Menschseins würde durch eine solche Spekulation untergraben. Zum Menschsein gehört ein echtes Gegenübersein, aus dem Begegnung und Gemeinschaft erwachsen. Ein Embryo, der nicht in irgendeiner Weise daran teilhat, ist nicht der Menschheitsgemeinschaft zuzurechnen.

Auch diese Erkenntnis gehört zu den „Schemen“, in denen wir den Menschen an seinem Lebensbeginn erfassen. Man bekommt den Eindruck, dass der Mensch von Anfang an ganz in das Geschehen von Werden und Vergehen hineingewoben ist. Welcher Embryo sich einnistet und weiter entwickelt, scheint mehr oder weniger dem Zufall zu unterliegen. Seine ‚natürliche‘ Wahl entspringt einer Koinzidenz von nur marginal zu steuernden Bedingungen und Einflüssen – und doch gewinnt sein Dasein eine Unbedingtheit, eine

11 Barth, Kirchliche Dogmatik IV/3, 160 f.
12 Ebd., 169.
13 Ebd.

innere Notwendigkeit, wenn dieses heranwachsende Geschöpf von seinen Eltern als das eigene Kind erkannt und geliebt wird. So erweist sich die Beziehung zu diesem zufälligen ‚Produkt' als eine ebenfalls ‚schöpferische' Kraft, durch die es von seinen Ursprungsbedingungen emanzipiert wird. Das Kind wird als eines erkannt, das gewollt wurde und wird. Eine für den distanzierten naturwissenschaftlichen Blick bloße Naturerscheinung wandelt sich in der liebenden Beziehung zu einer schon bestehenden Person, die unbedingt nach Anerkennung verlangt.

Die ins Metaphysische ragende Erkenntnis einer aus zwei Entitäten sich ergebenden neuen Einheit ist in unserer dem Mess- und Prüfbaren verpflichteten, naturwissenschaftlich orientierten Zeit der ständigen Anfrage ausgesetzt. Der natürliche Befund ließe sich auch in einem anderen Sinne personal deuten. Könnte nicht die Abhängigkeit des neuen menschlichen Organismus vom mütterlichen seine Unselbständigkeit ausweisen, so dass von einer Selbstständigkeit personalen Daseins erst bei Entwicklung bestimmter Qualitäten gesprochen werden kann? Eine solche Deutung ist möglich und konsequent, wenn von einem anderen Personbegriff als dem beschriebenen christlichen ausgegangen wird.

Man könnte angesichts der vielen Deutungsmöglichkeiten natürlicher Phänomene meinen, dass das Verständnis der ‚Natur' mehr oder weniger beliebig sei, ein haltloser gedanklicher Konstrukt des uns umgebenden Mannigfaltigen. Die Verankerung des jeweiligen personalen Denkens in der natürlichen Anschauung wäre nur ein rhetorisches Manöver.

Doch ein solcher Verdacht würde der Komplexität des Verhältnisses von Kultur und Natur nicht gerecht. Die kulturelle Bedingtheit des jeweiligen Naturverständnisses ist nicht zu leugnen,[14] aber ebenso ist zu betonen, dass die kulturelle Deutung aus dem Umgang mit dem als natürlich Bezeichneten erwächst. Die Evidenz des uns Natürlichen fließt in unsere Deutung ein und gibt ihr Gewissheit. Die erfahrene Natürlichkeit wird im jeweiligen kulturellen Verständnis aufbewahrt und ‚kultiviert'. ‚Natur' ist keine wächserne Nase, die mit dem jeweiligen Personverständnis zurechtgebogen wird, sondern deren Erfahrung prägt unser personales Denken mit. Weil es uns aber nicht möglich ist, einen Erkenntnisort jenseits unseres *natürlich* geprägten *kulturellen* Da-

14 Descola zeigt, wie die Unterscheidung zwischen Natur und Kultur selbst geschichtlichen Ursprungs ist. Dabei „erfordert die holistische Idee der Kultur [...] nicht automatisch die Natur als Gegenstück. Dennoch sollte sie in ihrer deutschen Entstehung und ihrer nordamerikanischen Entwicklung den heutigen Dualismus verfestigen, nicht durch eine Verbreitung ihres speziellen Gebrauchs in der Anthropologie, sondern aufgrund der epistemologischen Reinigungsarbeit, die notwendig war, damit die Idee der Kultur als einer irreduziblen Totalität ihre Autonomie gegenüber den natürlichen Realitäten erlangen konnte" (Jenseits von Natur und Kultur, 125). Descola selbst zielt auf eine Überwindung des westlichen Dualismus von Natur und Kultur zugunsten einer monistischen Anthropologie. Siehe dazu und zu seiner Auseinandersetzung mit anderen Deutungen der Kultur-Natur-Differenz Graña-Behrens, Mit Descartes gegen Descartes, 535 ff.

seins einzunehmen, ist uns die gegenseitige Durchdringung von Natürlichem und Personalem immer schon vorgegeben. Wir haben keinen Zugang zur reinen Natur oder Kultur.[15]

Doch von der Offenbarung Gottes her fällt Licht auf eine personale Deutung des natürlichen Personanfangs. Es ist dem Menschen ganz *natürlich* und hat sich so in der Heilsgeschichte Gottes mit dem Volk Israel bis zu den ersten Gemeinden, in diesem *kulturellen* Kontext, gezeigt, dass er Mensch nicht durch eine bestimmte Qualität, sondern durch die Beziehung Gottes zu ihm ist. Diese Erkenntnis wahren Menschseins gibt der Theologie eine anthropologische Wahrheit vor, die den Anfang seines Personseins einschließt, weil der ganze Mensch in seiner natürlich-kulturellen Wirklichkeit von Gott angenommen ist.

Doch ist die göttliche Wahrheit über den Menschen allein im Glauben gewiss und nicht aus einer durch die kulturellen Kontexte sich durchziehenden gleichbleibenden Natur des Menschen abzulesen. Glaubt er das ihm als natürlich Erscheinende im Vertrauen auf das Wort Gottes als Gottes Schöpfung, so verliert sich diese Evidenz in der nachdenkenden Betrachtung. Die den Glauben reflektierende Theologie kann die ihr vorgegebene Wahrheit nicht an der Schöpfung selbst ausweisen. Wie andere Geisteswissenschaften steht sie dem in der Moderne noch gesteigerten Ineinander und doch unaufgelösten Gegeneinander von Kultur und Natur, von personalem Verständnis und biologischem Faktum - man denke an die Entwicklung von künstlichen Embryonen - fragend gegenüber.[16] Die Theologie hat nur eine mangelhafte Vorstellung vom Menschen in seiner ursprünglichen Geschöpflichkeit. Die im Glauben gewisse Erkenntnis über den Menschen schließt nur ein umrisshaftes Wissen über dessen natürlichen Anfang ein.

15 Der in der Moderne anzutreffende Versuch, den Konflikt aufzulösen, indem das Natürliche auf ‚blinde' biotische, chemische und physikalische Prozesse in Abgrenzung von allem Kulturellen, ‚Menschengemachten' reduziert wird, scheint mir wenig überzeugend zu sein. Er ignoriert den fortwirkenden normativen Anspruch des Natürlichen und ist selbst Ausdruck einer gewachsenen Auffassung von Natur. Dass uns die ‚Natur' etwas zu sagen hat, ist auch für die moderne Gesellschaft aktuell. Allerdings kann sie zur Legitimation dessen, was sie durch die Natur zu vernehmen meint, nicht mehr auf einen der Natur inhärenten Sinn oder einen Schöpfer verweisen, sondern ist auf ihre eigene Deutung zurückgeworfen. Man erfährt die symbolische Kraft des Natürlichen und ist es doch selbst, der es symbolisch auflädt. Zum Verhältnis von Natur und Kultur in philosophischer und evangelisch-theologischer Perspektive vgl. auch v. LÜPKE, Kultur des Menschen, und HERMS, Natur *ist* Gnade.

16 KÖCHY sieht im experimentellen Verfahren, das den modernen Umgang mit der Natur auszeichnet, einander widerstreitende Momente. „Einerseits ist durch die Betonung des aktiven Eingriffs nicht mehr eigentlich die Natur der Gegenstand der neuen Wissenschaft, sondern vielmehr ein künstlich Hergestelltes. Andererseits gilt jedoch das Experiment zusammen mit der Mathematik als notwendiges Instrumentarium, um erneut die Sprache der Natur ertönen zu lassen. Nur handelt es sich in diesem Fall nicht mehr um die Sprache des Lebens, sondern vielmehr um die Sprache der Mathematik" (Perspektiven des Organischen, 80 f).

4.1.9 Die relativen Grenzen des Natürlichen

Trotz der unlösbaren Verwobenheit des Kulturellen mit dem Natürlichen besitzt die Unterscheidung zwischen beidem eine orientierende Funktion. Auf unterschiedlichste Weise wird in unserer Gesellschaft das Natürliche oder die Natur gegenüber tradierten, im weitesten Sinne Kultur gewordenen Gewohnheiten in Stellung gebracht, ihnen als Maßstab angelegt. Kulturelle Gewohnheiten, die widersinnig oder einengend erscheinen, sind gegen die ‚Natur des Menschen'.

Der Begriff des Natürlichen soll hier in einem sehr weiten Sinne verstanden werden. Er steht für das dem Menschen Vernünftige im Umgang mit sich selbst, mit anderen und insgesamt seiner Umwelt.[17] Dieser vernünftige Umgang ist nicht in einem ‚rein' natürlichen Sinne gegeben, sondern kulturell geprägt. Das Vernünftige im Sinne eines als normativ ausgegebenen Natürlichen impliziert die Möglichkeit einer Überprüfung oder Distanzierung von seiner bisherigen Praxisgestalt – gerade durch die Einsicht in seine kulturelle, durch Umfeld und Herkunft geprägte Verfasstheit.

Dem natürlich Gegebenen in seiner der Vernunft zugänglichen Gestalt – es wurde schon von dem natürlichen Grundverständnis unserer Leiblichkeit gesprochen –, seiner Vernünftigkeit wohnt eine Selbstverständlichkeit inne, die den Menschen in seinem Umfeld orientiert.[18] In dieser praktischen Gestalt, in der unmittelbaren Orientierung über das, was dem Menschen entspricht, ist es ernst zu nehmen und kann nicht übersprungen werden. Die natürlichen Grenzen im Umgang miteinander, die Grenzen der menschlichen Konstitution, das Handeln im Sinne der natürlichen Vernunft sind als Horizont der göttlichen Liebe durch diese gerechtfertigt. Die göttliche Liebe ist in diesem Sinne nicht ‚widervernünftig', auch wenn sie bisweilen unser Denken übersteigt. So wie man einem Kranken die bestmöglichste Medizin gibt und für seine Heilung betet, so wie man feindselige Menschen voneinander fernhält und für ihre Versöhnung betet, gehören göttliche Liebe und menschliches Handeln auch in ihrer scheinbar gegenläufigen oder konkurrierenden Tendenz zusammen und schließen sich einander nicht aus.

Das Vertrauen auf das naheliegend Vernünftige und auf Gottes Liebeswirken darin oder darüber hinaus kann aber in eine so große Spannung treten,

17 Bonhoeffer hat das Verständnis des Natürlichen in der evangelischen Ethik rehabilitiert und es eng mit dem Vernunftbegriff verbunden. „Die Vernunft ist nicht ein über das Natürliche erhabenes göttliches Erkenntnis- und Ordnungsprinzip im Menschen, sondern sie ist selbst ein Teil dieser erhaltenen Lebensgestalt und zwar derjenige Teil, der dazu geeignet ist, das Ganze und Allgemeine im Wirklichen als Einheit zu Bewußtsein zu bringen, zu ‚vernehmen'. Die Vernunft ist also selbst gänzlich in das Natürliche eingebettet; sie ist das bewußte Vernehmen des Natürlichen in seiner Gegebenheit" (Ethik, 167). Zur Abgrenzung gegenüber dem katholischen Verständnis siehe ebd., Anm. 1.

18 Siehe oben S. 157.

dass einem Menschen geboten sein kann, sich gegen das naheliegende vernünftige Handeln zugunsten des ihm deutlichen Willen Gottes zu entscheiden. Davon wird in den folgenden Kapiteln noch die Rede sein.

Es ist aber ebenso der Fall denkbar, dass das naheliegende Vernünftige einer prinzipiell gedeuteten Befolgung des Liebeswillens Gottes vorzuziehen ist. Dass Gott das Leben einer im Mutterleib heranwachsenden Kindesperson will und von daher eine Abtreibung nicht dem Willen Gottes entspricht, ist als grundsätzliche Orientierung festzuhalten, aber doch nicht in jedem konkreten Fall wahr.[19]

Es wäre hier das Beispiel einer Vergewaltigung zu nennen, bei der das Symbol der Vereinigung und Liebe zu einem der Unterdrückung missbraucht wird.[20] Für die Frau kann das Austragen des dadurch entstandenen Kindes bedeuten, ihrem Peiniger noch in seinem Verhalten Recht zu geben und ihre eigene seelische Wunde offen zu halten. Durch den Akt einer Vergewaltigung ist die Entwicklung einer liebenden Beziehung aufs Tiefste gestört und es wird wohl nur in wenigen Fällen möglich sein, das heranwachsende Wesen, auch wenn man es als Person wahrnimmt, von der Gewalterfahrung zu trennen.

Sicher kann die Erfahrung der Liebe Gottes auch hier zu einem Verhalten führen, dass angesichts des Erfahrenen unmöglich erscheint, aber es ist um der seelischen Erhaltung des weiblichen Opfers willen geboten, den Gedanken der Abtreibung nicht noch zu erschweren. Der Frau ist darin Recht zu geben, dass sie in dem durch Gewalt entstandenen ungeborenen Leben nicht *ihr* Kind erkennt.[21] Auch die Verkündigung der Liebe Gottes hat Grenzen zu beachten, an denen sie gerade um der Liebe zum Menschen willen zu schweigen und innezuhalten hat.

Aber sind über die Extremsituation einer Vergewaltigung hinaus andere weniger schlimme Fälle denkbar, in denen im christlichen Sinne gegen die Abtreibung eines als Person erkannten ungeborenen Lebens keine Einwände zu erheben sind?

19 Der Weg der Kasuistik, einer schon festgelegten Entscheidung für den jeweiligen Fall, ist in der evangelischen Ethik nicht gangbar. „Darum nämlich, weil es mit der Erkenntnis der Gnade, die Gott dem Menschen auch in seinem Gebot erweist, unverträglich ist, ein Meistern, dessen sich ein Mensch, der weiß, daß er von Gottes Gnade lebt, nicht schuldig machen wird. Kasuistik ist die Verletzung des göttlichen *Geheimnisses* im ethischen Ereignis" (Barth, Kirchliche Dogmatik III/4, 10 f, Hervorhebung im Original).

20 Zum vielschichtigen gesellschaftlichen und individuellen Umgang mit sexualisierter Gewalt siehe Sanyal, Vergewaltigung.

21 Auch die katholische Moraltheologie kann im Fall einer Vergewaltigung nidationshemmende oder abortive Mittel rechtfertigen. Ihre Verabreichung gehört zu einer Handlung, die als ‚Wiederherstellung der Integrität' oder als ‚Eröffnung von Lebensmöglichkeit' und nicht als ‚Abtreibung' oder ‚Mord' zu bezeichnen ist. „Das Absterben des Embryos fällt also nicht in die Absicht und Verantwortung dessen, der die ‚Pille danach' verschreibt oder einnimmt, es fällt vielmehr als Folge seiner Gewalttat in die Verantwortung des Vergewaltigers" (Ernst, Halbierte Hilfe?, 131).

In der westlichen Welt ist ein Verständnis des Vernünftigen und darin Natürlich-Notwendigen entstanden, das im Blick auf die so stark voneinander abweichenden ökonomischen Zustände dieser Welt zu hinterfragen ist und dennoch sein ‚natürliches' Recht hat. Das in unserer Wohlstandsgesellschaft gewachsene Selbstverständnis beinhaltet eine Vorstellung von gelungenem Leben, die sich signifikant von anderen kulturellen Entwürfen abhebt. In der westlich orientierten Welt fließt der steigende Lebensstandard in die Wahrnehmung der eigenen Persönlichkeit ein und schafft eine Vorstellung von Notwendigkeiten für das Leben, die im Sinne des Überlebens sicher keine Notwendigkeiten sind.

Was in den westlichen Industrienationen als Existenzminimum gilt, erscheint im Vergleich zur Dritten Welt zynisch – aber hat sein Recht im jeweiligen sozialen Kontext, der unterschiedliche Lebensvorstellungen und Wertungen des materiellen Existenzniveaus beinhaltet. Dass ein Mensch hier aufgrund von Arbeitslosigkeit oder Schulden auf die Stufe des Existenzminimums abgleitet und darüber in Verzweiflung stürzt, ist nicht mit dem Hinweis auf die Dritte Welt zu bagatellisieren – das wäre auch zynisch.

So kann eine individuelle Situation im ‚reichen' Westen von ähnlicher Schwere sein wie eine objektiv gesehen sehr viel verzweifeltere Situation in der Dritten Welt. Davon ist auch noch die jeweils subjektive Befindlichkeit usw. abzuheben, die berücksichtigt werden muss. Menschen – Vater und Mutter – können auch in einer Gesellschaft, in der aus materieller Hinsicht kein lebensbedrohlicher Grund besteht, abtreiben zu müssen, in ihrem Selbstverständnis und Lebensentwurf sich so bedroht fühlen, dass nur eine Abtreibung als einzig möglicher Ausweg erscheint. Aus christlicher Sicht wird man anerkennen müssen, dass ein Mensch angesichts einer ungewollten Schwangerschaft in seinem ihm natürlich gewordenen, durch sein Umfeld gewachsenen Selbstverständnis tief getroffen sein kann und so die Möglichkeit einer Abtreibung ihr Recht gewinnt.

Der dehnbare Begriff des Natürlich-Notwendigen, seine kulturelle Verwobenheit, lässt freilich große Spielräume und ob es hier um ein Selbstverständnis geht, was den Menschen hält und ihm keine Distanzierung erlaubt, so dass eine echte Notsituation vorliegt, wird von Fall zu Fall anders aussehen und oft gar nicht genau zu eruieren sein.

Es kommt hier nur darauf an zu sehen, dass selbst von der Radikalität der Liebe Gottes her gedacht es nicht nur im Fall einer Vergewaltigung geboten sein kann, mit einem Votum gegen eine Abtreibung zurückhaltend zu sein. Doch wo ein Mensch von der Personalität des werdenden Lebens berührt ist und sich von ihr abwendet, wird er das nur schuldhaft tun können.

4.1.10 Das Geheimnis der Personwerdung im Schwangerschaftsgeschehen

Boltanski hat von der doppelten Zeugung des Menschen durch das Fleisch und durch das Wort gesprochen.[22] Die Frau hat die Macht, den Fötus als ihr Kind zu ‚adoptieren', durch ihr Wort zum Menschen zu erheben, aber die Autorität oder Legitimation dafür liegt in dem elterlichen Projekt, dessen Vorstellung die Frau in ihrer Entscheidung unterworfen ist. Das Projekt beinhaltet in der Regel die Perspektive einer relativ stabilen Beziehung zwischen den zukünftigen Eltern, einer gegenseitigen Bereitschaft zur Familie, in der das Kind eben solches sein kann. Die Beziehung muss ‚reif' genug sein, ein Kind großzuziehen.

Der Gedanke einer Zeugung durch das Wort, wie sie Boltanski beschreibt, scheint mit der Theologie zu konkurrieren, die eine solche Weise der Zeugung zuerst Gott zuschreiben würde. Doch für Boltanski besteht hier keine Konkurrenz. Ein Gott gehört zu den möglichen Instanzen, auf deren Autorität die Macht der Frau angewiesen ist, wenn sie ihre Zeugung durch das Wort legitimieren will. Die Bestätigung des Fötus durch eine Gottheit ist eine alternative, bis heute in verschiedenen kulturellen Zusammenhängen bestehende Alternative zur Bestätigung durch das Projekt. Gemäß der christlichen Übereinkunft ist jedes ins Fleisch gekommene menschliche Wesen Ebenbild und Kind Gottes.[23]

Der soziologischen Betrachtung einer solchen christlichen Übereinkunft ist seitens der Theologie durchaus zuzustimmen. Doch die von Boltanski beschriebene Bestätigung jedes ‚fleischlichen' Menschenwesens als Kind Gottes ist *eine* kulturelle Ausformung des grundlegenden theologischen Gedankens der bedingungslosen Annahme des Menschen durch Gott, aber nicht die einzig mögliche. Auch das Projekt stellt eine Form der Übereinkunft dar, die einer affirmativen theologischen Bewertung und Ausdeutung offensteht.

Dass die göttliche Annahme des ungeborenen Lebens die menschliche nicht ausschließt, sondern durch sie erfolgen will, ist schon deutlich geworden. So sind die personkonstituierende Macht der Frau und die Autorität des Projektes als menschlicher Übereinkunft, durch die ein Fötus sein singuläres Menschsein erhält, keine per se gottlose Anmaßung des Menschen, sondern durch sie kann Gottes bedingungslose Annahme des Menschen Gestalt annehmen. Aus sozial*philosophischer* Sicht wurde die von Boltanski beschriebene Zeugung durch das Wort dahingehend modifiziert, dass es sich hier um ein wechselseitiges Geschehen zwischen dem Fötus und der Frau handelt.[24]

22 Siehe oben S. 107 f.

23 Boltanski weist darauf hin, dass die spirituelle Übereinkunft mit dem Schöpfer zwar offiziell keine Ausnahmen kennt, aber sie offiziös zulässt (Soziologie der Abtreibung, 129ff). Sie kann die Wort-Zeugung des Fötus durch andere Menschen nicht ganz der göttlichen Bestätigung unterwerfen.

24 Siehe oben S. 110 f.

Das ungeborene Leben macht sich der Frau zu ihrem Kind, wie umgekehrt die Frau es dazu erhebt. Dieser sozialschöpferische Prozess ist aus christlicher Sicht durch Gottes Liebe zu der Frau und dem entstehenden Leben bestimmt.

Dass die Schwangerschaft individuell verschieden als ein Differenzierungsprozess zwischen der Schwangeren und dem neu entstehenden Ort ihres Leibes, zwischen ihr und etwas in ihrem Leib, zwischen ihr und einer entstehenden anderen Person erfahren wird, eröffnet für die Schwangere - und ihren Partner - einen Zeitraum mit der Hoffnung auf ein Kind oder Furcht vor einem Kind und mit fortschreitender Schwangerschaft den Zeitpunkt des Wissens um es. Der Glaube an die Liebe Gottes setzt diesen Prozess nicht außer Kraft, er kann schon mit dem ersten Anzeichen der Schwangerschaft ein deutliches Bewusstsein einer singulären, individuellen Person präsent sein lassen, aber muss es nicht. Die Zurückhaltung im Wissen um eine neue Person seitens der Frau, der für sie noch nicht vernehmbare Anspruch einer neuen Person, eine damit erst später erfolgende Personwerdung, die in den Lebensumständen, dem falschen Zeitpunkt oder der Erfahrung mehrerer Fehlgeburten begründet liegen kann, ist nicht durch einen objektiv festgelegten Personbeginn des ungeborenen Lebens zu überspielen.

Die Personwerdung eines Menschen bleibt in diesem Sinn ein Geheimnis, das sich im Schwangerschaftsprozess vollzieht. Sie bleibt auch dann ein Geheimnis, wenn er vorzeitig abbricht. Eltern können sich getäuscht sehen, der Fötus war nicht das Kind, das sie sehnlichst erwartet haben, aber sie können auch trotz des Aborts ihr Verstorbenes weiterhin als ihr erwartetes Kind ansehen, um das sie trauern und von dem sie gebührend Abschied nehmen.

Der Glaube an die Liebe Gottes stellt den erfolglosen oder erfolgreichen Schwangerschaftsverlauf in einen Horizont, der dem ganzen Geschehen eine offenbare oder verborgene Sinnhaftigkeit verleiht. Dass der Gott des Lebens selbst im Tod noch geglaubt wird, gibt auch der Trauer eine Grenze.

4.1.11 Die Freiheit des Glaubens im elterlichen Projekt

Mit dem Glauben ist nicht nur ein letzter Horizont des Lebens gesetzt, sondern er greift direkt in die Haltung der möglichen Eltern gegenüber dem werdenden Leben ein. Der Glaube erfüllt sowohl die Hoffnung auf ein Kind als auch die mögliche Furcht vor ihm mit einer Hoffnung auf das von Gott kommende Gute. Er bestärkt die Eltern in ihrer Hoffnung auf eine gelingende Schwangerschaft, aber fixiert das Gute nicht allein auf den Erfolg. Er nimmt der Furcht vor einem Kind ihren letzten Grund. Er beendet nicht die angesichts der Umstände berechtigten Bedenken, die ein Austragen eines Kindes unmöglich zu machen scheinen, aber vermag die Unmöglichkeit aufzuheben, ein solches Projekt zu realisieren. Der Glaube sieht dabei nicht über die Umstände hinweg, aber sieht sie von der im göttlichen Wort zugesagten Liebe her, die gewisser als die Umstände feststeht und sie bestimmt.

Es ist einem dem Glauben distanziert gegenüberstehenden Menschen kaum zu vermitteln, dass das Vertrauen auf Gottes Wort Situationen und Umstände grundlegend prägt und verändert. In schwierigen Situationen zeigen sich bestimmte Zukunftsszenarien als so wahrscheinlich, als so sicher eintreffend, dass gute Worte wohl trösten, aber nicht die schon bestehende oder bevorstehende Realität selbst ändern können. Doch der Glaubende hängt sich an das Wort Gottes, an dem wiederum die Wirklichkeit dieser Welt hängt. Damit erlangt der Mensch in seinem Glauben eine Freiheit gegenüber den Umständen und Realitäten, die er aus sich heraus nie haben könnte. In dieser Freiheit ist der Mensch sowohl frei gegenüber den eigenen inneren Beschränkungen als auch den äußeren Umständen. Nicht sie bestimmen ihn, sondern das Wort Gottes, dem er sich anvertraut. Dieses Wort ist „auf unausdenkbare Weise" ein Wort „alles Guten".[25]

Mit der Überschreitung seiner inneren und äußeren Situation und der Relativierung seines eigenen Möglichkeitshorizontes im Glauben entzieht sich der Mensch das eigene Urteil über Unmöglichkeiten. Christin und Christ sind zwar den gesellschaftlichen Vorstellungen von Kind und Familie nicht enthoben. Ihre Autorität bestimmt auch ihr Denken und führt sie in die gleichen Notsituationen wie jeden anderen Menschen. Aber im Glauben erwächst eine Freiheit von den gesellschaftlichen Denkmustern, denen keine Letztgültigkeit für die eigene Urteilsbildung zukommt.

Es ist zu betonen, dass diese Freiheit von den Umständen in ihrer sozioökonomischen Vielfalt nur eine abstrakte Freiheit wäre, wenn sie als solche nicht in den Umständen und als Freiheit im Umgang mit den Umständen verstanden würde. Die Freiheit von den Umständen bedeutet keine von ihnen unberührte Reflexion über sie, sondern die jeweiligen aktuellen Gegebenheiten und Denkmuster fließen bewusst oder unbewusst in die jeweilige Entscheidung aus dem Glauben ein. Das Vertrauen auf Gott in den Umständen bedeutet ein Sich-Hineinstellen in den Willen Gottes, der die eigene Entscheidung zu einer guten machen wird. Nur in diesem dem Glaubenden selbst überlegenen Willen, an dem er durch den Geist Gottes Anteil gewinnt,[26] liegt die Überlegenheit des Glaubenden gegenüber den Umständen. Dass Gott dann auch durch die Umstände die Entscheidung des Glaubenden lenkt, stellt die Umstände in den Dienst des Glaubenden.

25 LUTHER, Tractatus de Libertate Christiana (1520) WA 7, 51,3. Übersetzung zitiert nach Martin LUTHER. Lateinisch-Deutsche Studienausgabe, Bd.2, 125,7 f.10.

26 Damit ist der Mensch nicht blind dem göttlichen Willen unterworfen, sondern stimmt ihm in Freiheit zu. „Gerade der von Gott beanspruchte Mensch, gerade der, dem Gott zu stark geworden, der von Gott überwunden ist, wird sich vom fallenden Stein dadurch unterscheiden, daß er in seiner eigensten Freiheit für Gott bestimmt worden ist, in seiner eigensten Freiheit sich für Gott entschieden hat. Indem er sich für Gott entschieden hat, hat er sich geradezu *dagegen* entschieden, jemals der Macht als Macht gehorsam zu sein" (BARTH, Kirchliche Dogmatik II/2, 613, Hervorhebung im Original).

Im Glauben ist die Bindung an das elterliche Projekt relativiert. Es wird eine Emanzipation gegenüber den fremden wie eigenen einen selbst bestimmenden Projektvorstellungen geglaubt, der glaubende Mensch ist ein „freier Herr über alles".[27] Die Autorität in jeder Entscheidung wird Gott zugeschrieben, der durch die gesellschaftlichen Prägungen oder ihnen entgegengesetzt wirken kann.

Aus soziologischer Sicht wird man das Handeln des Menschen gegen scheinbar bestimmende gesellschaftliche Muster als ein von seiner speziellen religiösen Sozialisation abhängiges Handeln analysieren können, aber aus theologischer Sicht vollzieht sich der Glaube in eine Freiheit hinein, die dem Menschen ein Handeln eröffnet, das seinen Grund und seine Bestimmung in einer göttlichen Wirklichkeit hat. Diese Wirklichkeit ist in ihrer Wahrheitsgewissheit nur dem Glauben an Gottes Liebe zugänglich.

Die Freiheit des Menschen im Glauben hat eine göttliche Bestimmung, einen Inhalt, der sie von einer möglichen göttlichen oder menschlichen Willkür abhebt. In dieser Freiheit, in die der Mensch durch Gottes Liebe versetzt ist, wird der Mensch im Glauben selbst zu einem Liebenden. Gott gibt seine Liebe in unser Herz, „durch die wir frei, heiter, allmächtig in unserem Handeln und Sieger über alle Trübsal, Diener unserer Nächsten und nichtsdestoweniger Herren über alles sind".[28]

Die Verbindung von Freiheit und Liebe im Glauben gilt auch für die Beziehung zu dem ungeborenen Leben. Dabei ist es nicht die Liebe zu dem ungeborenen Leben an sich, die eine Abtreibung aus christlicher Sicht nicht in Frage kommen lässt. Es steht außer Frage, dass viele Abtreibungen gerade aus Liebe zum Kind erfolgen, dem eine wirkliche Kindheit gewünscht wird, aber zu geben nicht realisierbar erscheint. Der Glaubende sieht das ungeborene Leben im Licht der göttlichen Liebe nicht nur einem Projekt verbunden, sondern das sich ankündigende Kind gewinnt für ihn eine Unabhängigkeit von den Umständen. Es ist zwar dem Projekt in seinem singulären Kindsein ausgesetzt, aber nicht durch es als Kind erst erzeugt. Es wird wohl in den Konturen des Projektes, wie sie in das Empfinden und Denken der Mutter – und des Vaters – einfließen, erst zum Kind, zu ihrem Kind. Doch das ihm geltende göttliche Gute, das nicht in einem Projekt verrechenbar ist, lässt in der Zeugung durch das menschliche Wort diejenige durch das göttliche Wort transparent werden. Glaubende werden durch das ungeborene Leben von Gott her angesprochen. Das Wirken Gottes gibt dem Sein des ungeborenen Lebens eine von dem elterlichen Projekt emanzipierte Bedeutung. Die Rede davon, dass Gott ‚uns ein Kind geschenkt hat', spiegelt diesen Sachverhalt wider.

27 Luther, Tractatus de Libertate Christiana (1520), WA 7, 49,22; Studienausgabe, Bd.2, 121,22.
28 Ebd., WA 7, 66,19 f; Studienausgabe, Bd.2, 167,12 ff.

4.1.12 Die Freiheit der Liebe zum ungeborenen Leben

Die in Gott begründete Liebe ist darauf ausgerichtet, auch das menschlich Nichtige als liebenswert anzusehen. Es ist kein Nichts, das abgetrieben werden muss, sondern Gott gibt auch dem Nichtigen Sinn. In dem aus dem eigenen Projekt fallenden Embryo oder Fötus, aus seinem ‚Nichts' vermag Gott den Anfang einer Person setzen. Das ungeborene Leben ist im Glauben nicht primär durch die es schon jetzt umgebenden oder zukünftig wahrscheinlichen Realitäten bestimmt, sondern durch das „unvorstellbar" Gute, das ihm von Gott zugesprochen ist. Die Taufe hält dann Gottes Zusage für einen Menschen sichtbar fest. In dem Erkanntwerden durch die Mutter, durch den Vater ist schon Gottes liebende Zuwendung zu dem neuen Menschen präsent. Sie macht ihn zur Person.

Aufgrund der in die Begegnung einfließenden göttlichen Liebe bleibt diese Begegnung unverfügbar, nicht an ein bestimmtes Entwicklungsstadium des Embryos gebunden. Die göttliche Präsenz in diesem Geschehen ist der entscheidende Vorbehalt gegen einen aus vielleicht guten Gründen naheliegenden Schwangerschaftsabbruch. Gegen die Notwendigkeit der Abtreibung, die sich aus einem voraussehbaren Scheitern des Projektes ergibt, steht eine in den Menschen eingehende göttliche Liebe, die sich in den Umständen und gegen sie durchzusetzen vermag. Daraus erklärt sich das christliche Votum für einen Schutz des ungeborenen Lebens ‚von Anfang an'.

Doch weil die Liebe in einer Freiheit gründet, die nicht an bestimmte Entwicklungsstadien gebunden ist, sondern nach dem Guten für die Schwangere und das ungeborene Leben fragt, dessen Personsein nicht vom Menschen, sondern von Gott bestimmt wird, kann es auch zu Entscheidungen gegen ein Weiterleben kommen.

In einer frühen Schwangerschaftsphase wird noch kein personales Leben wahrgenommen und die Schwangere wählt eine Form der frühen Abtreibung. Im Horizont der hier entfalteten christlichen Ethik wird in bestimmten Fällen auch ein solches Verhalten gerechtfertigt sein. Seine Begründung kann weder in der Annahme liegen, dass in den frühen Embryonalstadien kein personales Leben vorliegen könne, noch in der Vorstellung, dass die Frau – und der mitentscheidende Mann – über die Personalität dieses frühen Embryos verfügen, sondern allein in einer lebendigen Gottesbeziehung, aus der sich Gottes Wille für die jeweilige Situation erschließt. Sicher ist der Beginn einer Schwangerschaft – ab der Keimzellverschmelzung verstanden – ein Zeichen dafür, dass sich personales Leben anbahnt, aber es ist kein sicheres Zeichen dafür, dass schon personales Leben vorliegt. Mit dem Embryo allein, mit seiner biologischen Tatsache, hat Gott weder schon eine Person geschaffen noch manifestiert sich mit ihm der eindeutige Wille Gottes, personales Leben zu schaffen, auch wenn mit dem embryonalen Leben schon früh eine personale Beziehung entstehen kann, es schon Person sein kann. Warum sollte Gott nicht die einen Embryonen zu personalem Leben bestimmt haben und andere nicht? Es kann in der entscheidenden Schwangeren – und ihrem Partner – eine Gewissheit darüber entstehen, dass dieses embryonale Leben – noch – nicht zu ihrem Kind bestimmt ist. Gott kann durch Umstände und damit verbundene Vorstellungen und Einsichten hier eine Klarheit schaffen, die dann in eine frühe Abtreibung mündet.

Doch ist nach dem vorher Gesagten klar, dass es sich aus christlicher Sicht bei einer so gerechtfertigten Abtreibung nur um einen besonderen Fall, eine Ausnahme, handeln kann.[29] Gottes Hinwendung zu dem Nichtigen, die göttliche Ermutigung im Glauben, ein Wagnis einzugehen, sprechen deutlich gegen eine Abtreibung. Die Prüfung, ob Gott selbst für das entstehende menschliche Leben eintritt und damit ein personaler Anspruch ergeht, wird fast immer positiv ausfallen, hebt sie doch das unbewusste Leben in besonderer Weise ins Bewusstsein, macht es zu einem Gegenüber mit einer weit über den Moment hinausgehenden Lebensperspektive.

Die notwendige ‚Veröffentlichung' der Schwangerschaft im Falle ihres Abbruchs dürfte die personale Wahrnehmung des Embryos weiter fördern.[30]

29 Siehe dazu die Ausführungen Barths zum Recht des Grenzfalls ethischen Handelns, weil „die gebotene Ehrfurcht vor dem Leben auch das Wissen um dessen *Grenzen* in sich schließt" (Kirchliche Dogmatik III/4, 388, Hervorhebung im Original). Barth selbst hat die ultima ratio des Schwangerschaftsabbruchs nur für den Fall gelten lassen, dass menschliches Leben gegen menschliches Leben steht (480). Doch ging Barth vor dem Hintergrund der damaligen Embryologie davon aus, dass es sich beim Embryo vom ersten Stadium an um einen unselbständig lebenden Menschen handelt (474). Unsere durch die moderne Embryologie geprägte Sicht auf das ungeborene Leben hat die feste Grenze für die Entstehung eines Menschen in einen Grenzbereich verwandelt.

30 Eine mögliche Abtreibung durch die sog. ‚Pille danach', die seit März 2015 in Deutschland rezeptfrei erhältlich ist, würde allerdings nicht unter das Abtreibungsgesetz fallen. Über ihre Wirkung gehen die Meinungen auseinander. Das Institut für Medizinische Anthropologie und Bioethik (IMABE), eine Einrichtung der Österreichischen Bischofskonferenz, kommt in einer fundierten Auswertung verschiedener medizinischer Studien zu dem Ergebnis, „dass diese Präparate [sc. Ulipristalacetat und das schwächer wirkende Levonorgestrel], wenn sie ca. bis 2 Tage vor dem Eisprung gegeben werden, nur antikonzeptiv wirken, während die Wirkung kurz vor der Ovulation in eine nidationshemmende umschlägt und nach der Ovulation verabreicht zunehmend unwirksam wird oder sogar schwangerschaftsschützend wirkt" (Anhang zur Stellungnahme von IMABE zur Diskussion über die Wirkungsweise der ‚Pille danach'). Die ‚Pille danach' hat nach diesem Ergebnis unmittelbar vor dem Eisprung genommen eine abtreibende Wirkung.
Auf der Internetseite „Frauenärzte im Netz", die vom Berufsverband der Frauenärzte e.V. in Zusammenarbeit mit der Deutschen Gesellschaft für Gynäkologie und Geburtshilfe herausgegeben wird, ist als Wirkung nur die Hemmung oder Verzögerung des Eisprungs zu lesen. Dann heißt es weiter zu den beiden Präparaten der ‚Pille danach': „Beide hormonellen Methoden haben keinen Einfluss auf die Einnistung (Implantation) einer befruchteten Eizelle. Die Pille danach führt daher zu keinem Schwangerschaftsabbruch, sie ist unwirksam, sobald der Prozess der Einnistung begonnen hat" (https://www.frauenaerzte-im-netz.de/familienplanung-verhuetung/die-pille-danach-nofallverhuetung/, abgerufen am 24. September 2018). Man könnte meinen, hier würde etwa im Gegensatz zum Ergebnis der vorigen Untersuchung eine nidationshemmende Wirkung der Präparate bestritten. Doch der zweite Satz spricht explizit

Die gesetzlich vorgeschriebene Beratung bis zum Ende der 12. Woche dient dem Schutz des ungeborenen Lebens und ein möglicher Abbruch der Schwangerschaft darf frühestens am vierten Tag nach Abschluss der Beratung vorgenommen werden. Auch wenn man das alles nur als Formalität betrachten kann und es in vielen Fällen vielleicht nichts anderes ist, so spricht durch sie der öffentliche Wille, das ungeborene Leben als Träger menschlicher Würde zu schützen. Doch „weil der Gehorsam gegen Gottes Gebot die Freiheit haben muß, sich in Schranken zu bewegen, die jetzt *enger*, jetzt *weiter* sein können, als sie auch das beste bürgerliche Gesetz im einzelnen vorsehen kann“,[31] wird aus der hier dargelegten theologischen Sicht die vom Gesetzgeber eröffnete Möglichkeit, eine Schwangerschaft zu beenden, weitestgehend verschlossen, und trotzdem es für einzelne Fälle möglich und geboten sein, noch im Rahmen des Gesetzes, aber gegen seine Schutzintention das ungeborene Leben zu beenden.

Ein anderer Fall liegt vor, wenn durch das sehr schwerwiegende Krankheitsbild oder die gravierende Missbildung von Föten kein personaler Anspruch vernommen wird oder deren wahrgenommenes Personsein sich schon in der Sterbephase befindet. Hier könnte der göttlichen Annahme des menschlichen Lebens so entsprochen werden, dass es gleichsam Gott zurückgegeben wird.

Der Einwand liegt nahe, dass damit personales Leben qualifiziert würde – was seiner bedingungslosen Annahme widerspräche. Aber es ist zu differenzieren zwischen der vermeintlich objektiven Aussage, dass menschlichem Leben ab einem bestimmten Behinderungsgrad keine Personalität zugesprochen werden könne, und einer die andere Person suchenden Hinwendung, der eine solche in den durch sehr schwere Krankheit gezeichneten Fötus nicht erkennen kann oder sie im Sterben sieht.

Dieser personorientierten Hinwendung wird aus christlicher Sicht entsprochen, wo sie im göttlichen Geist der bedingungslosen Annahme menschlichen Lebens erfolgt. Sie widerspricht ihr nicht, weil sie auch das durch Krankheit schwerstgezeichnete entstehende menschliche Leben nicht von dieser Beeinträchtigung her definiert, sondern es von sich selbst her in seiner Missbildung oder Krankheit sieht. Durch sie hindurch spricht es in einer personhaften oder nicht personhaften Weise. So kann hier bei objektiv

von einer Unwirksamkeit der Präparate erst von Beginn des Einnistungsprozesses an. Die Präparate haben also keinen Einfluss, wenn der Einnistungsprozess schon begonnen hat – aber könnten die Einnistung des Embryos zuvor schon verhindern. Der im Zitat verneinte Schwangerschaftsabbruch bezieht sich auf den im Strafgesetz festgeschriebenen Begriff, nach dem vor der abgeschlossenen Einnistung des befruchteten Eis keine schwangerschaftsabbrechende Handlungen möglich sind (§ 218 I 2 StGB). Im Übrigen gehen die einschlägigen Lehrbücher für die ‚Pille danach‘ weitgehend von einer Behinderung der Nidation aus (siehe die Angaben bei BÜCHNER, Zum Stand der Erkenntnis über die Wirkung der ‚Pille danach‘, 110, Anm. 6).

31 BARTH, Kirchliche Dogmatik III/4, 482 (Hervorhebungen im Original).

gleicher Diagnose Unterschiedliches vernommen werden, in allen möglichen Schattierungen und Ahnungen. Da wird eine Person oder eine Bestimmung zur Person gesehen oder es stellt sich ein Wissen ein, dass Gott diesen Fötus nicht zur Person des eigenen Kindes bestimmt hat. Vielleicht wird es weniger eine Reflexion als ein irgendwie gefärbtes Beziehungsgefühl sein, das den Ausschlag gibt. Die einen Eltern entscheiden sich für einen schnellen Tod des Fötus, andere für ein Austragen des Todgeweihten.[32] Dabei kann auch aus einer tiefen Verbundenheit mit dem Ungeborenen die Entscheidung zu einem Abbruch gefällt werden.

Die bedingungslose Annahme menschlichen Lebens verlangt ein intensives Hören auf den Willen Gottes mit dem gezeichneten Fötus. Von Gott her wird sich die rechte Beziehung zu ihm einstellen. Deshalb ist eine solche Entscheidung auch nicht mit Skrupeln zu überlasten. Dass Gott uns schon in dem unscheinbaren, nichtigen Embryo eine Person sehen lässt, ist kein Prinzip, das ihn in jedem Fall – und den späteren Fötus erst recht – zur Person erklärt.

Personsein oder Nichtpersonsein des Ungeborenen samt den Übergängen zwischen beidem erschließen sich durch die Gottesbeziehung des Menschen, der von dort her das entstehende Leben wahrnimmt. Der eine Embryo oder Fötus mag bei schwerster Behinderung als Person wahrgenommen werden, der andere als vorpersonales Wesen oder als im Sterben begriffene Person. In diesen Situationen bleibt die mögliche Personhaftigkeit menschlichen Lebens oft ein Geheimnis, in denen Entscheidungen im Glauben an den Gott allen Lebens, aber nicht im sicheren Wissen um die Personhaftigkeit des ungeborenen Lebens gefällt werden.

Mit der dezidiert im Heilshandeln Gottes gesuchten Begründung einer solchen Position ist klar, dass sie dem christlichen Glauben Fernstehende kaum überzeugen wird.[33] Das christliche Votum für einen Schutz menschli-

32 Wie traumatisch die Abtreibung eines gewünschten Kindes aus medizinischen Gründen sein kann, zeigt eine Untersuchung, nach der in diesen Fällen vierzehn Monate später 17 % der Frauen an psychischen Erkrankungen litten. Doch auch das Austragen einer solchen Schwangerschaft dürfte sehr belastend sein. „Die Eltern stehen vor der schrecklichen Entscheidung, ihr ersehntes Kind abzutreiben oder es Stunden oder Tage nach der Geburt sterben zu lassen. Eine gute Lösung gibt es da nicht“ (Anette Kersting, zitiert nach SCHNABEL, Tabu Abtreibung). Siehe auch EIBACH, Austragen einer Schwangerschaft mit einem totgeweihten Kind?

33 In unserer modernen europäischen Gesellschaft scheint für den Umgang mit dem ungeborenen Leben der christliche Glaube eine wichtige Rolle zu spielen. So konnte empirisch für viele europäische Länder – gegenläufige Ausnahme: Bulgarien – gezeigt werden, dass „die Wahrscheinlichkeit, bei einer ungewollten Schwangerschaft einen Abbruch in Erwägung zu ziehen“, dann ansteigt, „wenn die Kirchenbindung praktisch keine Rolle im Leben der Frauen spielt“ (TAZI-PREVE / ROLOFF, Schwangerschaftsabbruch in Europa, 55). Dass in der Haltung zum ungeborenen Leben sich die christliche Ethik von anderen, allgemein üblichen Anschauungen abhebt, galt schon in der Antike. So beendete das frühe Christentum „eine lange Debatte über den biologischen wie juristischen Status des Embryos im Mutterleib durch seine radikale These von der besonderen geschöpflichen Würde auch des ungeborenen Lebens“ (MARKSCHIES, Das antike Christentum, 245). Zwar fanden sich zur Zeit der frühen Christenheit auch auf heidni-

chen Lebens von Anfang an ist eine Herausforderung für eine liberale Gesellschaft. Wie ist es mit dem gesamtgesellschaftlichen Ethos zu vermitteln, das der Liebe einen Höchstwert im Umgang mit dem Nächsten zumisst und damit einhergehend in vielen Fällen eine Abtreibung für etwas ethisch relativ Unproblematisches hält?

4.2 Christliche Ethik des Embryonenschutzes und gesellschaftliches Ethos

4.2.1 Möglichkeiten einer christlichen Ethik

Man könnte geneigt sein, das christliche Ethos des Lebensschutzes unvermittelt dem gesellschaftlichen entgegenzusetzen, damit umso stärker der Bekenntnischarakter des christlichen Glaubens aufscheint:

Stellt euch nicht dieser Welt gleich! (Röm 12,2)

Diese Aufforderung hat darin ihr Recht, dass es zum Wesen der christlichen Kirche gehört, der Differenz zwischen dem christlichen Ethos und dem gesamtgesellschaftlichen immer wieder Ausdruck zu geben. Die der christlichen Ethik eigene, dem Christusereignis geschuldete Radikalität, die das ungeborene Leben in Schutz nimmt, verweist auf ein Verhalten, das nur im Horizont des Glaubens einsichtig ist und dem Gemeinsinn einer Gesellschaft widerstrebt. Wo diese Differenz nicht mehr in Wort und Werk der Kirche sichtbar ist, steht sie in Gefahr, ihre eigene Mitte zu verlieren.

Doch die Betonung des Unterschieds zwischen Kirche und Gesellschaft kann auch das Anliegen christlicher Ethik konterkarieren, wenn sie deren Verhältnis zum gesellschaftlichen Ethos zu einem unüberbrückbaren Graben vertieft und das Eigene im Anderen nicht sieht. Aus dem Bekenntnis gegenüber dem Anderen könnte leicht eine Selbstbehauptung ihm gegenüber werden. Man setzt die eigene Position absolut und gibt dem Anderen zu verstehen, dass er nur recht handelt, wenn er im christlichen Sinne handelt. Das Glaubensbekenntnis und die Handlungsnormen, die man mit ihm verbindet, werden als Norm für die Gesellschaft verstanden. Man hebt implizit die Differenz zum Anderen auf und strebt eine christliche Gesellschaft an. Ein nichtchristliches *rechtes* Handeln findet hier keinen Platz mehr.

Man könnte umgekehrt versucht sein, die christliche Position der gesellschaftlichen in dem Sinne anzupassen, dass man sie nur in ihrer allgemein

scher Seite ablehnende Voten zur Abtreibung, doch waren diese vor allem medizinisch begründet (Drecoll, Umgang mit dem ungeborenen Leben, 321).

vermittelbaren Vernünftigkeit bejaht und nach außen trägt. Es geht um das allgemein anerkannte Gute, für das man sich einsetzt:

Was wahrhaftig ist, was ehrbar, was gerecht, was rein, was liebenswert, was einen guten Ruf hat, sei es eine Tugend, sei es ein Lob – darauf seid bedacht (Phil 4,8)[34]

Christin und Christ setzen sich für das Gute und Nützliche ein, dessen Vorstellung sie mit anderen teilen. Sie arbeiten an der Überwindung der Differenz, weil die christliche Ethik auf das Wohl des Anderen hin orientiert ist. Darin ist einer solchen Haltung Recht zu geben, dass christliches Handeln aus seiner Verpflichtung dem Nächsten gegenüber die Gesellschaft in ihrer freiheitlichen und sozialen Ordnung zu stärken und mitzugestalten hat.

Doch mit der angestrebten Einheit von christlichem und weltlichem Handeln droht die Selbstaufgabe der eigenen christlichen Mitte. Das Handeln im Sinne Jesu Christi löst sich in ein Handeln im Sinne der modernen Vernunft auf, das freiheitlich und sozial orientiert ist, aber eben nicht der Freiheit und Sozialität im christlichen Sinne entspricht. Auch hier hebt man implizit die Differenz zum Anderen auf, aber sanktioniert nun eine profane Gesellschaft als christliches Idealbild. Ein genuin christliches Handeln würde verschwinden.[35]

Wie kann ein christliches Ethos aussehen, das weder den Versuchungen einer Selbstabschottung nachgeben noch seine spezifische Christlichkeit preisgeben will?

Man wird einer Spannung in der Deutung christlichen Ethos nicht entgehen können, die aber eine solche nur ist, wenn man das weltliche und das christliche Dasein im Sinne eines Prinzipiellen auffasst. Ihre Differenz ist recht verstanden durch eine Dynamik gekennzeichnet, die im Weltlichen immer wieder das Christliche und im Christlichen immer wieder das Weltliche aufscheinen lässt.[36] Die beiden eben beschriebenen Sichtweisen christlicher Ethik

34 Paulus übernimmt hier einen konventionellen Tugendkatalog aus der nichtchristlichen Umwelt (Schrage, Ethik des Neuen Testaments, 206). „Der gemeinsame Nenner der Tugenden liegt in ‚gesellschaftlichen Werten', was auch die Schlusstugend des Lobes andeutet, da hier an gesellschaftliche Anerkennung und Zustimmung zu denken ist" (Horn, Tugendlehre im Neuen Testament?, 426 f).

35 Das scheint mir die zwangsläufige Konsequenz solcher Integrationsbemühungen zu sein. Schmidt weist aus religionsphilosophischer Sicht zu Recht darauf hin, dass es in unserer Zeit fortgeschrittener Säkularisierung nicht Aufgabe des religiösen Bewusstseins sein kann, die „Lücke zwischen Religion einerseits und autonomer Vernunftmoral und positivem Recht andererseits" inhaltlich zu schließen. „Religiöses Bewusstsein ist unter Bedingungen anhaltender Säkularisierung – und das bedeutet anhaltender Differenzierung – gerade Differenzbewusstsein" (Religiöser Glaube und öffentliche Vernunft, 167). Dennoch wird aus theologischer Sicht die notwendige Differenz immer wieder in einem dynamischen Sinne aufzuheben sein, um der in der christlichen Offenbarung ebenso bezeugten Einheit von Weltlichem und Christlichem im Denken und Handeln Gestalt zu geben.

36 Vgl. dazu Bonhoeffers Ausführungen zur polemischen Einheit von Weltlichem und Christlichem in der Wirklichkeit Christi (Ethik, 45).

verharren nicht in Einseitigkeit, sondern verschmelzen immer wieder miteinander im konkreten Handeln, um dann wieder in ihrer Differenz sichtbar zu werden.

Man kann zum Beispiel aus einer christlichen Haltung heraus sich gegen die Selbstverständlichkeit von Abtreibung aussprechen und gleichzeitig die Selbstbestimmung der Frau in einer solchen Entscheidung unterstützen. Man wird ein Paar in seinem Wunsch nach künstlicher Befruchtung bestärken und doch der von ihnen gewählten medizinischen Methode ablehnend gegenüberstehen. Dabei geht es Christinnen und Christen nicht nur um den einzelnen Menschen, sondern auch um die Gesellschaft, in der er lebt. Ihnen fehlt es nicht an festen Anschauungen und Grundsätzen, aber diese haben sozusagen ihre offenen Seiten, an denen sie sich durch die Realität des Einzelnen oder der Gesellschaft stören lassen. Sie nehmen eine gewisse Inkonsequenz und Widersprüchlichkeit in Kauf, durch die sie aber nur bekennen, dass das rechte Handeln nicht durch die eigene Vernunft im Ganzen zu erschließen ist.

So wie Jesus den Verbrauch kostbaren Salböls für seine Füße hat gefallen lassen, obwohl man mit der dafür getätigten Ausgabe sinnvoller die Armen hätte unterstützen können (Mk 14, 3–9), so wie er sowohl dem Kaiser als auch Gott das Seine zu geben befahl (Mk 12,17), obwohl doch Gott alles gehören müsste,[37] so entzieht sich auch das rechte christliche Handeln einer äußerlichen Eindeutigkeit.

Im vertrauenden Blick auf Jesus Christus, bei dem weltliches und göttliches Handeln eine ungebrochene Einheit bilden, werden Christin und Christ das herausfordernde Wort des Paulus in Anspruch nehmen können:

> Der geistliche Mensch aber beurteilt alles und wird doch selber von niemandem beurteilt. (1 Kor 2,15)[38]

Eine christlich verantwortete Ethik kann nicht darauf gerichtet sein, das Handeln in der Nachfolge Christi für die Anderen verbindlich zu machen. Gelöst von der Glaubensbeziehung erstarrt das Handeln im Horizont der Liebe Christi zu christlichen Prinzipien, die ‚Gesetz' und nicht ‚Evangelium' sind.

Dennoch gehört das Zeugnis von der Liebe Gottes in Wort und Werk zur christlichen Existenz. Es konfrontiert den Menschen mit einem Ethos, das sich nicht aus der Vernunft erschließt, und lädt ihn ein, auf das göttliche Handeln in Jesus Christus zu schauen. Das ist die eine Seite einer christlich verantworteten Ethik. Christinnen und Christen werden auf der anderen Seite genauso darauf gerichtet sein, den Nächsten in dem Guten und Vernünftigen zu

37 Jesu Antwort ließe sich auch so lesen, dass Gott das ihm Zustehende gegeben wird, wo man dem Kaiser das Seine gibt – und den Denar als Zeichen der Fremdherrschaft nicht annimmt (Wolter, Lukasevangelium, 654).

38 „Damit ist keiner kritikimmunen Selbstgefälligkeit oder Selbstsicherheit das Wort geredet" (Schrage, Der erste Brief an die Korinther, 1 Kor 1,1–6,11, 266), weil das geistliche Urteil an den Gekreuzigten gebunden ist, dessen Weisheit auch für Christinnen und Christen ständige Korrektur bedeutet.

fördern, das ihm eigen ist. Von diesem Guten her leben Christinnen und Christen wie alle anderen Menschen. So gesehen stehen in dieser Perspektive christlichen Handelns nicht Christinnen und Christen den anderen Menschen, sondern Bürgerinnen und Bürger einander gegenüber. Es geht um die Förderung des Guten und Vernünftigen in Staat und Gesellschaft.

Fiele das weltlich-christliche Handeln weg, würde das christliche Handeln zu einem Einsatz für die ‚Sache' Jesu und nicht für den Anderen absinken. Fiele das genuin christliche Handeln weg, würde das weltliche Handeln für die Sache des Anderen, aber nicht für ihn selbst hilfreich sein, der auch nur in Christus sein Heil hat.

4.2.2 Notwendigkeit und Grenze des Embryonenschutzes

Die Dynamik christlichen Handelns in weltlicher und christlicher Gestalt bekommt in der heutigen westlichen Bürgergesellschaft eine besondere Bedeutung, weil in ihr christliche Grundgedanken in den Gemeinsinn hineingewachsen sind und so eine besondere Nähe zwischen Gesellschaft und christlicher Kirche entstanden ist. Sowohl die Bewahrung und Förderung von Würde und Freiheit in der Gesellschaft als auch der Hochachtung der familiären Liebe einen die Kirche mit der Gesellschaft, doch die spezifische gesellschaftliche Ausformung dieser Prinzipien enthält in sich eine Spannung, die der christlichen Auffassung von Liebe und Freiheit entgegensteht. Für die öffentliche Gesellschaft ist die unbedingte Achtung der Würde und Freiheit des Anderen konstitutiv, wie es für die Familie die Liebe ist. Beide treten in der Frage nach dem Embryonenstatus in Konflikt. Die Achtung der menschlichen Würde kennt keine qualitative Grenze, während im familiären Selbstverständnis die freie Entscheidung zur Liebe in ihren Möglichkeiten und Grenzen entscheidend für das Personsein des Embryos ist.

Man könnte seitens Kirche und Theologie versucht sein, die Achtung der *Würde* als das genuin christliche Anliegen zu begreifen und die Durchsetzung des Embryonenschutzes von Anfang an zu unterstützen. Das Eintreten für einen frühestmöglichen Schutz ist zu bejahen, weil mit ihm nicht nur auf Gottes bedingungslose Annahme des Menschen verwiesen wird, sondern auch die Gesellschaft sich selbst vor einer Abstufung ihrer Mitglieder schützt.

Dennoch lässt sich die den Anderen aus freier Entscheidung anerkennende *Liebe* ebenfalls als christliches Anliegen begreifen, auch wenn christliches und gesellschaftliches Verständnis der Liebe aus Freiheit sich nicht decken. Dass erst die Liebe den Menschen in seinem Menschsein ausmacht, verweist auf Gottes schöpferische Liebe zum Menschen und eröffnet diesem seine konkrete Annahme in der Familie jenseits der bloßen Achtung seiner gesellschaftlichen Würde.

Das Eintreten sowohl für die Liebe als auch für die Würde ergänzt sich gegenseitig. Plädierte man für eine rigorose Durchsetzung der Würde und damit für ein generelles Verbot der Abtreibung, brächte man einen Zwang in die Familie, der ihrem Verständnis als Liebesgemeinschaft widerspräche. Die Freiheit, das werdende Leben nicht anzunehmen, wird zugestanden werden müssen, weil ohne sie die Freiheit zur liebenden Annahme eingeschränkt würde. Aber diese Freiheit kann nur da verantwortungsvoll gelebt werden, wo die Würde jedes Menschen anerkannt wird. Der Zusammenhang von Liebe, Freiheit und Würde setzt sinnvolle Grenzen in der objektiv nicht zu entscheidenden Frage, ab wann das ungeborene Leben Person ist.[39]

Angesichts der bloßen Möglichkeit, dass in frühen Stadien Menschen durch Abtreibung getötet werden, könnte man es als notwendig erachten, für den Vorrang des Würdeschutzes gegenüber der Freiheit zur liebenden Annahme zu plädieren. Eine solche tutioristische Lösung kann dort sinnvoll sein und durchgesetzt werden, wo der Embryo in besonderer Weise öffentlich wird – hier tritt er in seinem Für-sich-sein hervor, was ein Kennzeichen von Personen ist. Im Blick auf die biomedizinischen Möglichkeiten ist der Tutiorismus eine wichtige Option.[40]

39 Vor dem Hintergrund dieser Überlegungen lassen sich die viel kritisierten Vorgaben des deutschen Verfassungsgerichtes zur Abtreibungsregelung, besonders die Beratungslösung, betrachten. Im zweiten Urteil zum Schwangerschaftsabbruch wird zum einen festgestellt, dass es „mit der rechtsstaatlichen Ordnung des Grundgesetzes unvereinbar [wäre], wenn die an dem Konflikt existenziell beteiligten Frauen selbst mit rechtlicher Erheblichkeit feststellten, ob eine Lage gegeben ist, bei der das Austragen des Kindes unzumutbar ist und deshalb der Abbruch der Schwangerschaft auch von Verfassungs wegen erlaubt werden kann" (BVerfGE 88, 203, 275). Zum andern soll in der Beratungsregelung „die Verantwortung der schwangeren Frau für das ungeborene Leben Grundlage einer gewissenhaften Entscheidung werden" (BVerfGE 88, 203, 283). Wird der Frau die „Letztverantwortung" (BVerfGE 88, 203, 270) für den Schwangerschaftsabbruch übertragen und ihr die Möglichkeit eröffnet, straffrei abzutreiben, so bleibt eine solche Entscheidung dennoch rechtswidrig.
Man kann das so entworfene Schutzkonzept für das ungeborene Leben als in sich widersprüchlich und wirkungslos ansehen. Aufgrund des Sanktionsverzichts wird die normative Bewertung des Abbruchs als Unrecht selbst preisgegeben. Der Problembereich wird faktisch vom Staat der Privatsphäre seiner Bürgerinnen zugewiesen (Merkel, Forschungsobjekt Embryo, 86). „Die Frage, ob die werdende Mutter mit der Mutterschaft verbundene Pflichten autonom übernimmt oder nicht, wird de facto der Frau überlassen, aber nicht als Recht konstruiert, sondern als hinzunehmende Gewissensentscheidung" (Frommel, Status des Embryos: Juristische Aspekte, 69). Mag die rechtliche Konsistenz der Beratungslösung als auch deren Wirksamkeit anzuzweifeln sein, so wird doch aus sozialphilosophischer Sicht in dem Verfassungsgerichtsurteil grundlegenden Vorstellungen unserer Gesellschaft Rechnung getragen. Das werdende Kind lebt von seiner freien Annahme durch die Mutter und ist zugleich als menschliches Leben selbst unbedingt schützenswert. Das erste wird vom Verfassungsgericht zum besseren Schutz des Kindes konzediert, das zweite ist dem grundgesetzlichen Verständnis menschlicher Würde geschuldet. Die Beratungslösung mag de facto einen prinzipiellen Würdeanspruch des werdenden Kindes preisgegeben haben, aber hält eine Spannung aufrecht, die der liberalen Bürgergesellschaft in ihrem Selbstverständnis innewohnt. Nun ist es sicher nicht die Aufgabe eines Verfassungsgerichtes, konträre gesellschaftliche Vorstellungen widerzuspiegeln, aber ebenso wäre es vermessen zu meinen, es sei deren enthoben, oder etwa deren Auflösung von ihm zu erwarten.

40 Vgl. Burghardt, Plädoyer für den Tutiorismus.

Doch wo der Embryo wesentlich dem privaten Bereich angehört, stellt sich die Situation anders dar. Der Staat kann nur vorsichtig in die private Beziehung zwischen Mutter, Vater und werdendem Leben eingreifen. Das werdende Leben ist zu Beginn noch so exklusiv in die Beziehung zwischen Mann und Frau eingebunden und mit ihr verwoben, dass eine staatliche Durchsetzung vorsorglichen Schutzes als ein Eingriff in die Beziehung selbst empfunden würde und Widerstand hervorriefe. Das Entstehen einer Familie mit dem ihr verbundenen Glück, ihrem Leid und ihrer Schuld sind Facetten der selbstbestimmten Liebe, die wohl einen staatlichen Schutzrahmen in Anspruch nehmen darf, aber prinzipiell dem Privaten angehört. Das werdende Leben ist im idealen Fall Ausdruck der Liebe füreinander, aber am wenigsten Erzeugung einer öffentlichen Person für die Gesellschaft. Zu einer solchen wird der werdende Mensch erst werden und im vollen Sinne, wenn die Volljährigkeit erreicht ist. Die Zurückhaltung des Staates beim Schutz der frühesten Lebensstadien trägt der im Intimen einer Beziehung verborgenen Menschwerdung Rechnung.[41]

Wenn eine christliche Ethik kein generelles strafbewehrtes Abtreibungsverbot fordert, geschieht das in dem Bewusstsein, dass mit Liebe und Würde christliche Grundgedanken in säkularer Gestalt gesamtgesellschaftliche Kraft entfalten.[42] Bürgerinnen und Bürger treten unabhängig von religiösen An-

41 Damit ist keine bloße Akzeptanz des gesellschaftlichen und rechtlichen status quo gemeint. Die sinnvolle Spannung zwischen öffentlichem Würdeverständnis und eigener Entscheidung zur Annahme oder Abtreibung eines Ungeborenen ist immer wieder neu auszutarieren. Eine bedenkliche Schieflage ist nicht nur mit den Spätabtreibungen (siehe dazu Kreß, Medizinische Ethik, 212–215), sondern auch mit der nahezu selbstverständlichen Abtreibung behinderter Ungeborener gegeben. Gerade im letzteren Fall neigt sich das Gewicht zugunsten einer privaten Entscheidungsmöglichkeit, die im Widerspruch zum öffentlichen Diskriminierungsverbot steht. Auch bei einem Wunsch nach einem gesunden Kind mag „die individuelle Entscheidung des Paares bzw. der Schwangeren nicht von einer Diskriminierungsabsicht im eigentlichen Sinne getragen sein, doch knüpft die Nichtakzeptanz und -toleranz unmittelbar an die erwartete Behinderung des Kindes an und ist die Folge der so motivierten Entscheidung damit unhintergehbar eine direkte Benachteiligung behinderten Menschenlebens, welche die Rechtsordnung um der Glaubwürdigkeit ihrer Wertgebundenheit willen nicht akzeptieren kann“ (Duttge, Zur vernachlässigten Schutzpflicht, 115). Wie kann mittels der Rechtsordnung hier in angemessener Weise entgegengesteuert werden?

42 Die positive Bedeutung rechtlicher Regelungen für eine wünschenswerte Verringerung von Schwangerschaftsabbrüchen ist eher gering einzuschätzen. Koch kommt ausgehend von den Ergebnissen eines breit angelegten Projektes zum Schwangerschaftsabbruch im internationalen Vergleich zu der Schlussfolgerung, „daß die praktischen Auswirkungen des (straf-)rechtlichen Regelungskonzepts als isoliertes Moment für die Häufigkeit des Schwangerschaftsabbruchs nicht allzu hoch veranschlagt werden dürfen. Dies dürfte auch im Hinblick auf eine etwaige indirekte, ‚normappellative‘ Wirkung gelten, über die sich kaum mehr als Spekulationen anstellen lassen. Man wird also vor übersteigerten Erwartungen an die verhaltensleitende Kraft des (geschriebenen) Wortes warnen müssen: Soweit rigide Verbote mit ernstzunehmenden Schätzungen einer erheblichen Zahl illegaler Eingriffe einhergehen, bedeutet dies auch, daß die jeweiligen Täter(innen) eher ihrem privaten Wertesystem gemäß handeln als dem (an-

schauungen für die bedingungslose Anerkennung der menschlichen Würde ein und leben die Liebe in der ‚Keimzelle der Gesellschaft'. Die damit geförderte Freiheit hat sicher ihren Preis, den auch das ungeborenen Leben zu zahlen hat, und zeigt, wie unerlöst der einzelne Mensch in der modernen bürgerlichen Gesellschaft trotz all ihrer sozialen Errungenschaften ist. Doch hat diese Freiheit zu einer familiären Hinwendung zum Kind beigetragen, die für den sozialen Charakter unserer Gesellschaft grundlegend ist.

4.2.3 Das Evangelium von der Liebe Gottes zum ungeborenen Leben

Das christliche Handeln in säkularer Gestalt, das Engagement für die liberale Bürgergesellschaft, gibt der christlichen Botschaft sozusagen eine ‚uneigentliche' Gestalt, die mit ihrer eigentlichen Gestalt verbunden ist und nur in diesem Zusammenhang zu bewahren ist. Welchen Ausdruck hat die eigentliche Gestalt christlichen Handelns?

Nicht nur Gesellschaft und Staat, sondern auch das Evangelium tritt für die Würde jedes Menschen ein, aber verkündet zugleich den Grund dafür: Gottes Liebe in Jesus Christus. Sie verleiht dem Menschen seine Würde. Im Evangelium ist zusammengebracht, was in der modernen Gesellschaft in Spannung verbleibt. Dort ist der Mensch in der Entscheidung zur Liebe auf sich selbst gestellt, seine Würde kann er öffentlich in einem gewissen Maß einklagen, aber selbst geliebt zu werden und selbst einen anderen lieben zu können, darauf kann er nur hoffen.

Die Liebe zum Anderen und besonders zum ungeborenen Leben ist in der westlichen Bürgergesellschaft nur in einer fragilen Freiheit möglich, die schnell in Überforderung und Verlassenheit umschlägt. Das sich ankündigende Kind erscheint als ein das ganze weitere Leben belastender Fehler in der eigenen Lebensplanung. Die von der Gesellschaft gewährte Freiheit kehrt sich in Verpflichtungen und Erwartungen um, welche an die werdenden Eltern gestellt werden. Abtreibung erscheint dann als die einzige Möglichkeit, Freiheit und Lebensqualität für sich zu wahren.

Durch das Evangelium erfährt der Mensch die Liebe Gottes als für ihn entscheidende Wirklichkeit. Seine Liebe steht nicht in Konkurrenz mit der Freiheit, sondern setzt den Menschen frei – frei von gesellschaftlich und persönlich verfertigten einengenden Selbstbildern, von Zukunftsängsten und gefangen nehmenden Sehnsüchten. Darin ist das Evangelium gesellschaftskritisch und fordert zu einem Handeln auf, das gegen den Mainstream der Gesellschaft steht.

Wo das werdende Leben in seinem Personsein erkannt ist, gilt ihm die Liebe Gottes und der Menschen. Das Evangelium von der Liebe Gottes sagt zu, dass

spruchsvollen) Normappell folgen" (Eser / Koch, Schwangerschaftsabbruch im internationalen Vergleich, 19).

Gott selbst die Liebe zueinander schenkt und schenken wird. Es steht nicht zuerst für die Mahnung, mit der Abtreibung würde ein von Gott geliebter Mensch getötet, sondern für die Zusage Gottes an das Leben des ungeborenen Kindes und der Eltern. Das Evangelium sagt zu, dass die Person des Ungeborenen nicht die eigene Lebenserfüllung verhindern oder beeinträchtigen wird. Es führt zu einem Verständnis des Lebens, das sich nicht den gesellschaftlichen Maßstäben fügt.

Das ist die Herausforderung des eigentlich christlichen Handelns und Verkündens für die moderne westliche Gesellschaft, nicht nur für die dem christlichen Glauben Fernstehenden, sondern auch für Christinnen und Christen. In der konkreten Situation wird das Evangelium in vielen Fällen unrealistisch und schwärmerisch erscheinen. Was sollen Worte und einzelne Hilfeleistungen gegen die harten Realitäten des Lebens ausrichten? Gerade in Abtreibungssituationen erscheinen Alternativen oft völlig ausgeschlossen. Das Evangelium fordert einen Glauben heraus, bei dem die eigene Existenz gewagt wird. Dieses Wagnis lässt sich nicht befehlen – hier liegen die Grenzen des christlichen Plädoyers gegen die Abtreibung. Ein solches Plädoyer ist vor allem Einladung und Herausforderung zum Glauben.

Sicher ist ebenfalls geboten, die konkreten Bedingungen für Beratung und Hilfeleistung weiter zu verbessern – nur so kann das christliche Zeugnis glaubwürdig sein. Doch dürften in den meisten Fällen die unmittelbar materiellen Bedürfnisse gegenüber den Beziehungsproblemen und den Zukunftsfragen, die mit einem sich ankündigenden Kind verbunden sind, nachrangig sein.

So tritt christliches Handeln einerseits für die moderne Bürgergesellschaft ein, weil Liebe und Würde in ihr Gestalt angenommen haben, aber bringt andererseits auch den eigentlichen Grund von Liebe und Würde zu Gehör, der beides vereint und der einzelnen Christin, dem einzelnen Christen und der Kirche eine vom modernen säkularisierten Individuum und von der Gesellschaft unterschiedene Gestalt verleiht.

4.3 Der Embryonenstatus in der modernen Reproduktionsmedizin

4.3.1 Der Status des extrakorporalen Embryos

Die moderne Reproduktionsmedizin hat sich in den letzten Jahrzehnten im öffentlichen Bewusstsein zu einer allgemein akzeptierten Disziplin im medizinischen Spektrum etabliert. Jedem informierten Zeitgenossen ist klar, dass die Fortpflanzungszentren der Reproduktionsmedizin „nicht im Hinterzimmer an faustischen Homunkuli experimentieren",[43] sondern an gesetzlichen

43 Bühler, Vorwort, 9.

und ethischen Standards ihr Handeln ausrichten. Von 1997 bis einschließlich 2014 sind in Deutschland über 233.000 Kinder mittels extrakorporaler Befruchtung auf die Welt gekommen.[44] Im Jahr 2015 wurden nach Transfers insgesamt fast 21.000 Kinder geboren. Das Deutsche IVF-Register weist darauf hin, dass statistisch gesehen in jeder großen Schulklasse ein Kind sitzt, das aus einer künstlichen Befruchtung entstanden ist.[45]

Dennoch werfen die verschiedenen Verfahren der Fortpflanzungsmedizin aus einer christlichen Sicht, die dem Schutz des Embryos verpflichtet ist, gewichtige Fragen auf. Deren Beantwortung soll im Folgenden auf ethische Probleme der In-vitro-Fertilisation (IVF), besonders des Blastozystentransfers mit Selektion, aufmerksam machen.[46] Die ethische Analyse dieser Verfahren schließt sich trotz der inzwischen veränderten Rechtsgrundlage und der verbesserten medizinischen Möglichkeiten grundsätzlich der folgenden Einschätzung an, die 1987 von der Synode der EKD kundgegeben wurde:

> Gewichtige Gründe sprechen gegen die extrakorporale Befruchtung. Aber die Not der ungewollten Kinderlosigkeit darf nicht gering geschätzt werden. Der Wunsch nach einem Kind rechtfertigt jedoch noch nicht jede medizinische Maßnahme. Darum rät die Synode vom Verfahren der extrakorporalen Befruchtung ab.[47]

Die moderne Entwicklung der Biomedizin greift grundlegend in das Statusproblem ein. Von dem hier verfolgten Ansatz ausgehend ergeben sich durch die IVF neue Aspekte in der Beurteilung des Embryos. Was verändert sich durch IVF in dem Beziehungsgefüge zwischen Embryo, Mutter, Vater und medizinischem Personal?

Statt in einer natürlichen Intimität und Verborgenheit zu wachsen, unterliegt der Embryo in seinen frühesten Entwicklungsstadien grundsätzlich einer medizinischen Aufsicht. Ist die Verantwortung bei einer natürlichen Empfängnis wesentlich auf die Mutter begrenzt und angesichts der wenig beein-

44 Deutsches IVF-Register. Jahrbuch 2015, 10.

45 Deutsches IVF-Register. Jahrbuch 2016, 8.

46 Im Weiteren wird von IVF gesprochen wird und nicht zwischen IVF und ICSI (Intra-Cytoplasmatische-Spermien-Injektion) unterschieden. Bei ICSI wird im Unterschied zu IVF *ein* Spermium in die Eizelle gespritzt. Ansonsten ist IVF die Grundtherapie der ICSI. Andere Verfahren der Reproduktionsmedizin wie z. B. die Präimplantationsdiagnostik (PID), aber auch Leihmutterschaft und Eizell- oder Samenspende sollen hier ausgeklammert bleiben. Die Letztgenannten werfen neue ethische Probleme auf, die im Rahmen einer Familienethik eine eigene Untersuchung erforderten. Zur Veränderung der Familienordnung durch die neuen Reproduktionstechnologien siehe Bernard, Kinder machen.

47 Synode der Evangelischen Kirche in Deutschland, „Zur Achtung vor dem Leben – Maßstäbe für Gentechnik und Fortpflanzungsmedizin" Kundgebung der Synode der EKD, Berlin 1987. Siehe auch Evangelische Kirche in Deutschland, Stellungnahme der EKD für die Anhörung des Rechtsausschusses des Deutschen Bundestages zum Embryonenschutzgesetz am 9. März 1990, S. 2, Abschnitt II. Dass inzwischen auch aus anderen Gründen als ungewollter Kinderlosigkeit IVF in Anspruch genommen wird, z. B. um eine Schwangerschaft in einer späteren Lebensphase zu ermöglichen, zeigt die inzwischen gewandelte Sicht auf IVF und bedürfte einer eigenen ethischen Betrachtung.

flussbaren Möglichkeit eines natürlichen Abgangs auch nur in geringem Maße gegeben, so ist der Embryo ohne seine natürliche Umgebung auf den verantworteten Umgang des medizinischen Personals mit der modernen Technik angewiesen.

Das erhoffte Kind entsteht in einem Beziehungsgefüge, das zwar von seinen Eltern initiiert, aber in hohem Maße von Dritten bestimmt ist.[48] Ist es bei den Eltern die Liebe, welche die Beziehung zum ungeborenen Leben ausmacht, so ist für das medizinische Personal der fachgerechte Umgang entscheidend. Für die Eltern ist die Liebe zum entstehenden Kind mit seiner Anerkenntnis als Person verknüpft, während für das medizinische Personal eine solch personbegründende Liebesbeziehung selbstverständlich nicht gefordert werden kann. Rückt das medizinische Personal durch sein Tun in die Nähe eines Erzeugers, so gewährt nur die professionelle Distanz zu dem Embryo die Priorität der eigentlichen Erzeuger, der Eltern.

Wie kann der Status des embryonalen Lebens außerhalb des Mutterleibes angesichts der unterschiedlichen Beziehungsqualität von Eltern und medizinischem Personal zum Embryo in vitro beschrieben werden? Die Embryonen als bloße Sachen zu definieren würde ihrer Beziehung zumindest zu den Eltern nicht gerecht.[49] Sie als Personen anzusehen liegt nahe, aber stößt ebenfalls auf Schwierigkeiten.

Mit der Isolierung der Embryonen vom natürlichen Wachstumsvorgang einer Schwangerschaft hat man eine Verantwortung geschaffen, die es ansonsten nicht gegeben hätte. Ob der menschliche Keim die ersten Tage überlebt hätte oder nicht, wäre dem natürlichen Verlauf überlassen worden. Mit der neuen Verantwortung verändert sich der Status des werdenden Lebens. Nicht mehr die ‚Natur', sondern der Mensch ist für ein menschliches Wesen verantwortlich – es wird behandelt wie jemand, der von der Gesellschaft Hilfe und Schutz in Anspruch nehmen darf. Die ‚Veröffentlichung' des Embryos setzt ihn tendenziell aus dem Bereich der Familie und ihrer begründenden Liebe in den der Gesellschaft und ihres Würdeschutzes.

Der Zuschreibung von Würde steht entgegen, dass sie dem Augenschein zu widersprechen scheint. Der medizinische Umgang, der prüfende Blick auf die befruchtete Eizelle und die Routine der Tätigkeit, fördert eine nichtpersonale Betrachtung des Embryos.[50] Die relevanten frühen Stadien des Embryos haben

48 Vgl. Wuermeling, Das Kernproblem der extrakorporalen Befruchtung, 264: „Je mehr aber nun die Bedingungen der Existenz und der Qualität des Kindes dem Bereich des Zufalls entrissen werden, desto mehr fällt auch das ‚Ob' und ‚Wie' des Kindes unter die Verantwortung – und Herrschaft – seiner Eltern und gegebenenfalls derjenigen, die diese technische Zeugungshilfe leisteten. Es entsteht mit zunehmend verwirklichten Absichten der Eltern eine zunehmende Fremdbestimmung des Kindes, und zwar in genau dem Maße, in dem seine Zufälligkeit gemindert wird."

49 Zur Auswirkung der in vitro Situation auf das Verhältnis der Eltern zu dem Embryo siehe Wiesemann, Eine Ethik der Elternschaft, 57ff, 103 f.

50 Für diese These sprechen Untersuchungen über den Status des extrakorporalen Embryos unter

nichts Menschenähnliches an sich, sondern erscheinen als kleinste Zellhaufen. Die Zuschreibung menschlicher Würde erschließt sich nur indirekt über ein weiteres Wissen. Fällt für das medizinische Personal selbst die personale Begründung durch die Liebe weg, durch die sich unmittelbar die Würde dieser Wesen erschlösse, so bleiben nur die bekannten Argumente von Potentialität usw. Sie verweisen auf personales Leben, aber können es nicht diskursiv aufweisen oder unmittelbar einsichtig machen.

4.3.2 Die Liebe zu der einen Person in den vielen menschlichen Keimen

Die Zwiespältigkeit in der Wahrnehmung des embryonalen Lebens verschärft sich durch den Umstand, dass man es in der Praxis der IVF immer mit mehreren menschlichen Keimen zu tun hat. Sind sie alle Personen oder entsprechen sie dem verschwenderischen Umgang der Natur mit Embryonen, von denen nur wenige zu einem personalen Dasein heranreifen?

Man könnte die künstliche Befruchtung als Simulation der Natur verstehen, bei der wie bei einer natürlichen Schwangerschaft nur ein Teil der Keime überlebt. Dieses Verständnis kann seine Berechtigung haben, wenn der ganze Prozess auf das Ziel einer Schwangerschaft hingeordnet ist. Aber es ist die Möglichkeit eines ‚Blickwechsels' zu bedenken, mit dem sich bei der Simulierung einer ‚natürlichen Auswahl' im beginnenden Entwicklungsprozess statt Möglichkeiten personaler Entwicklung auszuwählende Personen vor einem erheben. Eine solche Änderung der Sichtweise kann sich im weiteren Bedenken der Argumente oder in der aktuellen Konfrontation mit dem embryonalen Befund durch den Arzt einstellen.[51] Man stände vor der Aufgabe, Personen oder mögliche Personen zu selektieren.

Dass ein möglichst morphologisch optimaler Embryo überleben soll – ja nur überleben kann –, lässt sich auch dem natürlichen Schwangerschaftsprozess unterstellen. Nicht entwicklungsfähige Keime sterben frühzeitig ab. Aber die Natur ist kein freies Subjekt, das eine Auswahl vornimmt, weil sie eben keine Wahl hat, sondern ‚ihrer Natur' entsprechend sich in Notwendigkeit vollzieht. Die Natur muss sich nicht für ihre Auswahl rechtfertigen, aber der Mensch.

Nur die Zielvorstellung, dass es in all den menschlichen Keimen um das *eine* Kind geht, das erfolgreich ausgetragen werden soll, nimmt den konkurrierenden Gedanken weg, es handle sich bei ihnen um mehrere Personen. In all

Laien und Expertinnen und Experten, in diesem Fall aus dem Bereich der Humangenetik. Während unter den Expertinnen und Experten 17,2 % den Embryo in ethischer Hinsicht für eine reine Ansammlung von Zellen halten, sind es unter den Laien nur 4,9 %. Allerdings bestehen in der Einschätzung des Zeitpunktes der Menschwerdung des Embryos keine signifikanten Unterschiede zwischen Allgemeinbevölkerung und Expertinnen und Experten (Kufner u. a., Einstellungen von Humangenetikern, 198).

51 Unter der Berufsbezeichnung Arzt werden Ärztinnen und Ärzte verstanden.

den Keimen wird faktisch das eine Kind geliebt, das man zu haben wünscht. *Die Liebe macht die Person.* Auch im Rahmen der IVF hat das Verständnis der Person aus ihrer zwischenmenschlichen Beziehung sein Recht. Die liebende Hinwendung der Mutter zu dem werdenden Kind lässt sie nicht eine Mehrzahl von befruchteten Eizellen sehen, sondern das daraus entstehende Kind – und wenn es zwei oder drei werden sollten, sind diese weiteren in der Liebe eingeschlossen.

Nichts anderes geschieht dort, wo eine Frau nach etlichen Abgängen oder Fehlgeburten trotz pessimistischer Prognose die Mühen weiterer Schwangerschaften auf sich nimmt. Ihr die fahrlässige Tötung anderer Personen um des einen gewünschten Kindes willen zu unterstellen, wäre absurd. Ihr Recht liegt in der Liebe und dem Willen zu einem Kind, die sich auch in all den fehlgeschlagenen Versuchen widerspiegeln. Wenn ihr Ansinnen Erfolg hat, wird sie nicht trauern um all die vermeintlich verlorenen Kinder, sondern sich an dem durch all ihre Mühen gewonnenen erfreuen. Aus dieser Perspektive ist aus evangelischer Sicht gegen das Verfahren der IVF kein grundsätzlicher Einwand zu erheben.

Aber eine solche Grundhaltung wird durch die mit der IVF eventuell verbundenen Auswahlprozesse in Frage gestellt, weil sie den einen Embryo gegen den andern setzen. Die Perspektive des einen Kindes, das in der Mehrzahl der Embryonen geliebt wird, steht in der Gefahr, sich in die Sicht mehrerer potentieller Kinder aufzulösen, unter denen eines oder zwei auszuwählen sind. Hier drängt sich die andere Perspektive in den Vordergrund, die sich aus der Verschmelzung von Ei- und Samenzelle ergibt. Es sind Einheiten entstanden, die je für sich auf ein späteres Kind hinweisen. Mit dem Übergang von einer negativ zu einer positiv bestimmten Einheit wurde der Entwicklungsprozess des Embryos beschrieben.[52] Am Anfang der Entwicklung mag der negative Aspekt überwiegen und noch keine in sich bestehende positive Personeinheit wahrgenommen werden. Aus den befruchteten Zellen ‚von uns' wird erst ein Für-sein-Sein, unser Kind. Doch wenn Auswahlverfahren anstehen, ist die Vorstellung des einen Kindes in der Mehrzahl der Embryonen nur schwer aufrechtzuerhalten.

Die durch das Embryonenschutzgesetz und die Richtlinien der Bundesärztekammer geregelte Praxis in Deutschland steht für eine Minimierung möglicher Auswahlprozesse zwischen Embryonen. Das Embryonenschutzgesetz zielt prinzipiell darauf, dem Embryo die Chance auf Weiterentwicklung im Rahmen einer Schwangerschaft zu ermöglichen und seine Instrumentalisierung zu vermeiden.[53] Nach der Dreierregel dürfen pro Zyklus maximal drei zuvor durch IVF erzeugte Embryonen auf die Patientin übertragen werden (§ 1 Abs. 1 Nr. 3 ESchG). Diese Regel ist schon als ein gesetzgeberischer „Kompromiss zwischen den Erfolgsaussichten der reproduktionsmedizini-

52 Siehe oben S. 60 ff.

53 Günther u. a., Embryonenschutzgesetz. Juristischer Kommentar, § 8 Rn. 17.

schen Behandlung und dem Gesundheits- und beziehungsweise Lebensschutz vor allem der Embryonen / Foeten“[54] anzusehen. Durch die Übertragung mehrerer Embryonen erhöhen sich u. U. die Erfolgsaussichten. So wird hier strenggenommen eine Auswahl initiiert oder in Kauf genommen, die aber ihren Auswahlcharakter dadurch verliert, dass sie im natürlichen Geschehen der Schwangerschaft erfolgt. Es wird nicht durch den Menschen bestimmt, welcher von den zwei oder drei Embryonen sich entwickelt. Um eine Überzahl von Embryonen zu vermeiden, hat der Gesetzgeber zugleich festgelegt, dass nicht mehr Eizellen befruchtet werden dürfen als für die Übertragung vorgesehen sind (§ 1 Abs. 1 Nr. 5 ESchG).

Eine Selektion findet streng genommen nur unter den Vorkernstadien statt, die nach dem Embryonenschutzgesetz noch nicht als Embryonen gelten. Die Frage, ob nicht auch die Vorkernstadien schon als Embryonen verstanden werden müssen, weil mit ihnen eine Einheit zwischen Ei- und Samenzelle entstanden ist, entzieht sich m. E. aus christlicher Perspektive einer allgemein gültigen Antwort.[55] Die getrennten Vorkerne sind ein starkes Symbol einer noch nicht bestehenden Einheit. Hier mag es unterschiedliche Intuitionen geben, die auch nicht durch eine tutioristische Auffassung zu überspielen sind. Zweifel und Skrupel, wie sie einen Tutiorismus leiten, können nicht zur Grundlage eines für alle Christinnen und Christen verbindlich erklärten Handelns erhoben werden. Doch wenn jemand über den Zweifel in einer solchen Frage nicht hinauskommt, dann soll er selbstverständlich nicht sein Gewissen belasten und von einer IVF Abstand nehmen.

4.3.3 Eine Gewissens- und Glaubensentscheidung

Die durch das Embryonenschutzgesetz geregelte IVF bringt das schwerwiegende Problem mit sich, dass dieses Verfahren im ungünstigen Fall die Eltern mit der belastenden Entscheidung konfrontiert, einen Fetozid durchführen zu lassen, um bei einer Mehrlingsschwangerschaft die Gefahr schwerster gesundheitlicher Einschränkungen zu verringern.[56] Auch sind trotz Hochleis-

54 Taupitz / Hermes, Embryonenschutzgesetz: „Dreierregel“ oder „Deutscher Mittelweg“?, 169.

55 Für Hofheinz, Gezeugt, nicht gemacht, 520, sind die bei IVF entstehenden überschüssigen embryonalen Vorkernstadien schon als Personen anzusehen. Die damit verbundene Selektion kann aus christlicher Sicht nur die Ablehnung dieses Verfahrens bedeuten. „Es gilt also [...], die Zeugung im Sinne eines frühestmöglichen Zeitpunktes (also unter Einschluss des sog. Pronucleusstadiums) als Anfang wahrzunehmen, weil jeder spätere Termin dem ursprünglichen Personsein widersprechen würde“ (ebd.). Doch folgt aus der Erkenntnis eines ursprünglichen Personseins, dessen Beginn sich nach Hofheinz zeitlich nicht fixieren lässt (518), die Konsequenz, den frühestmöglichen Zeitpunkt als Anfang wahrzunehmen? Mir scheint sich aus dem Gedanken des zeitlich nicht fixierbaren Personbeginns keine prinzipielle Aussage über den Personstatus von Embryonen vor oder nach der Kernverschmelzung zu ergeben.

56 Zum Fetozid bei Mehrlingen siehe Hepp, Höhergradige Mehrlingsschwangerschaft; AG

tungsmedizin und Professionalität der ärztlichen Teams die physische und psychische Belastung für die Frau und die grundsätzlichen Gesundheitsrisiken für das erwünschte Kind nicht zu unterschätzen.[57] Angesichts einer relativ geringen ‚take home'-Rate wird bisweilen die Frage aufkommen, ob man angesichts verlockender Angebote und Erfolgsraten nicht doch die liberalere Gesetzgebung im Ausland nutzen sollte, um dem eigenen Leidensweg ein Ende zu bereiten. Dazu kommt noch die finanzielle Kalkulation.

Es ist anzuerkennen, dass das Austragen eigener Kinder und mit ihnen die Bildung einer Familie ein so tiefes Verlangen sein kann, dass die Gratwanderung einer künstlichen Befruchtung mit ihren ganzen Unwägbarkeiten auf sich genommen werden muss. Sie ist darin gerechtfertigt, dass Mutter und Vater in den befruchteten Eizellen das erhoffte und zu liebende Kind sehen, das sich dann auch als Zwillinge oder bisweilen Drillinge zeigen kann.

Die Perspektive des einen Kindes in den vielen Embryonen meint nicht ein ‚Augen zu und durch', sondern ein ehrliches Ringen um die eigene Haltung vor Gott. Sie ist davor zu bewahren, zu einer bloß subjektiven Perspektive herabzusinken, die nicht aus dem Vertrauen auf Gott herkommt, wie sie auch davor zu bewahren ist, sich zu einer ängstlichen Gewissensentscheidung zusammenzuziehen, die das Wagnis im Vertrauen auf Gott scheut.

> Das Handeln des Verantwortlichen geschieht in der allein und gänzlich befreienden Bindung an Gott und den Nächsten, wie sie mir in Jesus Christus begegnen, es geschieht dabei in dem Bereich der Relativitäten, ganz in dem Zwielicht, das die geschichtliche Situation über Gut und Böse breitet, es geschieht mitten in den unzähligen Perspektiven, in denen jedes Gegebene erscheint.[58]

Wo der Schritt im Vertrauen auf Gott gewagt wird, ist dieses Vertrauen in besonderer Weise beim Ausbleiben einer erfolgreichen Schwangerschaft herausgefordert. Vom Misserfolg einer IVF darauf zurückzuschließen, dass man falsch entschieden habe, liegt nahe, aber setzt einen Tun-Ergehen-Zusammenhang, von dem sich immer wieder im Hinblick darauf, dass Gottes Wege nicht unsere sind, zu befreien ist. Dass Gott auch durch Scheitern und Misserfolge hindurch Menschen auf dem richtigen Weg führt, hat seinen unüberbietbaren Anhalt im Gekreuzigten, in den er selbst solch einen Weg gegangen ist. Ein Weg kann auch dann noch der von Gott gewollte sein, wenn er mit Scheitern und Schuldbewusstsein verbunden ist, aber es ist sicher nicht gottgewollt, dass ein Mensch darin verhaftet bleibt.

Medizinrecht der DGGG, Fetozid bei Mehrlingen. Stellungnahme aus rechtlicher Sicht; Weblus u. a., Fetozid bei Mehrlingen.

57 Siehe Lenzen-Schulte / Queißer-Luft, Zum Konflikt zwischen Kindeswohl und elterlichem Wunschdenken.

58 Bonhoeffer, Ethik, 284.

Daher gilt es so weit wie möglich im Vornherein zu prüfen, ob das eigene Gewissen und der eigene Glaube den nicht auszuschließenden Unwägbarkeiten standzuhalten vermögen. Es bleibt ein gewisser Trost darin bestehen, dass über die Personalität des ungeborenen Lebens kein letztverbindliches, allgemeingültiges Wort in unserer Lebenswelt gesprochen werden kann.

4.3.4 Der „Deutsche Mittelweg"

Die Eröffnung des sog. „Deutschen Mittelwegs"[59], bei dem unter dem Vorzeichen des Embryonenschutzgesetzes die für eine günstige Prognose notwendige Erzeugung von mehr als drei Embryonen mit einer Vermeidung von überzähligen entwicklungsfähigen Embryonen gekoppelt wird, versucht die Wahl der Frau *vor* der Eizellbefruchtung zur legitimierenden Grundlage für das weitere ärztliche Handeln hervorzuheben.

Die Frau hat vor der Aufnahme des Befruchtungsvorgangs das Recht zu bestimmen, ob sie ein, zwei oder drei Embryonen transferiert haben möchte. Sie muss aber keine endgültige Entscheidung treffen, sondern kann sie später revidieren. Wenn die Frau *eine* befruchtete Eizelle transferiert bekommen haben möchte, hat der Arzt sein Handeln darauf auszurichten und abzuschätzen, wieviel Eizellen er befruchten muss, um *eine* entwicklungsfähige zu erhalten. Wenn eine Frau die Übertragung zweier Embryonen anstrebt, stellt sich die Frage, ob der Arzt eventuell mehr als drei Eizellen befruchten muss, um dieses Ziel zu erreichen. Der Arzt stellt in jedem Fall eine Prognose an, wie viele Eizellen er befruchten muss, um die von der Frau angegebene Zahl von Embryonen, die sie sich übertragen lassen will, zu erzielen. Sein Handeln orientiert sich an der zu erwartenden Entwicklungsfähigkeit der Embryonen und versucht sowohl eine Unter- als auch eine Überzahl zu vermeiden.[60]

Der Arzt, der diesen Mittelweg beschreitet, vermeidet einerseits formal die vorgängige Intention, zwischen mehreren mehr oder weniger entwicklungsfähigen Embryonen selektieren zu wollen, weil er die von der Frau vorgegebene Zahl zu übertragender Embryonen zu erreichen versucht, andererseits wird sich bei seinem Vorgehen leicht eine Überzahl einstellen und er kann

59 Siehe Taupitz / Hermes, Embryonenschutzgesetz: „Dreierregel" oder „Deutscher Mittelweg"?; zur unterschiedlichen Regelung des „Deutschen Mittelwegs" innerhalb Deutschlands siehe Ärzte Zeitung, „Deutscher Mittelweg" bei Kinderwunsch.

60 Ob das Embryonenschutzgesetz dieses Vorgehen zulässt, ist umstritten. Im Rahmen einer Debatte um das Embryonenschutzgesetz erläutert Rudolf Neidert in seiner Antwort auf Monika Frommel zu § 1 Abs. 1 Nr. 5 ESchG: „Diese Vorschrift ist recht streng und wenig auslegungsfähig formuliert: ‚nicht mehr Eizellen zu befruchten, als … innerhalb eines Zyklus übertragen werden sollen'. Das kann man m. E. schwerlich so lesen wie Sie, nämlich, als stünde da: ‚*nach Auswahl* übertragen werden sollen' (Reproduktionsmedizin 4/2002; 158ff, 161)." Doch sieht Neidert im Sachverhalt einer eingeschränkten Entwicklungsfähigkeit der Zygoten in der In-vitro-Kultur die Möglichkeit einer liberalisierenden Auslegung des § 1 Abs. 1 Nr. 5 ESchG (Geisthövel u. a., Debatte der DVR-Fachkommission „Recht und Aufklärung", 299 f, 303).

unter einer größeren Anzahl entwicklungsfähigen und weniger oder nicht entwicklungsfähigen Embryonen selektieren, um eine günstige Schwangerschaftsprognose zu erzielen. So wird faktisch doch mit der Selektionsmöglichkeit gerechnet.

Beim „Deutschen Mittelweg" wird einkalkuliert, dass unter den Embryonen solche sind, die aus morphologischen Gründen eine geringere Nidationsfähigkeit aufweisen. Der Arzt hat die Frau darüber aufzuklären und diese kann den Transfer verweigern. Die hier vorgenommene Auswahl besitzt einen stärkeren Selektionscharakter als die natürliche Auswahl der übertragenen Embryonen im Mutterleib, weil sie nicht nur durch den Menschen initiiert, sondern auch durchgeführt wird. Unter den Embryonen mag es solche geben, die „totkranken Menschen mit infauster Prognose in der Phase des Sterbens"[61] gleichen und deren Selektion nur ein Sterbenlassen bedeutet, aber wie verhält es sich mit mehr oder weniger geeigneten Embryonen? Hier ist die Qualität des einzelnen Embryos der Maßstab für den Transfer.

Der Charakter einer Selektion wird dadurch verstärkt, dass primär nicht die Notwendigkeit ärztlichen Handelns die Entscheidung bestimmt, welche und wie viele Embryonen übertragen werden, sondern der Arzt mit seiner Information darüber, wie es um die Entwicklungschancen der einzelnen Embryonen bestellt ist, der Frau eventuell mehrere Optionen eröffnet, damit „sie dann frei entscheiden [kann], welchen oder welche Embryonen sie sich übertragen lassen will".[62] Ihre vorher geäußerte Absicht, sich ein, zwei oder drei befruchtete Eizellen übertragen zu lassen, wird faktisch überholt durch eine Entscheidung, die sich an den Entwicklungschancen der entstandenen Embryonen orientiert. Aber wie sind sie zu bewerten? Welche von vielleicht drei aussichtsreichen befruchteten Eizellen soll übertragen werden? Haben sie nicht alle eine Entwicklungschance ‚verdient'? Soll eine befruchtete Eizelle weggelassen werden, nur weil ihre morphologische Qualität unwesentlich schlechter als die der anderen ist? Oder ist dieser Embryo auch schon ein eigenes Wesen, eines ihrer möglichen Kinder? Aber gefährdet seine Übertragung nicht zugleich die anderen? Soll sie ihn kryokonservieren – und ihm damit vielleicht seine einzige Chance einer Entwicklung nehmen –, um sich und ihm die Gefahr eines späteren, viel schwerwiegenderen Fetozids zu ersparen?

Die Eltern geraten zwischen widerstreitende Vorstellungen, über deren Berechtigung nur jeder für sich selbst entscheidet, Vorstellungen, deren Wahrheit oder Unwahrheit für den Einzelnen auch mit Schuld behaftet sein

61 Günther u. a., Embryonenschutzgesetz. Juristischer Kommentar, § 1 Abs. 1 Nr. 5 Rn. 10.

62 Taupitz / Hermes, Embryonenschutzgesetz: „Dreierregel" oder „Deutscher Mittelweg"?, 170. Im Rahmen des Embryonenschutzgesetzes dürfen entwicklungs*unfähige* Embryonen ausgesondert werden, aber „nicht etwa bloß suboptimale Zygoten oder Blastozysten, was den Arzt vor schwierige Abgrenzungsprobleme stellt" (Neidert, „Entwicklungsfähigkeit", 285). Im Unterschied zum Arzt ist die Frau frei in ihrer Entscheidung, weil ihr ein Embryo nicht gegen ihren Willen übertragen werden darf.

kann. Vermag man das *eine* gewünschte Kind in diesem ganzen Prozess zu sehen und Zwillinge oder Drillinge als zusätzliches Geschenk zu empfangen – oder wird man mehrere mögliche Kinder sehen, zwischen denen man entscheiden soll, um dem einen oder anderen das Leben zu ermöglichen und Behinderungen zu ersparen? Wer will wissen, ob seine anfängliche Vorstellung und Entscheidung den Umständen standhält? Wird auf der Entscheidung für neues Leben der Schatten der Entscheidung gegen anderes gleichberechtigtes menschliches Leben liegen?

Einerseits könnte man sagen, die individuell-private Perspektive, ein oder zwei eigenen Kindern zum Leben zu verhelfen, belässt die zur Wahl gestellten Embryonen im Status des noch unbestimmten, auf das eigene Kind hin ausgerichteten Lebens. Andererseits ist die Mutter nicht nur Privatperson, sondern agiert im Kontext der Reproduktionsmedizin auch als öffentliche Person, die andere Personen um ihrer selbst willen zu achten hat. Die Frage der Mutter, welcher Embryo ihr die größte Chance auf eine erfolgreiche Schwangerschaft gibt, mag noch in der bezeichneten individuell-privaten Perspektive zu liegen, aber die Frage des Arztes, welchen Embryo sie angesichts mehrerer gleich günstiger oder ungünstiger Optionen übertragen bekommen möchte, kann von der Frau als Wahl zwischen mehreren möglichen oder schon wirklichen Personen verstanden werden.

Die Notwendigkeit, diesen einzelnen Embryo oder jene beiden zu übertragen, um überhaupt eine erfolgreiche Schwangerschaft herbeizuführen, nimmt ab zugunsten mehrerer Optionen. Die Frau gewinnt an Distanz zu den gewonnenen Embryonen, sie kann entscheiden, welchem sie ihren Leib zur Verfügung stellen will, und ist weniger medizinischen Sachzwängen unterworfen. Eine solche Freiheit zeichnet sie als öffentliche Person aus, die gegenüber anderen frei ist, aber sie zu achten hat.

Dagegen steht die Liebe der Mutter zu ihrem erhofften Kind, die sich an das gesamte Befruchtungsgeschehen bindet, aus der ihr dieses Kind erwachsen soll. Beide Perspektiven kollidieren miteinander und die Entscheidung für die eine wie die andere Perspektive könnte nur mit einem Wirklichkeitsverlust zu erkaufen sein. Während in der öffentlichen Perspektive nicht die Eigenschaft eines Menschen über sein Personsein entscheiden darf, entscheidet in der privaten Perspektive die Liebe zum Kind über dessen Personsein.

Die ethische Problematik wird dadurch gesteigert, dass der „Deutsche Mittelweg" üblicherweise mit einem Blastozystentransfer einhergeht. Beim Blastozystentransfer wird der Embryo nicht am zweiten bzw. dritten, sondern am fünften bzw. sechsten Tag transferiert.[63]

Durch die längere Beobachtungszeit der heranreifenden Embryonen könnten eine repräsentativere Auswahl und deutlichere Selektionskriterien

63 In einigen Fällen wird der „Deutsche Mittelweg" gewählt, aber die Embryonalentwicklung lässt dann eine Übertragung am zweiten oder dritten Tag geraten sein (Gnoth u. a., Blastozystenkultur, 8).

gewonnen und so der für die Frau günstigere Single-Embryo-Transfer ermöglicht werden.[64] Die Gefahr einer höhergradigen Mehrlingsschwangerschaft mit den Risiken schwerer gesundheitlicher Beeinträchtigung von Mutter und Kindern oder einer Mehrlingsreduktion, der Tötung eines Fötus zugunsten eines anderen oder zweier anderer, würde vermieden.

Während bei einer frühen Übertragung eine eventuelle Selektion in Kauf genommen wird, ist ein Blastozystentransfer grundsätzlich ein selektives Verfahren. Die verlängerte Entwicklungszeit im Inkubator steht unter dem Zeichen der Qualitätskontrolle.[65] Die Embryonen werden länger einer unnatürlichen Umgebung ausgesetzt, deren negative Faktoren sehr schwer einzuschätzen sind. Setzen sich die Embryonen durch, die auch bei einer früheren Rückübertragung die günstigste Prognose gehabt hätten? Oder werden einigen Embryonen aufgrund der verlängerten unnatürlichen Umgebung günstige Entwicklungschancen genommen, die sie bei einer früheren Übertragung gehabt hätten?

Man kann zu Recht einwenden, dass diese Selektion im Zeichen einer zu erzielenden erfolgreichen Schwangerschaft steht und es – gerade angesichts der oft nur geringen Erfolgsaussichten – nur um das eine Kind geht, dem man zum Leben verhelfen will.[66] Die Intention ist nicht die Auswahl eines unter mehreren möglichen Kindern, sondern die vermeintliche Wirklichkeit mehrerer embryonaler Personen ist nur die Potentialität des einen Kindes, das auszutragen gewünscht wird.

Diese Ansicht hat ihre Berechtigung, aber sie wird angesichts der faktischen Selektion in Frage gestellt. Das Problem der Selektion liegt nicht nur darin,

64 Vgl. auch Weschka, Präimplantationsdiagnostik, 124 f. Von einer prinzipiellen Überlegenheit des Blastozystentransfers gegenüber einer Übertragung am zweiten/dritten Tag wird man nicht sprechen können, vielmehr erscheint er eher für eine gewisse Patientinnengruppe vorteilhaft. Vgl. Van den Bergh u. a., Blastozystentransfer – lohnt sich die Reise ins Ausland?. Insgesamt wird aber eine höhere Schwangerschaftsrate bei verlängerter Zellkultur erzielt (Gnoth u. a., Blastozystenkultur, 9).

65 Das moderne Zeitraffer (Time-Lapse)-Monitoring ermöglicht inzwischen eine sehr differenzierte Bewertung der Embryonen im Hinblick auf ihre Entwicklungsfähigkeit (siehe Kentenich u. a., Aktueller Stand der Reproduktionsmedizin, 81) – aber macht das die Entscheidung zwischen ihnen leichter?

66 Neidert versucht deshalb das Verfahren schon grundsätzlich vom Makel einer Selektion zu befreien. „[D]em Schutz des bereits Wochen oder gar Monate alten Fötus [fällt] ein erst Stunden oder wenige Tage alter Embryo zum Opfer; dies wird aber lediglich – als ‚geringeres Übel' – in Kauf genommen, nicht etwa intendiert" („Entwicklungsfähigkeit", 282). Deshalb sollte das Verfahren im ethisch-rechtlich neutralen Sinne „elektiv" und nicht selektiv genannt werden (ebd.). Diese Strategie kann schwerlich überzeugen, auch wenn sich die Rede von dem in Deutschland nicht erlaubten elective single embryo transfer (eSET) durchgesetzt hat, weil selbstverständlich die Intention der künstlichen Befruchtung nicht darin besteht, Embryonen abzutöten, aber genauso selbstverständlich beim Blastozystentransfer bzw. angestrebten Single-Embryo-Transfer die Möglichkeit einer Auswahl nicht in Kauf genommen, sondern von vornherein intendiert wird. Es ist plausibel, „dass eine längere Embryokultur meistens nur dann Sinn macht, wenn mehr befruchtete Eizellen kultiviert werden als Embryonen zum Transfer vorgesehen sind" (Gnoth u. a., Blastozystenkultur, 8). Der selektive Charakter des Verfahrens ist nicht zu bestreiten, aber ob hier Personen ausselektiert werden, ist der Streitpunkt.

dass Qualitäten über Leben und Tod entscheiden. Sie konterkariert auch die Subsummierung der vorliegenden befruchteten Eizellen unter die Liebe zu dem *einen* gewünschten Kind. Die Selektion löst den Zusammenhang der mehreren Embryonen auf und stellt sie gegeneinander. Sie beginnt die einzelnen Embryonen zu individuieren, indem sie diese für sich sieht, und fördert die Vorstellung einer Wahl zwischen verschiedenen möglichen Kindern.[67]

Der Blastozystentransfer zielt auf eine Entlastung der Frau oder des Paares – und damit auch des medizinischen Personals –, indem er die Ungewissheit über die weitere Entwicklung des übertragenen Embryos herabsetzen will. Das ist angesichts der oft geringen Erfolgsaussichten und der möglichen Gefahren für die Gesundheit von Frau und Kind sehr zu begrüßen.

Allerdings wird diese Entlastung mit einer grundsätzlichen personalen Ungleichheit der embryonalen Wesen erkauft. Nicht dass alle Embryonen Personen wären, aber ihnen wird von Anfang an die Möglichkeit genommen, solche gleichermaßen werden zu können. Dem Einwand, dass man es vorher nicht wisse, welcher Embryo letztlich übertragen werde, und damit jedem der erzeugten Embryonen die Möglichkeit einräume, Person zu sein oder zu werden, steht entgegen, dass man diese Möglichkeit von vornherein begrenzt. Dieser oder jener Embryo kann nur Person sein oder werden.[68]

67 Kreß votiert aus evangelischer Sicht für eine Selektion mit anschließendem Single-Embryo-Transfer, ohne speziell den Blastozystentransfer zu thematisieren. Die Selektion ist aufgrund ihrer verantwortbaren Form gerechtfertigt. Es sei „keine Selektion menschlichen Lebens beabsichtigt, die problematisch wäre, weil Embryonen willkürlich ausgewählt, Diskriminierungen von behindertem oder krankem Leben gewollt oder auch nur billigend in Kauf genommen oder ein Enhancement angestrebt würden" (Kreß, Ethische Argumente zur morphologischen Beobachtung früher Embryonen, 24). An eine solche Bewertung der Selektion ist zurückzufragen, ob beim Ausschluss dieser Kriterien überhaupt noch von einer Selektion gesprochen werden kann.
Das einzige ethisch unbedenkliche Kriterium einer Selektion könnte nur in der nahezu eindeutig vorliegenden natürlichen Entwicklungsfähigkeit liegen. Nur der entwicklungsfähige Embryo wird ausgewählt, die nicht entwicklungsfähigen verworfen. Dann aber würde man praktisch nicht selektieren, sondern die ‚Natur' hätte diese Aufgabe übernommen. Es würde nur der von ihr „ausgewählte" eine entwicklungsfähige Embryo implantiert werden. Doch von dieser Eindeutigkeit scheint die Medizin trotz aller Fortschritte weit entfernt zu sein. Vielmehr ergeben sich Grauzonen, die dazu führen können, zwischen mehreren vermutlich gleichermaßen entwicklungsfähigen Embryonen auswählen zu müssen. Man muss dann willkürlich selektieren oder vermutlich weniger entwicklungsfähige Embryonen bewusst ‚diskriminieren'. Siehe auch die Stellungnahme des katholischen Moraltheologen Demmer auf den Artikel von Kreß (Demmer, Ethische Argumente) und dessen sich darauf beziehende, anschließende Reflexion (Kreß, Das Problem des Normativismus).

68 Die weithin übliche Kryokonservierung von aussortierten entwicklungsfähigen Embryonen könnte als Wahrung ihrer möglichen Personalität verstanden werden. Aber es ist zu bedenken, ob man sie nicht erst dadurch personalisiert, dass man ihnen ein Recht auf Erhaltung und die Möglichkeit einer späteren Implantation zugesteht. Werden schon in der Selektion die Embryonen absichtlich gegeneinandergesetzt und so die Vorstellung des einen Kindes ‚in' den Embryonen an den Rand einer Fiktion geführt, so ist bei der Kryokonservierung die Individuierung des im Qualitätswettbewerb unterlegenen Embryos festgehalten. Seinem Anspruch wird stattgegeben, dass er *eigentlich* auch implantiert hätte werden können.

Die Vorstellung, dass es bei den mehreren Embryonen um das *eine* Kind geht, scheint nur äußerlich beim angestrebten Single-Embryo-Transfer der Fall zu sein. Der für den Transfer geeignetste Embryo soll eruiert werden, die anderen sind ausgeschlossen. Die mütterliche Perspektive des *einen* Kindes *in* den Embryonen wird durch die Perspektive des geeignetsten Embryos und damit des *einen* Kindes *unter* den Embryonen in Frage gestellt. Diese andere Perspektive kann auch schon bei der morphologischen Prüfung im Rahmen einer Übertragung am zweiten bzw. dritten Tag Einzug halten, aber die evtl. vorzunehmende Auswahl wird dort in Kauf genommen und ist nicht als Normalfall des Verfahrens etabliert.

Entscheidend bei der Konstruktion des „Deutschen Mittelwegs" erscheint mir die verstärkte Orientierung am Willen der Frau, deren Angabe über die Anzahl der ihr zu übertragenden Embryonen dazu führt, nicht nur einen Überschuss an entwicklungsfähigen Embryonen zu vermeiden, sondern auch eine Unterzahl. Die im Embryonenschutzgesetz verankerte Selbstbestimmung der Frau wird mit der Gesetzesintention vermittelt, möglichst überzählige entwicklungsfähige Embryonen zu vermeiden. *Die rechtlich verankerte Freiheit der Frau, eine Übertragung jederzeit zu verweigern, wird positiv gewendet und von einem Grenzfall zur das medizinische Geschehen bestimmenden Entscheidung erhoben.*[69]

Mit dieser Selbstbestimmung wird der Frau eine Freiheit gegeben, die vielleicht manche lieber vermeiden würde. Statt „frei [zu] entscheiden, welchen oder welche Embryonen sie sich übertragen lassen will",[70] hätte eine Frau vermutlich lieber die Eindeutigkeit zweier gleicherweise entwicklungsfähiger Embryonen oder eines Embryos für einen Transfer. So muss sie zwischen

Das Embryonenschutzgesetz zielt darauf ab, überzählige Embryonen zu vermeiden, aber es verbietet auch nicht die dann doch vorkommende Kryokonservierung (Günther u.a., Embryonenschutzgesetz. Juristischer Kommentar, B Rn. 76ff).

69 § 4 Abs. 1 Nr. 2 ESchG verbietet die Übertragung eines Embryos auf eine Frau ohne deren Einverständnis. Der Frau wird die Möglichkeit eröffnet, ihre vorher getroffene Entscheidung zum Zeitpunkt des Transfers zu revidieren. „Wenn sie – aus welchem Grund auch immer – nach der Befruchtung ihr Einverständnis hinsichtlich der Embryonenübertragung zurückzieht, darf diese nicht vorgenommen werden. Das Selbstbestimmungsrecht der Frau hat hier Vorrang vor dem Lebensrecht des Embryos" (Günther u.a., Embryonenschutzgesetz. Juristischer Kommentar, § 4 Rn. 18). Vgl. Bals-Pratsch u.a., die mit deutlich polemisch-zustimmendem Unterton die Gerichtspraxis zum Embryonenschutzgesetz an den Prinzipien der straflosen Abtreibung angelehnt sehen: „Damit relativieren sie [sc. die Gerichte] in beiden Rechtsgebieten das Prinzip des Lebensschutzes und betonen stattdessen bei der Auslegung des ESchG die individuellen personalen Interessen der Wunschmutter. Unter dem Prinzip des Lebensschutzes verstehen sie etwas sehr abstraktes, man könnte es als das Interesse der Allgemeinheit an einem angemessenen Umgang mit menschlichem Leben umschreiben. Es gebietet, dass keine Vorratsbefruchtung angestrebt wird. Unverkennbar steht aber bei der Frage, wie Ärzte im konkreten Einzelfall vorgehen sollen, die Reproduktionsfreiheit der Frau im Vordergrund und nicht der Embryo und schon gar nicht sein ‚Lebensrecht'" (Wandel in der Implementation des Deutschen Embryonenschutzgesetzes, 88 f).

70 Taupitz / Hermes, Embryonenschutzgesetz, „Dreierregel" oder „Deutscher Mittelweg"?, 170.

Embryonen wählen, die in ihrer Vorstellung schon als eigenständige Kinder erstehen könnten. Die ethische Problematik einer Selektion lässt sich bei dem mit einem Blastozystentransfer verbundenen „Deutschen Mittelweg“ kaum vermeiden.

4.4 „Ich kannte dich, ehe ich dich im Mutterleibe bereitete“

Ein weiter Bogen ist von der grundsätzlichen Haltung der Kirchen über die gesellschaftliche, philosophische und biologische Dimension des Themas hin zur evangelischen Theologie gespannt worden. Scheint auf den ersten Blick die Embryonenstatusfrage im ‚toten Winkel‘ der evangelischen Theologie zu liegen, weil ihr Subjekt noch so fern vom eigenen Glauben ist, auf den nach Luther alles gestellt ist, so ist sie doch von nicht zu unterschätzender theologischer Relevanz. Mit ihr ist in unserer modernen Gesellschaft die Grundfrage nach dem, was den Menschen ausmacht, gestellt.

Die Theologie hat ihr Zentrum in der dem Menschen geltenden und offenbaren Liebe Gottes. Weil Gottes Handeln wohl im Glauben erkannt und in Anspruch genommen wird, aber viel weiter als unser Glauben und Erkennen reicht, sind die ersten menschlichen Lebensstadien von der allen Menschen zu jeder Zeit ihres Lebens geltenden Barmherzigkeit Gottes nicht ausgenommen. Die göttliche Beziehung zum Menschen ist auch für einen verantwortlichen Umgang mit dem Embryo maßgeblich.

Damit die Verantwortung für uns heute Gestalt gewinnt, ist der Gedanke der göttlichen Liebe im Mitbedenken der biologischen Erkenntnisse, aktueller philosophischer Denkmodelle und des gesellschaftlichen Selbstverständnisses zu konkretisieren. Nur so wird eine christlich verantwortete Anthropologie und Ethik dem Status des embryonalen Menschseins gerecht, das in seiner biologischen Gestalt, die jeder Mensch durchläuft, und in seiner zeitbedingten Sichtweise, die einem stetigen Wandel unterliegt, zugleich natürlich gegeben wie gesellschaftlich konstruiert erscheint.

Die vorliegende Untersuchung hat die unterschiedlichen Sichtweisen aus theologischer Perspektive zu vermitteln versucht und eine Antwort auf die Embryonenstatusfrage gefunden, die aus einer dezidiert evangelischen Perspektive entworfen ist und in einigen Reflexionen durchaus mit anderen bisherigen evangelischen Versuchen korrespondiert. Doch von einem dem liberalen evangelischen Standpunkt nahestehenden relationalen Ansatz ausgehend kommt die Untersuchung zu einer vergleichsweise konservativen Antwort in der Embryonenstatusfrage. Die konservativ ausgerichtete Antwort bleibt in dem Sinne liberal, dass sie Raum für individuell unterschiedliche personale Erfahrungen im Umgang mit dem ungeborenen Leben lässt.

Einige diese Antwort begründende und differenzierende Einsichten sollen nochmals in kurzen Reflexionen gebündelt werden.

a) Der unbestimmte eigene Anfang

Vielleicht wird der Leser eine eindeutige, prinzipielle Entscheidung im Hinblick auf das ungeborene Leben vermisst haben. Ein klares ausnahmsloses Votum für den Schutz des Embryos oder auch eine deutliche Parteinahme für einen abgestuften Embryonenschutz blieben aus. Es mag Problemlagen geben, die von einer christlichen Ethik eine prinzipielle Antwort verlangen, aber die Embryonenstatusfrage dürfte nicht dazu gehören. Der Grund dafür liegt in der bruchstückhaften Erkenntnis unseres eigenen Daseins, die unseren eigenen Anfang uns verborgen sein lässt. Die begrenzte Erkenntnis des eigenen Anfangs lässt sich als Hinweis auf einen von Gott geschenkten Anfang deuten, der sich nicht auf einen Zeitpunkt fixieren lässt. Das als Kapitelüberschrift gewählte Zitat aus dem Buch des Propheten Jeremia (1,5) ist eine von vielen Stellen in der Bibel, welche die Unvordenklichkeit des eigenen Anfangs, Gottes zeitüberschreitendes Wissen über uns auszudrücken versucht. Auch wo ich nach menschlichem Ermessen noch nicht da war, bin ich schon Gott präsent gewesen. Gottes Zuwendung zum Menschen fügt sich nicht der vergänglichen Zeit.

b) Menschsein in der Zuwendung Gottes

Dennoch entsteht der Mensch nicht ohne einen natürlichen Anfang, der mit dem Zusammenkommen von Ei- und Samenzelle seinen Verlauf nimmt. Für uns gibt es eine vorherige Zeit, in der wir noch nicht waren, aber die Embryonalentwicklung kann für sich gesehen keinen eindeutigen Hinweis auf einen personalen Anfangspunkt des Menschen geben. Auch die Theologie orientiert sich an den natürlichen Vorgängen der Embryonalentwicklung, aber misst ihnen keine entscheidende Bedeutung bei. Sie können nur von einem bestimmten Personverständnis ausgehend in ihrer Bedeutung für das Menschsein gelesen werden. Die Theologie versteht den Menschen aus seiner Beziehung zu Gott. Er ist Mensch in der Zuwendung Gottes, die ihm durch andere Menschen zuteilwird. Weil es eben Gott ist, der sich durch Menschen dem Menschen von Anfang an zuwenden will, steht das Menschsein des Anderen nicht in der Verfügung anderer Menschen. Wo sie es einem anderen verweigern, machen sie sich schuldig.

c) Menschsein aus der Erfahrung einer Beziehung

So kann nicht nur aus biologischer, sondern auch aus theologischer Perspektive kein prinzipieller Anfangspunkt individualmenschlichen Daseins festgelegt werden. Der Beginn menschlichen Daseins wird nicht in einer abstrakten, von dem konkreten Ungeborenen absehenden Überlegung, sondern in der jeweiligen Erfahrung mit ihm entschieden. Doch auch nicht so, dass der Zeitpunkt dieser Erfahrung der jeweilige Beginn wäre, vielmehr öffnet sich ein Blick auf eine schon begonnene Geschichte. Dass ein Mensch aus einer Beziehung zweier anderer Menschen entsteht, trifft sich mit dem Verständnis personalen Menschseins aus Beziehung und legt nahe – aber macht es nicht evident –, den natürlichen Anfang der neuen Person in der die intime Beziehung symbolisierenden Verschmelzung von Ei- und Samenzelle zu sehen. Der natürliche Anfang des Menschen wird zu einem solchen, indem andere dem entstehenden Menschen zugewandte Menschen diesen als Person und damit *schon* als Person erfahren.

d) Das ungeborene Leben in theologischer und philosophischer Reflexion

Mit ihrer symbolischen Deutung der Keimzell- oder speziell der Kernverschmelzung und der Begründung von Personalität durch Beziehung nimmt die Theologie teil an einer allgemeinen philosophischen Debatte um das Wesen von Personalität und den embryonalen Status. Das theologische Wissen um die von Gott angenommene Person verbindet sich bei der Suche nach Anfang und Wesen personal-embryonalen Daseins mit einem philosophischen Wissen um Personalität, das in der personalen Deutung embryonaler Phänomene und der Diskussion um die Eigenschaften von Personen rezipiert wurde. Wird der Deutung des Verschmelzungsgeschehens als personaler Beginn eine besondere Plausibilität zugestanden, so ist zugleich das noch defizitäre, erst zu einer positiven personalen Existenz sich entwickelnde embryonale Dasein hervorzuheben, das weder aus theologischen noch philosophischen Gründen eine Personalisierung aller Embryonen erlaubt. Im Horizont der Lutherischen Disputation gesehen geht die Gottes Offenbarung verpflichtete und damit nur von ihr her gewisse theologische Erkenntnis des ganzen Menschen mit einer unsicheren philosophischen Erkenntnis des irdischen Menschen einher, wenn sie eine Aussage über den embryonalen Anfang des Menschen zu treffen versucht.

e) Das Gewahrwerden des Anderen als Person

Die erfahrungsgebundene Bildung des individuellen Lebensbeginns könnte so verstanden werden, dass damit die Beurteilung des embryonalen Status den jeweiligen kulturellen Traditionen und individuellen Eigenheiten anderer Menschen ausgeliefert wird. Je nach Bildungsgrad oder nach ethischer Sensibilität wird ein Personsein dem werdenden Leben zu- oder abgesprochen. Kann die beschworene Gottesdimension angesichts dieser Realität nicht mehr als ein frommer Wunsch sein? Doch geht es bei der personalen Erkenntnis des Anderen nicht um eine explizite theologische Erkenntnis, um eine Präsenz des Gottesgedankens in diesem Geschehen, sondern um ein existentielles Gewahrwerden des Anderen als Person, das zwar kulturell und individuell geprägt ist, aber in seinem Widerfahrnischarakter unverfügbar bleibt. Eine solche Erfahrung kann theologisch nur im Licht der Zuwendung Gottes zum Menschen interpretiert werden. Ihr Widerfahrnischarakter ist ein Hinweis auf ein Sein des Anderen, das nicht an mir liegt. Dass ich in der Begegnung mit einem Anderen nicht gleichgültig bleibe, sondern sich zumeist Zu- oder Abneigung regt, gehört zu der eigenen existentiellen Betroffenheit. Die Annahme des Anderen als Person ist eine Zuwendung zu ihm, mit der ich etwas gebe, über das ich selbst nicht verfüge. In diesem Geschehen macht – theologisch gesprochen – Gott den Anderen zur Person für mich.

f) Gottes bedingungslose Liebe zum Menschen

Die Taufe eines Menschen holt symbolisch erfahrbar das Ereignis der Personwerdung in das Sterben und Auferstehen Jesu Christi ein. Gott hat einen jeden Menschen schon gekannt, als er noch nicht im Mutterleib gebildet war, und sein ganzes Leben in Jesus Christus angenommen. Der Gekreuzigte und Auferstandene hat den Menschen in seiner gottabgewandten Nichtigkeit, die bis in seinen natürlichen Anfang hineinreicht und ihn bedroht, neu zum Geschöpf Gottes gemacht und zum Werden in göttlicher und menschlicher Gemeinschaft bestimmt. Die göttliche Annahme ist der Grund, von dem her die Eltern das werdende Leben als Person wahrnehmen, ihm deshalb schon als Person begegnen. Weil in dieser elterlichen Liebe Gottes Liebe wirksam ist, sich die vor Zeiten geschehene göttliche Annahme in der ersten zwischenmenschlichen Personbegegnung aktualisiert, wird in ihr die Person, die solche schon ist.

Steht im Annahmegeschehen der Schwangerschaft die in Gottes Liebe gegründete *menschliche* Annahme in der Zeit eher im Vordergrund, wird in der Taufe das Ursprungsgeschehen dieser Annahme als das entscheidende Ereignis eingeholt und die *göttliche* Annahme des Menschen in Ewigkeit symbolisch vollzogen und bekannt. Die Taufe macht das Von-Gott-her-schon-Personsein des Menschen vor und in aller menschlichen Annahme sakramental sichtbar.

Das Besondere der göttlichen Annahme ist die bedingungslose Liebe, die sich in ihr kundtut. Der Mensch wird um seiner selbst und nicht um seiner Qualitäten willen von Gott geliebt. In dieser Liebe wird der Mensch eigentlich erst als Person gesehen. Gottes Liebe, die er im Glauben für sich beansprucht, macht ihn zur Person.

g) Christliches und bürgerliches Verständnis der Liebe

Die moderne Bürgergesellschaft hat die christliche Tradition des unbedingten Personseins aufgenommen und umgeformt. Auch in ihr wird der Mensch als Person verstanden, die ungeachtet individueller Defizite oder äußerer Umstände das Recht auf Freiheit und Wahrung ihrer Würde hat. Die Achtung jedes Menschen liegt nicht in einer menschlichen oder göttlichen Liebe begründet, sondern ist ‚grundlos' vorgegeben. Die Liebe hat in den privaten Verhältnissen ihren Ort, aus ihr entstehen die Menschen, die zur gegenseitigen Achtung erzogen werden. Nicht aus einem Vertrauen auf Gott erwächst die Liebe zum Nächsten, sondern aus der eigenen Freiheit. Der Unterschied zu einem christlichen Verständnis wirkt sich auf den Umgang mit dem ungeborenen Leben aus. Menschen, die sich auf die Möglichkeiten und Grenzen der eigenen Liebe stützen, werden das ungeborene Leben aus einer anderen Perspektive betrachten als Menschen, die um die göttliche, personschaffende

Liebe wissen. Die Bereitschaft zur Annahme des ungeborenen Lebens auch unter schwierigen Bedingungen und die Wahrnehmung seiner Person im noch sehr ‚unpersönlichen‘ embryonalen Zustand werden dort mehr Raum haben, wo Menschen um die Möglichkeiten der göttlichen Liebe wissen.

h) Die bürgerliche Freiheit zur Liebe

Dennoch gibt es aus christlicher Sicht gute Gründe, die relative Freiheit im Umgang mit dem ungeborenen Leben, die der Staat seinen Bürgerinnen und faktisch auch seinen Bürgern lässt, sehr wohl im Einzelnen zu kritisieren und auf eine Änderung hinzuwirken – man denke vor allem an das Problem der Spätabtreibung –, aber nicht prinzipiell in Frage zu stellen. Die bürgerliche Hochschätzung der Liebe zum Kind, die sich in dessen gegenüber früheren Zeiten gestiegenen Förderung und Wertschätzung kundtut, erwächst aus einer Freiheit, die einzuschränken dem Staat nur in geringem Maße zusteht. Die Bürgerinnen und Bürger sind gefordert, ihr Kind zu lieben und zu fördern – nur so können sie ihm gerecht werden –, doch können sie dies nur aus einer Freiheit heraus tun, welche die Möglichkeit einer Entscheidung gegen das werdende Leben einschließt. Der Staat muss bis zu einem gewissen Maß die Anerkennung des Personseins am Anfang des menschlichen Lebens an die private Entscheidung seiner Bürgerinnen und der daran beteiligten Bürger delegieren, weil er personales menschliches Leben zu schützen hat, aber nicht zu definieren vermag. Wie im christlichen Verständnis entstehen auch hier Personen durch Beziehung. Doch ob sie aus einer eigenen Freiheit zur Liebe, aus dem Vertrauen auf Gottes Liebe oder aus sonstigen Motiven entstehen, muss den individuellen Einstellungen der Einzelnen überlassen sein. So ist es konsequent, wenn der Gesetzgeber einen Schutzanspruch des ungeborenen Lebens ab der Kernverschmelzung formuliert, ohne diesen Anspruch durch Strafandrohung in den frühen Embryonalphasen durchzusetzen, und erst ab der Nidation von einem Schwangerschaftsabbruch spricht. Eine besondere Situation ist mit einer künstlichen Befruchtung gegeben, die den Embryo schon in seinen frühesten Phasen in den Rahmen öffentlicher Verantwortung versetzt.

i) Künstliche Befruchtung als möglicher Weg?

Der Wunsch nach einem Kind kann auch durch eine In–vitro-Fertilisation erfüllt werden. Neben anderen möglichen Gründen kann das Leiden an der eigenen Kinderlosigkeit so groß sein, dass man sich diesem belastenden und oft erfolglosen Verfahren aussetzt. Mit IVF ist zwar eine besondere Verantwortung im Umgang mit den Embryonen verbunden, aber die dabei auftretenden ethischen Probleme können aus der hier vertretenen Sicht das Verfahren nicht grundsätzlich diskreditieren. Christinnen und Christen können guten Gewissens den Weg der IVF beschreiten, auch wenn am Ende vielleicht nur das Wissen steht, „alles versucht zu haben“. Die in Deutschland vom Gesetzgeber gesetzten Grenzen der IVF ermöglichen eine Befruchtung, die nicht mit einer Selektion von Personen behaftet sein muss. Dennoch ist dieser Weg mit der Gefahr verbunden, dass durch mehr oder weniger vorhersehbare Ereignisse die eigenen Vorstellungen und Einstellungen sich den ‚Notwendigkeiten' und Dilemmata beugen müssen. Der hoffnungsvolle innere Blick auf das eine Kind kann sich in die zwiespältige Wahrnehmung vieler möglicher embryonaler Personen wandeln, zwischen denen man auswählen soll oder muss.

5. Der Mensch als „Gottes bloßer Stoff zu dem Leben seiner künftigen Gestalt“

Luther hat in der 35. These seiner Disputation über den Menschen das Verhältnis zwischen dem jetzigen irdischen und dem bei Gott seienden künftigen Menschen als eines zwischen ungeformtem Stoff und seiner künftigen Schöpfungsgestalt erläutert:

So ist denn der Mensch dieses Lebens Gottes bloßer Stoff zu dem Leben seiner künftigen Gestalt.

Die göttliche Sicht des Menschen ist der menschlichen entgegengesetzt. Wird ein Mensch für den Menschen erst dann zu einem solchen, wenn er in seiner menschlichen Gestalt angelegt oder ausgebildet ist, so ist er – welcher Gestalt er auch sei – in diesem Leben für Gott ein Mensch, dem seine eigentliche Gestalt fehlt und im Glauben zum Stoff des göttlichen Formens wird.

Die der menschlichen widerstreitende göttliche Sichtweise auf den Menschen macht den Ungeborenen in seinem frühesten Stadium zum Sinnbild eigentlichen Menschseins vor Gott. So wie er noch keine menschliche Gestalt besitzt und für ihre Ausbildung in gewissem Maße Impulse von außen, von der Mutter, benötigt, so ist der Mensch vor Gott gestaltlos und nimmt – nun in radikaler Weise – allein durch Gottes Handeln seine eigentliche menschliche Form an.

Als außer sich Seiendem (extra se) entzieht sich dem Menschen die Erkenntnis seiner selbst in diesem Leben. In geistlicher Hinsicht kann es sich bei seiner innerweltlichen Bestimmung nur um eine vorläufige handeln. Diese Einschränkung ist nicht einem besonderen geistlichen Wissen jenseits einer feststehenden allgemeinen Erkenntnis des Menschseins geschuldet, als ob der Mensch um sich wüsste und noch eine religiöse Aussicht auf das Jenseits dazu bekäme, sondern die Vorläufigkeit durchzieht schon die Erfahrung des Menschen mit sich hier und jetzt. Dazu gehört auch die unsichere Bestimmung des embryonalen Menschseins, welche die im Glauben Stehenden mit den Nichtglaubenden teilen. Die Ungewissheit über sich ist dem irdischen menschlichen Leben geradezu leibhaftig eingeschrieben.

Dass wir über unser gegenwärtiges Dasein hinaus Mensch sind, wird in der Betrachtung unserer vorgeburtlichen Entwicklung sinnfällig, auch wenn diese Erkenntnis sich einer allgemeinen Plausibilität entzieht, wie besonders in der Betrachtung der SKIP-Argumente deutlich wurde. Unser früher vorgeburtlicher Zustand könnte uns bedeuten, dass wir an unserem Anfang noch nicht als Personen zu erkennen und doch solche schon waren.

Das Eintreten der christlichen Theologie für den Schutz embryonalen Lebens hat aus evangelischer Sicht im Wissen um Gottes zukünftiges gestaltgebendes Handeln am Menschen einen wesentlichen Grund. Gottes Barmherzigkeit besteht darin, dass er dem Menschen die ihm gemäße Gestalt schenkt, so dass unser Blick auf den Menschen immer nur ein vorläufiger sein kann.

Luther kann mit der Perspektive des Ungeborenen das Wesen unserer innerweltlichen Erkenntnis überhaupt beschreiben. Angesichts des ewigen Lebens gleicht unsere innerweltliche Erfahrung einer vorgeburtlichen Situation, deren Enge besonders angesichts des Todes verspürt wird.[1] Nur im Glauben kann der Mensch verstehen, dass der Tod ihm das Tor zum unverstellten ewigen Leben bei Gott ist.

Was hier über die Todesgrenze gesagt ist, hat auch sein Recht an der Grenze des eigenen vorgeburtlichen Werdens. Das früheste Menschsein grenzt geistlich gesehen nicht bloß an eine Zeit, in der man noch nicht gewesen ist, sondern an Gottes Ewigkeit, in welcher der Mensch auch schon vor seiner Existenz von je her von Gottes Liebe umfangen ist.[2] Wo das ungeborene menschliche Leben als Person erfahren wird, vermag sich der enge innerweltliche Blick weiten und das Geheimnis seiner Herkunft verspürt werden: Gott als der Schöpfer des Menschen.

1 „Und es geht hier zu, wie wenn ein Kind aus der kleinen Wohnung in seiner Mutter Leib mit Gefahr und Ängsten geboren wird in diesen weiten Himmel und Erde, das ist unsere Welt: ebenso geht der Mensch durch die enge Pforte des Todes aus diesem Leben. Und obwohl der Himmel und die Welt, darin wir jetzt leben, als groß und weit angesehen werden, so ist es doch alles gegen den zukünftigen Himmel so viel enger und kleiner, wie es der Mutter Leib gegen diesen Himmel ist" (Sermon von der Bereitung zum Sterben, WA 2, 685,24–30; Übersetzung zitiert nach LUTHER, Erneuerung von Frömmigkeit und Theologie, 16).

2 Ob Zeit überhaupt an Ewigkeit grenzt, soll hier nicht weiter diskutiert werden. Doch wenn Ewigkeit zumindest im Alten Testament mit der Treue Gottes in Zusammenhang steht, dann wird damit das Entscheidende getroffen (vgl. RATSCHOW, Anmerkungen, 367). Der Mensch weiß auch den Anfang seines Lebens von Gottes Treue umfangen.

Abbildungen zur „ersten Woche“

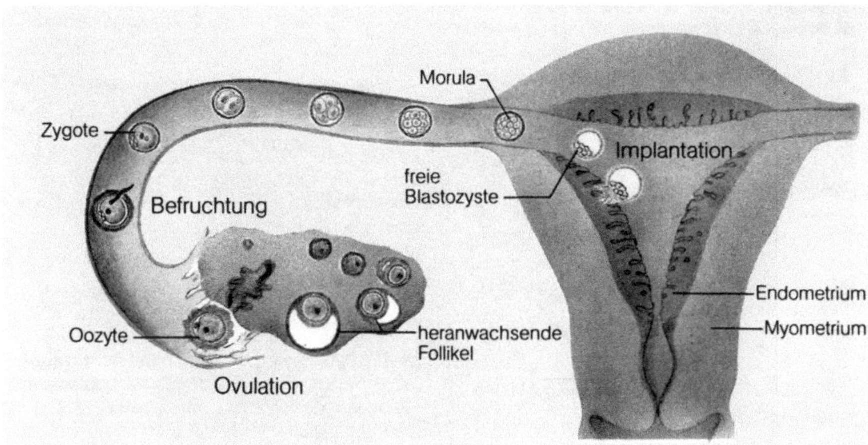

A. Von der Ovulation zur Implantation.

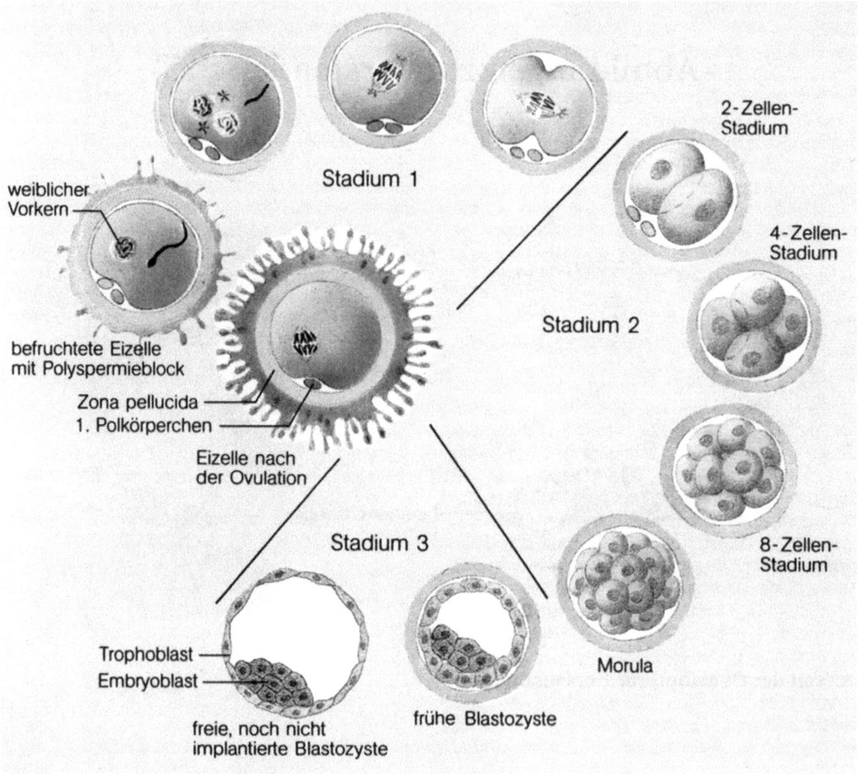

B. Die Entwicklung der Eizelle zur Blastozyste.

Die von Astried Rothenburger und Rüdiger Gay erstellten Abbildungen sind entnommen Drews, Ulrich, Taschenatlas der Embryologie, Stuttgart / New York 1993, 51, mit freundlicher Genehmigung des Georg Thieme Verlags.

Abkürzungsverzeichnis

BVerfG	Bundesverfassungsgericht
BVerfGE	Entscheidungen des Bundesverfassungsgerichts
DNA	Desoxyribonukleinsäure (Träger der genetischen Information)
DVR	Dachverband Reproduktionsbiologie und -medizin e.V.
EKD	Evangelische Kirche in Deutschland
ESchG	Embryonenschutzgesetz
GG	Grundgesetz
ICSI	Intrazytoplasmatische Spermieninjektion
IVF	In-vitro-Fertilisation
PID	Präimplantationsdiagnostik
RJD	Reports of Judgments and Decisions (Entscheidungssammlung des Europäischen Gerichtshofs für Menschenrechte)
SKIP	Spezies, Kontinuität/Kontinuum, Identität, Potentialität
StGB	Strafgesetzbuch
WA	Weimarer Ausgabe der Werke Martin Luthers

Literaturverzeichnis

AG Medizinrecht der DGGG (Deutsche Gesellschaft für Gynäkologie und Geburtshilfe): Fetozid bei Mehrlingen. Stellungnahme aus rechtlicher Sicht, Frauenarzt 48/5, 2007, 504–507.

Amerini, Fabrizio, Aquinas on the beginning and end of human life, Cambridge 2013.

Anselm, Reiner, u. a., Starre Fronten überwinden. Eine Stellungnahme evangelischer Ethiker zur Debatte um die Embryonenforschung, in: Ders. / U.H.J. Körtner (Hg.) Streitfall Biomedizin. Urteilsfindung in christlicher Verantwortung, Göttingen 2003, 197–208 (leicht gekürzte Fassung dieser Stellungnahme in der Frankfurter Allgemeinen Zeitung vom 23. Januar 2002, 8).

Ärzte Zeitung, „Deutscher Mittelweg“ bei Kinderwunsch, Ärzte Zeitung online, 08.10. 2014, https://www.aerztezeitung.de/medizin/krankheiten/urologische-krankheiten/article/870218/ivf-deutscher-mittelweg-kinderwunsch.html, abgerufen am 8. August 2018.

Baldus, Marion, u. a., Pränataldiagnostik im Diskurs. 23 Thesen, Tutzing 2016.

Bals-Pratsch, Monika / Dittrich, Ralf / Frommel, Monika, Wandel in der Implementation des Deutschen Embryonenschutzgesetzes, Journal für Reproduktionsmedizin und Endokrinologie 7/2, 2010, 87–95.

Barth, Jürgen / Kufner, Katharina / Bengel, Jürgen, Ein klares Jein! Einstellungen und Ambivalenzen der deutschen Allgemeinbevölkerung zur Forschung mit extrakorporalen Embryonen, Ethik in der Medizin 17/1, 2005, 127–141.

Barth, Karl, Die Kirchliche Dogmatik, Zürich 1932 ff.

Beck-Gernsheim, Elisabeth, Die soziale Konstruktion des Risikos – das Beispiel Pränataldiagnostik, in: C. Geyer (Hg.), Biopolitik. Die Positionen, Frankfurt a.M. 2001, 21–40.

Beck-Gernsheim, Elisabeth, Von der Liebe zur Beziehung? Veränderungen im Verhältnis von Mann und Frau in der individualisierten Gesellschaft, in: J. Berger (Hg.): Die Moderne – Kontinuitäten und Zäsuren. Sonderband 4. Soziale Welt. Göttingen 1986, 209–233.

Beckmann, Jan P., Natur und Person vor dem Hintergrund gegenwärtiger bioethischer Grundprobleme, in: M. Dreyer / K. Fleischhauer (Hg.), Natur und Person im ethischen Disput, Freiburg i.Br. / München 1998, 235–257.

Beckmann, Rainer, Wachsendes Lebensrecht? Erwiderung zu Dreier, ZRP 2002, 377; Zeitschrift für Rechtspolitik 2003, 97–101.

Benda, Ernst, Verständigungsversuche über die Würde des Menschen, Neue Juristische Wochenschrift 30, 2001, 2147–2150.

Bernard, Andreas, Kinder machen. Samenspender, Leihmütter, Künstliche Befruchtung. Neue Reproduktionstechnologien und die Ordnung der Familie, Frankfurt a.M. 2014.

Berufsverband der Frauenärzte e.V. in Zusammenarbeit mit der Deutschen Gesellschaft für Gynäkologie und Geburtshilfe (Hg.), Die Pille danach / Notfallverhütung, https://www.frauenaerzte-im-netz.de/familienplanung-verhuetung/die-pille-danach-nofallverhuetung/, abgerufen am 25. September 2018.

Böckenförde, Ernst-Wolfgang, Menschenwürde als normatives Prinzip. Die Grundrechte in der bioethischen Debatte, JuristenZeitung 58/17, 2003, 809–815.

Böckle, Franz, Einleitung, in: Kongregation für die Glaubenslehre, Erklärung über den Schwangerschaftsabbruch (Nachkonziliare Dokumentation 48), Trier 1975, 7–20.

Böckle, Franz, Medizinisch-ethische Aspekte (zum Kapitel: Probleme um den Lebensbeginn), in: Handbuch der christlichen Ethik, Bd.2, Freiburg i.Br. 1978, 36–59.

Böckle, Franz, Um den Beginn des Lebens, in: M. Brandl (Hg.), Der Beginn des Lebens. Referate, gehalten auf der Bayerisch-Oesterreichischen Gynäkologen-Tagung in Bad-Gastein, 26.–27. Mai 1967, Stuttgart / New York 1969, 22–32.

Boltanski, Luc, Soziologie der Abtreibung, Frankfurt a.M. 2007.

Bonhoeffer, Dietrich, Ethik, hg. v. I. Tödt u. a., München 1992.

Bonhoeffer, Dietrich, Schöpfung und Fall, hg. v. M. Rüter / I. Tödt, München 1989.

Boomgaarden, Jürgen, In zweifacher Verantwortung. Philosophische und theologische Überlegungen zum Verantwortungsbegriff in der modernen Gesellschaft, in: Ders. / M. Leiner (Hg.), Kein Mensch, der der Verantwortung entgehen könnte. Verantwortungsethik in theologischer, philosophischer und religionswissenschaftlicher Perspektive, Freiburg i.Br. / Basel / Wien 2014, 94–120.

Boomgaarden, Jürgen, Person aus Glauben oder schon als Geschöpf? Ein Grundproblem der evangelischen Anthropologie, Theologische Zeitschrift 65/1, 2009, 43–57.

Boyle, Elisabeth H. / Kim, Minzee / Longhofer, Wesley, Abortion Liberalization in World Society 1960–2009, The American Journal of Sociology 121/3, 2015, 882–913.

Brahier, Gabriela, Ist der menschliche Embryo schon Mensch? Die theologisch-ethische Stammzellendebatte in Deutschland als Paradigma ethischer Polarisierungstendenzen, Theologische Zeitschrift 65/1, 2009, 58–80.

Braun, Kathrin, Menschenwürde und Biomedizin. Zum philosophischen Diskurs der Bioethik, Frankfurt a.M. 2000.

Breuer, Clemens, Person von Anfang an? Der Mensch aus der Retorte und die Frage nach dem Beginn des menschlichen Lebens, Paderborn 1995.

Brugger, Winfried, Neuere Rechtsprechung des U.S. Supreme Court, JuristenZeitung 63, 15/16, 2008, 773–784.

Büchner, Bernward, Zum Stand der Erkenntnis über die Wirkung der „Pille danach“, Zeitschrift für Lebensrecht 24/4, 2015, 108–110.

Bühler, Klaus, Vorwort, in: Deutsches IVF-Register. Jahrbuch 2011, Journal für Reproduktionsmedizin und Endokrinologie, 9/6, 2012, 9.

Bundeszentrale für gesundheitliche Aufklärung (Hg.), frauen leben 3 – Familienplanung im Lebenslauf von Frauen, Köln 2016.

Bundeszentrale für gesundheitliche Aufklärung (Hg.), männer leben. Studie zu Lebensläufen und Familienplanung – Vertiefungsbericht, Köln 2005.

Burghardt, Dominik, Plädoyer für den Tutiorismus. Anregungen für den Umgang mit Situationen, in denen es um Menschenleben gehen könnte, Zeitschrift für Medizinische Ethik 50, 2004, 289–298.

Chabada, Michal, Die Frage nach dem Individuationsprinzip. Eine vergleichende Analyse der Diskussionslage in der analytischen Ontologie und bei Duns Scotus, Philosophisches Jahrbuch 123/1, 2016, 3–22.

CHARGAFF, Erwin, Die Aussicht vom 13. Stock. Neue Essays, Stuttgart 1998.

CONNOR, Steve, The lost girls: Illegal abortion widely used by some UK ethnic groups to avoid daughters ‚has reduced femal population by between 1,500 and 4,700', Independent, 15. 1. 2014, https://www.independent.co.uk/news/science/the-lost-girls-illegal-abortion-widely-used-by-some-uk-ethnic-groups-to-avoid-daughters-has-reduced-9059790.html, abgerufen am 8. August 2018.

DABROCK, Peter, „Leibliche Vernunft". Zu einer Grundkategorie fundamentaltheologischer Bioethik und ihrer Auswirkung auf die Speziesismus-Debatte, in: DERS. / R. DENKHAUS / S. SCHAEDE (Hg.), Gattung Mensch. Interdisziplinäre Perspektiven, Tübingen 2010, 227–262.

DABROCK, Peter, „nur in wenigen Fragen Eindeutigkeit oder gar Einstimmigkeit". Zur Genealogie jüngerer bioethischer Stellungnahmen der EKD, Zeitschrift für Theologie und Kirche 109, 2012, 360–396.

DABROCK, Peter, Wenn das Unbestimmbare bestimmt werden muß ... Zum Verständnis des menschlichen Lebensanfangs und seines Schutzes in der evangelischen Theologie, in: U.H.J. KÖRTNER / G. VIRT / D. v. ENGELHARDT / F. HASLINGER (Hg.), Lebensanfang und Lebensende in den Weltreligionen, Neukirchen-Vluyn [2]2009, 71–93.

DALFERTH, Ingolf U., Alles umsonst. Zur Kunst des Schenkens und den Grenzen der Gabe, in: M. GABEL / H. JOAS (Hg.), Von der Ursprünglichkeit der Gabe. Jean-Luc Marions Phänomenologie in der Diskussion (scientia & religio 4), 159–191.

DAMSCHEN, Gregor / SCHÖNECKER, Dieter, Argumente und Probleme in der Embryonendebatte – ein Überblick, in: DIES. (Hg.), Der moralische Status menschlicher Embryonen. Pro und contra Spezies-, Kontinuums-, Identitäts- und Potentialitätsargument, Berlin 2002, 1–7.

DAMSCHEN, Gregor / SCHÖNECKER, Dieter, In dubio pro embryone. Neue Argumente zum moralischen Status menschlicher Embryonen, in: DIES. (Hg.), Der moralische Status menschlicher Embryonen. Pro und contra Spezies-, Kontinuums-, Identitäts- und Potentialitätsargument, Berlin 2002, 187–267.

DEDERER, Hans-Georg, Menschenwürde des Embryo in vitro?, Archiv des öffentlichen Rechts 127, 2002, 1–16.

DELANEY, Neil, Romantische Liebe und Verpflichtung aus Liebe: Die Artikulierung eines modernen Ideals, in: A. HONNETH / B. RÖSSLER (Hg.), Von Person zu Person. Zur Moralität persönlicher Beziehungen, Frankfurt a.M. 2008, 105–140.

DEMMER, Klaus, Ethische Argumente zur morphologischen Beobachtung früher Embryonen mit nachfolgendem Transfer eines Embryos: Nachdenkliches zum Beitrag von Hartmut Kreß, Journal für Reproduktionsmedizin und Endokrinologie 2, 2005, 102–105.

DENKHAUS, Ruth, „Speziesismus". Zu den Hintergründen einer folgenreichen Begriffsprägung, in: DIES. / P. DABROCK / S. SCHAEDE (Hg.), Gattung Mensch. Interdisziplinäre Perspektiven, Tübingen 2010, 171–206.

DERRIDA, Jacques, Falschgeld. Zeit geben I, München 1993.

DESCOLA, Philippe, Jenseits von Natur und Kultur, Berlin 2013.

DEUTSCHER ETHIKRAT, Präimplantationsdiagnostik. Stellungnahme, Berlin 2011.

DEUTSCHES IVF-REGISTER. Jahrbuch 2015, Journal für Reproduktionsmedizin und Endokrinologie 13/Sonderheft 1, 2016.

Deutsches IVF-Register. Jahrbuch 2016, Journal für Reproduktionsmedizin und Endokrinologie 14/Sonderheft 1, 2017.

Drecoll, Volker Henning, Der Umgang mit dem ungeborenen Leben in der Alten Kirche, in: E. Herms (Hg.), Leben: Verständnis, Wissenschaft, Technik; Kongreßband des XI. Europäischen Kongresses für Theologie 15.–19. September 2002 in Zürich, Gütersloh 2005, 315–341.

Dreier, Horst, Bioethik. Politik und Verfassung, Tübingen 2013.

Dreier, Horst, Stufungen des vorgeburtlichen Lebensschutzes, Zeitschrift für Rechtspolitik 35, 2002, 377–383.

Drews, Ulrich, Taschenatlas der Embryologie, Stuttgart / New York 1993.

Duttge, Gunnar, Zur vernachlässigten Schutzpflicht der Rechtsordnung gegenüber ungeborenen Behinderten, Zeitschrift für medizinische Ethik 61/2, 2015, 109–120.

Ebeling, Gerhard, Disputatio de homine. Die philosophische Definition des Menschen. Kommentar zu These 1–19 (Lutherstudien II/2), Tübingen 1982.

Ebeling, Gerhard, Disputatio de homine. Die theologische Definition des Menschen. Kommentar zu These 20–40 (Lutherstudien II/3), Tübingen 1989.

Eberle, Edward J., Dignity and Liberty. Constitutional Visions in Germany and the United States, Westport 2002.

Eibach, Ulrich, Austragen einer Schwangerschaft mit einem totgeweihten Kind?, Zeitschrift für medizinische Ethik 43/2, 1997, 149–155.

Engels, Eve-Marie, Zur Relevanz der Empirie für die Bestimmung des moralischen Status des menschlichen Embryos, in: G. Maio (Hg.), Der Status des extrakorporalen Embryos. Perspektiven eines interdisziplinären Zugangs (Medizin und Philosophie 9), Stuttgart / Bad Cannstatt 2007, 307–321.

Ernst, Stephan, Halbierte Hilfe? Ob die Notfallkontrazeption nach Vergewaltigung verboten sein muss, Herder-Korrespondenz 67/3, 2013, 128–132.

Eser, Albin / Koch, Hans-Georg, Schwangerschaftsabbruch im internationalen Vergleich. Befunde – Einsichten – Vorschläge. Ein Projektbericht, hg. v. Max-Plank-Institut für ausländisches und internationales Strafrecht, Forschung aktuell 04, 2000, https://www.mpicc.de/shared/data/pdf/sab_gesamt.pdf, abgerufen am 15. Oktober 2018.

Evangelische Kirche in Deutschland, Stellungnahme der EKD für die Anhörung des Rechtsausschusses des Deutschen Bundestages zum Embryonenschutzgesetz am 9. März 1990, https://www.ev-medizinethik.de/pages/themen/lebensanfang/themenfelder/in-vitro-fertilisation/index.html, abgerufen am 14. August 2018.

Feiner, Johannes, Der Ursprung des Menschen, in: Ders. / M. Löhrer (Hg.), Mysterium Salutis, Bd. II: Die Heilsgeschichte vor Christus, Einsiedeln / Zürich / Köln 1967, 562–581.

Ferree, Myra Marx, Resonance and Radicalism. Feminist Framing in the Abortion Debates of the United States and Germany, The American Journal of Sociology 109/2, 2003, 304–344.

Fink, Udo, Der Schutz des menschlichen Lebens im Grundgesetz – zugleich ein Beitrag zum Verhältnis des Lebensrechts zur Menschenwürdegarantie, Jura: Juristische Ausbildung 22/4, 2000, 210–216.

Fischer, Johannes, Aktive und passive Sterbehilfe. Analyse eines ethischen Konflikts, in: Ders., Handlungsfelder angewandter Ethik. Eine theologische Orientierung, Stuttgart / Berlin / Köln 1998, 63–94.

Fischer, Johannes, Die Schutzwürdigkeit menschlichen Lebens in christlicher Sicht, in: R. Anselm / U.H.J. Körtner (Hg.), Streitfall Biomedizin. Urteilsfindung in christlicher Verantwortung, Göttingen 2003, 27–45.

Fischer, Johannes, Menschenwürde und Anerkennung. Zur Verwendung des Menschenwürdebegriffs in der Debatte über den Status des vorgeburtlichen Lebens, Zeitschrift für Evangelische Ethik 51, 2007, 24–39.

Fischer, Johannes, Theologische Ethik. Grundwissen und Orientierung (Forum Systematik 11), Stuttgart / Berlin / Köln 2002.

Fischer, Johannes, Über moralische und andere Gründe. Protestantische Einwürfe zu einer philosophischen Debatte, Zeitschrift für Theologie und Kirche 95, 1998, 118–157.

Fischer, Johannes, Vom Etwas zum Jemand. Warum Embryonenforschung mit dem christlichen Menschenbild vereinbar ist, Zeitzeichen 1, 2002, 11–13.

Fisher, John Andrew, Why Potentiality Does Not Matter: A Reply to Stone, Canadian Journal of Philosophy 24/2, 1994, 261–280.

Frommel, Monika, Status des Embryos: Juristische Aspekte, in: Fortpflanzungsmedizin in Deutschland. Wissenschaftliches Symposion des Bundesministeriums für Gesundheit in Zusammenarbeit mit dem Robert Koch-Institut vom 24. bis 26. Mai 2000 in Berlin, Baden-Baden 2001, 67–75.

Gahlings, Ute, Phänomenologie der weiblichen Leiberfahrungen (Neue Phänomenologie 7), Freiburg i.Br. / München 2006.

Geisthövel, Franz / Frommel, Monika / Neidert, Rudolf / Nieschlag, Eberhard, Debatte der DVR [Dachverband Reproduktionsbiologie und -medizin e.V.]-Fachkommission „Recht und Aufklärung" – Thema: Embryonenschutzgesetz und Verbotsirrtum, Journal für Reproduktionsmedizin und Endokrinologie 1/4, 2004, 299–307.

Gessel, Wilhelm M., Frühchristliche Voten für das ungeborene Leben, Forum Katholische Theologie 8/3, 1992, 185–195.

Gnoth, Christian / Czeromin, Ute / Krüssel, Jan-Steffen / Tandler-Schneider, Andreas, Editorial – Die Blastozystenkultur im Kontext des Embryonenschutzgesetzes im Deutschen IVF-Register, in: Deutsches IVF-Register. Jahrbuch 2014, Journal für Reproduktionsmedizin und Endokrinologie 12/Sonderheft 1, 2015, 8–9.

Götz, Christoph, Medizinische Ethik und katholische Kirche. Die Aussagen des kirchlichen Lehramtes zu Fragen der medizinischen Ethik seit dem Zweiten Vatikanum (Studien der Moraltheologie 15), Münster 2000.

Gräb-Schmidt, Elisabeth, Der Mensch – seine Natur als Freiheit. Zu den Bestimmungen des Verhältnisses von Natur und Freiheit in anthropologischer, kosmologischer und verantwortungsethischer Absicht, in: Dies. / R. Preul (Hg.), Natur (Marburger Jahrbuch Theologie 27/ Marburger Theologische Studien 122), Leipzig 2015, 29–50.

Graña-Behrens, Daniel, Mit Descartes gegen Descartes, Anthropos 111, 2016, 533–551.

Gropp, Walter, Der Mensch als Embryo: Überlegungen zum pränatalen Schutz des Lebens und der körperlichen Unversehrtheit, Goltdammer's Archiv für Strafrecht 147, 2000, 1–18.

GROẞJOHANN, Ole, Kirchen als Freunde des Lebens. Die ökumenische Entwicklung von Bioethik (Edition Ethik 17), Göttingen 2015.

GÜNTHER, Hans-Ludwig / TAUPITZ, Jochen / KAISER, Peter, Embryonenschutzgesetz. Juristischer Kommentar mit medizinisch-naturwissenschaftlichen Grundlagen, Stuttgart ^{2}2014.

GÜNTHER-GREENE, Renate, Tabu Abtreibung. Was Frauen fühlen und warum sie schweigen, Hamburg 2015.

HAAF, Thomas, Geschlechterkonflikt im frühen Embryo: Elternspezifische Reprogrammierung des väterlichen und mütterlichen Erbguts nach der Befruchtung, Deutsches Ärzteblatt 100/36, 2003, 2300–2308.

HABERMAS, Jürgen, Die Zukunft der menschlichen Natur. Auf dem Weg zu einer liberalen Eugenik?, Frankfurt a.M. 2005.

HÄRLE, Wilfried, Alle Menschen sind Personen. Auseinandersetzung mit dem Speziesismusvorwurf, in: P. DABROCK / R. DENKHAUS / S. SCHAEDE (Hg.), Gattung Mensch. Interdisziplinäre Perspektiven, Tübingen 2010, 207–225.

HÄRLE, Wilfried, Ethik, Berlin / New York 2011.

HARTUNG, Fritz, Die Entwicklung der Menschen- und Bürgerrechte von 1776 bis zur Gegenwart (Quellen zur Kulturgeschichte 1), Göttingen / Berlin / Frankfurt a.M. ^{3}1964.

HEGEL, Georg Wilhelm Friedrich, Die Philosophie des Rechts, Vorlesung von 1820/21, hg. v. H. HOPPE, Frankfurt a.M. 2005.

HEGEL, Georg Wilhelm Friedrich, Vorlesungen über die Ästhetik I, hg. v. E. MOLDENHAUER und K.M. MICHEL (Werke Bd. 13), Frankfurt a.M. 1986.

HELFFERICH, Cornelia / KLINDWORTH, Heike, Kein Kinderwunsch und schwanger - wie wird in einer Partnerschaft entschieden? Eine empirische Analyse mit den Daten der BZgA-Studie „frauen leben 3“, in: U. BUSCH / D. HAHN (Hg.), Abtreibung. Diskurse und Tendenzen, Bielefeld 2015, 215–233.

HENKING, Tanja, Wertungswidersprüche zwischen Embryonenschutzgesetz und den Regelungen des Schwangerschaftsabbruchs? Am Beispiel des Verbots der Präimplantationsdiagnostik, Baden-Baden 2010.

HEPP, Hermann, Höhergradige Mehrlingsschwangerschaft – klinische und ethische Aspekte, Frauenarzt 48/5, 2007, 440–447.

HERDEGEN, Matthias, Die Menschenwürde im Fluß des bioethischen Diskurses, JuristenZeitung 56/15–16, 2001, 773–779.

HERMS, Eilert, Natur *ist* Gnade. Vorschlag für eine kohärente Rede von „Natur“ und „Gnade“ in der christlichen Theologie, Marburger Jahrbuch Theologie 27, 2015, 51–70.

HILL, Paul B. / KOPP, Johannes, Familiensoziologie. Grundlagen und theoretische Perspektiven, Wiesbaden ^{5}2013.

HIRSCHAUER, Stefan / HEIMERL, Birgit / HOFFMANN, Anika / HOFMANN, Peter, Soziologie der Schwangerschaft. Explorationen pränataler Sozialität (Qualitative Soziologie 19), Stuttgart 2014.

HOCHSCHILD, Arlie Russell, Das gekaufte Herz. Zur Kommerzialisierung der Gefühle, Frankfurt a.M. 1990.

HOFHEINZ, Marco, Gezeugt, nicht gemacht. In-vitro-Fertilisation in theologischer Perspektive (Ethik im Theologischen Diskurs 15), Münster 2008.

HOLM, Søren, The moral status of the pre-personal human being. The argument from potential reconsidered, in: D. EVANS (Hg.), Conceiving the Embryo. Ethics, Law and Practice in Human Embryology, Den Haag / London / Boston 1996, 193–220.

HONNEFELDER, Ludger, Pro Kontinuumsargument: Die Begründung des moralischen Status des menschlichen Embryos aus der Kontinuität der Entwicklung des ungeborenen zum geborenen Menschen, in: G. DAMSCHEN / D. SCHÖNECKER (Hg.), Der moralische Status menschlicher Embryonen. Pro und contra Spezies-, Kontinuums-, Identitäts- und Potentialitätsargument, Berlin 2002, 61–81.

HONNETH, Axel, Das Recht der Freiheit. Grundriß einer demokratischen Sittlichkeit, Berlin 2011.

HONNETH, Axel, Einleitung, in: DERS. / B. RÖSSLER (Hg.), Von Person zu Person. Zur Moralität persönlicher Beziehungen, Frankfurt a.M. 2008, 55–59.

HONNETH, Axel, Kampf um Anerkennung, Frankfurt a.M. [9]2016.

HORN, Friedrich Wilhelm, Tugendlehre im Neuen Testament? Eine Problemanzeige, in: DERS. / U. VOLP / R. ZIMMERMANN (Hg.), Ethische Normen des frühen Christentums. Gut – Leben – Leib – Tugend (Kontexte und Normen neutestamentlicher Ethik IV – Wissenschaftliche Untersuchungen zum Neuen Testament 313), Tübingen 2013, 417–431.

INSTITUT FÜR MEDIZINISCHE ANTHROPOLOGIE UND BIOETHIK (IMABE), Anhang zur Stellungnahme von IMABE zur Diskussion über die Wirkungsweise der "Pille danach" (Stand: 19.2.2013), https://www.imabe.org/index.php?id=1861, abgerufen am 25. September 2018.

ISENSEE, Josef, Der grundrechtliche Status des Embryos – Menschenwürde und Recht auf Leben als Determinanten der Gentechnik, in: DERS. / O. HÖFFE / L. HONNEFELDER / P. KIRCHHOF (Hg.), Gentechnik und Menschenwürde. An den Grenzen von Ethik und Recht, Köln 2002, 37–77.

JONES, D. Gareth / TELFER, Barbara, Before I was an embryo, I was a pre-embryo: or was I?, Bioethics 9/1, 1995, 32–49.

JÜNGEL, Eberhard / KÄSEMANN, Ernst / MOLTMANN, Jürgen / RÖSSLER, Dietrich, Annahme oder Abtreibung. Thesen zur Diskussion über § 218 StGB, in: § 218. Dokumente und Meinungen zur Frage des Schwangerschaftsabbruchs. Ausgewählt, eingeleitet und erläutert von Erwin WILKENS, Gütersloh 1973.

JÜNGEL, Eberhard, Ganzheitsbegriffe – in theologischer Perspektive, in: DERS, Ganz werden. Theologische Erörterungen V, Tübingen 2003, 40–53.

KAMMER FÜR ÖFFENTLICHE VERANTWORTUNG DER EVANGELISCHEN KIRCHE IN DEUTSCHLAND, Im Geist der Liebe mit dem Leben umgehen. Argumentationshilfe für aktuelle medizin- und bioethische Fragen. Ein Beitrag der Kammer für Öffentliche Verantwortung der Evangelischen Kirche in Deutschland, hg. v. KIRCHENAMT DER EVANGELISCHEN KIRCHE IN DEUTSCHLAND (EKD-Texte 71), Hannover 2002.

KARNEIN, Anja, Zukünftige Personen. Eine Theorie des ungeborenen Lebens von der künstlichen Befruchtung bis zur genetischen Manipulation, Berlin 2013.

KENTENICH, Heribert / JANK, Alexander / SIBOLD, Claus / TANDLER-SCHNEIDER, Andreas, Aktueller Stand der Reproduktionsmedizin, Zeitschrift für medizinische Ethik 62/2, 2016, 75–89.

KIERKEGAARD, Sören, Die Krankheit zum Tode (Philosophische Bibliothek 470), Hamburg 1995.

KLEINSTEIN, Jürgen, Embryo-maternaler Dialog in der Präimplantationsphase, in: W. KÜNZEL / M. KIRSCHBAUM (Hg.), Gießener gynäkologische Fortbildung 1991, Berlin / Heidelberg 1991, 30–38.

KLUTH, Winfried, Lebensschutz und die Grenzen des Verfassungsrechts – Anmerkungen zum Schutz vorgeburtlichen menschlichen Lebens nach 50 Jahren Grundgesetz –, Zeitschrift für Lebensrecht 1999, 35–38.

KNOEPFFLER, Nikolaus, Bioethische Ökumene? Möglichkeiten und Grenzen zukünftiger gemeinsamer Stellungnahmen zur Bioethik, Verkündigung und Forschung 59/1, 2014, 3–11.

KNOEPFFLER, Nikolaus, Der Beginn der menschlichen Person und bioethische Konfliktfälle. Anfragen an das Lehramt (Quaestiones disputatae 251), Freiburg i.Br. 2012.

KNOEPFFLER, Nikolaus, Die systematische Relevanz der Bestimmung des ontologischen und moralischen Status des menschlichen Embryos bei Thomas von Aquin, Philosophisches Jahrbuch 111, 2004, 416–430.

KÖCHY, Kristian, Biophilosophie zur Einführung, Hamburg 2008.

KÖCHY, Kristian, Perspektiven des Organischen. Biophilosophie zwischen Natur- und Wissenschaftsphilosophie, Paderborn 2003.

KOHLER-WEIß, Christiane, Schutz der Menschwerdung. Schwangerschaft und Schwangerschaftskonflikt als Themen evangelischer Ethik (Öffentliche Theologie 17), Gütersloh 2003.

KONGREGATION FÜR DIE GLAUBENSLEHRE, Erklärung über den Schwangerschaftsabbruch vom 18. November 1974 [lat.-dt.]. Von den deutschen Bischöfen approbierte Übersetzung. Eingeleitet von Franz Böckle (Nachkonziliare Dokumentation 48), Trier 1975.

KONGREGATION FÜR DIE GLAUBENSLEHRE, Instruktion über die Achtung vor dem beginnenden menschlichen Leben und die Würde der Fortpflanzung. Donum vitae (22. Februar 1987), hg.v. SEKRETARIAT DER DEUTSCHEN BISCHOFSKONFERENZ, Verlautbarungen des Apostolischen Stuhls 74, Bonn 1987.

KÖRTNER, Ulrich H.J., Bioethische Ökumene? Chancen und Grenzen ökumenischer Ethik am Beispiel der Biomedizin, in: DERS. / R. ANSELM (Hg.), Streitfall Biomedizin. Urteilsfindung in christlicher Verantwortung, Göttingen 2003, 71–96.

KOVÁCS, József, The idea of brain-birth in connection with the moral status of the embryo and the foetus, in: D. EVANS (Hg.), Conceiving the Embryo. Ethics, Law and Practice in Human Embryology, Den Haag / London / Boston 1996, 221–245.

KREẞ, Hartmut, Das Problem des Normativismus in der Debatte über die morphologische Beobachtung von Embryonen: Reflexion zur Stellungnahme von Klaus Demmer, Journal für Reproduktionsmedizin und Endokrinologie 2, 2005, 105–108.

KREẞ, Hartmut, Ethische Argumente zur morphologischen Beobachtung früher Embryonen mit nachfolgendem Transfer eines Embryos, Journal für Reproduktionsmedizin und Endokrinologie 2, 2005, 23–28.

KREẞ, Hartmut, Medizinische Ethik. Gesundheitsschutz – Selbstbestimmungsrechte – heutige Wertkonflikte, Stuttgart [2]2009.

KUFNER, Katharina / BARTH, Jürgen / BENGEL, Jürgen, Einstellungen von Humangenetikern zur Forschung mit Embryonen im Vergleich mit der Allgemeinbevölkerung, Medizinische Genetik 17/2, 2005, 194–201.

KÜHN, Rolf, Vom Wandel des Naturbegriffs. Zur Heuristik gegenwärtiger „Naturphilosophie“, Freiburger Zeitschrift für Philosophie und Theologie 58/1, 2011, 163–184.

KUMMER, Christian, Läßt sich ein Zeitpunkt für den Beginn des personalen Menschseins angeben?, in: F.S. ODUNCU / U. SCHROTH / W. VOSSENKUHL (Hg.), Stammzellenforschung und therapeutisches Klonen, Göttingen 2002, 148–162.

KUMMER, Christian, Zum Diskurs der Beurteilung des menschlichen Lebensanfangs – naturphilosophische Überlegungen, in: W. BENDER / C. HAUSKELLER / A. MANZEI (Hg.): Grenzüberschreitungen. Kulturelle, religiöse und politische Differenzen im Kontext der Stammzellenforschung weltweit, Münster 2005, 61–76.

KÜPER, Wilfried, Mensch oder Embryo? Der Anfang des „Menschseins“ nach neuem Strafrecht, Goltdammer's Archiv für Strafrecht 148, 2001, 515–537.

LEE, Ellie, Tensions in the Regulation of Abortion in Britain, Journal of Law and Society 30/4, 2003, 532–553.

LENZEN-SCHULTE, Martina / QUEIßER-LUFT, Annette, Zum Konflikt zwischen Kindeswohl und elterlichem Wunschdenken: Gesundheitsrisiken bei assistierter Reproduktion, in: T.S. HOFFMANN / W. SCHWEIDLER (Hg.), Normkultur versus Nutzenkultur. Über kulturelle Kontexte von Bioethik und Biorecht, Berlin / New York 2006, 311–338.

LUHMANN, Niklas, Liebe als Passion. Zur Codierung von Intimität, Frankfurt a.M. [12]2012.

LUSSEYRAN, Jacques, Das wiedergefundene Licht, Stuttgart 1966.

LUTHER, Martin, Erneuerung von Frömmigkeit und Theologie, hg. v. K. BORNKAMM und G. EBELING (Martin Luther Ausgewählte Schriften Bd.2), Frankfurt a.M. 1995.

LUTHER, Martin, Vom ehelichen Leben und andere Schriften über die Ehe, hg. v. D.C.G. Lorenz, Stuttgart 1978.

LUTHER, Martin, Weimarer Ausgabe, Weimar 1883–2009.

LUTHER, Martin. Lateinisch-Deutsche Studienausgabe Bd. 2: Christusglaube und Rechtfertigung, hg. v. J. Schilling, Leipzig 2006.

MARKSCHIES, Christoph, Das antike Christentum. Frömmigkeit, Lebensformen, Institutionen, München [2]2006.

MAURON, Alex, The human embryo and the relativity of biological individuality, in: D. EVANS (Hg.), Conceiving the Embryo. Ethics, Law and Practice in Human Embryology, Den Haag / London / Boston 1996, 55–74.

MERKEL, Reinhard, Forschungsobjekt Embryo. Verfassungsrechtliche und ethische Grundlagen der Forschung an menschlichen embryonalen Stammzellen, München 2002.

MERKEL, Reinhard, Rechte für Embryonen? Die Menschenwürde lässt sich nicht allein auf die biologische Zugehörigkeit zur Menschheit gründen, zuerst in: Die Zeit (25. Januar 2001), wieder abgedruckt in: C. GEYER (Hg.), Biopolitik. Die Positionen, Frankfurt a.M. 2001, 51–64.

MEYER, Thomas, Das „Ende der Familie“ – Szenarien zwischen Mythos und Wirklichkeit, in: U. VOLKMANN / U. SCHIMANK (Hg.), Soziologische Gegenwartsdiagnosen II, Vergleichende Sekundäranalysen, Opladen 1993, 199–224.

MEYER, Thomas, Der Monopolverlust der Familie. Vom Teilsystem Familie zum Teilsystem privater Lebensformen, Kölner Zeitschrift für Soziologie und Sozialpsychologie 45/1, 1993, 23–40.

MEYER, Thomas, Der Wandel der Familie und anderer privater Lebensformen, in: R. GEIßLER (Hg.), Die Sozialstruktur Deutschlands, Wiesbaden [7]2014, 413–554.

MÜLLER, Gerhard Ludwig, Katholische Dogmatik, Freiburg i.Br. 2005.

NAGEL, Thomas, Der Blick von nirgendwo, Frankfurt a.M. 2012.

NEIDERT, Rudolf, „Entwicklungsfähigkeit“ als Schutzkriterium und Begrenzung des Embryonenschutzgesetzes. Inwieweit ist der Single-Embryo-Transfer zulässig?, Medizinrecht 25, 2007, 279–286.

NETTESHEIM, Martin, Die Garantie der Menschenwürde zwischen metaphysischer Überhöhung und bloßem Abwägungstopos, Archiv des öffentlichen Rechts 130, 2005, 71–113.

ODERBERG, David S., Modal Properties, Moral Status, and Identity, Philosophy and Public Affairs 26/3, 1997, 259–298.

OETINGER, Friedrich Christoph, Biblisches und Emblematisches Wörterbuch, 1776 (ohne Ortsangabe).

ONLINE EMBRYOLOGIEKURS FÜR STUDIERENDE DER MEDIZIN. Entwickelt von den Universitäten Fribourg, Lausanne und Bern (Schweiz) mit Unterstützung des Schweizerischen Virtuellen Campus, http://www.embryology.ch/indexde.html, abgerufen am 8. August 2018.

PANNENBERG, Wolfhart, Systematische Theologie I–III, Göttingen 1988 ff.

PLESSNER, Helmuth, Der Mensch als Lebewesen, in: DERS., Die Frage nach der Conditio humana. Aufsätze zur philosophischen Anthropologie, Frankfurt a.M. 1976, 111–123.

PLESSNER, Helmuth, Die Frage nach der Conditio humana, in: DERS., Die Frage nach der Conditio humana. Aufsätze zur philosophischen Anthropologie, Frankfurt a.M. 1976, 7–81.

QUANTE, Michael, Natur, Natürlichkeit und der naturalistische Fehlschluß. Zur begrenzten Brauchbarkeit eines klassischen philosophischen Arguments in der biomedizinischen Ethik, Zeitschrift für medizinische Ethik 40, 1994, 289–305.

QUANTE, Michael, Personales Leben und menschlicher Tod. Personale Identität als Prinzip der biomedizinischen Ethik, Frankfurt a.M. 2002.

RAGER, Günter (Hg.), Beginn, Personalität und Würde des Menschen, Freiburg i.Br. / München ^{2}1998.

RAHNER, Karl, Die Hominisation als theologische Frage, in: DERS. / P. OVERHAGE, Das Problem der Hominisation (Quaestiones Disputatae 12/13), Freiburg i.Br. 1961, 13–90.

RAT DER EVANGELISCHEN KIRCHE IN DEUTSCHLAND UND DIE DEUTSCHE BISCHOFSKONFERENZ, Gott ist ein Freund des Lebens. Herausforderungen und Aufgaben beim Schutz des Lebens. Gemeinsame Erklärung des Rates der Evangelischen Kirche in Deutschland und der Deutschen Bischofskonferenz in Verbindung mit den übrigen Mitglieds- und Gastkirchen der Arbeitsgemeinschaft christlicher Kirchen in der Bundesrepublik Deutschland und Berlin (West), hg. v. SEKRETARIAT DER DEUTSCHEN BISCHOFSKONFERENZ (Sonderausgabe 2000), Gütersloh / Trier 1989.

RATSCHOW, Carl Heinz, Anmerkungen zur theologischen Auffassung des Zeitproblems, Zeitschrift für Theologie und Kirche 51, 1954, 360–387.

RATSCHOW, Carl Heinz, Der ganze Mensch, in: DERS., Von der Gestaltwerdung des Menschen. Beiträge zur Anthropologie und Ethik, hg. v. C. KELLER-WENTORF / M. REPP, Berlin / New York 1987, 196–209.

REHMANN-SUTTER, Christoph, Leben beschreiben. Über Handlungszusammenhänge in der Biologie, Würzburg 1996.

REHMANN-SUTTER, Christoph, Zwischen den Molekülen. Beiträge zur Philosophie der Genetik (Ethik in den Wissenschaften 18), Tübingen 2005.

RENSMANN, Thilo, Die Menschenwürde als universaler Rechtsbegriff, in: C. THIES (Hg.), Der Wert der Menschenwürde, Paderborn 2009, 75–92.

RIEDEL, Manfred, Bürgerliche Gesellschaft. Eine Kategorie der klassischen Politik und des modernen Naturrechts, hg. v. H. SEUBERT, Stuttgart 2011.

ROHS, Peter, Über die Möglichkeit einer teleologischen Deutung der Natur, in: R. LÖW / R. SCHENK (Hg.), Natur in der Krise. Philosophische Essays zur Naturtheorie und Bioethik (Philosophie und Religion 8), Hildesheim 1994, 179–197.

ROLF, Sibylle, Zwischen Forschungsfreiheit und Menschenwürde. Unterschiede beim Umgang mit menschlichen Embryonen in England und Deutschland, Frankfurt a.M. 2009.

RÖSSLER, Beate, Der Wert des Privaten, Frankfurt a.M. 2001.

RUCKDESCHEL, Kerstin, Verantwortete Elternschaft: „Für die Kinder nur das Beste", in: DIES. / N.F. SCHNEIDER / S. DIABATÉ (Hg.), Familienleitbilder in Deutschland. Kulturelle Vorstellungen zu Partnerschaft, Elternschaft und Familienleben (Beiträge zur Bevölkerungswissenschaft 48), Opladen / Berlin / Toronto 2015, 191–205.

SANYAL, Mithu M., Vergewaltigung. Aspekte eines Verbrechens, Hamburg 2016.

SASS, Hans-Martin, Hirntod und Hirnleben, in: DERS. (Hg.), Medizin und Ethik, Stuttgart 1999, 160–183.

SCHÄFER, Klaus, „Die Kultur eines Volkes erkennt man daran, wie es mit seinen Toten umgeht" (Perikles, 493–429 v. Chr.). Bestattung fehlgeborener Kinder, Zeitschrift für medizinische Ethik 60/4, 2014, 377–385.

SCHEULE, Rupert M. (Hg.), Ethik des Lebensbeginns. Ein interkonfessioneller Diskurs, Regensburg 2015.

SCHMIDT, Thomas M., Religiöser Glaube und öffentliche Vernunft. Reflexive Säkularisierung und Differenzbewusstsein, in: J. KÖNEMANN / S. WENDEL (Hg.), Religion, Öffentlichkeit, Moderne. Transdisziplinäre Perspektiven, Bielefeld 2016, 155–171.

SCHNABEL, Ulrike, Tabu Abtreibung, Zeit online 3. 8. 2012, https://www.zeit.de/gesellschaft/zeitgeschehen/2012-07/abtreibung-tabu, abgerufen am 8. August 2018.

SCHOBERTH, Wolfgang, Pluralismus und die Freiheit evangelischer Ethik, in: DERS. / I. SCHOBERTH (Hg.), Kirche – Ethik – Öffentlichkeit. Christliche Ethik in der Herausforderung (Ethik im theologischen Diskurs 5), Münster 2002, 249–264.

SCHOCKENHOFF, Eberhard, Pro Speziesargument: Zum moralischen und ontologischen Status des Embryos, in: G. DAMSCHEN / D. SCHÖNECKER (Hg.), Der moralische Status menschlicher Embryonen. Pro und contra Spezies-, Kontinuums-, Identitäts- und Potentialitätsargument, Berlin 2002, 11–33.

SCHRAGE, Wolfgang, Der erste Brief an die Korinther. 1 Kor 1,1–6,11 (Evangelisch-Katholischer Kommentar zum Neuen Testament VII/1), Zürich / Braunschweig 1991.

SCHRAGE, Wolfgang, Ethik des Neuen Testaments (Das Neue Testament Deutsch 4), Göttingen [5]1989.

SEIDEL, Johannes, Schon Mensch oder noch nicht? Zum ontologischen Status humanbiologischer Keime (Ethik im Diskurs 4), Stuttgart 2010.

SHELDON, Sally, The Medical Framework and Early Medical Abortion in the U.K.: How Can a State Control Swallowing?, in: R.J. COOK / J.N. ERDMAN / B.M. DICKENS (Hg.), Abortion Law in Transnational Perspective. Cases and Controversies, Philadelphia 2014, 189–209.

SIMMEL, Georg, Fragment über die Liebe (aus dem Nachlass), in: H.-J. DAHME / K.C. KÖHNKE (Hg.), Georg Simmel. Schriften zur Philosophie und Soziologie der Geschlechter, Frankfurt a.M. 1985, 224–282.

SINGER, Peter, Praktische Ethik, Stuttgart ^{2}1994.

SPAEMANN, Robert, Gezeugt, nicht gemacht. Die verbrauchende Embryonenforschung ist ein Anschlag auf die Menschenwürde, zuerst in: Die Zeit (18. Januar 2001), wieder abgedruckt in: C. GEYER (Hg.), Biopolitik. Die Positionen, Frankfurt a.M. 2001, 41–50.

SPAEMANN, Robert, Kommentar, in: Die Unantastbarkeit des menschlichen Lebens. Zu ethischen Fragen der Biomedizin (Instruktion der Kongregation für die Glaubenslehre), Freiburg i.Br. 1987, 67–95.

SPAEMANN, Robert, Personen. Versuche über den Unterschied zwischen ‚etwas' und ‚jemand', Stuttgart ^{2}1998.

STEINBOCK, Bonnie, Life before birth: The Moral and Legal Status of Embryos and Fetuses, New York ^{2}2011.

STONE, Jim, Why Potentiality Matters, Canadian Journal of Philosophy 17/4, 1987, 815–830.

STURMA, Dieter, Philosophie der Person. Die Selbstverhältnisse von Subjektivität und Moralität, Paderborn 1997.

SYNODE DER EVANGELISCHEN KIRCHE IN DEUTSCHLAND, Zur Achtung vor dem Leben – Maßstäbe für Gentechnik und Fortpflanzungsmedizin, Kundgebung der Synode der EKD, Berlin 1987, hg. v. KIRCHENAMT DER EVANGELISCHEN KIRCHE IN DEUTSCHLAND (EKD-Texte 20), Hannover 1987.

TAUPITZ, Jochen / HERMES, Benjamin, Embryonenschutzgesetz: „Dreierregel" oder „Deutscher Mittelweg"?, Der Gynäkologe 48, 2015, 169–174.

TAZI-PREVE, Irene M. / ROLOFF, Juliane, Schwangerschaftsabbruch in Europa. Einflussfaktoren und Verhaltensweisen von Frauen bei einer ungewollten Schwangerschaft, Demographische Informationen, 2001, 39–58.

TEGETHOFF, Dorothea, Bilder und Konzeptionen vom Ungeborenen. Zwischen Visualisierung und Imagination, Opladen / Farmington Hills 2011.

VAN DEN BERGH, Marc / URECH-RUH, Cornelia / HOHL, Michael K., Blastozystentransfer – lohnt sich die Reise ins Ausland?, FHA Frauenheilkunde aktuell 16/3, 2007, 22–26.

VAN DEN DAELE, Wolfgang, Die Moralisierung der menschlichen Natur und Naturbezüge in gesellschaftlichen Institutionen, Kritische Vierteljahresschrift für Gesetzgebung und Rechtswissenschaft 2/70, 1987, 351–366.

VELLEMAN, J. David, Liebe als ein moralisches Gefühl, in: A. HONNETH / B. RÖSSLER (Hg.), Von Person zu Person. Zur Moralität persönlicher Beziehungen, Frankfurt a.M. 2008, 60–104.

VON LÜPKE, Johannes, Grenzen der Definitionsmacht. Zum Verhältnis von Normkultur und Nutzenkultur aus der Sicht evangelischer Theologie, in: T.S. HOFFMANN / W. SCHWEIDLER (Hg.), Normkultur versus Nutzenkultur. Über kulturelle Kontexte von Bioethik und Biorecht, Berlin / New York 2006, 83–113.

VON LÜPKE, Johannes, Kultur des Menschen. Überlegungen zur Geschöpflichkeit des Menschen zwischen Natur und Kultur, Glaube und Denken 25, 2012, 137–154.

VON TROTHA, Trutz, Kind und Familie. Von der sozialen und kulturellen Unbeständigkeit der elterlichen Kindesliebe, Zeitschrift für Soziologie der Erziehung und Sozialisation 19, 1999, 227–242.

WEBLUS, Anna Julka / SCHLAG, Siegfried / ENTEZAMI, Michael / KENTENICH, Heribert, Fetozid bei Mehrlingen. Medizinische und psychologische Aspekte, Gynäkologische Endokrinologie 9/3, 2011, 187–191.

WEIGL, Adrienne, Menschsein durch Implantation? Auseinandersetzung mit Christian Kummers Position zum *Status embryonis*, Theologie und Philosophie 79, 2004, 233–264.

WESCHKA, Marion, Präimplantationsdiagnostik, Stammzellforschung und therapeutisches Klonen: Status und Schutz des menschlichen Embryos vor den Herausforderungen der modernen Biomedizin. Eine Untersuchung aus einfachgesetzlicher, verfassungsrechtlicher und internationaler Perspektive (Schriftenreihe der Hochschule Speyer 206), Berlin 2010.

WIDMER, Mirjam / BODENMANN, Guy, Beziehungen in der Familie, in: N. SCHNEIDER (Hg.), Lehrbuch moderne Familiensoziologie. Theorien, Methoden, empirische Befunde, Opladen 2008, 167–181.

WIESEMANN, Claudia, Von der Verantwortung ein Kind zu bekommen. Eine Ethik der Elternschaft, München 2006.

WILSON, Dorothy C., Um Füße bat ich und er gab mir Flügel. Biographie der indischen Ärztin Mary Verghese, Wuppertal 1964.

WITT, Christian Volkmar, Martin Luthers Reformation der Ehe, Tübingen 2017.

WOLTER, Michael, Das Lukasevangelium (Handbuch zum Neuen Testament 5), Tübingen 2008.

WOLTER, Michael, Der Brief an die Römer. Teilband 1: Röm 1–8 (Evangelisch-Katholischer Kommentar zum Neuen Testament VI/1), Neukirchen-Vluyn 2014.

WUCHERER-HULDENFELD, Augustinus Karl, Beginn und Anfang des menschlichen Daseins, in: M. BENEDIKT / R. POTZ (Hg.), Zygote Fötus Mensch. Zur Anthropologie des werdenden Lebens, Wien 1986, 253–264.

WUERMELING, Hans-Bernhard, Das Kernproblem der extrakorporalen Befruchtung, Zeitschrift für medizinische Ethik 42, 1996, 261–265.

ZIELINSKA, Agata P. / SCHUH, Melina, Double trouble at the beginning of life. Dual-spindle assembly in early embryos can compromise mammalian development, Science 361/6398, July 2018, 128–129.

ZIMMERMANN, Ruben, Das Leben aus dem Tod (Vom sterbenden Weizenkorn): Joh 12,24, in: DERS. (Hg.), Kompendium der Gleichnisse Jesu, Gütersloh 2007, 804–816.

Register

Bibelstellenregister

Die Bibelstellen im Text werden zitiert nach der Lutherbibel 2017.

Lev
19,18 164

Jes
66,2 152

Jer
1,5 204

Mk
12,17 185
12,31 164
14,3-9 185

Joh
3,4 154
12,24 154

Röm
3,28 127
5 153
6,22 126
8,16 126
11,32 128
12,2 183

1 Kor
2,7 155
2,15 185
7,31 126

2 Kor
5,17 154

Gal
3,22 128
5,14 164

Phil
4,8 184

Namenregister

Amerini, F. 29
Anselm, R. 18
Arendt, H. 95
Aristoteles 120, 134

Baldus, M. 96
Bals-Pratsch, M. 202
Barth, J. 36
Barth, K. 110 f, 129, 164, 169, 173, 177, 180 f
Beck-Gernsheim, E. 87, 96, 103
Beckmann, J.P. 147
Beckmann, R. 82
Benda, E. 93
Benedikt XVI. 20
Bernard, A. 54, 191
Böckenförde, E.-W. 49 f
Böckle, F. 20
Bodenmann, G. 87 f
Boltanski, L. 10 f
Bonhoeffer, D. 129, 172, 184, 196
Boomgaarden, J. 84, 135
Boyle, E.H. 94
Brahier, G. 25
Braun, K. 94
Breuer, C. 20, 58
Brugger,W. 92
Büchner, B. 181
Bühler, K. 190
Burghardt, D. 187

Chabada, M. 59
Chargaff, E. 36

Dabrock, P. 25 f, 70
Dalferth, I.U. 152
Damschen, G. 63, 78 f
Dederer, H.-G. 50
Delaney, N. 100
Demmer, K. 201
Denkhaus, R. 63
Derrida, J. 152
Descola, P. 170
Drecoll, V.H. 24, 183
Dreier, H. 58, 82
Drews, U. 46
Duns Scotus 59
Duttge, G. 188

Ebeling, G. 120 f, 126, 130, 132
Eberle, E.J. 92
Eibach, U. 182
Engels, E.-M. 36
Ernst, S. 173
Eser, A. 88, 188

Feiner, J. 22
Ferree, M.M. 92
Fink, U. 67
Fischer, J. 27, 136 f, 142–149
Fisher, J.A. 78
Frommel, M. 90, 187, 197

Gahlings, U. 50
Geisthövel, F. 90, 197
Gessel, W.M. 24
Gnoth, C. 199 f
Götz, C. 23
Gräb-Schmidt, E. 38
Graña-Behrens, D. 170
Gropp, W. 95
Großjohann, O. 15 f
Günther, H.-L. 90, 194, 198, 202
Günther-Greene, R. 109

Haaf, T. 45
Habermas, J. 94 ff, 124
Härle, W. 68, 86
Hartung, F. 94
Hegel, G.W.F. 68, 101, 104 f
Helfferich, C. 108
Henking, T. 82, 89, 91
Hepp, H. 195
Herdegen, M. 82

Hermes, B. 195, 197 f, 202
Herms, E. 171
Hertwig, O. 54
Hill, P.B. 86
Hirschauer, S. 96, 99 f, 105, 111, 123, 166
Hochschild, A.R. 86
Hofheinz, M. 195
Holm, S. 80
Honnefelder, L. 72
Honneth, A. 100, 104
Horn, F. W. 184

Isensee, J. 89 f

Jesus Christus 13, 15, 18 f, 23, 117 f, 129, 134, 151, 154–157, 162 f, 165 f, 169, 185, 189, 196, 206
Jones, D.G. 31
Jüngel, E. 24, 137 ff, 158

Karnein, A. 92 f
Kentenich, H. 26, 200
Kierkegaard, S. 81
Kleinstein, J. 48
Klindworth, H. 108
Kluth, W. 93
Knoepffler, N. 16, 20 f, 29
Koch, H.-G. 88, 188 f
Köchy, K. 37, 171
Kohler-Weiß, C. 136 f, 140–142, 148
Kopp, J. 86
Körtner, U.H.J. 16, 18
Kovács, J. 41
Kreß, H. 188, 201
Kufner, K. 193
Kühn, R. 98
Kummer, C. 48, 58 f
Küper, W. 95

Lee, E. 94
Lenzen-Schulte, M. 196
Luhmann, N. 101 f, 104
Lusseyran, J. 157
Luther, M. 103, 119–136, 139, 147, 151–156, 164, 168 f, 177 f, 203, 205, 209 f

Markschies, C. 182
Mauron, A. 58
Merkel, R. 9, 187
Meyer, T. 86, 99
Müller, G. L. 19

Nagel, T. 75
Neidert, R. 197 f, 200
Nettesheim, M. 95

Oderberg, D. S. 54
Oetinger, F. C. 157

Pannenberg, W. 129
Paulus 126 ff, 133 f, 153, 184 f
Plessner, H. 73, 146

Quante, M. 32, 44 ff
Queißer-Luft, A. 196

Rager, G. 20, 45, 51
Rahner, K. 20, 22
Ratschow, C. H. 158, 210
Rehmann-Sutter, C. 37, 43
Rensmann, T. 88
Riedel, M. 101
Rohs, P. 52
Rolf, S. 119
Roloff, J. 94, 182
Rössler, B. 92
Ruckdeschel, K. 86

Sanyal, M.M. 173
Sass, H.-M. 41
Schäfer, K. 96
Scheule, R.M. 16
Schmidt, T.M. 184
Schnabel, U. 182
Schoberth, W. 18
Schockenhoff, E. 66
Schönecker, D. 63, 78 f
Schrage, W. 184 f
Schuh, M. 56
Seidel, J. 45, 48, 54
Sheldon, S. 94
Simmel, G. 99
Singer, P. 63 f

Spaemann, R. 9, 24, 63, 65, 145 f
Steinbock, B. 92, 105
Stone, J. 78
Sturma, D. 73

Taupitz, J. 195, 197 f, 202
Tazi-Preve, I.M. 94, 182
Tegethoff, D. 96 f
Telfer, B. 31
Tertullian 24

Van den Bergh, M. 200
Van den Daele,W. 38
Velleman, J.D. 100
Von Lüpke, J. 119, 127, 171
Von Trotha, T. 87

Weblus, A.J. 196
Weigl, A. 59
Weschka, M. 200, 230
Widmer, M. 87 f
Wiesemann, C. 113, 192
Wilson, D. C. 157
Witt, C.V. 103
Wolter, M. 154, 185
Wucherer-Huldenfeld, A.K. 140 f
Wuermeling, H.-B. 192

Zielinska, A.P. 56
Zimmermann, R. 154

Sachregister

Es wird meistens nur die substantivische oder adjektivische Form des Wortes aufgeführt, unter der andere Formen ebenfalls nachgewiesen werden.

Abtreibung 10 f, 13, 17, 24, 30, 36, 89–94, 105, 107–116, 137, 149, 173 f, 178 ff, 182 f, 185–190, 202
Abtreibungsgesetz, § 218 StGB 17, 90 f, 137, 180 f, 187

Behinderung des Kindes 96, 188, 199
Beseelung 16, 19–24, 29
Biologie 10 ff, 17, 20 ff, 25 ff, 29–33, 37–47, 49–55, 58–61, 64–69, 75, 77 f, 83, 100 f, 104, 107, 117 ff, 121, 142, 144–148, 151, 156, 160, 166, 168, 171, 179, 182, 203 f
Blastozyste, freie 47 ff, 57, 211 f

compaction 39, 57

Desoxyribonukleinsäure (DNA) 9, 43, 45, 56
‚Deutscher Mittelweg' 197–203
Dickey-Wicker-Zusatzklausel 93
Dritte Welt 174

Ehe 23, 55, 87 f, 103
elective single embryo transfer (eSET) 200
Embryo in vitro 91, 192, 230
Embryoblastzellen 39, 47, 57 f, 60
Embryonenschutzgesetz (ESchG) 13, 36, 90 f, 191, 194 f, 197 f, 202
Emotionalisierung der Eltern-Kind-Beziehung 87
Entsubstantialisierung des Subjektbegriffs 104
Eugenik 108
Ewigkeit 70, 130, 134, 155 f, 167, 206, 210

Familie 17, 70, 72, 85–89, 91 ff, 96–99, 102 f, 112, 175, 177, 186 ff, 191 f, 196
Fehlgeborene 96
Fehlschluss, naturalistischer 32
Fetozid 195 f, 198
Form und Materie 130
Freiheit 12, 17, 19, 49, 65, 84–87, 89–94, 97 ff, 101 ff, 105 f, 109 f, 113, 118, 124, 126 f, 138, 140, 148 f, 156, 164 ff, 176–184, 186 f, 189, 193, 196, 198 f, 202, 206 f

Gabe 152
Ganzheit des Menschen 19, 32, 44, 65, 151, 156, 158–162
Gebärmutterschleimhaut 39, 45, 48
Geburt 12, 50, 82, 94–97, 143 f, 147 ff, 153 ff, 182
Genom 30, 40, 42–47, 51, 57 f, 73, 75, 161
Geschichtlichkeit 33, 135, 137 ff, 148
Gesellschaftsvertrag 85 f
Glaube 11 ff, 16, 18, 25, 28, 70, 78, 103, 117, 127–132, 134 f, 140, 145, 147 f, 152–157, 171, 176–180, 182 f, 185, 190, 195 ff, 203, 206, 209 f
Gottebenbildlichkeit 15 f, 19, 27, 117, 129 f, 152, 175
Großbritannien / England 94

Hand Gottes 152 f
hatching 57
Hirn, Gehirn 10, 40 ff, 70, 76, 83 f, 121, 161

Identität 9, 17, 30 f, 60–66, 71–81, 86 f
Implantation / Nidation 20, 26, 30, 45,

47–51, 55, 60 f, 76 f, 82 ff, 90 f, 160 f, 180 f, 198, 201, 207, 211
imprinting 45
Individualität 15, 32, 44, 58 f, 86 f, 99, 101, 156
Inklusion 36, 95
Intra-Cytoplasmatische-Spermien-Injektion (ICSI) 191

Kanada 104 f
Kasuistik 173
Kernverschmelzung 26, 30, 42 f, 46, 51 f, 55 ff, 61, 84, 162, 195, 205, 207
Koma 42, 71, 79
Kontinuum/Kontinuität 15, 24, 30 f, 40, 46, 62 f, 64 ff, 71 ff, 77 f, 80 f
Krankheit 9, 35 f, 44 f, 67, 95, 114, 122, 138, 144, 156 f, 172, 181 f
Kryokonservierung 201 f
Kultur 53, 65, 69, 83, 95, 118, 144, 153, 157, 159, 161, 168–172, 174 f, 205

Liebe 16, 23, 27, 30 f, 50, 52–55, 61, 72, 77, 83, 85 ff, 89, 91, 93, 97–107, 110 f, 113, 115, 118, 135, 143, 151 f, 155–159, 161–168, 170, 172 ff, 176, 178 f, 183, 185–190, 192 ff, 196, 199, 201, 203, 206 f, 210
Liebe Gottes 27, 135, 156 ff, 161–166, 172 ff, 176, 178 f, 185, 189 f, 203, 206 f
Liebesgebot 164 f

Maternal-embryonaler Dialog 40, 48, 60, 160
Menschenrechte 70, 84, 88, 92, 94 ff, 134
Menschenrechtskonvention, Europäische 88
Menschlichkeit 24, 68, 118, 137–142, 148 f
metaphysisch 21 f, 39, 66, 82, 120, 131, 170
Molekularbiologie 37

Natur 18 f, 22 f, 25–28, 31 ff, 37 f, 49 f, 52 f, 59, 61, 64 ff, 72, 76, 83, 89, 94 ff, 98–102, 104 f, 112, 118, 120, 124, 129 f, 132 f, 140, 142, 144, 146 f, 151–157, 159 ff, 163, 165, 167–174, 191 ff, 195, 198, 201, 203 f, 206
Naturrecht 85, 101
Nichtigkeit des Menschen 81, 109, 126, 128 f, 131, 134, 151
Nidationshemmer 82, 89

Organismus 22, 37, 39, 43–49, 53 f, 61, 95, 133, 146
Ovulation 47 ff, 180, 211

Philosophie 37, 66, 83, 98, 101, 117, 120, 122, 125 ff, 131–135, 147
‚Pille danach' 173, 180 f
Polyspermieblock 42 f
Potentialität 21, 30, 37, 42, 45, 62–66, 71, 78–81, 125, 141, 149, 161 f, 193 f, 200
Präembryo 10, 31, 55
präformistisch 44, 52, 54 f
Präimplantationsdiagnostik (PID) 27, 191
Pränataldiagnostik 96
Primitivstreifen 44, 47
Privatheit 12, 30, 86, 88 f, 92 f, 100, 187 ff, 199, 206 f
Projekt, elterliches 107 ff, 111 ff, 115 f, 177–179

Rechtfertigungslehre 16, 18 f, 24–28, 117, 127–130, 137–141, 147–151, 155, 158
Reformation 16 ff, 28, 103, 119, 129, 147
Romantik 61, 102 f

‚Schemen der Welt' (Luther) 126, 131, 134, 168
Schlaf 63, 66, 74, 76, 79, 83
Schöpfer 11, 122 ff, 126 f, 129, 132 f, 167, 171, 175, 210
Schwangerschaft, schwanger 10 f, 26, 46, 48, 50, 53, 63, 65 f, 70, 74–77, 81 f, 88 ff, 92, 95–98, 100, 104 ff, 107 ff, 111–116, 123, 140–144, 148, 152, 163–167, 174 ff, 179–182, 187 f, 191–196, 198 ff, 206

Schwangerschaftsfrühtest 50
Selbstorganisation 21, 47, 51 f, 59
Selbstüberbietung der kreatürlichen Ursache 22
Selektion 50, 191, 195, 198–203
Sexualität 23, 52 f, 72, 89, 123, 161, 168, 173
Single-Embryo-Transfer 199–202
Singularisation 110
SKIP-Argumente 12, 31, 62–84, 147, 209
Spezies 20, 30, 62–65, 67–72, 78 f, 81, 91
Speziesismus 68
Spindelapparat, Teilungsspindel 43, 46 f, 51, 56 f, 60
Stufenkonzept 82

Taufe 153–156, 179, 206
teleologisch 52
Theologie 10 ff, 15 f, 22, 83 f, 101, 117–120, 126 f, 131–136, 147, 151 ff, 162, 169, 171, 175, 186, 203 ff
Tier 32, 35, 38, 54, 63 ff, 67 f, 71, 124 f, 133
Tod, Sterben 21, 28, 36 f, 41, 45, 49, 54, 69 ff, 79–83, 96, 130, 132, 136, 138, 154 ff, 158, 161, 173, 176, 181 f, 193, 198, 200 f, 206, 210
Totipotenz 9, 38 f, 47, 58, 121
Trophoblastzellen 39, 47, 57 f, 60
tutioristisch 72, 187, 195

Ultraschallbild 63, 74, 76 f, 95 f, 104 f, 109, 152, 166

Vereinigte Staaten von Amerika 92 f, 104 f
Vergewaltigung 173 f
Vier-Ursachen-Schema 120
Vierzellstadium 9, 20, 44, 51
Vorkernstadium, Vorkerne 26, 43, 45, 51, 56, 195, 212

Wahrnehmung/Erkenntnis, unmittelbare 33 ff, 66 f, 73, 75 ff, 193

‚Zeugung durch das Fleisch‘ (Boltanski) 107 f, 175
‚Zeugung durch das Wort‘ (Boltanski) 107 f, 175
zona pellucida 39, 42 f, 46 f, 56 f, 60, 212
Zwillinge, Zwillingsbildung 20, 44, 58, 64, 121, 196, 199